Der Stadt Speyer
zu ihrem 2000-Jahr-Jubiläum

Es ist Speier ein alte stat

Ansichten aus vier Jahrhunderten
1492–1880
Ausgewählt und beschrieben
von L. Anton Doll

Mit einem Katalog, Register und Künstlerverzeichnis
bearbeitet von L. Anton Doll und Günter Stein

Verlag der Zechnerschen Buchdruckerei Speyer

Herausgegeben von der Speyerer Volksbank

CIP-Titelaufnahme der Deutschen Bibliothek

Es ist Speier ein alte stat : Ansichten aus vier Jahrhunderten 1492–1880 / hrsg. von der Speyerer Volksbank. Ausgew. und beschrieben von L. Anton Doll. Mit einem Katalog, Reg. und Künstlerverz. bearb. von L. Anton Doll und Günter Stein. – 1. Aufl. – Speyer : Zechner, 1991
ISBN 3-87928-911-5
NE: Doll, Anton; Speyerer Volksbank

1. Auflage 1991

Herausgeber: Speyerer Volksbank, 1991
Gesamtherstellung: Zechnersche Buchdruckerei, Speyer
ISBN 3-87928-911-5

Inhaltsverzeichnis

Vorwort

Im Rahmen unserer Öffentlichkeitsarbeit unterstützen wir immer wieder kulturelle Einrichtungen. Darüber hinaus haben wir in den letzten Jahren auch eine Reihe von kulturellen Beiträgen geleistet. So erschien 1979 unser erster Fotoband „Speyer – anno dazumal“ mit historischen Aufnahmen von 1854–1950. Im Jahr 1986 folgte der Bildband „In Speyer unterwegs“, der das moderne Speyer in seiner Entwicklung von 1950 bis in die 80er Jahre zeigt. Mit dieser hier vorliegenden neuen Veröffentlichung wollen wir unsere stadtgeschichtlichen Beiträge abrunden.

Im Jahre 1990 konnte die Stadt Speyer ihr 2000jähriges Bestehen feiern. Das Stadtjubiläum stand unter dem Motto: Römer – Mittelalter – Barock – Biedermeier – Moderne. Die letztere ist uns persönlich vertraut. Die Römerzeit aber kennen wir nur aus Bodenfunden, das Mittelalter nur durch Dom, Altpörtel, Judenbad, Heidentürmchen, das Barock durch Dreifaltigkeitskirche und Rathaus, das Biedermeier freilich durch viele, wenn auch weniger beachtete Zeugen.

Noch lückenhafter ist jedoch die Darstellung der Stadt im Bild. Weder aus der salischen, noch aus der staufischen Zeit, noch aus dem späteren Mittelalter gibt es Abbildungen – aber die gibt es von keiner deutschen Stadt. Erst mit dem Ende des 15., vor allem mit dem 16. Jahrhundert entsteht der Sinn für die Wiedergabe von Städten im Bild, ehe dann das Zeitalter der Fotografie die Reproduktionen von Stadtansichten ins Unendliche vermehrt.

In dieser Zeit – das sind fast vier Jahrhunderte – sind von Speyer viele Abbildungen entstanden. Sie gestatten uns, die Entwicklung des Stadtbildes während dieser Jahrhunderte in dieser Publikation vorzuführen.

Für das Zustandekommen dieses Bildbandes ist vielen Beteiligten – Fachleuten, Liebhabern und Institutionen – zu danken, allen voran Herrn Dr. Anton Doll. Unser Dank gilt in gleicher Weise Herrn Prof. Dr. Günter Stein. Beide haben sich in uneigennütziger Weise für das Werk zur Verfügung gestellt. Wir freuen uns über die harmonische Zusammenarbeit mit dem Historischen Museum der Pfalz in Speyer und seinem Leiter, Herrn Prof. Dr. Otto Roller, sowie der Stadt Speyer, insbesondere den Damen des Stadtarchivs sowie dem hiesigen Landesarchiv und der Landesbibliothek. In den Dank einschließen wollen wir eine große Reihe von Instituten in der ganzen Bundesrepublik und darüber hinaus, die mit Auskünften und zum Teil mit Bildmaterial unser Vorhaben unterstützt haben. Dies wird vor allem im Bildnachweis deutlich.

Besonders zu erwähnen sind die unermüdliche Assistenz von Frau Felicitas Doll und die vielen wertvollen Anregungen und Hilfen von Herrn Dr. Rudolf Joeckle und Frau Rosemarie Joeckle, von Frau Lieselotte Ring, von Frau Hedwig Zink-Graf und Herrn Roland Schmidt sowie der Herren Wolfgang Zühlke und Heinz Lutz von der Firma Zechnersche Buchdruckerei.

Wir widmen diesen Bildband der Stadt Speyer, deren Namen unsere Volksbank trägt, und in der wir seit 1864 – also über 125 Jahre – tätig sind. Wir verbinden damit gleichzeitig die Hoffnung auf eine gedeihliche und friedliche Weiterentwicklung unserer schönen Stadt im angebrochenen dritten Jahrtausend ihrer Geschichte.

Speyer, im Januar 1991 — SPEYERER VOLKSBANK

Die Autoren

Dr. L. Anton DOLL, Archivdirektor i.R., geboren 21. September 1919 in Godramstein b. Landau. 1938–1940, 1944–1945 und 1946–1948 Studium der Philosophie, Geschichte, Rechtsgeschichte und Germanistik in München, Tübingen, Freiburg und Mainz. 1948 Promotion in Mainz. 1949–1950 Archivschule in Marburg/Lahn. Ab 1950 Archivar des höheren Dienstes am Staatsarchiv (jetzt Landesarchiv) Speyer, 1972–1984 dessen Leiter; seit 1984 im Ruhestand. 1949–1963 Stadtarchivar von Speyer im Nebenamt. 1976–1986 Herausgeber der „Mitteilungen des Historischen Vereins der Pfalz", 1984–1987 des „Archiv für mittelrheinische Kirchengeschichte", 1988 ff. der „Palatia Sacra. Kirchen- und Pfründebeschreibung der Pfalz in vorreformatorischer Zeit". Verfasser zahlreicher Veröffentlichungen zur Geschichte der Pfalz und der Stadt Speyer, u.a. „Das alte Speyer" (1950), „Der Landkreis Speyer" (1961), „Handel und Wandel in einer alten Stadt – Ein Streifzug durch 1500 Jahre Speyerer Wirtschaftsgeschichte (1964), „Speyer – Bild einer Stadt" (1976, 1980), „Speyer anno dazumal – 100 Jahre Speyerer Stadtgeschichte zwischen 1854 und 1954" (1979). – Bearbeiter verschiedener Quellenwerke, u.a. der „Traditiones Wizenburgenses – Die Urkunden des Klosters Weißenburg 661–865" (1979). „Schriftquellen" zur Geschichte des Speyerer Domes 614–1521, in „Der Dom zu Speyer", bearbeitet von H. E. Kubach und W. Haas (Die Kunstdenkmäler von Rheinland-Pfalz Bd. 5, 1972) S. 11–69. – 1976–1986 Leiter der wissenschaftlichen Kommission des Historischen Vereins der Pfalz; Vorstandsmitglied der Pfälzischen Gesellschaft zur Förderung der Wissenschaften, Gründungs- und langjähriges Vorstandsmitglied der Gesellschaft für mittelrheinische Kirchengeschichte in Mainz und der Arbeitsgemeinschaft für geschichtliche Landeskunde am Oberrhein in Karlsruhe; Mitglied der Gesellschaft für Rheinische Geschichtskunde und der Goerresgesellschaft in Köln, der Hessischen Historischen Kommission in Darmstadt; korrespondierendes Mitglied der Kommission für geschichtliche Landeskunde in Baden-Württemberg und des Arbeitskreises für südwestdeutsche Stadtgeschichtsforschung.

Dr. Günter STEIN wurde am 14. Februar 1924 in Berlin-Schöneberg geboren. 1942 Abitur. – 1942–1945 Wehrdienst bei der Kriegsmarine. – 1945–1946 Baupraktikant auf der Veste Coburg. 1946–1947 Maurer in Berlin (West). – 1946–1950 Studium der Kunstgeschichte, klassischen Archäologie und Geschichte an der Humboldt-Universität zu Berlin. Promotion am 10. 12. 1950. – 1948–1951 wissenschaftl. Hilfsarbeiter am Deutschen Archäologischen Institut, Zentraldirektion, in Berlin (West). – 1956–1960 wissenschaftl. Assistent am Lehrstuhl für Baugeschichte der Technischen Universität Berlin-Charlottenburg. Ausgrabung auf der Spandauer Zitadelle (1956/57). – 1960–1962 wissenschaftl. Mitarbeiter der Römisch-Germanischen Kommission des Deutschen Archäologischen Instituts in Frankfurt a. Main. Bauaufnahmen und Ausgrabungen spätrömischer Befestigungen in Andernach (1958), Boppard (1959–1961), Mainz und Altrip (1961).

Seit 1962 am Historischen Museum der Pfalz in Speyer. 1965–1968 Ausgrabungen im Speyerer Judenhof. 1977–1989 Hauptkonservator. – Seit 1976 Lehrauftrag für oberrheinische Baugeschichte am Institut für Baugeschichte der Universität Karlsruhe (TH). 1980 Honorarprofessor der Universität Karlsruhe.

Veröffentlichungen zur Bau-, Kunst- und Kulturgeschichte auf folgenden Gebieten: Befestigungen in Berlin, Spandau und in der Mark Brandenburg; spätrömische Befestigungen am Rhein (Andernach, Boppard, Altrip); Burgen und befestigte Friedhöfe der Pfalz; neuzeitlicher Festungsbau am Oberrhein; mittelalterliche Geschichte und Bauten der Juden am Rhein, insbesondere auch in Speyer; Ansichten Speyers und des Speyerer Doms; Bedeutung des Rheines für Speyer.

Mitglied wissenschaftlicher Vereinigungen, so der Pfälzischen Gesellschaft zur Förderung der Wissenschaften, der Koldewey-Gesellschaft, Vereinigung für baugeschichtliche Forschung, der Karlsruher Hochschulvereinigung, der Arbeitsgemeinschaft für geschichtliche Landeskunde am Oberrhein, des Verbandes deutscher Kunsthistoriker, der Landesgeschichtlichen Vereinigung für die Mark Brandenburg, u.a.

Einleitung

„Es ist Speier ein alte stat" - so heißt unser Buch mit Stadtansichten aus vergangenen Jahrhunderten. Wir haben diesen Satz der „Cosmographia" Sebastian Münsters entnommen; mit ihm leitet er den Text zu dem Holzschnitt von Speyer schon in der 1. und 2. Auflage von 1544 bzw. 1546 ein.

Als Sebastian Münster den Text schrieb, galt Speyer als eine der ältesten Städte Deutschlands. Um die gleiche Zeit nennt der Kurmärker Georg Sabinus Speyer „die uralte Stadt am gefeierten Rheinstrom", und Wilhelm Eysengrein erörtert wenige Jahre danach in seiner Chronik lang und breit, ob Speyer nicht anderthalb Jahrtausend vor Christi Geburt als Stadt gegründet worden sei. Noch Anfang des 18. Jahrhunderts gibt Gabriel Bodenehr in seiner „Europens Pracht und Macht" an, Speyer „wird vor die älteste Stadt in Deutschland gehalten". Freilich gab es auch andere Stimmen, die die Stadtgründung erst dem römischen Kaiser Constantius Chlorus zu Anfang des 4. Jahrhunderts nach Christi Geburt zuschreiben wollten. Es hat bis ins vergangene Jahrhundert gedauert, ehe man zu einem Zeitansatz kam, der unseren heutigen Annahmen eher entspricht.

Aber wir wollen uns hier nicht weiter einlassen auf diese Frage, sondern uns mit der schlichten Feststellung begnügen, daß Speyer in der Tat „ein alte stat" ist, wie die Bilder in diesem Buch zeigen sollen.

Beim Betrachten der ältesten unserer Speyerer Ansichten erhebt sich eher die Frage, seit wann es überhaupt wirklichkeitsgetreue Darstellungen mittelalterlicher Städte gibt und wie das Aufkommen dieser Bildgattung zu erklären ist.

Der erste Teil der Frage ist - nach den Angaben von Alois Fauser - leicht zu beantworten: 1486 erschien der Reisebericht des Mainzer Domherrn Bernhard von Breidenbach über eine Wallfahrt ins Heilige Land, an der auch der Maler, Zeichner und Holzschneider Erhard Reuwich teilgenommen hatte, der auf der Reise eine Reihe von Städten von Venedig bis Jerusalem in Zeichnungen festgehalten hat, die für den Druck dann in Holz geschnitten wurden. Nur wenig später, 1493, erschien schon die Weltchronik des Nürnberger Arztes Hartmann Schedel, die bereits Abbildungen von 32 Städten enthielt.

Schwieriger ist die andere Frage zu lösen, wie das scheinbar so unerwartete Auftreten des neuen Bildtypus zu erklären ist. Die äußeren Voraussetzungen waren jedenfalls gegeben - die Technik des Holzschnittes und des Kupferstechens standen als bekannt bereit -, und auch das Problem der optischen Darstellung von Gebäuden war durch die Entdeckung der Gesetze der Perspektive seit knapp hundert Jahren gelöst. Aber was bewegte Maler und Zeichner, die Ansicht einer wirklichen Stadt als Gegenstand ihrer Kunst zu wählen? Bis weit ins 15. Jahrhundert hinein hatte die Malerei die realistische Darstellung von Landschaften, Gebäuden und anderen Vorgaben des wirklichen Lebens nicht gekannt; die Kunst begnügte sich mit einem symbolischen Formenkanon, so wenn etwa auf einem Kreuzigungsbild im Hintergrund die Stadt Jerusalem mit stilisierten Mauern, Toren und Tempel dargestellt wurde. Auch für die Abbildung von Szenen aus Heiligenleben galt ähnliches; erschienen sie zunächst noch auf einem Hintergrund von lauterem Gold, dann vor irgendeiner Phantasielandschaft. Das Kölner Wallraf-Richartz-Museum verwahrt nun ein Bild aus der Zeit von 1411–1414, auf dem das Martyrium der hl. Ursula vor dem Hintergrund der Stadt Köln dargestellt wird - es ist eine der frühesten Stadtdarstellungen überhaupt. Im Laufe des 15. Jahrhunderts wurde es dann mehr und mehr üblich, Szenen aus dem Heilsgeschehen oder aus Heiligenleben vor dem Hintergrund der heimatlich vertrauten Stadt darzustellen. Ausgangs des Jahrhunderts war - wie wir gesehen haben - mit Breidenbachs Wallfahrtsbuch die Verselbständigung der realen Standtansicht auf dem Umweg über das sakrale Bild erreicht. Die Abbildung der Stadt wird zum Gegenstand der Kunst, wenn auch noch nicht in der Malerei, so doch der Druckgraphik im Holzschnitt und im Kupferstich.

Damit ist aber nur die äußere Seite der Entwicklung grob skizziert, der ein gewaltiger innerer Umbruch zu Grunde lag. Daß die Malerei mehr und mehr die Lebenswirklichkeit in ihre Darstellungen des Heilsgeschehens einbezog, ist nur mit dem allmählichen Verblassen eines Absolutheitsanspruches zu erklären, den bis dahin Jenseits und Heilsgeschichte erhoben hatten. Das Bild hatte nicht mehr nur eine Heilswahrheit zu verkünden, immer mehr stellte es das Heilige dem Betrachter in und mit einer Abbildung der eigenen Umwelt vor Augen. Das geistige Bewußtsein der Menschen begann, sich vom Übersinnlich-Heiligen zum Persönlich-Individuellen zu wandeln, genau so wie dieses im Aufkommen und der wachsenden Verbreitung des naturgetreuen Porträts in der Malerei hervortrat. Der gesamte Prozeß ist somit in die geistesgeschichtliche Bewegung der Renaissance und des Humanismus einzuordnen, wenn auch die Formensprache zunächst noch durchaus gotisch blieb.

Nachdem es so erst einmal möglich geworden war, die eigene Stadt abzubilden, wurde der neue Gegenstand zum „Selbstläufer“: Die Stadtdarstellungen wuchsen sich im Laufe des 16. Jahrhunderts zu geographischen und - durch entsprechende Textbeigaben - zu historischen Kompendien der damals bekannten Welt aus: Die Geburtsstunde der Geographie hatte geschlagen. Wie groß das Interesse der gebildeten - aber auch der ungebildeten - Welt an diesen Veröffentlichungen auf dem Buchmarkt war, zeigen nicht nur die ständig wachsende Zahl solcher Bücher und Flugblätter, sondern auch ihre oft wiederholten Auflagen; sie erfüllten offensichtlich ein wachsendes Bedürfnis des Marktes. Man muß ja daran denken, daß diese Bücher mit ihren Ansichten die Bildbände jener Zeit waren.

Wir haben leider nicht das Glück, Speyer in einem der frühen Werke der Druckgraphik zu finden; ebenso ist kein Gemälde aus der Heilsgeschichte mit einer Darstellung der Stadt erhalten. So ist die älteste Abbildung von Speyer immer noch der Holzschnitt in der Cosmographie des Sebastian Münster, der schon als junger Bettelmönch in Tübingen in die Schule des Geographen und Astronomen Johannes Schöffler gegangen war.

Kaum eine Generation später folgten auf Münsters Werk Braun und Hogenbergs „Civitates orbis terrarum“ (1572), während sich der zeitliche Abstand von da bis zu Merians Topographia Palatinatus Rheni (1638) mit mehr als 60 Jahren erheblich ausweitete. Inzwischen kamen freilich eine Reihe weiterer topographischer Ansichtenwerke, die auf den zwei erstgenannten der drei Hauptwerke aufbauten, heraus, die im Katalog unter den Gruppen 1.2 und 1.3 im einzelnen aufgeführt sind. Die Merian folgenden Stadtansichten stellen freilich jene der Zahl nach weit in den Schatten (Katalog 1.4); doch darf man die späteren Auflagen Münsters (bis 1628) und Hogenbergs (bis 1632) nicht übersehen, während Merians Werk Neuauflagen bis ins 18. Jahrhundert hinein erlebte.

Münsters Rolle als Vorbild für Speyerer Stadtvedouten endete schon ausgangs des 16. Jahrhunderts, während Hogenberg vor allem in Randvignetten von Landkarten des 17. Jahrhunderts fortlebte (Piscator, Mercator etc.); nur ein Nachzügler - das Guckkastenbild Mondhares - reicht bis in den Anfang des 18. Jahrhunderts. Die Nachwirkung, um nicht zu sagen die Nachahmung Merians dagegen dauerte fort bis ins 19. Jahrhundert hinein. Es ist erstaunlich, wie lange die Kupferstecher immer noch auf seinen Speyerer Stich zurückgriffen; die Stadtzerstörung von 1689 und die damit verbundene Änderung des Stadtbildes waren kein Hindernis, auch später immer wieder ihn als Vorbild zu wählen.

Dabei gilt für alle drei - Münster, Hogenberg und Merian -, daß sie im Grunde das spätmittelalterliche Stadtbild festhielten: Alle drei tradierten samt ihren Nachfolgern eigentlich das Bild des spätgotischen Speyer, Merian bereits in einem zeitlichen Abstand von rund anderthalb Jahrhunderten, seine Nachfolger gar über mehr als drei Jahrhunderte hinweg; dazu ist auch das Ölgemälde des Holländers Jacobus Storck von 1683 mit seinen vier bekannten Varianten zu zählen (siehe Katalog 6.1). Es war eben d a s Bild der alten Bischofs- und Reichsstadt, das allen tiefgreifenden Wandlungen der Zeit zum Trotz fortgalt.

Die fast ermüdende Gleichförmigkeit all dieser Stadtansichten von Südosten mit Strom und Fähre im Vordergrund, wie sie Münster als erster eingeführt hatte, wird nur von recht wenigen Ansichten, die Speyer abweichend von dem heute fast monoton erscheinenden Klischee darstellen, unterbrochen (Katalog 1.5 und 6.2). Aber selbst von ihnen behalten noch eine Reihe den Blick von Südosten bei.

Einen zweiten Mangel müssen wir fast noch mehr bedauern: den nahezu aller Darstellungen aus der Stadt selbst, ihrer Kirchen, Klöster, Rat- und Zunfthäuser, Straßen und Plätze aus der Zeit vor der Stadtzerstörung. Das Stadtinnere bleibt - von zwei Zeichnungen des Domes von Norden und Südwesten abgesehen - ganz ausgespart. Dabei erscheint es ganz und gar unwahrscheinlich, daß die Fülle von darstellenswerten Motiven Auge und Hand zeitgenössischer Künstler nicht zum Festhalten mit Bleistift, Feder oder Pinsel gereizt haben sollte. Man denke nur an die doch recht große Zahl gebildeter Menschen, die als Beamte oder Richter am Reichskammergericht jahrelang in der Stadt wohnten oder als Vertreter von Prozeßparteien oft lang in Speyer verweilten und die Stadt doch genauer kennen gelernt haben müssen, somit auch als Auftraggeber von Darstellungen oder gar als Zeichner solcher Bilder selbst in Betracht gekommen sein können. Auch die fünf Reichstage, die im 16. Jahrhundert in Speyer abgehalten wurden, kann man sich eigentlich ohne die Anwesenheit von Künstlern, die doch manches Gebäude in der Stadt zur Wiedergabe veranlaßt haben könnte, kaum vorstellen. Und sollte unter der hohen Geistlichkeit des Domstiftes und der drei Nebenstifte St. German und Moritz, St. Guido und Allerheiligen tatsächlich niemand gewesen sein, der sich für das Gesicht der Stadt, in der er wirkte, interessierte? Das erschiene um so ungewöhnlicher, als wir ja eine Reihe von Beschreibungen der Stadt vom 15. bis ins 17. Jahrhundert kennen, die ihren Glanz und ihre Pracht, ihre Mauern und Türme, ihre Kirchen und Klöster,

ihre Straßen und Plätze rühmen, angefangen von Aeneas Silvio Piccolomini, dem späteren Papst Pius II., der die Stadt nicht nur wegen der großen Bevölkerungszahl, sondern auch wegen der Pracht ihrer Bauwerke pries, über Caspar Brusch, nach dem keine der Städte am Rheinstrom Speyer an Herrlichkeit gleichkomme, bis zu dem Engländer Coryate, der zu Anfang des 17. Jahrhunderts die Speyerer Stadttürme die höchsten nennt, die er auf seiner Reise durch das Festland gesehen habe, und die Straßen der Stadt rühmt, die wegen ihrer Länge und Breite bemerkenswert seien. Aber außer den beiden genannten Ansichten vom Dom kennen wir von keinem einzigen Gebäude der Stadt ein Bild aus der Zeit vor 1689. Mit anderen Worten: Wie das Speyer des Spätmittelalters und der frühen Neuzeit im Innern ausgesehen hat, wissen wir überhaupt nicht; die paar Vogelschaubilder, die überliefert sind, sind viel zu schematisch, um einzelne Gebäude oder Straßen anschaulich machen zu können.
Erst aus der Zeit nach dem Brand lernt der späte Nachfahr das Stadtinnere näher kennen, nun aber nicht mehr in der Gestalt einstiger Herrlichkeit, sondern als Ruinen, die uns Heutigen zeigen, wie armselig das Leben hier im 18. Jahrhundert gewesen sein muß. Noch 1807 lag die Stadt vor Joseph von Eichendorff, als er von Heidelberg herüber kam, „wie eine große Ruine dunkel und zackigt“ da und erschien ihm wie „ein rührender Trümmer alter deutscher Kraft und Herrlichkeit“. Eichendorff war Romantiker, und die Ruinenseligkeit dieser Zeit ist bekannt; in Speyer freilich hatte man lange vor der Romantik, schon um 1777, das Augenmerk auf die „Trümmer der alten deutschen Kraft und Herrlichkeit“ gerichtet und sie durch drei Jahrzehnte mit Stift und Feder für die Nachwelt festgehalten - das einzige was wir an Detailansichten vom alten Speyer kennen. Die Verdienste der Stöber, Ruland und Gayer - dieser nun schon der Romantik nahestehend - sollen in ihren Bildern, die in diesem Buch wiedergegeben werden, zu studieren sein.

Was uns später dann, im 19. Jahrhundert an Stadtansichten begegnen wird, ist ganz anderer Art: Es zeigt die Stadt der Biedermeierzeit; mit der Lußheimer Fähre über den Rhein, oder vom Narrenberg, einem der beliebtesten Ausflugsziele der Speyerer in der ersten Hälfte des vorigen Jahrhunderts, oder auch von Norden, von Osten, vom großherzoglich-badischen Ufer aus, alle mit einer weit ärmeren Silhouette als in früherer Zeit; oder im Stadtinnern den Dom, aus mannigfacher Perspektive, vor allem von Westen mit der barocken Fassade von Franz Ignaz Michael Neumann, die Alexander Pagenstecher während seiner Heidelberger Studentenzeit von 1816–1819 als „höchst geschmacklos im Kommodenstil des vorigen Jahrhunderts“ empfindet, als „einen wahren Stall“, den man vor den Haupteingang gesetzt habe, „ein viereckiges Ding mit Pyramiden an den Ecken, Schnörkeln mit Reichswappen an dem Tor“; aber auch die anderen Gebäude des 18. Jahrhunderts, die noch heute das einzig Alte der Bausubstanz der Stadt ausmachen: Das Rathaus, das ehemalige Regierungsgebäude (erbaut als Domherrenkurie derer von Metternich, jetzt Polizei), das neue Kaufhaus, die Dreifaltigkeitskirche.
Geblieben vom Alten Speyer ist uns heute ja nur der Dom und das Altpörtel und - nicht zu vergessen - die Stadtanlage als solche, deren beherrschende Achse seit den Zeiten der salischen Kaiser die Hauptstraße geblieben ist; ihre Pracht haben schon die alten Stadtbeschreibungen gepriesen und ihre beeindruckende Schönheit haben die Menschen des vergangenen Jahrhunderts ebenso empfunden wie die der Gegenwart. Gespannt zwischen der salischen Gottesburg und dem Torturm aus dem 13. Jahrhundert, der uns an Coryates Feststellung erinnert, er habe auf seiner ganzen Reise auf dem Kontinent keine höheren Stadttürme gesehen als in Speyer, ist diese Straße immer noch ein einzigartiges Zeugnis mittelalterlicher Stadtbaukunst, auch wenn kein einziges Gebäude aus der alten Zeit mehr ihren Rand säumt, und nur ihre beiden Pole an die Zeiten vergangener Größe erinnern: Der Dom an die altdeutsche Kaiserzeit, der Torturm an die Jahrhunderte reichsstädtischer Größe der „Freien Stadt Speyer“.

Das Buch ist in zwei große Abschnitte gegliedert: der erste möchte die Geschichte der Stadt im „Heiligen Römischen Reich Deutscher Nation“ seit dem Spätmittelalter an Hand der alten Ansichten über dessen Untergang bis zum Versuch einer neuen Reichsgründung, der von 1871, die eben doch nur kurzlebiger Versuch geblieben ist, darstellen, wählt also die zeitliche Abfolge zur Richtschnur; dabei sind den einzelnen Bildern ein paar Bemerkungen beigefügt, die sie in den Ablauf des Geschehens einordnen, oder auch zur Bildentstehung selbst einige Erklärungen beisteuern sollen.
Nicht nur die Bedeutung der Stadt in früheren Jahrhunderten, auch ihr unglückliches Schicksal soll deutlich gemacht werden, aus dem sie sich zwar nie mehr zu der alten Pracht erheben konnte; aber die späteren Bilder sollen dem Betrachter die „milde Versonnenheit“ vermitteln, die ihr aus der versunkenen Größe geblieben ist, „eine in sich selbst gefestigte Ruhe, die aus schlichten Häusern strömt, im Gewinkel enger Gassen uns entgegenkommt“ (Roland Betsch).
Der zweite Abschnitt macht den Versuch, alle bekannten und erreichbaren Stadtansichten, aber auch Detailansichten - diese in Auswahl - erstmals zu erfassen und möglichst exakt zu bestimmen - ein Unterfangen, das jeden, der es erprobt, schnell zu der Einsicht führt, daß es fürs erste nicht den gewünschten Erfolg bringen kann, so kompliziert sind die vielen Fragen, die

dabei auftauchen, hier aber noch ungelöst bleiben. Trotzdem ist der Versuch gewagt worden, um einen Anfang zu machen, auf dem vielleicht weitergebaut werden kann.

Daß dies zum mindesten hiermit ermöglicht wird, ist der Speyerer Volksbank und ihrem Vorstandsmitglied Wolfgang Noe zu danken. Auf Anregung von Herrn Gert Boegner wollte die Bank zum Jubiläum der Stadt mit einem Bildband alter Stadtansichten beitragen. Während der mehrjährigen Vorarbeiten, die sich unter der Hand mehr und mehr ausweiteten, kam der Herausgeber - stets aufgeschlossen für die wissenschaftlichen Belange des Vorhabens - vielfachen Wünschen und Anregungen entgegen. Das gilt insbesondere für den Vorschlag des Bearbeiters, der ursprünglich als reinem Bildband geplanten Publikation alter Speyerer Ansichten, der naturgemäß nur eine begrenzte Auswahl aus dem Gesamtfundus hätte bieten können, einen Katalogteil anzufügen; denn nur ein solcher konnte die Grundlage so verbreitern, daß ein Überblick über möglichst alle Gesamtansichten, über Detailansichten wenigstens ein repräsentativer Querschnitt, jeweils mit exakter Beschreibung samt Bild, gewonnen werden kann. Die Speyerer Volksbank hat damit auf diesem Spezialgebiet der Stadtgeschichtsforschung, das aber für die Kenntnis der Stadtentwicklung von erheblicher Bedeutung ist, eine - so hoffen wir - gediegene Grundlage schaffen helfen. Dafür gebührt ihr der Dank aller Freunde Speyerer Geschichte, zumal sie für die Durchführung der Absichten keine Mittel gescheut hat.

Vom 16. zum 19. Jahrhundert – ein Bilderbuch vom alten Speyer

Bild 1

Provinz Dalmatien – so steht über unserem ältesten Bild der Stadt – und Speyer: Was hat das miteinander zu tun? Aber unverkennbar ist der Dom inmitten einer Stadt dargestellt. Es ist also gewiß keines der reinen Phantasiebilder, die uns die frühesten Ansichten (Kat.-Nr. 1.1.01 u. 02) bieten. Aber was hat Speyer mit Dalmatien zu tun?
Das Bild stammt aus einer Handschrift der alten Dombibliothek, die bekanntermaßen große Schätze barg, die fast ausnahmslos der Zerstörung von 1689 zum Opfer gefallen sind. Eine der berühmtesten Handschriften war der sogen. Codex Spirensis Sigma, der eine ganze Reihe von antiken geographischen Schriften enthielt und aus der Zeit um 900 stammte. Seit dem 15. Jahrhundert waren die Schätze der Dombibliothek der bibliophilen Welt bekannt, so daß es nicht verwundert, daß gerade der Codex Sigma mehrfach abgeschrieben worden ist. Auch der Bücherliebhaber Ottheinrich, Pfalzgraf in Neuburg, der Jungen Pfalz, ab 1547 im Exil in Heidelberg, bemühte sich um die Ausleihe der berühmten Handschrift. Doch das Domkapitel machte Ausflüchte, wies auch auf den schlechten Zustand der Handschrift hin. Um den lästigen Herrn loszuwerden, überließ man ihm endlich 1550 eine Kopie des Codex, die das Domkapitel acht Jahre zuvor hatte anfertigen lassen. Aus dieser Abschrift, und zwar von deren letztem Blatt, ist unser Bild, das ganz zweifellos den Speyerer Dom, inmitten einer Phantasiestadt, darstellt. Die Gewißheit, daß dieses Bild nicht im alten Codex Sigma enthalten war, verdanken wir dem Umstand, daß Ottheinrich, dem die *uf die newe hande* gemalten Bilder der Kopie nicht gefielen, eigene Maler beauftragte, die alten Bilder des Codex Sigma auf ölgetränktem Papier durchzuzeichnen. Diese zweite, eigene Nachzeichnung der Bilder ließ er 1551 mit der geschenkten Kopie des Codex von 1542 zusammenbinden. Beide Kopien sind uns, in dem zusammengebundenen Zustand von 1551, in der Handschrift Codex Monacensis latinus 10291 in der Bayerischen Staatsbibliothek in München erhalten, so daß man nachprüfen kann, wie getreu die Kopie des Domkapitels wirklich war. Vergleicht man nun unser Bild auf Blatt 169 Vorderseite mit dem von Ottheinrichs Malern durchgepausten auf Blatt 222 Vorderseite, so sieht man zwei ganz verschiedene Darstellungen. Zwar stimmt die obere Hälfte auf beiden Kopien leidlich überein – sie stellt die Abzeichen des Praeses der Provinz Dalmatien aus der Notitia dignitatum, einem antiken Handbuch der römischen Reichsverwaltung aus der Zeit um 430, dar –, die unteren Hälften unterscheiden sich jedoch ganz und gar: Während auf der Kopie Ottheinrichs ein antiker Palast (von Spalatum?) wiedergegeben ist, zeigt unser Bild eben den Speyerer Dom inmitten einer Phantasiestadt an einem Fluß, der den Rhein darstellen will. Der Buchmaler des Domkapitels hat also 1542 anstelle des antiken Statthalterpalastes der *Provintia Dalmatia* am Ende seiner Kopierarbeit den Speyerer Dom gemalt, dem er sich in heimatlichem Stolz verbunden fühlte.

Katalog Nr. 1.1.03

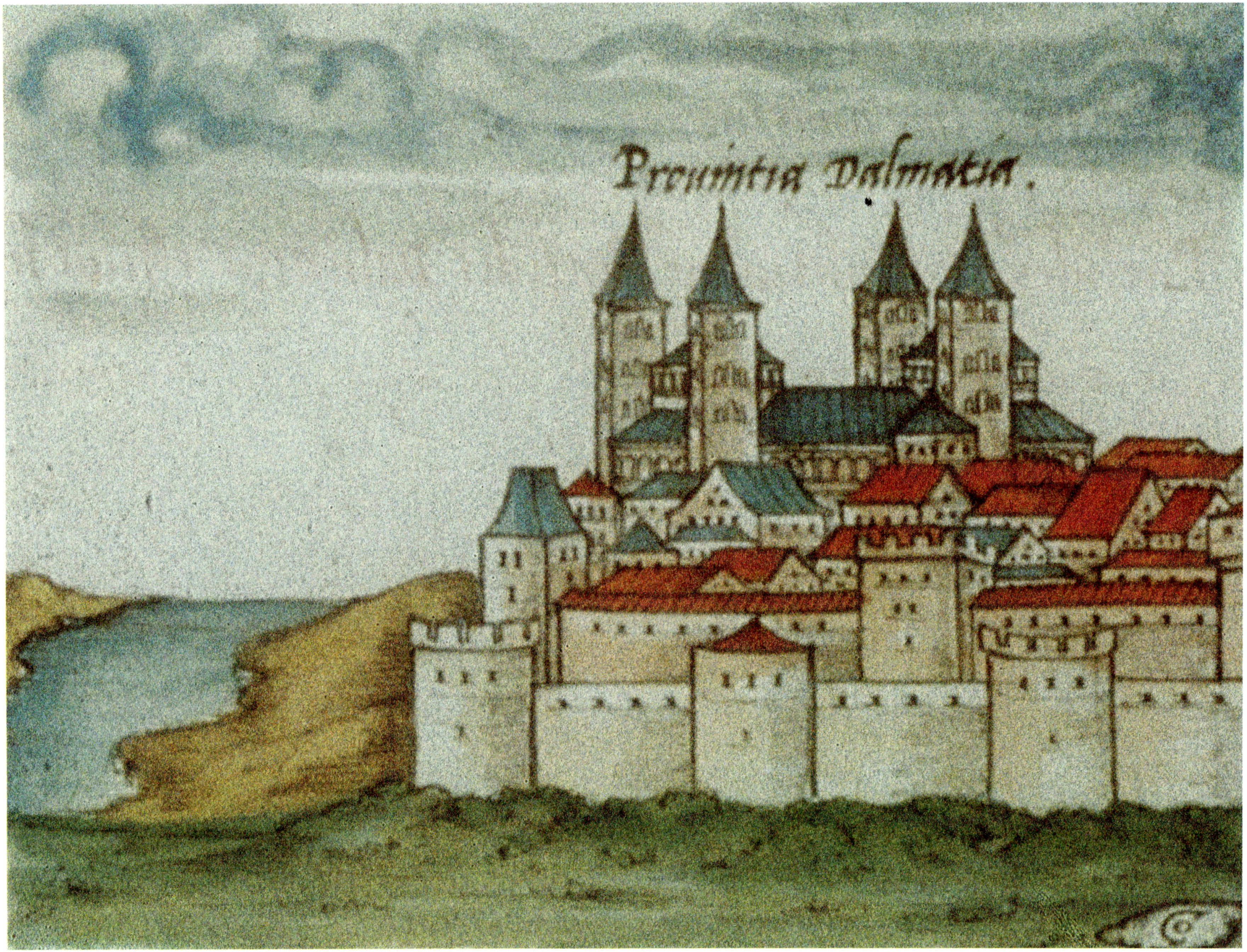
Provintia Dalmatia.

Bild 2 und 3

Der „Klüpfelsauplan“ gilt bis heute als die älteste bildliche Darstellung des mittelalterlichen Speyer. Schon auf der ersten Abbildung aus dem Jahre 1929 lautet der Fußtitel „Ansicht von Speyer 1525 (Klipfels-Au-Plan)“, und Bernhard Röttger hat in dem großen, offiziellen Inventarisationswerk der Speyerer Kunstdenkmäler von 1934 den Plan, um einen solchen handelt es sich, der bildlichen Darstellung zum Trotz, so beschrieben: „Ansicht der nordöstlichen Stadtteile, von Osten. Sog. Klipfels-Au-Plan. Aus d. J. 1525. Aquarell im Stadtarchiv ...“. Dieselben Angaben wiederholt Wolfgang Medding in seiner Abhandlung über Speyerer Stadtansichten im wesentlichen. Das Datum 1525 wurde also kritiklos immer wieder übernommen, obwohl der Plan selbst gar keine Zeitangabe trägt.

Vorsichtiger mit der Datierung ist neuerdings Herbert Dellwing, der den Plan aus dem Stadtarchiv in die „1. Hälfte 16. Jh.“ datiert.

Medding gebührt das Verdienst, einen „Doppelgänger“ unseres Planes in der Plansammlung des Bayerischen Hauptstaatsarchivs München ausfindig gemacht zu haben; diesen Plan datiert er „um 1530“, obwohl er in der Fußnote das auf der Rückseite des Planes vermerkte Datum richtig mit 1574 angibt; auch sonst unterlaufen Medding eine ganze Reihe unrichtiger Interpretationen und Lesefehler.
Auf den ersten Blick könnte man meinen, die beiden Bilder seien gleich; nur der Erhaltungszustand scheint bei dem Bild aus München besser zu sein. Bei genauerem Hinsehen freilich lassen sich doch manche größere und noch mehr kleinere Unterschiede ausmachen; in der Beschreibung im Katalog sind sie weitgehend aufgeführt. Aber trotz all dieser Unterschiede stimmen beide Bilder doch überein; sie dienten auch dem gleichen Zweck, wie gleich gezeigt werden soll.
Der Plan aus dem Stadtarchiv ist den Maßen nach länger, dafür aber niedriger als der aus München, der infolgedessen den Dom in voller Höhe darstellen kann, während dessen Türme auf dem Speyerer Exemplar ganz oben abgeschnitten sind. Dafür ist die Münchener Darstellung links und rechts beschnitten: es fehlen das Armbrustertor und das innere Fischertor (unten am Museumsbukkel) auf der einen und der neue Kran auf der anderen Seite. Jedenfalls ist der Münchener Plan exakter ausgeführt, zum Teil auch mit mehr Liebe zum Detail: Auf dem Nordteil der Klüpfelsau weidet eine kleine Pferdeherde, auf dem Rhein fährt ein Lastschiff mit stolz geblähtem Segel, die vielen Bäume sind – wohl wirklichkeitsgetreu – unterschieden in Pappeln und Weiden (der Speyerer Plan begnügt sich fast ganz mit schematisch skizzierten Pappeln). Der Zeichner hat sogar am rechten Rand, neben der Vorstadt über Hasenpfuhl den *Brenofen* schön mit einer Rauchwolke dargestellt: noch heute erinnert der Name des Ziegelofenwegs an diesen Brennofen, der bereits 1314 im Besitz des Patriziers Sifrit Retschel erwähnt wird; er lag, der Brandgefahr wegen, natürlich draußen vor der Stadtmauer im freien Feld.

Freilich läßt der Münchener Plan auch manches Detail außer acht, das uns der Speyerer zeigt. Aber im ganzen ist der erstere doch akkurater. Auch die Beschriftung ist, inhaltlich zwar weitgehend gleich, hier doch ausführlicher und auch schöner, wahrscheinlich von einem anderen Schreiber geschrieben. Wie das alles zu erklären sein mag, werden wir gleich sehen.

Die Beschriftung spricht auf beiden Plänen von einem *strittigen blatz* auf der Klüpfelsau zwischen der Kleebach und dem *treibenden Rhein,* verschiedene Punkte sind genau markiert mit Großbuchstaben *A–M:* Es ist nicht zu verkennen, daß es sich um einen Plan zu einem Rechtsstreit handeln muß. Auch die Aufschrift auf der Rückseite des Münchener Blattes *Augenschein Speier contra Speier …* spricht eindeutig genug für eine der ausgangs des 16. Jahrhunderts üblichen Beilagen zu einer Prozeßakte. Die streitenden Parteien waren danach zweifelsfrei die Stadt und der Bischof. Die Münchener Ansicht gibt auch Auskunft über das Gericht, vor dem der Streit verhandelt wurde: Es ist das Reichskammergericht, das zu dieser Zeit ja in Speyer seinen Sitz hatte. Heute wird das Münchener Exemplar in der Plansammlung des Hauptstaatsarchivs aufbewahrt; es ist ursprünglich aber tatsächlich Beilage zu einer Prozeßakte dieses Gerichts gewesen: „Bischof von Speyer contra Stadt Speyer wegen Störung in dem althergebrachten Besitz der vor dem Fischertore gelegenen Wiese“ aus dem Jahre 1574. Damit erhalten wir ein exaktes Jahr, in dem die aquarellierte Federzeichnung entstanden sein muß. Welche der beiden Parteien hat aber den Plan eingereicht? Auch diese Frage läßt sich genau beantworten: Da das – offensichtlich als Konzept gehaltene – Exemplar im Archiv der Stadt Speyer verwahrt wird, das andere in den Prozeßakten des Reichskammergerichts lag, kann nur die Stadt Speyer die Fertigung des Planes veranlaßt, den Entwurf des Planes aber zu ihren eigenen Akten, die nicht erhalten zu sein scheinen, genommen haben.

Wie aber kam man zu der ganz sicher unrichtigen Datierung des Planes? Auch auf diese Frage läßt sich mit einer gewissen Wahrscheinlichkeit die richtige Antwort finden. Das Konzeptexemplar des Stadtarchivs enthält nämlich längs dem *strittigen blatz* die nachträglich, aber wohl nur wenig später beigefügte Beschriftung: *Diese Weiden sollen von einem fergenmeister* (= Fährmann) *Hans Ruffen genent 4 jar vor dem Baurenkrieg gesezt worden sein;* der *Baurenkrieg* hat wohl die früheren Bearbeiter dazu verführt, den Plan auf 1525 zu datieren.
Die Zuverlässigkeit beider Ausführungen darf im allgemeinen zwar vorausgesetzt werden, doch darf man sie im einzelnen nicht überstrapazieren, wie eine Reihe von Fehlern klar beweisen. Auf topographische Genauigkeit kam es dem Zeichner ja auch gar nicht an; so ist der spitze Kirchturm links vom Dom wohl kaum der Turm der Georgskirche, wie schon vermutet worden ist. Die Stadt war für ihn lediglich Staffage hinter der Klüpfelsau, auf der er den „Stein des Anstoßes“ zwischen Bischof und Stadt darzustellen hatte. Wir sollten ihn deshalb nicht tadeln, vielmehr müssen wir ihm und den beiden Streitparteien, die sich jahrhundertelang wegen allen möglichen Dingen in den Haaren lagen, ohne daß so hübsche Pläne dazu gemalt worden wären, dankbar sein, daß aus diesem *Augenschein* zu den Prozeßakten des Reichskammergerichts ein so, fast möchte man sagen „anmutiges“ Bild vom alten Speyer geworden ist, wohl das schönste, das wir kennen, wenn es nun auch nicht mehr das älteste ist.

Katalog Nr. 1.1.06 u. 060

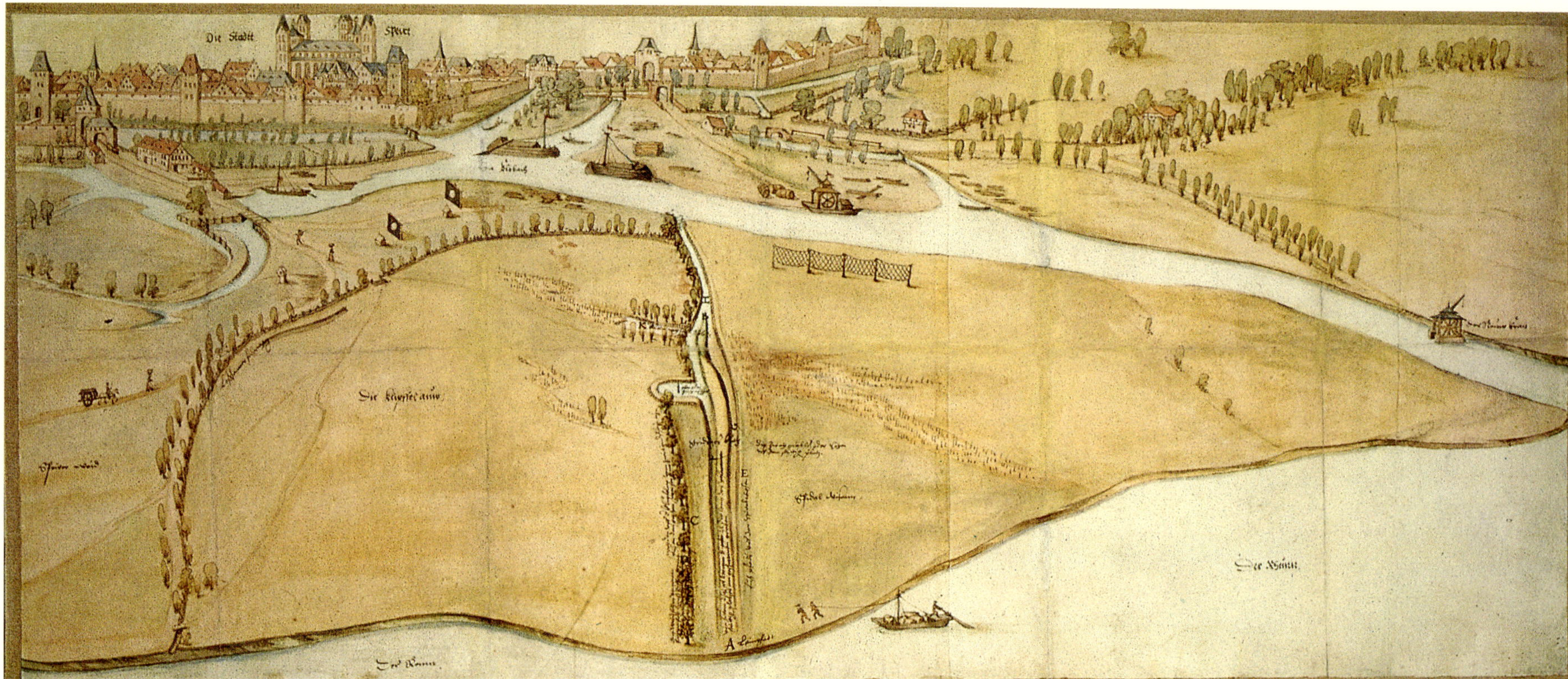

BILD 2

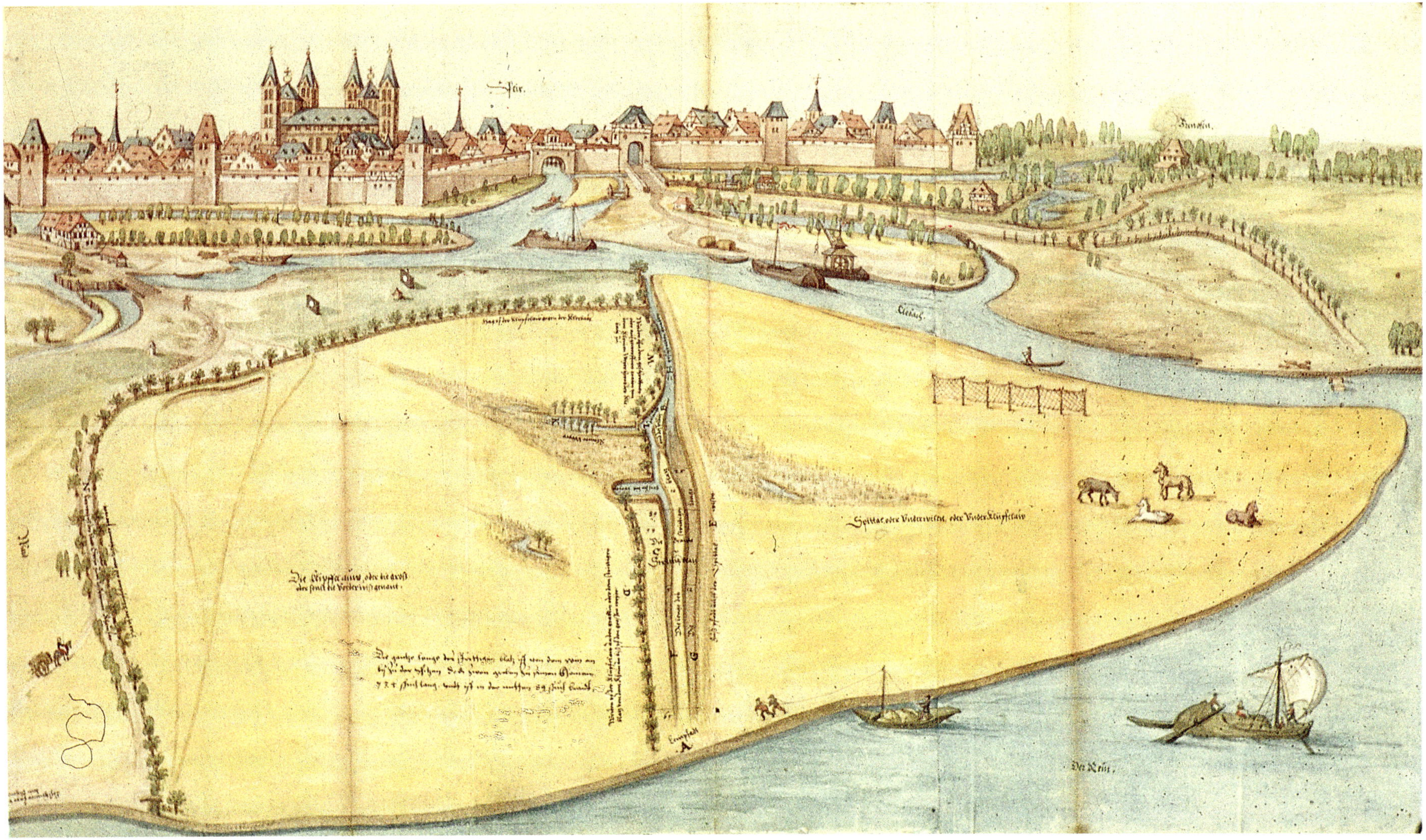

BILD 3

Bild 4 und 5

Die linksrheinische Tiefebene zwischen Speyer und Neustadt als Schrägbild-Luftaufnahme aus dem 16. Jahrhundert – könnte man das nicht meinen, wenn man den Speyerer Flurplan aus dem Jahre 1573 betrachtet? Da liegt das ganze Gebiet zwischen den beiden Städten vor dem Betrachter, im Vordergrund rechts *die Stat Speier* angeschnitten, links Berghausen, weiter in der Ebene rechts Dudenhofen, dahinter Hanhofen, links davon Harthausen. Im Hintergrund die Haardt, mit Neustadt, flankiert links vom Hambacher, rechts vom Winzinger Schloß. Speyer ist in weitem Bogen umzogen von der Landwehr des 15. Jahrhunderts, einem vordersten Schutzwall mit Graben, bewachsen mit dichtem Heckengestrüpp, in Abständen bei Straßen- und Wegedurchgängen unterbrochen von „Warten", hölzernen oder steinernen Türmen mit Signalvorrichtungen zum Alarmgeben beim Nahen einer Gefahr, eine Art früher telegraphischer Nachrichtenübermittlung also; der Plan läßt die dafür vorgesehenen Flechtkörbe, die bei Gefahr niedergelassen wurden, auf den einzelnen Warten gut erkennen.
Von Speyer selbst ist nur der westlichste Zipfel zu sehen, mit dem Altpörtel und der Gilgenvorstadt mit einzelnen Stadttürmen. Die Kirche links vom Altpörtel, das bemalt ist, – um 1600 hieß es deshalb auch „der gemalte Turm" –, ist wahrscheinlich die Aegidienkirche, vielleicht aber auch die Kreuzkapelle vor dem Gilgentor. Wir zeigen hier nur einen Ausschnitt des ganzen Planes (Bild 4), der den Verlauf der Landwehr samt dem davon umschlossenen Vorgelände der Stadt zeigt.
Auf das Altpörtel zu fließt der Speyerbach, aus dem Gießhübel kommend, wo er die beiden hintereinander liegenden Schießberger Mühlen mit je zwei Mühlrädern zeigt – die alte, bereits im Jahr 1223 erwähnte Galcmühle. Rechts davon, unterhalb der Kurve der nach Dudenhofen führenden Straße, der heutigen Schützenstraße, ist eine als *Leimengrub* bezeichnete tiefe Mulde zu erkennen – das Gelände bei den heutigen Tennisplätzen. *Leimengrub* bedeutet nichts anderes als Lehmgrube; aus dieser Lehmgrube haben die Speyerer im Spätmittelalter den zum Bau ihrer Fachwerkhäuser benötigten Lehm abgebaut. Der „Schützengarten", der Übungsplatz der Speyerer Schützen, war zur Entstehungszeit des Planes offenbar noch nicht hier am „Schützenbuckel". Auf dem Klüpfelsau-Plan aus den gleichen Jahren sind ja auch noch dort die Schießscheiben zu sehen.
Links von der Stadt, an der Straße nach Berghausen, ist, in der Gegend des heutigen Rosensteiner Hanges, das *Gutt Leitt Haus,* das ehemalige Aussätzigenspital der Reichsstadt eingezeichnet – mitten in der heute vornehmsten Speyerer Wohngegend also. Die Aussätzigenspitäler lagen ja im Mittelalter, als die fürchterliche Krankheit der Lepra auch noch in Europa häufig war, wegen der Ansteckungsgefahr immer außerhalb der Stadtmauern im freien Feld; Werner Bergengruen hat in seinem Roman „Am Himmel wie auf Erden" die Lebensumstände der aus der Gemeinschaft ausgestoßenen Insassen anschaulich geschildert. Die Berghäuser Straße hieß noch im 18. Jahrhundert Gutleutweg, und der Rosensteiner Hang leitet seinen Namen vermutlich von den (Lep)rosen ab, hat also mit Rosen wahrscheinlich nichts zu tun!

Mit dem Gutleuthaus verbindet sich die alte Überlieferung, nach der im Jahre 1706 an einem kalten Wintertag die Berghauser Frauen, die ihre Milch auf den Speyerer Markt fuhren, einen aufkommenden Brand dieses Spitals mit ihrer Milch gelöscht haben, wofür ihnen das Gutleutalmosen jährlich 14 Pfund Rindfleisch und 14 Pfund Schweinefleisch als Legat auf den Dreikönigstag eines jeden Jahres aussetzte. Tatsächlich geht diese Stiftung auf eine viel ältere Weidegerechtigkeit des Gutleutalmosens in der Berghäuser Gemarkung zurück, an der Überlieferung stimmt nur die Jahreszahl: 1706 wurde das Gutleuthaus von französischen Truppen niedergebrannt.
Auch der Speyerer Flurplan ist – wie der Klüpfelsau-Plan – anläßlich eines Prozesses vor dem Reichskammergericht entstanden, und genau wie bei ihm sind zwei exakt übereinstimmende Exemplare überliefert: eines im Stadtarchiv, das andere (Bild 5) im Bayerischen Hauptstaatsarchiv in München, in dessen Plansammlung es aus der Prozeßakte entnommen wurde. Und genau wie beim Klüpfelsau-Plan muß auch beim Flurplan das Entstehungsdatum korrigiert werden: 1929 hat man ihn ebenfalls ins Jahr 1525 datiert, und das Inventarisationswerk der Kunstdenkmäler von 1934, Fritz Klotz in seiner Stadtgeschichte und noch Karl Rudolf Müller haben dieses Datum übernommen. Der Plan in München trägt aber auf der Rückseite das Datum 1573 (siehe Katalog), und die zugehörige Prozeßakte „Dudenhofen contra Stadt Speyer wegen des Weiderechts auf der Dudenhofer Gemarkung" stammt aus der selben Zeit.

Katalog Nr. 1.1.07 u. 070

BILD 4

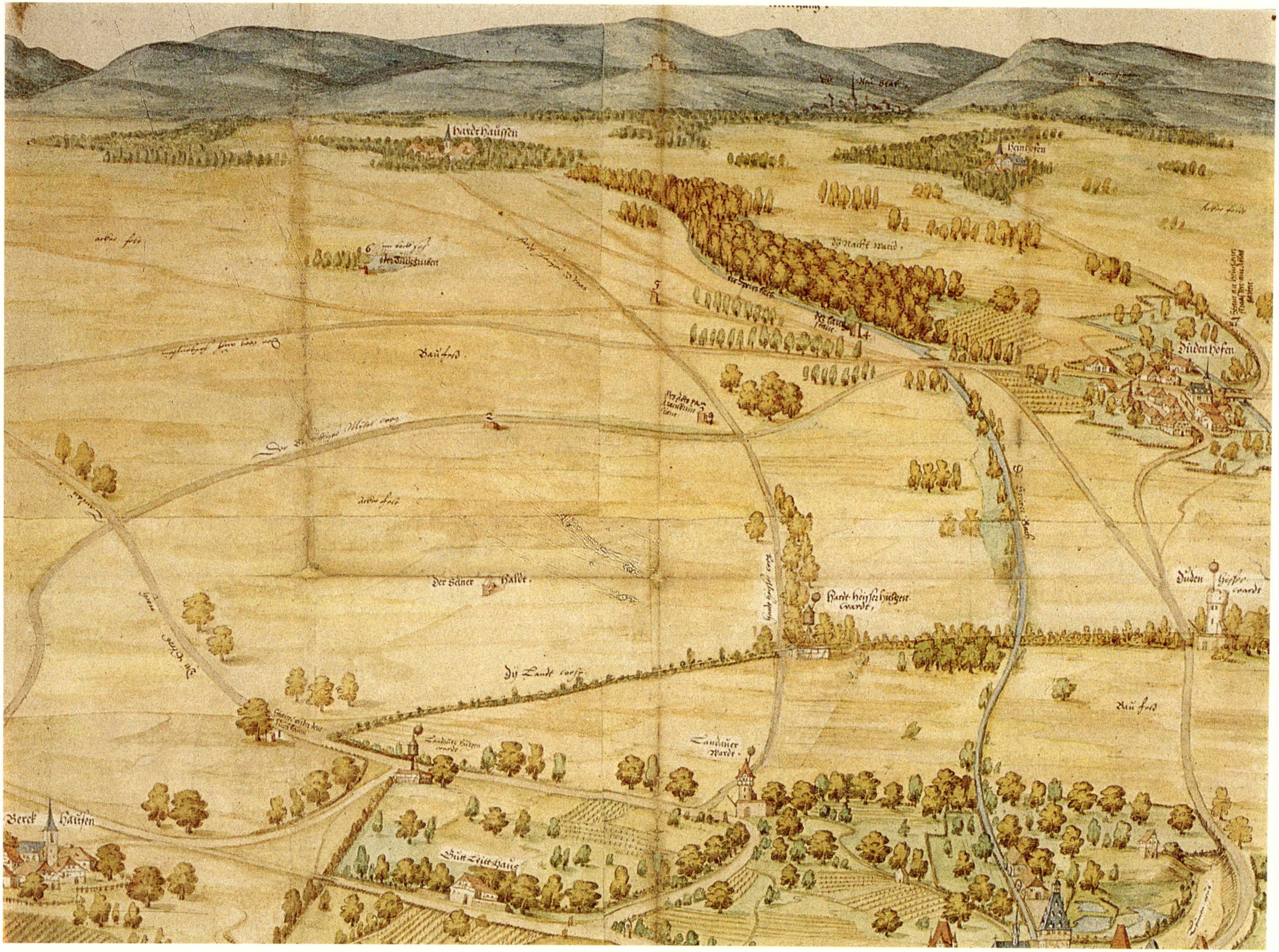

Bild 5

BILD 6

Imposant liegt sie da, *die stat Spira,* mit ihren knapp zwanzig Toren und Türmen und fünfzehn Kirchen, Kapellen und Klöstern, wenn wir recht gezählt haben. Daß es in Wirklichkeit mehr als dreimal soviel waren, kann man Zeichner und Holzschneider nicht zum Vorwurf machen; konnte er doch von seinem sogar zwiefachen Standort aus bei aller Kunst nicht das ganze Speyer in das Bild bekommen.

Klüpfelsau-Plan und Flurplan, bisher als die ältesten Darstellungen der Stadt angesehen, haben sich als um ein halbes Jahrhundert jünger erwiesen. So ist der HOLZSCHNITT aus Sebastian MÜNSTERS COSMOGRAPHIE als Gesamtdarstellung der Stadt dem Alter nach an die erste Stelle gerückt.

Anno 1550 erschien in Basel die „Cosmographia – Beschreibung aller Lender durch Sebastianum Munsterum, in welcher begriffen Aller völcker, Herrschafften, Stetten und namhafftiger flecken Herkommen" in dritter Auflage, zum ersten Male mit einer wirklichkeitsgetreuen Abbildung der *Reichstatt Speier, so vor alten zeiten Ciuitas Nemetum, das ist Nemeter statt hat geheissen.* Der aus Ingelheim gebürtige Münster (1488), der sich nach dem Studium bei Jakob Reuchlin zuerst als Hebraist einen Namen in der wissenschaftlichen Welt gemacht hatte, war 1529 von Heidelberg nach Basel übergesiedelt, wo er seit 1536 auch Mathematik lehrte. Zeitgenossen und Nachwelt wurde er in erster Linie als Geograph und Historiograph eben durch seine Cosmographie bekannt, die 1544 und 1546 bereits in zwei Auflagen, aber ohne echte Abbildungen der beschriebenen Städte erschienen war. Erst in der dritten Auflage von 1550 war es Münster gelungen, den Beschreibungen wirklichkeitsgetreue Darstellungen der Städte beizugeben. Speyer hat der Formschneider Heinrich Holtzmüller geschnitten, der in Bern und Basel um 1550 tätig war. Die Vorlagezeichnung stammt sicher nicht von ihm. Münster, der Speyer gewiß aus eigener Anschauung kannte und gute Beziehungen dorthin gehabt haben muß, gibt auf dem Titelblatt vor dem Bild von Speyer in der Cosmographie an, er habe das Bild von einem hochweisen Rat der Stadt durch Vermittlung des Rechtsgelehrten Lupold Dick erhalten. Es ist also so gut wie sicher, daß die Zeichnung von einem Speyerer Künstler stammt.

Der Mittelsmann, Leopold Dick, war in Speyer kein Unbekannter. Er war seit 1527 als Prokurator und Advokat am Reichskammergericht, also seit dessen Verlegung nach Speyer, tätig. Er ist noch 1565 bezeugt, 1572 wird seine Witwe genannt. In der Chronik des Grafen Werner von Zimmern, der 1550 Kammerrichter, also oberster Richter des Gerichts war, kommt Dick nicht sehr gut weg. Er war ein Freund des Kartenspiels, den die einen für einen guten Schalksnarren, d.h. Unterhalter und Spaßvogel, die anderen aber für einen schlechten Biedermann hielten; sie meinten, die Welt wolle solche Leute haben und betrogen sein. Seine eben erwähnte Frau war selber eine reiche junge Witwe gewesen, von deren Geld er sich ein Schlößchen gekauft hatte. Da Dick streng katholisch war, verwundert es, daß Münster, der selber reformiert war, ihn als Mittelsmann eingeschaltet hat.

Die Münstersche Darstellung, wie sie der Einfachheit halber genannt sei, legt das Bild der Stadt in der Vedoutenkunst des 16. und 17., ja sogar noch des 18. Jahrhunderts weithin für alle Nachfolger fest: Im Vordergrund der Rhein mit der Lußheimer Fähre, dahinter das Vorgelände vor der Stadt mit der Klüpfelsau und schließlich diese selbst mit dem Dom in der Bildmitte, begleitet im Norden, rechts im Bild, vom Stift St. Guido, dem Weidenberg: so wird – mit wenigen Ausnahmen – die Münstersche Darstellung von Speyer zum Standard für fast alle folgenden Abbildungen der Stadt.

Katalog Nr. 1.2.02

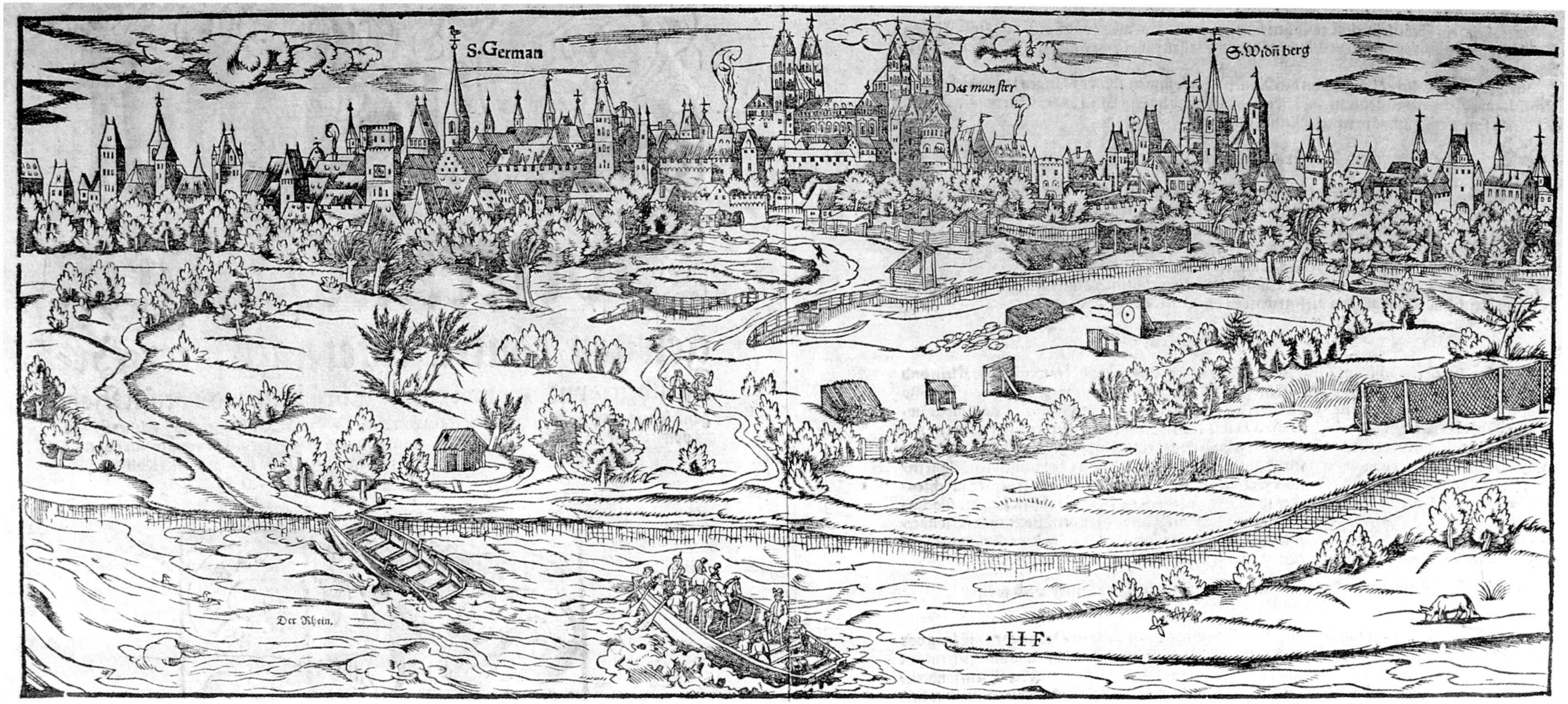

BILD 6

BILD 7

Im ersten Band des Standardwerks der Topographie „Civitates orbis terrarum", das der Kölner gelehrte Theologe Georg BRAUN herausgab, erschien 1572 auf einem Doppelblatt das Bild dreier Städte: oben Heidelberg, unten Worms, in der Mitte SPEYER. Als Vorlage diente, wie der Augenschein zeigt, Münsters Holzschnitt, hier nun aber in der Technik des Kupferstichs als Radierung gestaltet. Das Bild ist breiter als die Münstersche Darstellung, dafür aber viel niedriger. Die größere Breite wurde dadurch erreicht, daß am rechten wie am linken Rand ein gutes Stück Landschaft angestückt wurde. Der Rhein im Vordergrund erscheint schmäler, die Fähre ist gerade vom linken Ufer abgestoßen. Die Abfolge der Mauer- und Kirchtürme entspricht der Darstellung von Sebastian Münster. Schöpfer dieser durch die geringe Höhe elegant wirkenden Radierung war der Kupferstecher FRANZ HOGENBERG aus Mecheln, der seit 1567 in Köln wirkte, wo er wahrscheinlich 1590 starb. Das insgesamt sechsbändige Werk, das erst 1617 abgeschlossen war, erschien zuerst in lateinischer, dann auch in deutscher und französischer Sprache.
Alle Stiche sind auf der Innenseite eines Doppelblattes wiedergegeben, auf dessen erster Vorderseite der Text zu den Bildern steht, der von Braun stammt; wie das Bild fußt auch er im wesentlichen auf dem Text Münsters.

Wie Münster hat auch Hogenberg nur den Dom und das St. Guidostift durch eigene Beschriftung gekennzeichnet. Der kurze Text in der Ecke oben links lautet in deutscher Übersetzung:
Speyer, eine berühmte Stadt vor allem des Reiches, aber auch des Bischofs, in Deutschland, deren Bewohner einst Nemeter, die Stadt selbst aber Nemetum genannt wurde …

Katalog Nr. 1.3.01

Bild 8

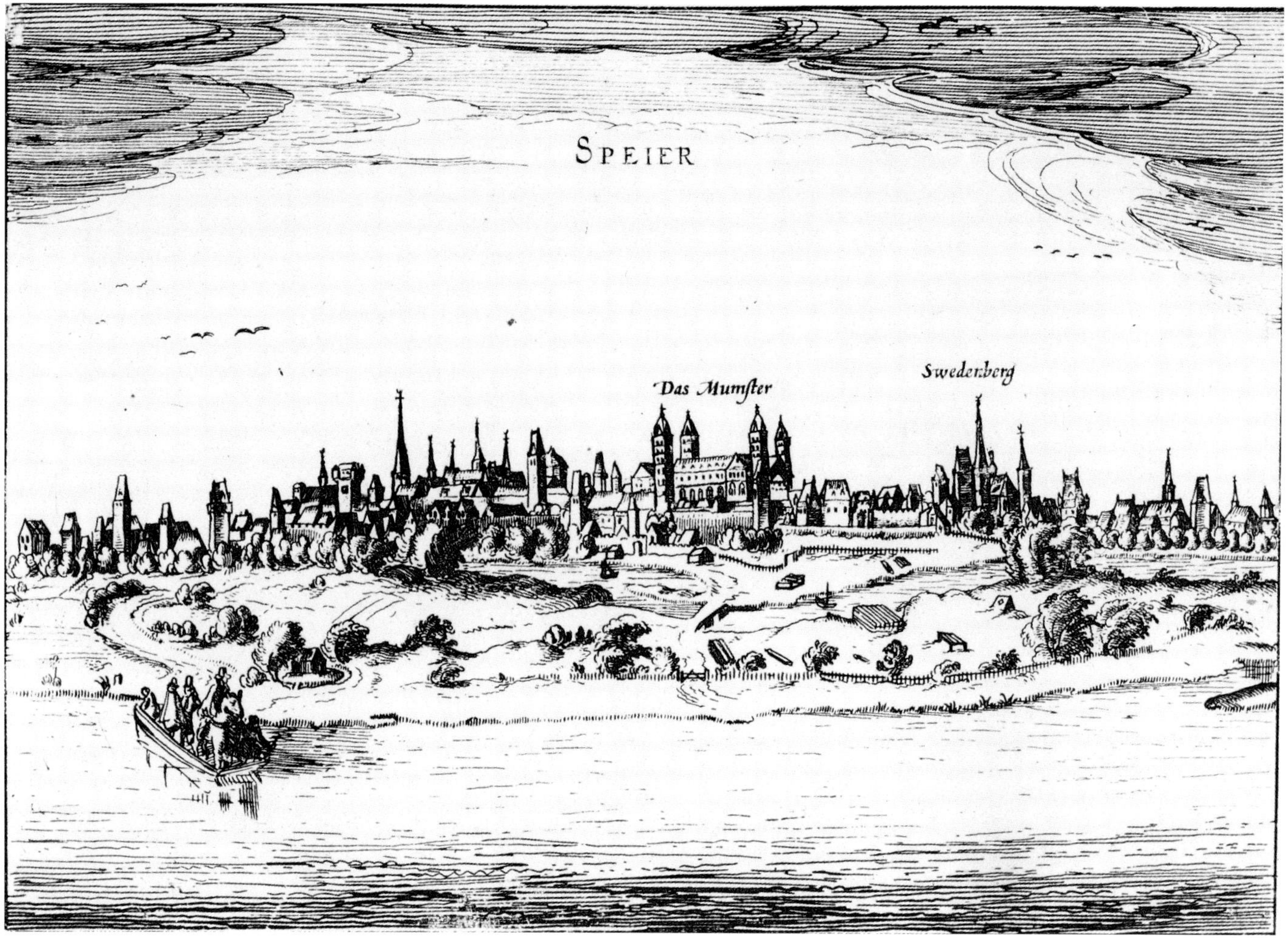

Im Jahre 1616 erschien im Verlag des Johannes Janßon in Amsterdam das Werk „Commentariorum rervm Germanicarvm Libri Tres“, d. h. „Drei Bücher Kommentare zu den deutschen Angelegenheiten“ in einem Quartband mit durchgehender Seitenzählung aus der Feder des Peter de Bert (Bertius), eines Theologen und Historikers an der Universität Leiden. Die beiden ersten Teile befaßten sich mit der Geschichte Deutschlands, erst der dritte bringt Abbildungen von Städten unter dem Titel „Tertius est praecipuarum Germaniae vrbium cum earum Iconismis et Descriptionibus“, also „mit Bildern und Beschreibungen der hervorragenden Städte Deutschlands“. Der Stecher der Bilder ist nicht bekannt, vielleicht war es Pieter van der Keere (Kaerius), der im selben Jahr 1616 bei dem Vater des Verlegers unseres Werkes in Arnheim eine Beschreibung Niederdeutschlands aus der Feder des Florentiners Ludovico Guicciardino wahrscheinlich bebildert hatte (vgl. das Exemplar im Stadtarchiv, siehe Katalog).

Unser Bild, das in dem Band auf Seite *670* steht, hat eindeutig den Stich aus Braun und Hogenberg zur Vorlage, ist aber vereinfacht und in Einzelheiten unzuverlässig. Auch die Beschriftung, die sonst selten bei den Bildern dieses Bandes anzutreffen ist, ist fehlerhaft: der Dom heißt *Das Mumster*, das St. Guidostift ist zum *Swedenberg* aus *S. Widenberg* verballhornt. Für einen Niederländer mag die Herkunft der Bezeichnung S. Widenberg aus der Vorlage Hogenbergs unverständlich gewesen sein. Allerdings hat der Name nichts mit Weiden oder einer Weide zu tun, sondern ist – wie die Form bei Hogenberg und schon bei Sebastian Münster belegt – von der deutschen Form des Namens Guido – Wido – abgeleitet; als sich im 16. Jahrhundert die Diphtongierung des langen *I* im Wortinnern durchsetzte – aus *Spira* und *Spire* wurde *Speir, Speier* – wandelte sich der Widenberg zum Weidenberg.

Katalog Nr. 1.3.03

ET CIBO ET POTU ET BONA CONSCIENTIA.

Si cibús et potús bon9 et mens conſcia recti, Ultima ſi dicat, SALVUS ES, hora, ſat eſt,

Ein gſúnden Biſſen, Ein gút Gewiſsen,
Ein reinen Trúnck, Ein Selign ſprúng,

Aús dieſem Leben, — — — —
Woll mir mein Gott auß gnaden geben.

BILD 9

Bild 9

Das Bild ist aus dem „Politischen Schatzkästlein“ des Daniel Meisner, eines poeta laureatus aus Komotau in Böhmen. Der volle Haupttitel des im Octavformat(quer) mit zwei ersten Heften 1623, je zur Frankfurter Fasten- und zur Herbstmesse erschienenen Bändchens, das schon im folgenden Jahr mit zwei weiteren Teilen fortgesetzt wurde, lautete „Thesaurvs philopoliticvs. Hoc est: emblemata sive moralia politica ... Politisches Schatzkästlein guter Herren vnd bestendiger freundt. Das ist: Auserlesene schöne Emblemata vnd Moralia ... Sampt gewissen Abbildungen der fürnembsten Stätte ...“ Mit diesem Titel gibt sich Meisners „Schätzkästlein“ als Emblembuch zu erkennen, wie sie seit dem 16. Jahrhundert, vor allem aber dann in der Barockzeit alle Interessengebiete erfaßten, besonders aber der moralischen Unterweisung dienen sollten, um die Menschen zu sittlicher Besserung des Lebens zu führen. Das barocke Emblem war ganz bestimmten formalen Gesetzen unterworfen, die Meisner in seinen Gedichttexten gewissenhaft eingehalten hat. Das einzelne Emblem bestand nach diesen Regeln aus einem kurzen Motto, inscriptio oder symbolum genannt, einem Bild (pictura, icon) und einem ausführlicheren erklärenden Text (subscriptio), der oft in Versform gekleidet war. An dieses Schema hält sich Meisner akkurat, wie auch aus dem Speyerer Bild zu ersehen ist.
Das gesamte Werk wuchs bis 1631 auf zwei Bände mit je 8 Teilen und insgesamt 830 Städtebildern; diese Zahl hatten bis dahin selbst die „Civitates“ Braun und Hogenbergs nicht erreicht. Wer nun die Idee hatte, mit den Emblembildern – samt dem beigefügten Motto und den Versen der „subscriptio“ – Städtebilder zu kombinieren, ist nicht zu sagen; ob es der Verleger und Kupferstecher Eberhard Kieser in Frankfurt oder der preisgekrönte Dichter Meisner war, wissen wir nicht. Jedenfalls erforderte ein solches Werk eine enge Zusammenarbeit zwischen Dichter und Graphiker, letzterer mußte wohl die nur nachvollziehende Rolle des Mitarbeiters überschreiten. In seiner Vorrede weist Meisner jede Verbindung zwischen dem dargestellten Emblem samt Motto und Versen und der dargestellten Stadt entschieden zurück.

Das Speyerer Bild, dessen Stecher nicht bekannt ist – es konnte Kieser selbst, aber auch Matthäus Merian sein, der gerade an den Bildern des 2., 3. und 4. Teiles des ersten Bandes beteiligt war und dessen 5. Teil ganz gestochen hat –, ist im 4. Teil des ersten Bandes als Nr. 42 enthalten. Das Emblembild mit dem vornehm gekleideten, reichen Herrn vor der üppig gedeckten Tafel, den beiden Weinkannen vor und dem prunkvollen Alkoven hinter dem Tisch wird sinngemäß mit dem Spruch der subscriptio gedeutet: Du kannst gut essen und gut trinken – wenn Du nur ein gutes Gewissen hast; das genügt, um im letzten Stündlein gerettet zu werden. Ein Spruch, der barocke Lebensfreude nicht treffender zum Ausdruck bringen könnte. Hinter diesem Sinnspruch, der in der darunter stehenden Übersetzung ins Deutsche ein wenig verharmlost ist, fließt hinter dem Podest der Rhein mit der Lußheimer Fähre darauf und erhebt sich Speyer nach dem Kupferstich des Petrus de Bert (Bild 8), wobei dessen Stadtbild links und rechts geringfügig beschnitten ist.
Soll man sich, auch wenn Meisner bestreitet, Stadt und Text des Emblems hätten miteinander zu tun, nicht doch zu der Annahme verleiten lassen, daß die Speyerer am Beginn des Dreißigjährigen Krieges, als in Deutschland „die Lichter ausgingen“, lebensfreudige, ja lebenshungrige Genießer in einer reichen Stadt gewesen sind? Oder sollen sie gar als genußsüchtige Spießer auf den Arm genommen werden?

Katalog Nr. 1.3.05

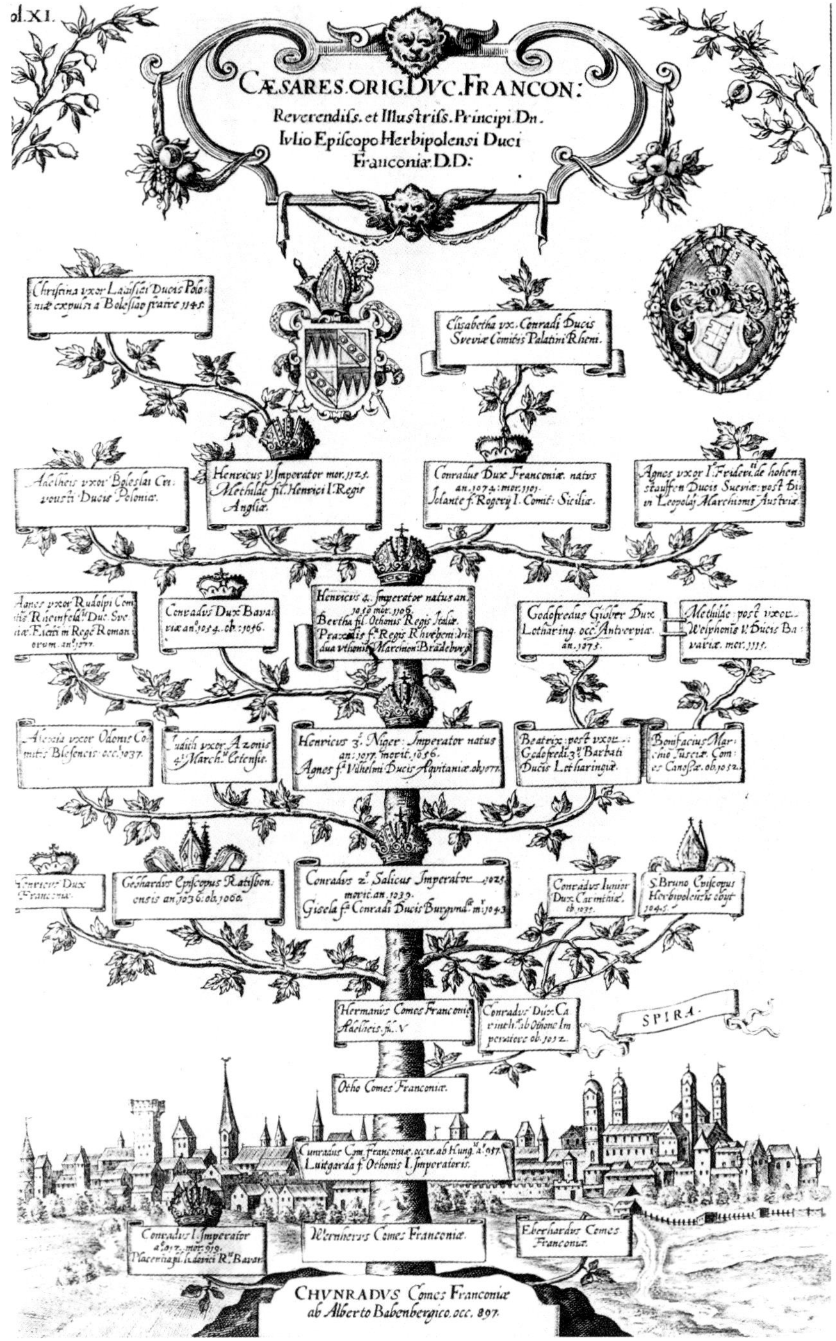
CÆSARES.ORIG.DVC.FRANCON:
Reverendiss. et Illustriss. Principi. Dn.
Ivlio Episcopo Herbipolensi Duci
Franconiæ D.D:
SPIRA
Wernherus Comes Franconiæ.
CHVNRADVS Comes Franconiæ
ab Alberto Babenbergico. occ. 897.

BILD 10

Bild 10

Es ist schon auffallend, daß die Texte, die Sebastian Münster und Georg Braun ihren Abbildungen von Speyer beigaben, die Bedeutung des salischen Kaiserhauses für die Geschichte der Stadt kaum berühren. Erst in Merians Topographia Palatinatus Rheni von 1645 wird der salischen Herrscher und ihrer Gräber im Dom und dessen Bau gedacht. Ohne Zweifel hat hierbei die Chronika der Freien Reichsstadt Speyer des Christoph Lehmann, deren erste Auflage 1612 erschienen war, entscheidend mitgewirkt.
Daß trotzdem der Zusammenhang Salier – Speyer nicht vergessen, sondern durchaus bewußt war, läßt sich aus einer Stammtafel der Kaiser aus dem fränkischen Herzogshaus, worunter die Salier zu verstehen sind, entnehmen, die erstmals 1608 in Augsburg von dem Florentiner Antonius Albizius in einem Werk mit Stammtafeln christlicher Herrscher herausgegeben und von dem aus Antwerpen stammenden Dominicus Custos (Coster) in Kupfer gestochen worden war. Auf dem 11. Blatt dieses genealogischen Werkes ist der Stammbaum der salischen Kaiser mit ihren Vorfahren ab einem Grafen Conrad vom J. 897 bis zu Kaiser Heinrich V., dem letzten Salier auf dem Königsthron wiedergegeben. Zwar ist die Stammtafel beileibe nicht frei von Fehlern, aber es sei damit genug, richtig zu stellen, daß der Vater Kaiser Konrads II. nicht Hermann, sondern Heinrich hieß und daß es, bis 1168, kein Herzogtum in Franken gab; erst damals erhielt der Bischof von Würzburg den Titel eines Herzogs.
Der älteren Geschichtsschreibung war die Bedeutung der Salier für Speyer durchaus bewußt. Statt vieler Belege braucht nur die bekannte Stelle aus der Lebensbeschreibung Bischof Bennos von Osnabrück, eines der Architekten des Speyerer Domes, zitiert zu werden: „Die Stadt Speyer war gerade zu der Zeit, da sie, verarmt und vor Alter baufällig, fast aufgehört hatte, ein Bischofssitz zu sein, durch die Fürsorge und den frommen Eifer der Kaiser, die gegenwärtig dort begraben liegen, umgestaltet worden, wie man jetzt dort sieht, und neu erstarkt. Denn jene frommen Kaiser schienen es sich zum löblichen Vorsatz gemacht zu haben, weil es ihnen versagt war, aus ihren reichen Mitteln im Reiche ein neues Bistum zu gründen, dieses damals fast ganz herabgekommene Speyer auf ihre Kosten zu verjüngen und ihrem Gedächtnisse zu weihen."

Ohne Übertreibung darf man sagen, daß in der Tat die salischen Kaiser, nicht nur durch den Dombau, sondern durch Verleihung von Rechten an Bistum und Stadt diese zu ihrer späteren Blüte befähigt haben; wenn wir natürlich auch kein Bild der Stadt aus dem 11. und 12. Jahrhundert besitzen – was uns die frühen Gesamtansichten von Sebastian Münster und Braun und Hogenberg zeigen, ist ohne die Voraussetzungen, die die salischen Herrscher in baulicher, rechtlicher und wirtschaftlicher Hinsicht geschaffen haben, gar nicht denkbar. Neben dem Dom waren in den 100 Jahren ihrer Herrschaft ja auch die großen Stiftskirchen St. Guido und Allerheiligen an den Außenpunkten der Stadt gegründet und dazu bedeutende Bauwerke errichtet, war die Stadt ummauert worden und hatte einen beispiellosen wirtschaftlichen Aufschwung genommen; dehnte sich doch in ihrer Zeit die von den Mauern umschlossene Fläche von etwa 10 Hektar auf über 60 Hektar – ohne die späteren Vorstädte bei St. Gilgen, Altspeier, vor dem Weißen Tor und über Hasenpfuhl, die erst später ummauert wurden. So ist es voll und ganz berechtigt, wenn der Stecher Custor aus Anwerpen 1608 hinter dem aufragenden Stammbaum der Salier – er nennt sie Herzöge von Franken – ihre Stadt Speyer abbildet, gewiß vereinfacht gegenüber den Vorbildern Münster und Hogenberg – aber doch erkennbar als bedeutende, blühende Stadt.

Katalog Nr. 1.5.01

Speÿer.
RHENUS FLUVIUS
1. S. Marcus. 2. S. Iacob. 3. S. Marxthor. 4. Barfüßer Closter. 5. Capuciner Closter. 6. S. German. 7. Alt Portlein. 8. S. Iohannes. 9. Iesuiter Coll. 10. Die Domkirch. 11. Des Bischoff hofe.
12. Weidthor. 13 Widenberg S. Guidon 14. S. Martha. 15 S. Clara. 16. Lazaret.

BILD 11

BILD 11

Die Frage, ob Matthäus MERIAN D. Ä. als Verleger, als Zeichner oder als Kupferstecher bedeutender gewesen ist, dürfte kaum zu entscheiden sein. Am augenfälligsten ist sicher sein verlegerisches Werk, das nicht nur Einzelbände, sondern so wichtige Reihen wie das Theatrum Europaeum und die Topographien der Länder umfaßt, von denen er selber bis zu seinem Tode 1650 in Schwalbach 12 Bände, die ganz Ober- und Westdeutschland und die Schweiz behandeln, herausgebracht hat; seine Erben setzten dieses bedeutendste Werk für die Städtetopographie fort mit Niederdeutschland, Frankreich und Italien.

Die ANSICHT VON SPEYER war bereits 1637 (als Erscheinungsjahr ist 1638 angegeben) in der Neuen ARCHONTOLOGIA cosmica erschienen, und man hat vermutet, daß Merian nicht nur den Kupferstich selber gestochen, sondern auch die Zeichnung dazu schon fast zwei Jahrzehnte vorher in seiner Oppenheimer Zeit, während der er öfter in Heidelberg weilte, also etwa von 1618–1620, gefertigt hat. Die angebliche Originalzeichnung Merians zum Stich von Speyer (Katalog Nr. 1.4.010) ist sicher nicht als solche anzusprechen, wie ein Vergleich mit echten Merianzeichnungen schnell erweist; man betrachte etwa die Zeichnungen, die Karl Rudolf Müller in den Mitteilungen des Historischen Vereins der Pfalz 1986 (Bd. 84) untersucht und eindeutig Heidelberg zugewiesen hat.

War Merian wirklich der Zeichner und Stecher des Blattes von Speyer, so sind ihm verschiedene gravierende Fehler in der Zuweisung einiger auf dem Stich dargestellter Gebäude unterlaufen. So bezeichnet er unrichtig das Allerheiligenstift mit der Ziffer 2 als *S. Jacob*, das Weiße oder Rheintor (Ziffer 4) als *S. Marxtor*, die Ziffer 7 als *S. Joannes* (eher St. Bartholomäus), mit Nr. 12 den Eurichs- oder den Roten Turm (?) als *Weid*(en)*tor;* auch Ziffer 14: *S. Martha* (= St. Martin) ist unsicher, vielleicht stellt diese Kirche eher das Kloster St. Magdalena dar.

Kennzeichen der frühen Stadtansichten Merians in ebener Landschaft ist das Fehlen einer Hintergrundkulisse; die Standpunkte des Zeichners lagen naturnotwendig niedrig und waren damit ohne Hintergrundperspektive. Als Ersatz setzt er das zeichnerische Mittel einer lebendigen Bewölkung ein und gewinnt so die gewünschte räumliche Tiefe. Das trifft auch genau für unsere Speyerer Ansicht zu. Dem gleichen Prinzip folgt die Verteilung von Licht und Schatten: Während Vorder- und Mittelgrund – den Fluß ausgenommen – verhältnismäßig dunkel sind, ist das eigentliche Bild der Stadt durch lichtere Strichführung hervorgehoben. Dadurch erreicht der Künstler eine reiche und fein abgestufte Darstellung, die – belebt durch viele menschliche Figuren in mannigfaltiger Tätigkeit – sein Bild der Stadt so reizvoll und lebendig wirken lassen.

Mit diesem Kupferstich hat Merian ohne Zweifel die künstlerisch bedeutendste Ansicht des alten Speyer vor der Zerstörung von 1689 geschaffen, die zugleich auch die selbst in Details zuverlässigste und genaueste ist.

Katalog Nr. 1.4.01

BILD 12

Matthäus Merians Ansicht von Speyer geht auf die ersten Jahre des Dreißigjährigen Krieges zurück, als die Stadt von dessen Auswirkungen noch nicht getroffen war. Zwar hatten kaiserliche Truppen bereits 1620 Speyer besetzt, aber die Belastung war zunächst mehr wirtschaftlich-finanzieller Art. Verhängnisvoller als die feindliche Besatzung war ab 1623 in seinen militärischen Folgen der Wieder- und endgültige Ausbau der Festung Philippsburg auf dem Boden der alten bischöflichen Residenz Udenheim bis in die Zeit der Französischen Revolution. Philippsburg war eine der stärksten und deshalb am härtesten umkämpften Festungen in den Kriegen der nächsten zwei Jahrhunderte; Speyer mit seiner veralteten mittelalterlichen Stadtbefestigung war aber der geeignetste und immer wieder benutzte Stützpunkt für Belagerungen der mächtigen Fortifikation auf dem rechten Rheinufer, die kaum sechs Kilometer Luftlinie entfernt war. Das ganze Umland wurde jedesmal, wenn wieder Krieg das Land überzog, zum Tummelplatz der feinlichen Armeen.
1630 hatte Schwedens König Gustav Adolf in den deutschen Bruder- und Konfessionskrieg eingegriffen und im Jahr darauf den kaiserlichen Feldherrn Tilly bei Breitenfeld besiegt; das Reich stand damit seinem Zugriff offen. Er selbst besetzte Mainz, Anfang 1632 bot der schwedische Obrist Horneck dem Rat der Freien Reichsstadt Speyer an, sich wie Worms unter den Schutz der Schweden zu stellen. Die Stadt nahm das Angebot an, im Februar kam die schwedische Besatzung nach Speyer, wo sie hauptsächlich in die Häuser der katholischen Geistlichkeit gelegt wurde. Am 30. April 1632 rückten die Spanier vor Speyer, ebenso vor Philippsburg.
Unser KUPFERSTICH, der in Speyer von dem Buchdrucker Georg BAUMEISTER im selben Jahr als Flugblatt gedruckt wurde, gibt die nur drei Tage dauernde Belagerung von Speyer von Ende April wieder, während der vor allem die Vorstadt Altspeier beschädigt und von den Verteidigern zum Schutz angezündet wurde. Abgebildet ist hier nur ein Ausschnitt des Blattes, das Günter Stein in den Mitteilungen des Historischen Vereins 1986 veröffentlicht hat. Die Stadt ist aus der Vogelschau von Osten dargestellt. Gut zu erkennen sind die innere Stadt und die vier Vorstädte, Altspeier ist in Rauch und Flammen gehüllt, die Stadt wird von Süden nach Norden mit Steilfeuer belegt, direkter Beschuß ist gegen das Marxtor im Süden, den Roten Turm im Norden gerichtet, der von der Gilgen- und der Hasenpfuhl-Vorstadt aus, auch aus dem Schmiedturm und dem Eurichsturm erwidert wird.
Obwohl der Maßstab des Stiches klein und die Wiedergabe des Stadtbildes ziemlich unbeholfen ist, sind viele Details erkennbar wiedergegeben. Ganz unten, oberhalb der *Klüpfel Aw,* steht der Dom am Ostende der Hauptstraße, die sich in leichtem Schwung zum Altpörtel hinzieht. Im Nordwesten erheben sich die zwei Chortürme des Guidostiftes; von den Pfarrkirchen kann man die Bartholomäuskirche in der heutigen Wormser Straße, auf dem heutigen Königsplatz die Moritzkirche, links davon das Franziskanerkloster, dahinter wohl die Peterskirche erkennen. Ganz im Norden, vor Altspeyer, ist sogar die Rotunde des Hl. Grabklosters, daneben das Wormser- und das Diebstor auszumachen.
Am 3. Mai kapitulierten die 700 Schweden vor den 14000 Spaniern unter dem Grafen von Emden; am gleichen Tag gaben die Schweden nach dreitägiger Beschießung auch Philippsburg auf. Doch schon Anfang Juli fielen beide, Speyer und Philippsburg, wieder in schwedische Hände. Noch über ein und ein halbes Jahrzehnt sollte der Krieg fortdauern ...

Katalog Nr. 5.1.01

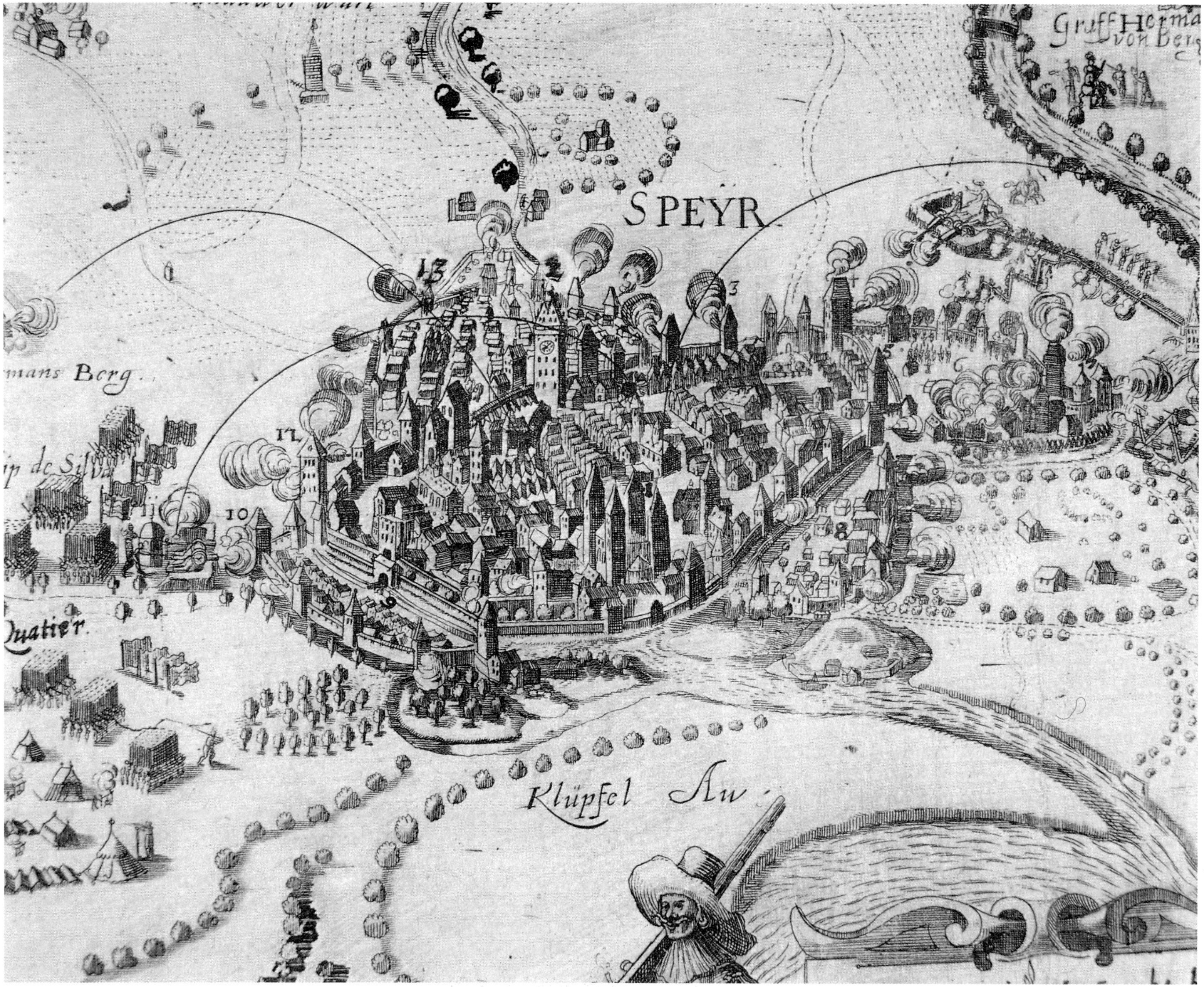

BILD 12

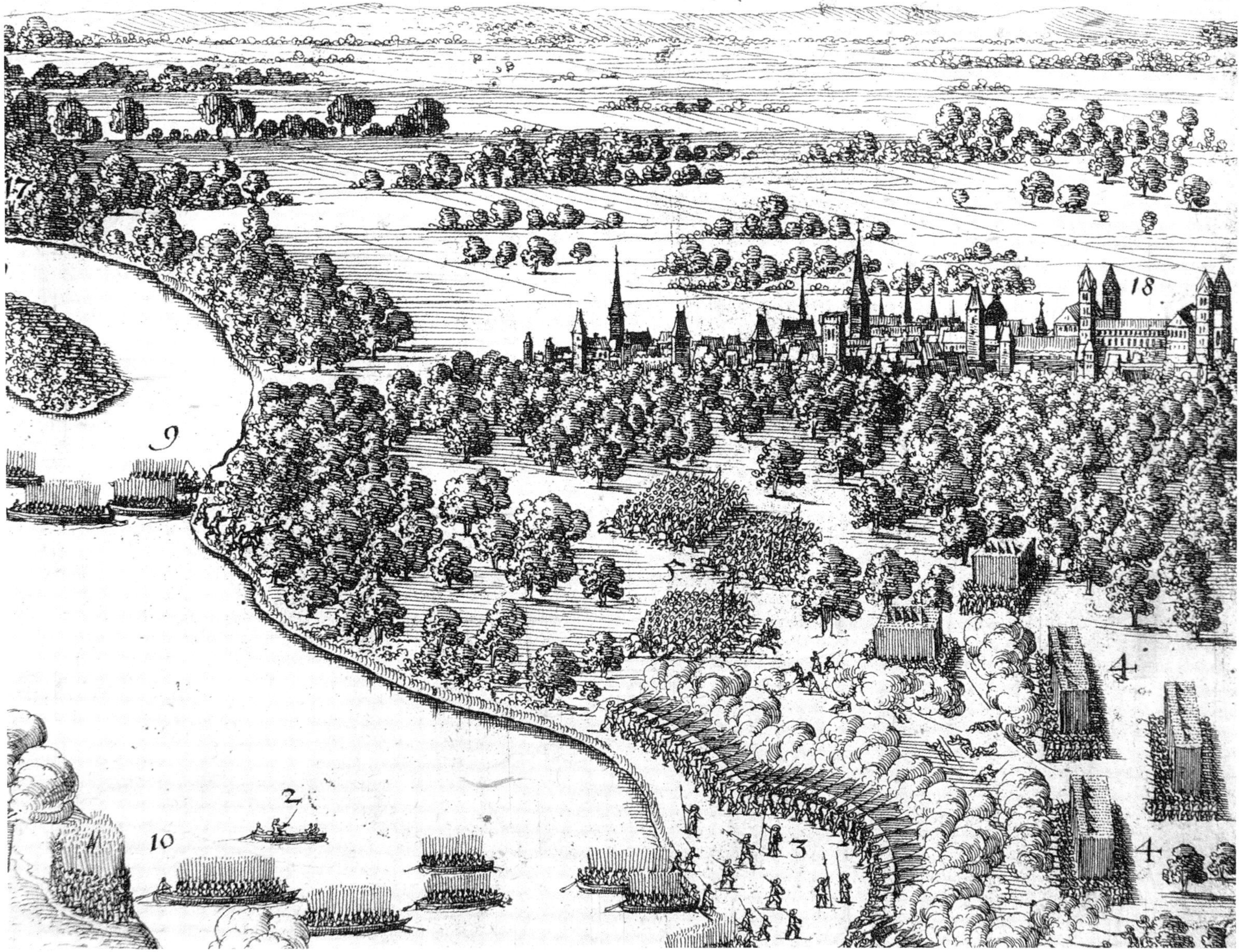
17
18
9
4
4
2
10
3

BILD 15

Der Prager Radierer und Kupferstecher Wenzel HOLLAR, den wir schon als den Hersteller der Vorlage zu dem Rheinübergang 1635 soeben kennen gelernt haben, ist auch der Schöpfer der kleinen, nur etwas mehr als 5 cm auf knapp 10 cm großen RADIERUNG, die den Mündungsarm des SPEYERBACHS in den Rhein mit dem unteren Kran zeigt; am Ufer liegt ein Zweimaster, der soeben mit Hilfe des Krans entladen worden ist; dabei ist das Ladegut gelagert. Der Kran ist uns schon vom Speyerer Klüpfelsau-Plan her bekannt (Bild 2). Im Hintergrund des Bildes sind rechts von Norden der Dom – *Der Thumb* – und einige Mauertürme, davor der obere Kran zu sehen.

Es ist merkwürdig, daß Hollar den Dom seitenverkehrt wiedergegeben hat; links, zum Rhein, erhebt sich das Westwerk, rechts, gegen die Stadtseite, Querhaus und Chor. Der Fehler ist bemerkt worden, Hollar oder ein anderer hat versucht, ihn zu verbessern: Man hat das ganze Bild herumgedreht; nun war zwar der Dom seitenrichtig, aber er lag mit der Stadt auf dem rechten Rheinufer – die Verwirrung ist nun vollständig! Doch beeinträchtigt dieser Fehler das hübsche Bildchen nicht, wenigstens nicht den, der nicht allzu genau hinschaut. –

Die Radierung erschien 1635 bei dem Verleger und Kupferstecher Abraham Hogenberg in Köln unter dem Titel (verdeutscht): „Die anmutigsten einiger Orte aus verschiedenen Provinzen", also im gleichen Jahr wie die Überfahrt der Kaiserlichen von Philippsburg nach Speyer. Freilich kann die Radierung schon vorher entstanden sein, etwa 1629/30, als Hollar den Rhein bis Köln bereiste, und das Übersetzen der Truppen von 1635 könnte durchaus auch später gestochen worden sein, denn in diesem Jahr weilte er noch in Amsterdam.

Dem mag sein, wie ihm wolle: Hollar hat uns in der Tat eine der anmutigsten Ansichten des alten Speyer, wenn auch mit einem originellen Fehler geschenkt.

Katalog Nr. 1.5.03

Bild 16

BILD 16

Der KUPFERSTICH, den unser Bild zeigt, ist einem Ereignis des Jahres 1644 gewidmet. Immer noch wütete der Krieg, als im August 1644 französische Truppen unter dem Duc d'Enghien Philippsburg und Speyer den kaiserlichen Truppen entrissen. Der Stich, der unten SPEYER abbildet, ist von einem bewölkten Himmel überhöht, in dessen Mitte vier Putten das von Lorbeergirlanden und Draperien umrahmte Porträt des siegreichen Herzogs halten; das Ganze ist von einem ornamentierten Rahmen umgeben. Das komplizierte Druckverfahren ist im Katalogteil beschrieben.

Die Stadtvedoute von Speyer – *Spir* –, also der untere Teil des Bildes ist dem Kupferstich von Matthäus Merian von 1645 getreu nachgestochen, doch etwas vergrößert; das Gelände vor der Stadt ist, entgegen der Vorlage, heller gehalten.

Erschienen ist das Bild zum ersten Mal in dem großen Werk des Chevalier Sebastien de Pontault de Beaulieu, der um 1612 geboren wurde, mit 15 Jahren in die Armee des französischen Königs Ludwigs XIII. eintrat und wahrscheinlich gerade 1644 bei der Eroberung von Philippsburg den rechten Arm verlor. „Als Invalide versuchte er zum Ruhme der französischen Armee und seines Königs, Ludwigs XIV., beizutragen, indem er linkshändig alle Gefechte, Schlachten und erfolgreichen Belagerungen aufzeichnete, um sie in einem monumentalen Werk der Nachwelt zu überliefern." (Fauser) Es trägt, verdeutscht den Titel: „Pläne der Städte, Schlachten, Siege und Erorberungen, die die Armeen der allerchristlichsten Könige von Frankreich und Navarra, Ludwigs XIII. und Ludwigs XIV. über ihre Feinde davongetragen haben; aufgezeichnet an den Orten durch den Ritter von Beaulieu ..." Eine eigene Zeichnung dürfte Beaulieu sich erspart haben, er hat nur den Text geschrieben und als Bild von dem Stecher Nicolas Cochin die Vorlage Merians übernehmen lassen, der die Stadtansichten mit dem pompösen barocken Beiwerk versah. Das voluminöse Gesamtwerk ist zum ersten Male um 1676 erschienen; doch sind sehr wahrscheinlich einzelne Partien schon bald nach den jeweils dargestellten Ereignissen herausgegeben worden. Beaulieu bzw. Cochin müssen also die Meriansche Vorlage schon bald nach 1644/45 ausgewertet haben. Der prachtvolle Kupferstich kann als Zeugnis der Anfänge der französischen Rheinpolitik unter Kardinal Richelieu gewertet werden, die ein paar Jahrzehnte später der Stadt so verhängnisvoll werden sollte.

Katalog Nr. 1.4.04

Bild 17 und 18

Es ist schon auffällig, wenn ein niederländischer Maler am Ende des 17. Jahrhunderts viermal das selbe Bild - zwar mit gewissen Varianten, aber doch immer das gleiche Motiv – malt. Wenn dann gar noch ein zweiter Niederländer dieses Bild noch einmal nachmalt, so wird die Sache noch auffälliger. Holländer Maler der Zeit malten aber weiß Gott nicht für ihr Atelier, sie waren auf den Verkauf ihrer Bilder eingestellt. Wenn also der Maler und dann noch ein kopierender Kollege das selbe Motiv fünfmal dargestellt haben, so scheint eben dieses Motiv bei der Kundschaft recht beliebt, dessen Abbildung recht begehrt gewesen zu sein.

Der Maler war vielleicht Jacobus Storck, der – Mitglied einer holl. Malerfamilie – von 1641 bis 1687 in Amsterdam lebte. Das beliebte Motiv, das er viermal in ein Ölgemälde umsetzte, war eine Ansicht der Stadt Speyer, mit Dom, St. Guidostift, oberem Kran, Lußheimer Fähre, Segelschiffen auf dem Rhein u. a. m.; er benutzte sie als Versatzstücke, die er zu einem der topographischen Wirklichkeit nicht entsprechenden Gesamtbild komponierte. Das eine dieser Bilder des Jacobus Storck ist datiert auf *1683* und mit *J. Storck* signiert (Bild 17); es hängt im Historischen Museum der Pfalz in Speyer; die Kopie des zweiten Malers – vielleicht ist es Dionysius Verburgh aus Rotterdam († vor 1722) – wird im Kunstmuseum der Universität Uppsala (Schweden) verwahrt. Die drei undatierten Varianten des Bildes von 1683, vermutlich von der Hand Storcks, tauchen ab und zu im Kunsthandel auf, um dann wieder zu verschwinden.

Abgebildet werden zwei Bilder Storcks; das auf 1683 datierte und eine seiner Varianten. Die drei übrigen Bilder sind im Katalog beschrieben und in Kleinformat wiedergegeben.

Die Topographie der Wirklichkeit spielte, wie gesagt, für den Maler und erst recht für den Käufer gewiß keine Rolle; für ihn mag es sogar gleichgültig gewesen sein, ob auf dem Bild Speyer oder irgend eine andere Stadt zu sehen war, ihm kam es darauf an, die aus dem Alltag bekannten Dinge zu sehen: Wasser, Schiffe, Fähren, Kran und Hafenbetrieb, überhöht durch eine Stadt mit ihren Kirchen und Türmen. „Alle Ausdruckskraft ging auf in der intimen Suggestion einfacher Wirklichkeit und im verträumten Anblick stiller Fernen." (Huizinga).

Dem heutigen Betrachter kann das nicht ganz genügen, er möchte genaueres über die dargestellte Stadt wissen. Da stört zunächst, daß die Fähre, eine Gierfähre an einer Kette, nie den breiten Rhein hätte überqueren können, daß aber, wenn man den Wasserarm, an dessen Ufer die Fähre liegt, als „die Kleebach" ansieht, diese nie von einer Fähre befahren wurde, die Klüpfelsau vielmehr durch eine Brücke über die Kleebach, wie sie bei Merian und manchem seiner Nachstecher zu sehen ist, erreicht werden konnte. Viel spricht dafür, daß der Maler gerade Merian seine Versatzstücke entnommen hat; denn wie bei ihm würde der obere Kran am Rhein liegen, wo er nie war – man vergleiche den Klüpfelsauplan! –, die Fähre aber den Strom selbst überqueren. Die Speyerer Stadtsilhouette entspricht der Ansicht Merians. Der Dom, der zwar in Einzelheiten vielfach verzeichnet ist, erhebt sich mit seinen vier Türmen und den beiden Kuppeln hinter dem Kran, rechts davon ist die Bischofspfalz mit ihrem nordöstlichen Renaissanceturm auszumachen, daneben lugt hinter einem Schiffssegel der Gackturm mit seinen vier Ecktürmchen heraus, weiter rechts ragt das Guidostift mit seinen beiden mächtigen Chortürmen auf. Rechts davor ist die Klosterkirche St. Magdalena zu sehen.

Das zweite Gemälde, das abgebildet ist (Bild 18), zeigt im wesentlichen dieselbe Stadtansicht, doch ist der Vordergrund ganz erheblich variiert; das rechte Rheinufer ist nicht mehr zu sehen, links im Vordergrund erstreckt sich Land (eine Insel?), die es an dieser Stelle nie gegeben hat. Die Fähre hat fast den Strom überquert und wird bald am linken Ufer anlegen. Zwei große Bäume im Vordergrund rahmen den Dom ein. In der malerischen Komposition ist dieses zweite Bild dem ersten zweifellos unterlegen, auf dem die wuchtige Baumasse des Domes links auf der rechten Seite durch einen hohen Baum aufgewogen wird.

Welches Bürgerhaus in Holland mögen die Speyerer Ansichten aus der Zeit unmittelbar vor dem großen Brand dereinst geziert haben? Heute sind sie in alle Winde zerstreut, und von der Stadt, die sie einst abgebildet haben, gibt nur noch der Dom Zeugnis – alles andere ist verschwunden, bis auf die unscheinbare Klosterkirche St. Magdalena.

Katalog Nr. 6.1.01 u. 6.1.05

BILD 17

BILD 18

Beinahe ein ganzes und ein halbes Jahrhundert haben wir in Stadtansichten von Sebastian Münster bis zu den Ölbildern des Jacob Storck an unserem Auge vorbeiziehen lassen; immer handelte es sich um mehr oder weniger getreue Gesamtbilder der Stadt. Wie aber sah es in der Stadt und um ihre Mauern im einzelnen aus? Leider besitzen wir nur von wenigen Teilen des alten Speyer solche DETAILANSICHTEN.
Es ist geradezu ein Glücksfall, daß uns ein sehr altes Bild aus dem Jahre 1545 – noch fünf Jahre also vor dem Münsterschen Holzschnitt – von einer Partie der Stadt überliefert ist, die wir uns sonst in ihrer Erscheinung nicht so recht vorstellen könnten. Es ist eine Darstellung der Gegend ganz im Norden des alten Speyer am heutigen „Rauschenden Wasser" bei der Aral-Tankstelle, am früheren Wormser Tor. Hinter dem Bannerträger der Stadt in Landsknechtkleidung erhebt sich links der Diebsturm mit der Diebsbrükke über den Woogbach; vom rechten Bein des Landsknechts verdeckt, ist das Wormser Tor, das aus der Vorstadt Altspeyer herausführte, daneben die prachtvolle Rotunde des HEILIG-GRAB-KLOSTERS zu sehen, ein romanischer Bau des 12./13. Jahrhunderts nach dem Vorbild der Heilig-Grab-Kirche in Jerusalem. Christoph Lehmann berichtet in seiner Chronika der Freyen Reichsstadt Speier (S. 503, 3. Aufl. 1698) über die Entstehung dieses „bedeutenden romanischen Zentralbaues" (Röttger S. 522): *Es ist ein alte Schrifft vorhanden, ..., darin ist verzeichnet, daß vor alten Zeiten 2 Burger ein Wallfahrt gen Jerusalem des Herrn Christi Begräbnus zu besehen fürgenommen, welche sie mit gutem Glück verrichtet, und zu ihrer Wiederkunfft zu Speyr, zu End der Vorstadt Alt-Speyr ein Kirch und Begräbnus in gleicher Form und Muster, als die Kirch zu Jerusalem und die Mahlstatt des Herrn Christi angefangen, aber vor Vollendung der kostbarlichen Kirchen ihr Leben geendet und die Stifftung zu Unterhalt etlicher Klösterlicher Jungfrauen gericht haben; die jenige so das Gebäu zu Jerusalem und auch das zu Speyr besichtigt, die zeugen, daß sie in und außwendig durchaus gleicher Gestalt, Höhe, Grösse und Weite seynd; zu vermuten ists, daß zu Zeiten Kaysers Cunradi des III., als S. Bernhardus männiglich zur Reyß gen Jerusalem durch sein Predigen bewegt, solche Wallfahrt verricht und berührt Kloster zu erbauen angefangen.*
Lehmann berichtet weiter, daß Bischof Konrad von Scharfenberg, Reichskanzler, das Kloster dem Bruderorden des Heiligen Grabes in Denkendorf übergeben und Kaiser Friedrich II. ihm die Pfarrei Kirchheimbolanden überlassen habe. Die beiden Urkunden von 1207 und 1214 sind die ersten nachweisbaren und zeitgenössischen Dokumente, die die Kirche *apud Dieppruchen* – später zur Diebsbrücke verballhornt – erwähnen.
1585 verkaufte der Propst zu Denkendorf das Kloster, dessen vier letzte Insassen 1565 zur lutherischen Lehre übergetreten waren, an den Rat der Stadt Speyer, der darin ein Lazarett einrichten ließ. Alljährlich sollte in der Kirche am Mittwoch in der Karwoche den Feldsiechen eine Predigt gehalten und denen, *so der Evangelischen Religion zugethan, das H. Abendmahl gereicht* werden. 1689 steckten die Franzosen die Gebäude, die sieben Wochen vorher die Stadtzerstörung heil überstanden hatten, am 22. Juli in Brand ...

Vor beschriebenem Hintergrund schwingt der frumbe Landsknecht in prächtigem Wams und Pluderhosen sein Banner mit dem Speyerer Stadtwappen, just an dem Platze also, wo die alte Völkerstraße, die Dietstraße, in den Bering der Stadt eintrat. Er zählte zur Soldtruppe der Stadt, von der 1488 berichtet wird, daß der Rat zur Bekämpfung des Aufstandes in Flandern 74 wohlgerüstete Mann *deren Hüt halb rot und halb weiß*, also in den Stadtfarben gehalten waren, unter einem *Hauptmann, Waibel und Fenderich*, auf Kosten der Stadt dem Kaiser Friedrich III. zur Verfügung gestellt habe.
Hier, auf unserem Bild, ist er also leibhaftig zu sehen, der Speyerer FENDERICH!

Katalog Nr. 2.5.01

Speir.

G iij

BILD 20

Über das Aussehen der Innenstadt vor der Zerstörung 1689 haben wir nur für einen Bereich, nämlich den nördlich des Domes, einen einigermaßen gesicherten Überblick an Hand von bildlichen Darstellungen.
Die älteste Abbildung dieses Bereichs ist ein in der perspektivischen Wiedergabe recht unbeholfen wirkender „Plan" aus der VOGELSCHAU, der links die BISCHOFSPFALZ, rechts davon im Hintergrund die STADTMAUER mit Wehrgang bis zum Udenturm abbildet; dieser Mauerturm stand etwa dort, wo sich die Stadtmauer aus ihrem Verlauf von Westen nach Osten gegen Süden zum Heidentürmchen hin wendet. Vor allem die Bischofspfalz ist trotz der primitiven Wiedergabe von größtem Interesse: zeigt sie doch in ihrem obersten Geschoß und der links aus der Mauerflucht vorspringenden Apside im darunter liegenden Geschoße eindeutig romanische Formen, die spätestens ins 12./13. Jahrhundert zu setzen sind. Damit reicht der abgebildete Bau in jene Zeit zurück, als die Bischofspfalz zugleich auch Königspfalz war, nämlich in die Zeit der staufischen Kaiser.
Durch die genaue Erforschung der Baugeschichte des Domes von 1956–1962 ist es sogar als sicher erwiesen, daß an dieser Stelle bereits zur Zeit des frühromanischen Dombaues, also um 1050/60, eine Pfalz vorhanden war. Schon 1096 ist anläßlich der ersten Judenverfolgung in Speyer von einer Pfalz des Königs und des Bischofs die Rede; 1146, bei dem Besuch des Hl. Bernhard von Clairvaux in Speyer, als er König Konrad III. zur Teilnahme am Kreuzzug bewegte, wird die *curia regis* (Pfalz des Königs) und die *capella regis* (Pfalzkapelle) mehrfach erwähnt. Ohne Zweifel ist der apsidenartige Vorsprung in der Ostwand der Pfalz, wie auf unserem Bild zu sehen, der Altarraum dieser Pfalzkapelle gewesen, die dem hl. Erzengel Michael, dem Schutzpatron der Deutschen, geweiht war. Im Spätmittelalter, seit der Regierungszeit König Adolfs von Nassau, ist das Recht des Königs, in der Bischofspfalz Herberge zu nehmen, erloschen; 1297 beanspruchte der König Herbergsrecht in dem Anwesen des Ebelin vor dem Münster. 1340 erwarb die Stadt diese Patrizierkurie, auf der diese Verpflichtung, den König zu beherbergen, liegen blieb; so konnte König Karl IV. 1347 von dem Rathof der Stadt, der dort eingerichtet worden war, sagen, er sei *unser und des riches herberge.* 1350 baute der Rat im Rathof ein eigenes Haus und eine Stube für den König, wenn er in Speyer weilte.
Der PLAN von 1613, der übrigens wahrscheinlich von dem Speyerer Stadtschreiber Christoph Lehmann, dem Verfasser der „Chronika der Freyen Reichsstadt Speyer" stammt, stellt also, wenn auch kaum unverändert, die Königs- und Bischofspfalz aus salisch-staufischer Zeit dar und zeigt somit eines der ältesten Gebäude der Stadt. Freilich waren um diese Zeit die Tage dieses altehrwürdigen Bauwerks gezählt, es wich in den allernächsten darauf folgenden Jahren einem Neubau im Renaissancestil, von dem Pläne aus dem Jahr 1619 erhalten sind.
Anlaß zur Fertigung der Zeichnung von 1613 gaben die Absprachen zwischen Bischof Philipp Christoph von Sötern und dem Rat, die anläßlich des bevorstehenden Neubaues der Pfalz getroffen werden mußten. 1620 war die neue Pfalz fertig, 1660 wurde sie durch einen Brand beschädigt, 1689 sank sie mit der Stadt in Schutt und Asche. Die 183 835 Reichstaler Schadensersatz, die das Domkapitel vom König von Frankreich verlangte, wurden jedoch nie erstattet ...

Katalog Nr. 2.1.010

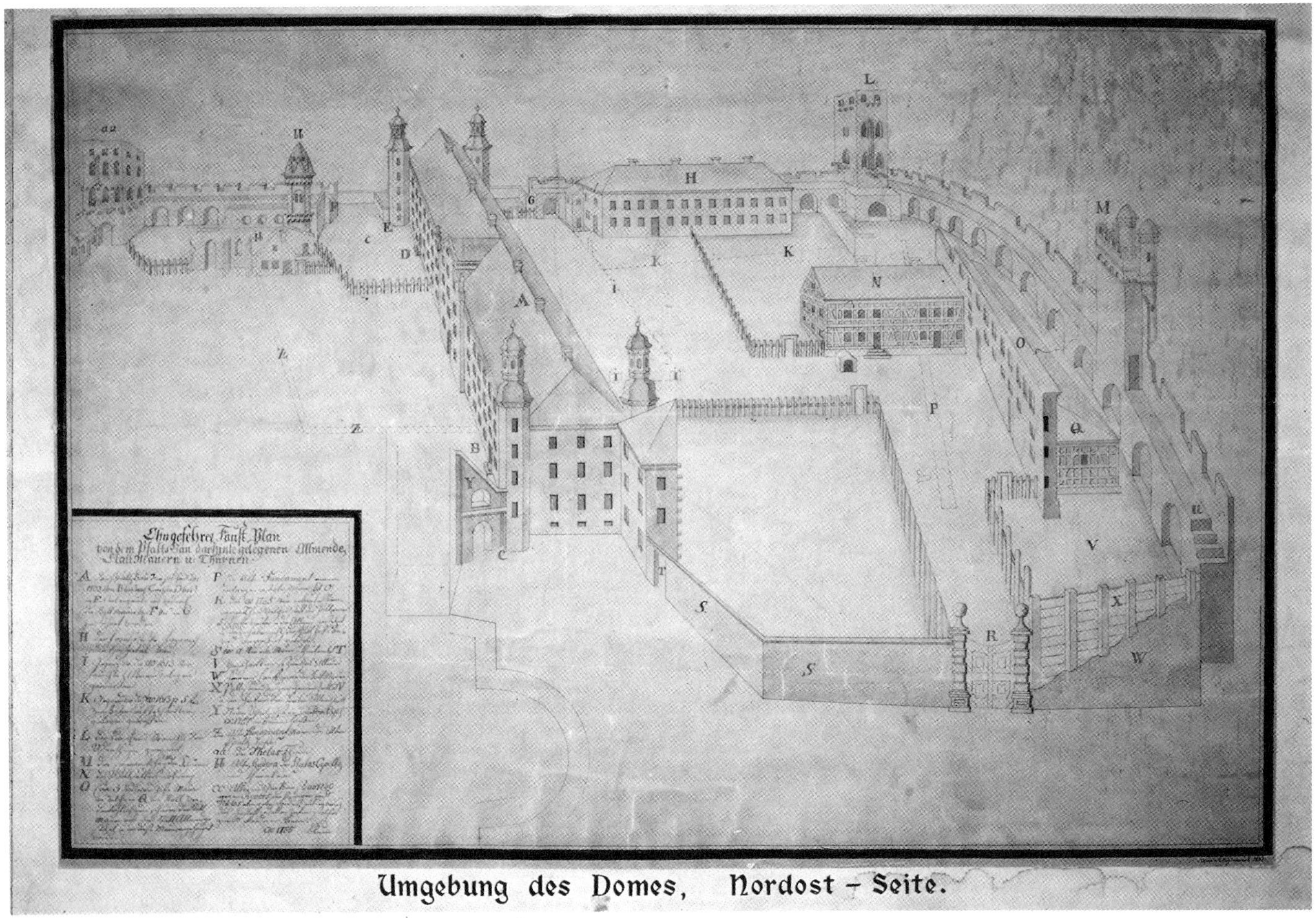

BILD 21

Eine Ergänzung und Fortführung unseres alten Planes von 1613 stellt die VOGELSCHAU-Zeichnung von 1765, die der Geometer Philipp Heinrich BLUM gefertigt hat, dar, ja sie erweitert diese alte Ansicht nach Westen. Anstelle der Renaissance-Pfalz von 1614/20 ist nun die 1703 begonnene, aber nie ganz fertiggestellte, vergrößerte BAROCKPFALZ zu sehen, mit vier Ecktürmen, die die Erweiterung des Baues nach Norden bis zur Stadtmauer wie nach Süden bis dicht an den 1757 errichteten Strebepfeiler am Nordostturm des Domes begrenzen. Der Udenturm steht zwar noch, aber zwischen ihm und dem Pfalzbau erhebt sich jetzt das sogen. Französische Lazarett, das 1734 vom Bischof Damian Hugo von Schönborn während einer Belagerung Philippsburgs für die Franzosen errichtet wurde; die Stadt hatte dazu ein Viertel der Kosten beigesteuert. Vor dem Udenturm, nach Süden war das Wohnhaus für den Pfalzkeller, den Beamten, der die Pfalz zu verwalten hatte, neu errichtet worden. Westlich des langgestreckten Baues der Pfalz erstreckt sich der Freithof, an dessen Nordseite, gegen die Stadtmauer zu, die Nikolauskapelle, die bereits 1242 zum ersten Mal genannt wird, und der Domstaffel- oder Nikolausturm zu sehen sind.

Katalog Nr. 2.1.02

BILD 22

Die lavierte, leicht AQUARELLIERTE ZEICHNUNG von Blei und Feder, die wir möglichst naturgetreu in ihren Farben hier wiedergeben, ist eine der wichtigsten, vollendetsten und genauesten des SPEYERER DOMES und seiner nächsten Umgebung vor dem Brand von 1689. Sie ist weder signiert noch datiert und wurde erst 1931 in der graphischen Sammlung Albertina in Wien entdeckt. Man hat sie ins Jahr 1606, wie die sogen. Kölner Zeichnung, die wir im folgenden abbilden (so Franz Klimm in seinem Dombuch von 1952 und Fritz Klotz in seiner Stadtgeschichte), aber auch ins Jahr 1635 (so H. E. Kubach in seiner großen Monographie über den Speyerer Dom) datieren wollen. Karl Rudolf Müller hat die „Wiener Zeichnung“ – unter diesem Namen läuft sie in der Kunstgeschichte – in einer Abhandlung in der „Pfälzer Heimat“ 1963 in den Anfang des 17. Jahrhundert gesetzt. Kubach wie Müller möchten sie dem berühmten Kupferstecher und Radierer Wenzel HOLLAR aus Prag, der uns bereits mit seinen Radierungen von 1635 begegnet ist (siehe Bild Nr. 14 u. 15) zuweisen.

Die Zuweisung gerät aber sofort in Konflikt mit der Datierung, wenn man am „Anfang des 17. Jahrhunderts“ festhalten will, denn Wenzel Hollar wurde ja erst 1607 geboren. Die Spätdatierung auf 1635 durch Hans Erich Kubach könnte zwar die Urheberschaft Hollars retten, doch gerät man dann in unüberwindliche Schwierigkeiten mit Einzelheiten, die die Zeichnung wiedergibt, vor allem am linken Rand, wo der Südteil der Bischofspfalz ins Bild ragt. Diese Darstellung der Pfalz stimmt nicht überein mit den Plänen von 1619 (so von Kubach selbst festgestellt in: Dom zu Speyer S. 463). Der sichtbare Teil der Pfalz zeigt vielmehr eindeutig romanische Formen, es fehlt auch der Südwestturm der Pfalz von 1619. Zweifellos ist die romanische Pfalz, die wir von der Ostseite auf unserem Bild Nr. 20 sahen, dargestellt, die bald nach 1613 der Renaissancepfalz weichen mußte. Damit wird die Datierung „gegen 1635“, aber auch die Zuschreibung an Wenzel Hollar hinfällig. Als Datierung kann somit nur „vor 1613“ angegeben werden, den Künstler der meisterhaften Zeichnung aber kennen wir nicht.

Das Bild stellt in exakter Wiedergabe die Nordseite des Domes mit den heute verschwundenen Seitenkapellen (von Westen) St. Paul aus dem 13. Jahrhundert, St. Agnes, St. Bernhard und St. Heinrich, St. Maria aus dem 15. Jahrhundert dar, denen sich das prachtvolle sogen. „Kleine Paradies“ anschloß; nur die Afrakapelle aus der Zeit um 1100 steht noch, jedoch ohne den Schornstein nach dem östlichen Gewölbe. Links erhebt sich – wie gesagt – die alte Bischofspfalz, rechts die Kapelle des Jesuitenkollegs am Platz der alten Christophoruskapelle.

Dazwischen liegt die weite Fläche des Freithofes, eines für die innerstädtische Geschichte wichtigen und bedeutungsvollen Platzes, innerhalb des bischöflichen Immunitätsbereiches. Hier leisteten seit alters die Bürger der Stadt einem neugewählten Bischof nach seinem Eintritt, der erst nach erfolgter Bestätigung der Freiheitsprivilegien der Stadt erfolgen konnte, den bürgerlichen Huldigungseid, der freilich, seitdem der Bischof 1294 die tatsächliche Herrschaft über die Stadt verloren hatte, nur mehr formalen Charakter hatte. Zum ersten Mal ist uns die feierliche Prozedur bei der Inthronisation des Bischofs Raban von Helmstadt 1397 überliefert. Während der Messe, die im Beisein des neuen Bischofs gefeiert wurde, verließ dieser durch den Nordostturm den Dom zur Bischofspfalz und stellte sich auf den steinernen Stufen seiner Pfalz mit seinen Prälaten auf ein dort aufgeschlagenes hölzernes, mit Tuch umkleidetes Gerüst, angetan mit einem weiten seidenen Umhang. Auf ein zweimaliges Glockenzeichen vom Dom hatten sich inzwischen auf dem Freithof Bürgermeister, Ratsherren und die Bürgerschaft versammelt, um dort den gewohnten Huldigungseid, den einer der zwei Bürgermeister, neben dem Bischof und den Prälaten stehend, vorsprach: „Daß wir unserem Herrn Bischof getreu und hold, ihm behilflich sind und ihm sein Recht sprechen, wenn er das von uns selber oder durch Boten fordert; alles so, wie freie Bürger ihren Herren billigerweise tun sollen. So bitten wir, daß uns Gott helfe und die Heiligen.“.

In der Zeit der Reformation ließ der vorsprechende Bürgermeister die Formel „bei den Heiligen“ weg, was den lebhaften Protest der bischöflichen Seite hervorrief.

In ähnlicher Weise nahm auch jeder König, wenn er zum ersten Mal in die Stadt kam, auf dem Freithof, auf einem erhöhten, aufs zierlichste gerichteten Gerüst sitzend, den Huldigungseid der Bürgerschaft unter Vorsprechen des Ratschreibers entgegen; zuvor hatte der König aber alle Rechte und Freiheiten der Stadt bestätigen müssen.

Bereits 1293 hatten die drei Städte Mainz, Worms und Speyer in einem Bündnis vereinbart, dem jeweiligen König nur zu huldigen, wenn er ihnen zuvor ihre Freiheit, ihr Recht und ihre gute Gewohnheit in offenen Briefen unverbrüchlich bestätigt habe. Daraus wurde dann im 14. und 15. Jahrhundert das Recht einer Freien Stadt, die von den Verpflichtungen der Heerespflicht gegenüber dem König befreit war; 1349 bestätigte König Karl IV. den Städten Mainz, Worms und Speyer die Befreiung von der Hilfe gegen seinen Gegner Günther von Schwarzburg, da sie gefreit seien, daß sie der Dienste frei und nicht schuldig seien, sie würden es *danne gerne dun,* wie sie es auch zu dieser Zeit gerne und nicht von Rechts wegen getan hätten. Daher rührt der Titel der Stadt Speyer, zu den sieben Freien Städten des Reiches zu zählen, als da waren Basel, Straßburg, Speyer, Worms, Mainz, Köln und Regensburg.

Katalog Nr. 2.1.03

BILD 23

Der gleiche Blick wie das vorhergehende Bild – aber welch ein Unterschied! Die Wiedergabe des Domes ist nicht entfernt so getreu und künstlerisch gelungen! Zwar sind auch hier die Kapellen der Nordseite samt dem Kleinen Paradies, die Afrakapelle sogar mit dem Schornstein abgebildet, aber die Treue der Darstellung reicht bei weitem nicht an die der vorhergehenden Zeichnung. Die weitgehende Übereinstimmung der Gestalt des Domes läßt aber den Verdacht aufkommen, daß der Schöpfer dieser FEDERZEICHNUNG aus der Zeit um 1650 die frühere Zeichnung gekannt hat. An einer persönlichen Bekanntschaft des Künstlers mit seinem Gegenstand möchte man zweifeln; zwar hat er links im Bild die Renaissancepfalz wohl einigermaßen richtig, aber doch mit einigen Abweichungen von der Wirklichkeit dargestellt, etwa mit der den Hof vor der Pfalz umschließenden Mauer, die in Wirklichkeit nicht die ganze Länge des bischöflichen Palastes vom FREITHOF abtrennte, sondern nur dessen nördlichsten Teil. Außerdem war die Pfalz nach 1613 dreistöckig ausgebaut worden. Ganz der Phantasie des Zeichners entsprungen ist die Darstellung der Bauten hinter der Pfalz mit ihren Kirchtürmen und Gebäuden. Besser getroffen scheint wieder die rechte Hälfte des Bildes mit der Jesuitenkirche, doch kann man auch hier ohne Aussicht auf Erfolg rätseln, was für ein mächtiges Gebäude der Künstler hinter der Jesuitenkirche gemeint hat; das gleiche gilt für die rechts davon zum Bildrand hin wiedergegebenen Türme.

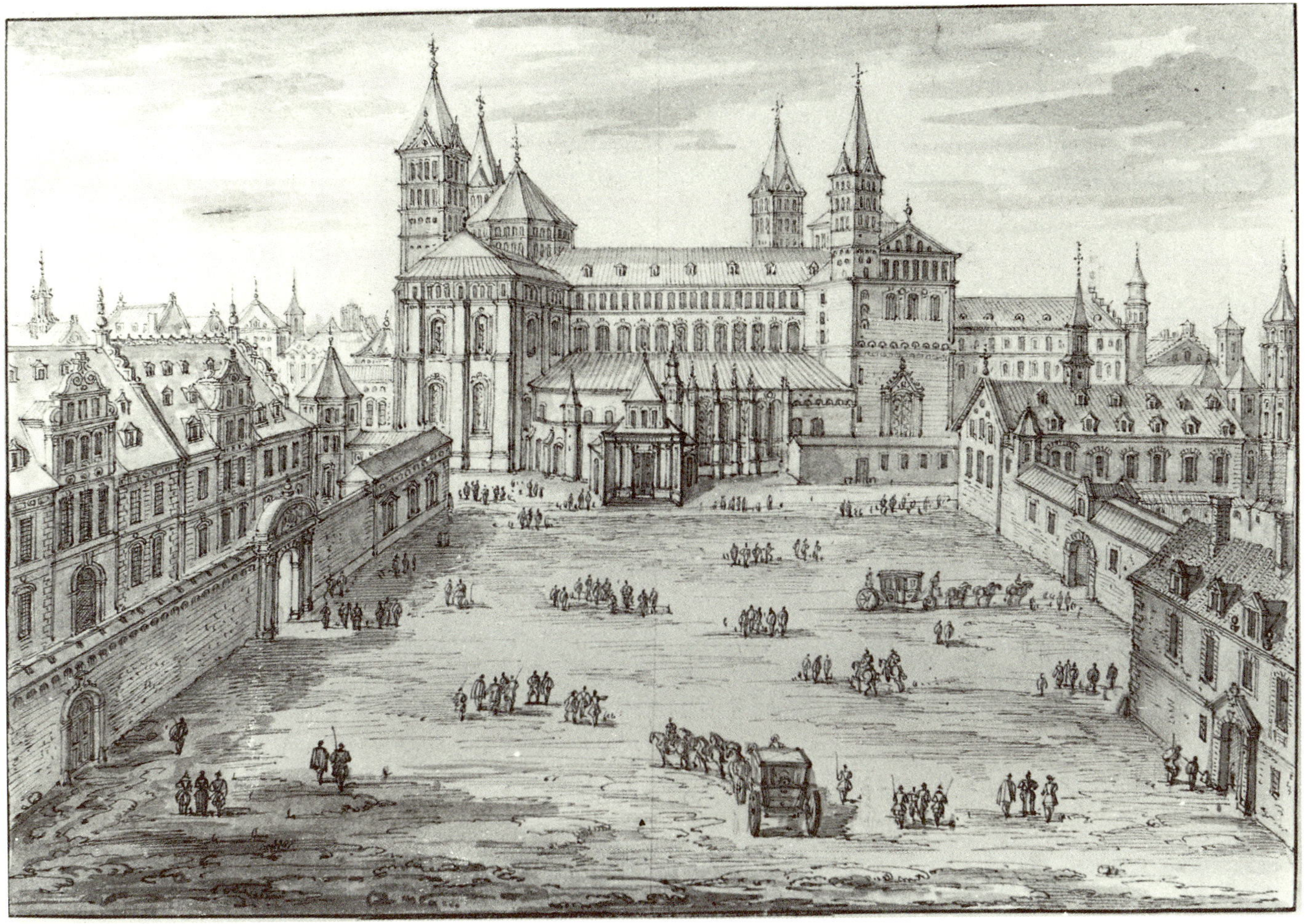

Daß der Zeichner seiner Phantasie freien Lauf gelassen hat, mag auch das lebhafte Treiben auf dem Freithof nahelegen; es soll wohl der Eindruck des bunten Lebens einer Barockresidenz erweckt werden mit den Kutschen und den zahlreichen Menschengruppen. Trotz aller phantastischen Einfälle gefällt das Bild, das Israel SILVESTRE, dem Zeichenmeister des Dauphin von Frankreich (1621–1691) zugeschrieben wird, dem Betrachter gar nicht übel.

Katalog Nr. 2.1.04

BILD 24

Es ist ein glücklicher Zufall, daß wir neben der akkuraten Zeichnung von der Nordseite des Domes mit Bischofspfalz und Freithof (Bild 22) aus fast den selben Jahren – 1606 – eine weitere Zeichnung, von der WESTSEITE DES DOMES besitzen: die sogen. „KÖLNER ZEICHNUNG", nach ihrem jetzigen Aufbewahrungsort im Wallraf-Richartz-Museum der Stadt Köln so geheißen. Wenn sie auch nicht die Qualität und Zuverlässigkeit der „Wiener Zeichnung" von der Nordseite des Domes erreicht, so bietet sie uns doch eine Ansicht mit vielen Details, wie wir sie heute, nach dem Abbruch des Kreuzgangs und der übrigen Gebäude auf der Südseite des Domes, nicht mehr sehen können, ganz abgesehen von dem Abbild des alten Westwerkes des Domes, das ja 1755 wegen Baufälligkeit abgerissen werden mußte und an dessen Stelle 1855 das heutige neuromanische Westwerk von Heinrich Hübsch trat.

Wir können hier, authentisch sozusagen, den alten Platz des Domnapfes sehen, der noch nicht von wuchtigen Sandsteinpollern erschlagen und ebensowenig von den Granitpollern unserer Tage „verziert" wird. Hinter ihm erhebt sich die Kirche des Jesuitenkollegs mit ihrem schlanken Dachreiter, hier mit ihrer Süd- und Westseite abgebildet. Wuchtig ragt das Domwestwerk mit den beiden höheren und breiteren alten Westtürmen auf, von denen der südliche im Giebelbereich eine spitze „Nase" des Rautendaches nach unten zeigt. Das große Westfenster, das ehedem den „Kaisersaal" mit Tageslicht versorgte, trägt inmitten eine Uhr. An der Zwerchgalerie hängt wie ein Schwalbennest die Wachstube der städtischen Wächter *uff dem monster.* An die Südwestecke des Domes stößt eine nicht allzu hohe Zinnenmauer an, hinter der sich der Kreuzgang (nur die Außenwand ist zu sehen), die Domschule und vorne, ganz rechts, gleich hinter der Mauer, das Dom-Pfarrhaus, das Wohnhaus des „Kreuzherrn", des Leutpriesters am Kreuzaltar des Domes, anschließen.

Karl Rudolf Müller hat diese Ansicht des Dombereichs von Südwesten 1963 in der „Pfälzer Heimat" exakt untersucht und beschrieben und dabei auch – vor dem „Sündenfall" der neuen Domplatzgestaltung 1989/90 – von der geschichtlichen Warte aus in seinem Plan das jetzige Gesicht des Platzes ad absurdum geführt: Der Bereich der Domumgebung nach Süden hin hatte nie in der Vergangenheit die starre, geometrisch abgezirkelte Begrenzung, in die ihn moderne Stadtarchitektur hineingepreßt hat. Darf man hoffen, daß die Fehler unserer Gegenwart einmal durch eine bessere Lösung wieder wettgemacht werden?

Katalog Nr. 3.2.01

Bild 25 und 26

Mit dem Jahre 1689 war das Schicksalsjahr der „berühmten Reichs- und Bischofsstadt", wie Georg Braun 1572 Speyer bezeichnet hatte, heraufgezogen. Ludwig XIV., allerchristlichster König von Frankreich, erhob nach dem Aussterben der Pfälzer Kurfürsten aus der Simmerschen Linie Anspruch auf das Erbe seiner Schwägerin, Elisabeth Charlotte, der Pfälzer Liselotte, obwohl die darauf schon bei ihrer Heirat mit dem Bruder des französischen Königs verzichtet hatte. Ludwig XIV. besetzte jedoch im Zuge der Rheinpolitik Frankreichs große Teile der Kurpfalz und weitere Gebiete an Oberrhein und Mosel.

Schon Ende September 1688 waren französische Truppen in Speyer eingerückt; wieder einmal diente die hilflose Stadt mit ihren veralteten Befestigungsanlagen als Basis und Etappe einer Belagerung von Philippsburg, was – wie immer – lästige Einquartierungen und drückende Requisitionen mit sich brachte. Anfang Februar 1689 begann die Besatzung mit der Demolierung der Stadtmauer und der Türme, die Bürgerschaft selbst mußte bei dem Zerstörungswerk mit Hand anlegen. Am 23. Mai verkündete der französische Kriegsintendant de la Fond Bürgermeister und Rat, die Stadt müsse innerhalb von sechs Tagen evakuiert werden, auch alle Lebensmittel und Mobilien müßten aus der Stadt geschafft werden, doch solle die Stadt nicht verbrannt werden. Alles Bitten der Bürgerschaft, diesen Befehl aufzuheben, blieb fruchtlos. Bürger, die nun in übler Vorahnung über den Rhein zu fliehen versuchten, wurden von französischen Soldaten beschossen.

Am 27. Mai verkündete Marschall Montclar dem Statthalter des Bischofs, er habe Order erhalten, die Stadt samt allen darin befindlichen Kirchen und Klöstern, einzig die hohe Domkirch ausgenommen, in Brand zu stecken. Dies solle er, der Statthalter, sämtlichen Geistlichen und der noch verbliebenen Bürgerschaft ansagen, damit sie alle Effekten, welche wegen der Enge der Zeit nicht mehr aus der Stadt gebracht werden könnten, in die hohe Domkirch refugieren mögen, um solche nach dem Brand mit besserer Gelegenheit transferieren zu können.

Nun setzte eine allgemeine Flucht ein, viele Bewohner konnten nur das nackte Leben retten. Am 29. Mai verlegte General Montclar sein bisheriges Quartier in der Bischofspfalz in das Karmeliterkloster vor dem Altpörtel. Am Pfingstdienstag, dem 31. Mai 1689 begannen die französischen Soldaten um sechs Uhr am Abend ihr Zerstörungswerk am Weidenberg. Gegen Morgen erreichte das Feuer die Stuhlbrudergasse, im Lauf des 1. Juni griffen die Flammen auf den Markt über, den sie sich westwärts hinauf wälzten bis zur Jakobsgasse (Heydenreichsstraße), ja bis zum Roßmarkt.

Am Abend des 1. Juni zog ein schweres Gewitter, verbunden mit heftigem Sturm, herauf, der das Feuer von der Jakobsgasse zur Heerdgasse, zum Weißen Tor und zur Pfaffengasse trieb. Von dort aus griffen die Flammen schließlich auf die vordere Kuppel des Domes über. Trotz mehrerer tapferer Versuche konnte der Brand nicht gelöscht werden. Das schmelzende Blei des Domdaches vertrieb die Löschmannschaften durch beißenden Rauch.

Die Gewölbe des Domes stürzten ein, alles Inventar von unermeßlichem künstlerischen Wert war samt der geflüchteten Habe der Bürger vernichtet. Das wenige, was in der vom Feuer verschonten Sakristei und in der Krypta heil geblieben war, war geplündert, ja sogar die westliche Reihe der Kaisergräber war erbrochen und nach Schätzen durchwühlt worden.

Das alte Speyer war nicht mehr. Die vier Stifte – Dom, St. Guido, Allerheiligen und St. German-St. Moritz –, 5 Klöster, 8 Pfarrkirchen, 13 Kapellen, 14 Zunftstuben, 23 städtische Gebäude, darunter der Rathof, in dem das Reichskammergericht seinen Sitz gehabt und viele Reichstage stattgefunden hatten, und fast 800 Bürgerhäuser lagen in Schutt und Asche. Heil geblieben war nur die Vorstadt Altspeyer im Norden mit dem St. Clarakloster und die

Gilgenvorstadt mit dem Kapuziner- und dem Karmeliterkloster, die den Franzosen als Lazarett dienten; im letzteren hatte ja auch General Montclar Quartier genommen.

Von dem entsetzlichen Schicksalsschlag, der die Stadt getroffen hatte, geben insgesamt VIER DARSTELLUNGEN Kunde. Die ERSTE, die wiedergegeben ist, gibt nur ein schwaches Abbild von den Ereignissen, ist aber deshalb von Bedeutung, weil sie – vom gleichen Künstler, dem Augsburger Johann Philipp STEUDNER gestochen – das UNBESCHÄDIGTE SPEYER dem BRENNENDEN GEGENÜBER zu stellen versucht. Beide Ansichten (Bild 25 u. 26) halten sich streng an das Vorbild von Matthäus Merian, der Stadtbrand ist nur durch Rauchwolken über dem südlichen und westlichen Teil der Stadt angedeutet; das Guidostift im Norden, wo doch das Feuer angefacht wurde, steht in voller Größe da. Am Rheinufer landet die Fähre wie bei Merian, als ob nichts geschehen wäre. Wären nicht beide Ansichten – das unbeschädigte Speyer und das teilweise in Rauchwolken gehüllte – einander gegenübergestellt, man käme kaum auf den Gedanken, die Stadtzerstörung von 1689 sollte dargestellt werden. Sogar die Legende ist auf beiden Stichen unverändert von Merian übernommen.

Katalog Nr. 1.4.09 u. 5.2.03

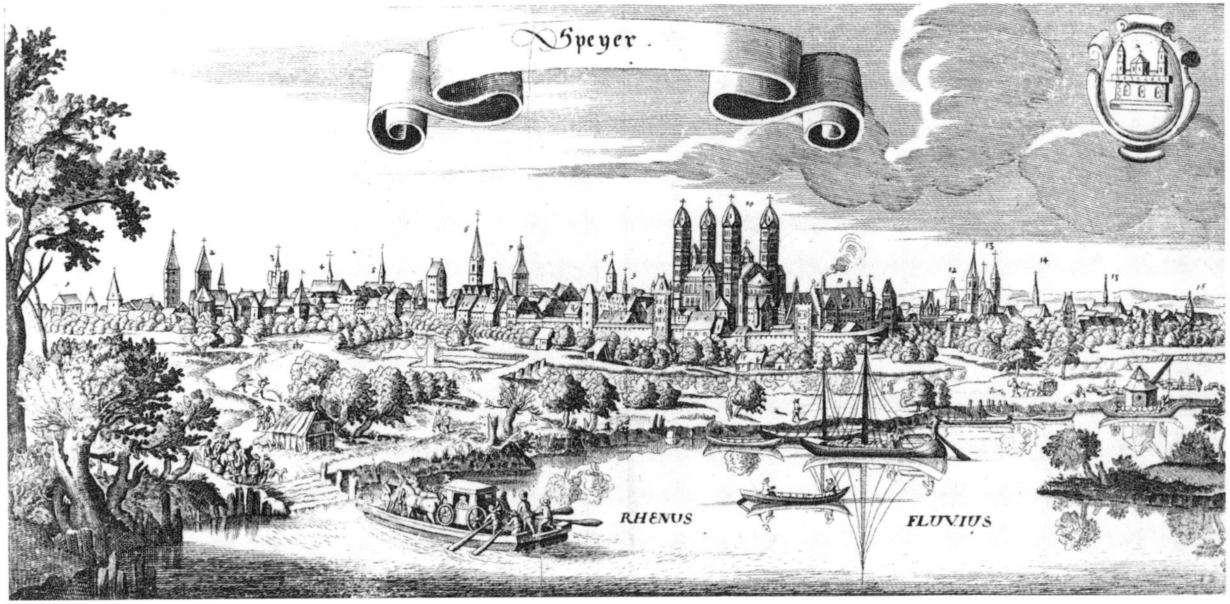

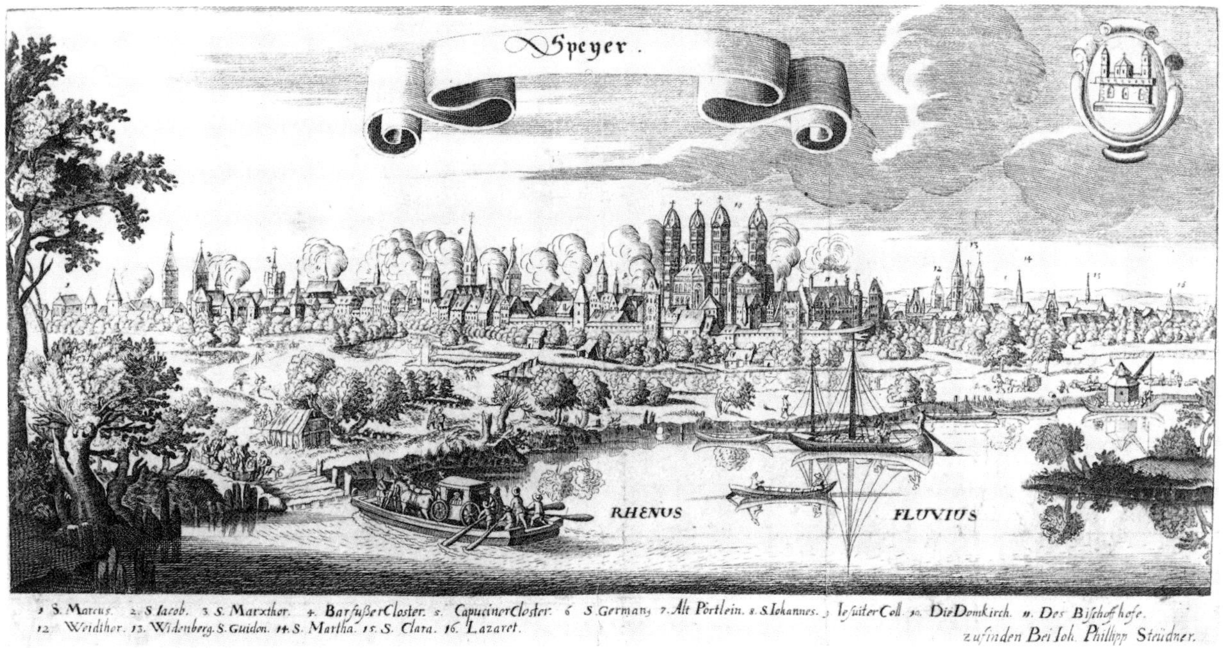

BILD 27

Viel realistischer ist die zweite, wohl als FLUGBLATT entstandene Darstellung der Stadtzerstörung. Schon der Kopftitel spricht deutlich das Geschehen an: *Eigentliche Beschreibung der Stadt Speyer / wie tyrannisch und unchristlich die Barbarischen Franzosen mit derselben Stadt und Innwohnern verfahren sind.* Wenn auch hier unzweifelhaft der Stich Merians Pate gestanden hat, so gibt das Bild das Geschehen in dramatischen Formen wieder: Vor der BRENNENDEN STADT, aus der die Flammen emporschlagen und hohe, dicke Rauchwolken aufsteigen – auch der Dom und die Bischofspfalz brennen lichterloh –, spielt sich am Rhein, statt der gemütlich anlandenden Fähre, dramatisches Fluchtgeschehen ab: Auf dem Rhein dichtbesetzte Boote mit fliehenden Speyerer Bürgern, auf die vom Ufer aus mehrere Soldatengruppen ihre Salven abfeuern.

Katalog Nr. 5.2.02

BILD 28

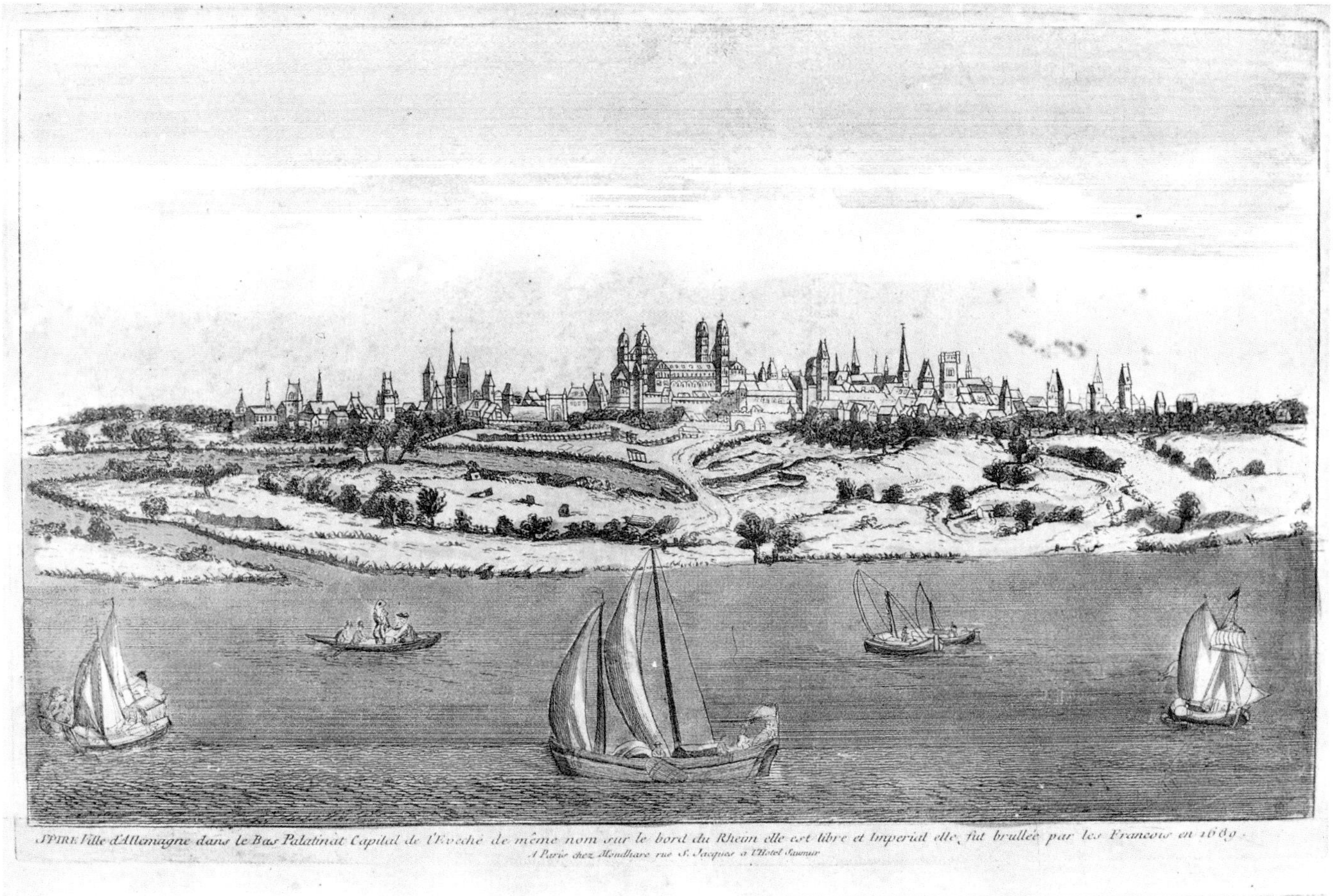

1689 war die stolze Reichsstadt Speyer in Schutt und Asche gesunken; ein paar Abbildungen sind uns vom Untergang überliefert. Sicher war das herbe Schicksal den Menschen bekannt. Um so merkwürdiger berührt es den Betrachter, daß die Speyerer Stadt-VEDOUTEN DES 18. JAHRHUNDERTS davon kaum Kenntnis nahmen. Man hat fast den Eindruck, das Bild von Speyer, wie es Münster, Hogenberg und Merian dargestellt hatten, sei so untrennbar mit dem Namen der Stadt verbunden gewesen, daß Änderungen „auf den letzten Stand" verpönt gewesen wären. Das Bild der Stadt sollte für die Augen der Zeitgenossen unverrückbar erscheinen, möchte man meinen.
Wir geben auf den folgenden Seiten eine Auswahl jener Stadtansichten des 18. Jahrhunderts wieder, die das alte, überkommene Bild fast unverändert weitertradieren.

Der KUPFERSTICH aus der Zeit um 1700 aus dem Verlagshaus MONDHARE in Paris im Hotel Saumur in der rue S. Jacques gibt dem Betrachter zunächst ein kleines Rätsel auf, das sich aber bald löst: Die Stadt ist seitenverkehrt dargestellt, was vermuten läßt, daß wir es mit einem sogen. Guckkastenbild zu tun haben, das eben durch einen Guckkasten betrachtet, wieder seitenrichtig erscheint – genau wie unsere Dias heutzutage. Der Stich steht, was die Stadtansicht betrifft, in der Nachfolge der Civitates orbis terrarum von Braun und Hogenberg, nur der Vordergrund ist frei gestaltet. Die Stadt ist ganz so dargestellt, wie sie vor 1689 sich dem Beschauer darbot. Zeichner und Stecher – beide unbekannt – müssen aber vom Schicksal der Stadt gewußt haben; denn die Bildunterschrift sagt deutlich (ins Deutsche übersetzt): „Speyer, Stadt in Deutschland des Fürstbistums gleichen Namens in der Unteren Pfalz am Ufer des Rheines. Es ist eine Freie Reichsstadt; sie wurde verbrannt von den Franzosen im Jahre 1689."

Katalog Nr. 1.3.12

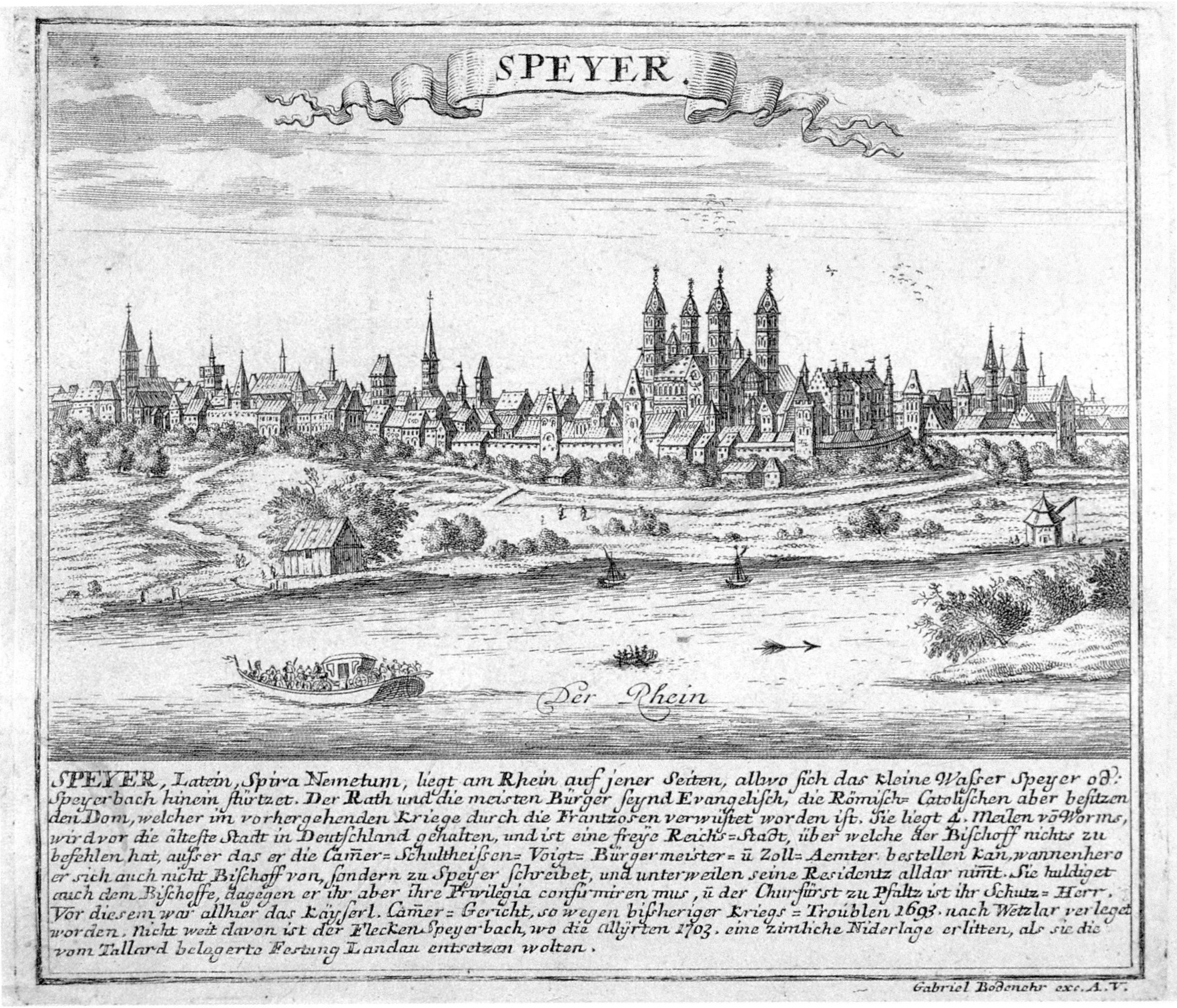

BILD 31

Gabriel BODENEHR, Herausgeber von „Europens Pracht und Macht" hält sich auch noch in den 30er JAHREN des 18. Jahrhunderts an das alte vorgegebene BILD DER STADT, das er indirekt von Merian über die Vermittlung eines Stiches von Perelle (Katalog Nr. 4.1.12) übernommen hat.

Katalog Nr. 1.4.19

BILD 32 UND 33

Fast grotesk wirkt es, wenn man den kleinen Kupferstich, den der Wiener Kilian PONHEIMER kurz vor 1800 gestochen hat (Bild 32), gegen einen Stich hält, der 1685 zum ersten Mal in Nürnberg in einer „Ausführlichen und gründlichen BESCHREIBUNG DES RHEINSTROMS“ veröffentlicht worden war (Bild 33). Die Ähnlichkeit ist verblüffend, auch wenn Ponheimer wahrscheinlich irgend ein unbekanntes Zwischenglied benutzt haben muß, wie links im Vordergrund die fünf Uferkaipfosten zeigen, die Merian erstmals in seinem Stich bringt, aber auf dem Nürnberger Stich von 1685 fehlen.

Katalog Nr. 1.4.22 u. 1.4.06

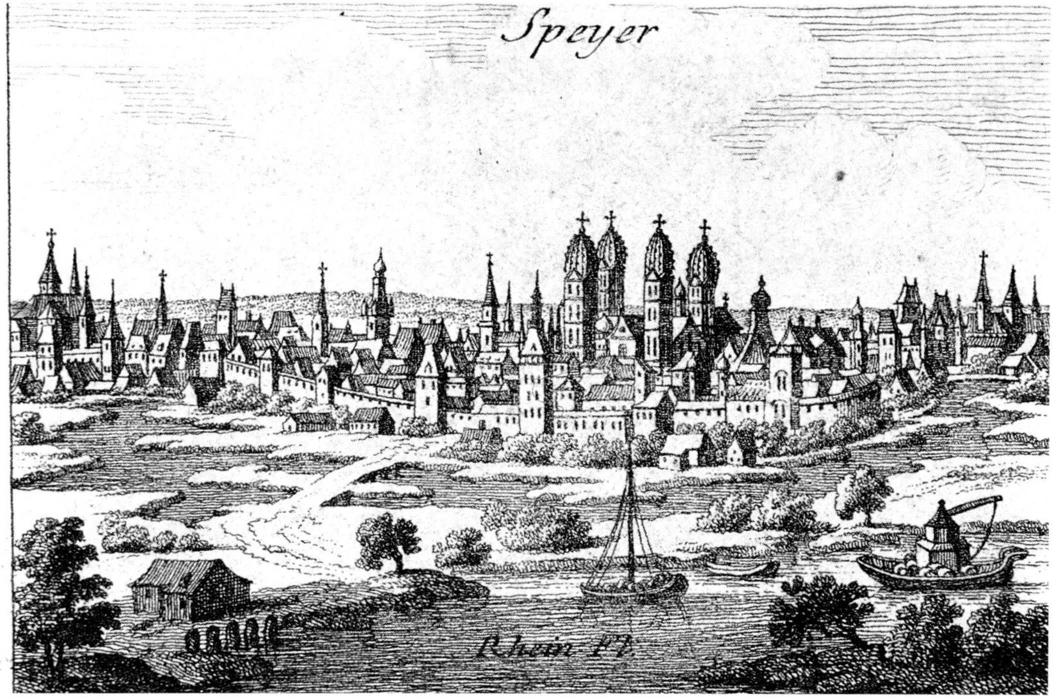

BILD 32

BILD 33

Bild 34

Es ist auffällig, daß gerade ein Kupferstich aus dem Anfang des 18. Jahrhunderts, der sowohl in der Wiedergabe der verschiedenen Gebäude (Kirchen, Mauertürme etc.) wie in der Bezeichnung der Einzelgebäude in der Legende am fehlerhaftesten, mitunter geradezu phantastisch ist, einer von zweien ist, die die gewaltigen Änderungen, die mit dem Stadtbrand von 1689 eingetreten waren, wenigstens bei der Wiedergabe des Doms darstellen, indem sie die westlichen Langhausgewölbe, da sie eingestürzt waren, weglassen und die so entstandene Baulücke deutlich markieren. Die zweite Stadtansicht, die unserem Stich darin folgt, ist einige Jahre jünger und – wie die Darstellung und die Bildlegende zeigt – von unserem Stich abhängig (Katalog-Nr. 1.4.17). Beiden ist auch eigen, daß sie das Stadtbild sehr frei nach Merian gestalten.

Inmitten der Legende am Kopf unseres Stiches ist in einer Kartusche die Büste Kaiser Joseph I. zu sehen; vielleicht wurde der Stich zur Erinnerung an dessen Aufenthalt in der Stadt am 27. Juli 1702 angefertigt.

Die Entstehung des Stiches fällt in die Zeit der Wiederbesiedlung der Stadt, die bis zum Frieden von Rijswick 1698 öde und leer in Trümmern lag und den Speyerer Bürgern, die in alle Winde zerstreut waren, verwehrt blieb; der Rat der Stadt tagte im Exil während dieser Zeit in Frankfurt, wo er am 29. Dezember 1697 seine letzte Sitzung hielt.

Wenn die zurückgekehrten Speyerer Bürger und die aus weiten Teilen des Reiches neu Zuziehenden geglaubt hatten, nach dem Friedensschluß in Ruhe und Frieden an den Wiederaufbau gehen zu können, so sollten sie bald eines Schlechteren und Böseren belehrt werden. Schon 1701 war erneut Krieg ausgebrochen, der Spanische Erbfolgekrieg, in dessen Verlauf auch Speyer wiederum in die Kämpfe zwischen kaiserlichen Truppen unter dem Oberbefehl des Prinzen Eugen und des Türkenlouis, des Markgrafen Ludwig von Baden, mit den Franzosen verwickelt und laufend durch Einquartierungen, Truppenzüge, Kontributionen und Schanzarbeiten beschwert wurde.

Katalog Nr. 1.4.14

Bild 35

Von den dem Spanischen Erbfolgekrieg folgenden Kriegen des 18. Jahrhunderts wurde die Stadt, wegen des Eingreifens Frankreichs in die Auseinandersetzungen, jedes Mal mit betroffen, ob es der polnische Erbfolgekrieg (1733–1735), der erste Schlesische Krieg von 1741–1748 oder der Siebenjährige Krieg (1756–1763) war. Von einer Beschießung der französischen Heu- und Strohmagazine in der Vorstadt Altspeyer im Oktober 1735 ganz am Ende des Polnischen Erbfolgekrieges durch Herzog Alexander von Württemberg berichtet ein kleiner Kupferstich, der wohl als Flugblatt verbreitet wurde. Die französische Besatzung hielt die Stadt vom 9. April 1734 bis 15. April 1736, also mehr als ein halbes Jahr über das Kriegsende hinaus, als Etappe für Belagerung und Eroberung der Festung Philippsburg und als Stützpunkt für Lazarette und Magazine besetzt. Insgesamt war der Stadt, ihren Zünften und Bürgern in dieser Zeit durch Kontributionen und Fouragelieferungen ein Schaden von rund 200 000 Gulden, also rund 10 Millionen Mark, entstanden.

Katalog Nr. 5.4.01

BILD 36

So gut wie alle graphischen Abbildungen des 18. Jahrhunderts geben die Stadt, wie wir sahen, nach veralteten, aus dem 17. Jahrhundert stammenden Vorlagen wieder, ohne die einschneidenden Veränderungen der Stadtzerstörung von 1689 zu berücksichtigen. So sind wir für fast drei Viertel des 18. Jahrhunderts für eine einigermaßen wirklichkeitsgetreue Darstellung der Stadt auf Handzeichnungen und Gouachen, also einmalige Abbildungen angewiesen; erst gegen Ende des Jahrhunderts verfügen wir wieder über wirklichkeitsnahe Druckgraphik des Stadtbildes.
Eine FEDERZEICHNUNG der Zeit vor 1755 bietet die STADT nicht nur aus einer ungewohnten Perspektive, nämlich von Norden, dar, sie läßt auch gewisse Wandlungen in der Bausubstanz erkennen.
Auffallend ist zunächst, daß die mittelalterliche Stadtbefestigung, wenn auch die Mauern und Türme nach den Demolitionen von 1689 wieder notdürftig instandgesetzt worden sind, um die Polizeifunktion der Mauern wieder herzustellen, bei weitem nicht mehr den imponierenden Eindruck wie auf den Stadtansichten von Münster bis Merian macht. Hervorgehoben durch Bezifferung von den alten Toren sind nur das Altpörtel (Nr. 14) und das Kühtor (Nr. 5). Bei den abgebildeten Kirchen lassen sich auch die Neubauten nach der Wiederbesiedlung erkennen: Die Dreifaltigkeitskirche (Nr. 7), die Hl. Geistkirche (Nr. 10). Von den mittelalterlichen Kirchen sind noch eine ganze Reihe auszumachen, wenn sie auch – was auf dem Bild nicht zu erkennen ist – stark beschädigt waren und als Ruinen dalagen; nur zum Teil sind sie wieder notdürftig instandgesetzt worden. Zu nennen sind die Jesuitenkirche (Nr. 3), die Klosterkirche St. Magdalena (Nr. 6), die Moritzkirche auf dem Königsplatz mit ihrem hohen gotischen Turm (Nr. 8), der Läutturm (Nr. 9) der alten Georgskirche, das Dominikanerkloster (Nr. 11), die Johanneskirche (Nr. 13), das Augustinerkloster (Nr. 15) und ganz rechts das Guidostift (Nr. 16), dessen Chortürme nun barocke Hauben tragen. Dicht neben dem Guidostift ist die kleine spätgotische Friedhofskapelle (Nr. 17) zu sehen, in der die Speyerer in den ersten Jahren nach der Rückkehr 1698 ihren lutherischen Gottesdienst abhielten. Der Dom – ganz links mit der viertürmigen barokken Bischofspfalz – läßt deutlich die Baulücke der Zerstörung im westlichen Langhaus erkennen. Ganz dicht neben dem Nordwestturm des Domes schaut der Vierungsturm des Allerheiligenstiftes mit barocker Haube gerade noch heraus.
Im ganzen macht das Stadtbild einen geordneten Eindruck, es sieht so aus, als ob der Wiederaufbau nur wenig erkennbare Spuren der Zerstörung zurückgelassen hätte. Doch der Schein trügt, wie spätere Bilder deutlich genug zeigen werden. Auch aus einem Schreiben der Stadt von 1765, also 10 Jahre mindestens nach unserem Bild, an den kaiserlichen Hof in Wien geht hervor, daß noch ein Drittel der Stadt in Schutt und Asche liege.

Katalog Nr. 1.5.07

BILD 37

Vom Gesamtbild der Stadt wieder zu einigen AUSSCHNITTEN, die uns zeigen sollen, wie es im 18. Jahrhundert in und um die Stadt ausgesehen hat.
Als erstes wollen wir eine GOUACHE aus der Zeit um 1750 betrachten, die uns einen Blick auf den SPEYERER HAFEN bietet, wie er um jene Zeit aussah. Es herrscht lebhaftes Treiben: Ein Schiff, beladen mit Fässern und Warenballen, stößt gerade ab, dahinter ein Nachen, der Fässer an Bord hat. Am Ufer sind Warenballen und Fässer gelagert, dahinter ein Lagerhaus – es ist 1725 errichtet und 1744 erweitert worden; links davon ist der obere Kran in Betrieb, es werden Fässer auf ein weiteres Schiff, das an der Schmalseite, wo der Speyerbach in die Kleebach mündet, verladen. Ganz rechts stehen zwei Herren mit langem Rock und Kniehosen, auf dem Kopf den Dreispitz; einer beobachtet durch ein Teleskop das abfahrende Schiff. Es sind wohl die beiden Kaufhausherren, Mitglieder des Hochweisen Rates der Stadt; vielleicht aber auch der Kaufhausschreiber und der Kranenmeister, der die Aufsicht auf die beiden Kranen, die 1725 ebenfalls wieder errichtet worden waren, innehat. Das Handelsgut auf den Schiffen und am Ufer läßt auf die hauptsächlich transportierten Waren schließen: Die Warenballen enthalten vielleicht Tabak, der im 18. Jahrhundert in der Speyerer Gegend viel angebaut und von Speyer aus verschifft wurde; wir wissen von zwei Straßburger Kaufleuten, die 1746 4000 Zentner Tabak in Speyer liegen hatten; schon ein paar Jahre zuvor hatten Speyerer Schiffer Tabakladungen von über 5000 Zentner am Zoll in Mainz und Gernsheim zu verzollen. In den Fässern mag Wein, es können aber auch Fische (natürlich gesalzene) darin gewesen sein. Auch Salz wurde oft in Fässern transportiert, gerade dies war im 18. Jahrhundert eine der meist gehandelten Waren; es kam aus den Salinen der Wetterauer Bäder (Nauheim), aus Köln (wohl Meersalz), aus Lothringen. Es durfte nur im Kaufhaus gelagert, feilgeboten und gehandelt werden.

Bis 1765 war der Schiffsverkehr im Speyerer Hafen recht lebhaft, da von hier an infolge der Änderungen im Flußbett von stromauffahrenden Schiffen auf kleinere umgeladen werden mußte; gleiches mußten stromabwärts die Straßburger Schiffer im Speyerer Hafen auf größere Mannheimer Schiffe tun, was für die ersteren oft wochenlange Wartezeiten in Speyer mit sich brachte. 1757 machte nun ein Straßburger Schiffer eine neue Fahrrinne im Rhein, der ja damals noch nicht korrigiert war in seinem Lauf, ausfindig, die es ermöglichte, bis Münchhausen nördlich Selz im Elsaß zu fahren. Dadurch entstanden dem städtischen Haushalt hohe Ausfälle, da das Kranengeld und die Umschlagsgebühren entfielen; die Schiffer- und Kärcherzunft, die den Transport zum Teil zu Land betrieb, büßte wesentliche Verdienstmöglichkeiten ein.

Über dem wohl kaum von einem großen Künstler geschaffenen, aber doch recht anschaulichen und hübschen Bild ragt der Dom auf, an dem wieder die Baulücke am Langhaus zu erkennen ist, davor ist die Bischofspfalz, der Udenturm, das Heidentürmchen und der Zimmerleuteturm zu sehen.

Katalog Nr. 2.2.01

Bild 38

Das Gegenstück zu dem Hafenbild (Bild 37), aus der gleichen Zeit und wohl vom gleichen Künstler in getreuer und anspruchsloser Manier geschaffen, stellt das östlichste Stück der Hauptstrasse, den alten Weinmarkt, dar. Unmittelbar vor dem mittleren Domportal steht der Domnapf, der schon 1314 erwähnt und 1490 von Bischof Ludwig von Helmstadt erneuert wurde. Die Häuser an diesem Ende der Hauptstraße scheinen alle wieder aufgebaut und geben ein recht stattliches Bild ab.

Eigentlich sind es aber nur drei Gebäude, die durch ihre Bedeutung herausragen: Der Dom, das Rathaus und die Domherrnkurie des Kanonikus von Hohenfeldt. Der Dom zeigt noch sein altes, kraftvolles Westwerk aus romanischer Zeit, wie wir es schon von der „Kölner Zeichnung" her kennen (Bild 24), nur die Glockenkuppel hat sich nun eine barocke Haube aufgesetzt. Der Beschauer ahnt nichts von den Spuren der Zerstörung, die hinter der alten, wuchtigen Fassade den Leib des Kirchenschiffes gezeichnet haben. Nur noch wenige Jahre sollte die Kathedrale dieses ihr altes Gesicht zeigen; 1755 mußte das Westwerk samt den Türmen wegen Einsturzgefahr abgebrochen werden. Für Jahrzehnte ein Trümmerfeld vor den Resten des Riesenbaues, bis 1778 an dessen Stelle die bizarr anmutende barocke Fassade, aus der Not der Sparsamkeit geboren, das Gesicht der Bischofskirche zur Stadt hin für ein dreiviertel Jahrhundert bestimmen sollte.
Das Rathaus: ein barocker zweistöckiger Bau mit Toreinfahrt in der Mitte, von einem Balkon überdacht. Von 1712 bis 1726 baute die Stadt daran – ein Zeichen, wie schwer es dem Stadtsäkkel angegangen sein mag, die Kosten aufzubringen. Der Baumeister ist unbekannt. Errichtet wurde der Neubau über der Neuen Stube des Rates aus dem 15. Jahrhundert und ein paar benachbarten Trümmergrundstücken.
Der Hohenfeldtsche Hof: das zweite Gebäude auf der linken Seite, vom Dom aus gerechnet, eine zwar stattliche, aber schlicht ausgeführte Anlage von frühklassizistischem Gepräge (Röttger). 1772 bewohnte es, wie die Stadtbeschreibung des Senators Becker zu berichten weiß, der Domherr Christoph Philipp Willibald von Hohenfeldt. Er war zugleich Minister des Trierer Kurerzbischofs, doch resignierte er auf das Amt, als der Kanzler des Trierer Kurstaates La Roche seinen Abschied nehmen mußte. Hohenfeldt siedelte ganz nach Speyer über und bot in dem geräumigen Haus am Weinmarkt dem Entlassenen, seiner Frau und den beiden jungen Söhnen Asyl und Wohnsitz; sechs Jahre lang, ab 1780, lebte die Familie in dem Haus direkt neben der Dreifaltigkeitskirche. Von der Gattin, Sophie La Roche, *der bekannten schönen Schriftstellerin, die der Stolz und die Zierde von Deutschland ist,* meinte 1781 der Karlsruher Professor Sander: *Man hat das Beßte in Speyer gesehen, wenn man im La Rocheschen Hause gewesen ist.* Über sie war schon 1773 Goethe mit dem Hausherrn bekannt geworden, sie war in ihren Speyerer Jahren das Ziel vieler Besucher – des jungen Schiller zum Beispiel, der von Mannheim aus einige Male 1783 und 1784 herüberkam, des Schriftstellers Jung-Stilling, damals Professor an der Hohen Schule zu Kaiserslautern, des erblindeten elsässischen Dichters Gottlieb Pfeffel. Im dritten Monatsheft der „Pomona für Deutschlands Töchter", die Sophie 1783/84 hier herausgab, hat sie ihr Leben im Hohenfeldtschen Haus beschrieben. Von ihrem Zimmer aus, das zur Großen Himmelsgasse ging, hatte sie *Aussicht gegen die Lutherische Kirche* und den sie umgebenden, mit Linden bestandenen Hof, deren Blütenduft ihre Zimmer *durchlüftet … Viel glänzende Gutschen,* so fährt Sophie fort, *seh ich nicht vorbey fahren, aber manche Reisende und dann Pflüge und Wagen der ämsigen Bauerleute, Korn, Heu, den Tabak, die Färberröte* (Krapp), *den Wein, Rüben und Grundbirn, türkisch Korn* (Mais) *und Wagen voll Wolle von den Schaafen, die auch bey mir vorbey getrieben werden …:* Speyer eine ländliche Idylle, eine „Kühstadt", wie einst im 10. Jahrhundert!
Schon knapp zehn Jahre vorher hatte der Goethefreund Johann Kaspar Lavater, streng reformierter Pfarrer aus Zürich, den aufgeklärten Katholiken von Hohenfeldt bei einem Aufenthalt in Speyer kennen gelernt und ihn in seinem Tagebuch gerühmt: *Hohenfeld weiß unendlich viel; hat alle Schriften der deutschen und englischen Theologen gelesen; ist der empfindsamste Kenner der Mahlerey und selbst Zeichner … Ich spatzirte mit ihnen* (Hohenfeld und Beroldingen) *in der Stadt, aß mit ihnen zu Nacht; ich habe vielleicht auf meiner ganzen Reise keinen so fruchtbaren Abend gehabt.*
Das Hohenfeldtsche Haus muß im letzten Viertel des 18. Jahrhunderts in der Tat ein geistiger Mittelpunkt, der weit über Speyer hinaus seine Wirkung entfaltete, gewesen sein. Im 19. Jahrhundert war das Haus Wohnsitz von Dompropst und -dechant, ab 1911 Sitz einer Dienststelle der pfälzischen Regierung. Ab 1933 saß im „Braunen Haus", das in keiner Stadt fehlen durfte, der Kreisleiter der NSDAP, im Krieg das Wirtschafts- und Ernährungsamt.

Katalog Nr. 2.3.01

BILD 39

Seitab vom Treiben auf dem Markt, wie es das Bild von der Hauptstraße gezeigt hat, geht es erst recht ruhevoll, fast ländlich-sittlich zu, wie es Sophie von Laroche geschildert hatte. Wieder eine GOUACHE, zeigt uns das Bildchen, das dem Mainzer Maler Christian Georg SCHÜZ zugeschrieben wird, den oberen FISCHMARKT gegen das Lauertor mit Blick in die Lauergasse und das SALZTOR, das zur Vorstadt über Hasenpfuhl führte, mit dem SALZTURM; im Mittelalter diente er, wie andere Türme, als Gefängnis, hier waren auch „Kammern für Torturen". Das sieht man dem friedlichen Bild freilich nicht mehr an …

Katalog Nr. 4.3.05

Bild 40

BILD 40 UND 41

Die beiden STADTANSICHTEN VON NORDEN entsprechen einander weitgehend. Das ÖLGEMÄLDE (Bild Nr. 40) ist undatiert, der HANDWERKERBRIEF, den der wesentlich kleinere Kupferstich als Kopfleiste ziert (Bild 41), ist auf den 24. Juni 1783 ausgestellt. Da beide, voneinander stark abhängige Darstellungen den Dom mit dem 1778 fertiggestellten barokken Westwerk zeigen, der Handwerkerbrief aber 1783 ausgestellt ist, muß die Entstehung beider in den Jahren dazwischen liegen. Vermutlich war das Ölbild Vorlage für den Stich; denn weder der für die Vorlagezeichnung signierende F. V. Durmer – er stammte aus Wien – noch der Stecher – es war der Mainzer H. Cöntgen – stammten aus Speyer, waren also auf Vorlagen angewiesen. Natürlich stimmt auf beiden die Darstellung des Wasserlaufes im Vordergrund, gleich ob man ihn als Kleebach, wofür der Kran am Ufer vor dem Dom sprechen könnte, oder als offenen Rhein ansieht, auf keinen Fall: Auf der Nordseite der Stadt verlief keiner der beiden Wasserläufe; das Ganze ist also eine Montage aus zwei Standpunkten.
Auch hier gilt wieder, was wir bereits bei Bild 36 feststellten, daß nämlich die Stadtmauer kaum mehr beim Betrachten des Bildes auffällt; sie ist wohl nach den Abtragungen ebenso wie die Türme am Anfang des 18. Jahrhunderts nicht mehr in der ursprünglichen Höhe wiederhergestellt worden. Das Guidostift am rechten Rand hat nur noch einen Chorturm, der südliche war bereits im November 1754 eingestürzt.

Katalog Nr. 6.2.01 und 1.6.1.01

Bild 42, 43 und 44

Einer der baugeschichtlich bedeutsamsten und geschichtsträchtigsten Komplexe des alten Speyer, der 1689 der Zerstörung zum Opfer gefallen war, wurde nach der Rückkehr aus dem Exil 1698 nicht wieder aufgebaut: der Rathof, das mittelalterliche Rathaus, mit dem Sitz und den Gebäuden des Reichskammergerichts. Wie uns von Bild 38 bereits bekannt, hatte die Stadt 1712 mit ihrem neuen Rathaus auf der Hauptstraße begonnen. Das Gelände des Rathofes blieb als Trümmerstätte liegen, die Tradition des hier seit 1340 befindlichen alten Rathauses wurde also nicht fortgeführt. Die Ursache für diesen Bruch jahrhundertelanger Kontinuität ist uns nicht bekannt. Vielleicht spielte dabei mit, daß man ein so weitläufiges Terrain – der Platz reichte vom heutigen Bauhof bis zur Kleinen Himmelsgasse in ost-westlicher Richtung und von der Großen Himmelsgasse ein großes Stück nach Norden bis zur uralten Grenze der ottonischen Stadtmauer des 10. Jahrhunderts in nord-südlicher Ausdehnung – nicht mehr auszufüllen meinte, nachdem nicht nur die Bevölkerung der Stadt schon seit dem Dreißigjährigen Krieg von fast 10000 auf ein paar Hundert um 1700 zusammengeschmolzen war, sondern auch die „Residenz des Rechtes“, das Reichskammergericht endgültig abgeschrieben werden mußte; es war 1689 natürlich geflohen und hatte sich nach einem kurzen Zwischenaufenthalt in Frankfurt ab 1693 in Wetzlar niedergelassen.

Die historische Bedeutung dieses Platzes kann gar nicht hoch genug eingeschätzt werden. 1340 hatte die Stadt die Patrizierkurie des Ebelin vor dem Münster, auf der ein Herbergsrecht des deutschen Königs ruhte, käuflich erworben und deren Bereich durch weitere Erwerbungen im 15. Jahrhundert bis zu einem weiteren Patrizierpalast, dem Retscher, also über die Dreifaltigkeitskirche hinaus, ausgeweitet. Hier also stand die spätmittelalterliche Königsherberge, hier fanden die Reichstage des 16. Jahrhunderts statt (1526, 1529, 1542, 1544, 1570), hier hielt ein Hochweiser Rat jahrhundertelang seine Sitzungen ab, war der Mittelpunkt der Herrschaft der Frei-

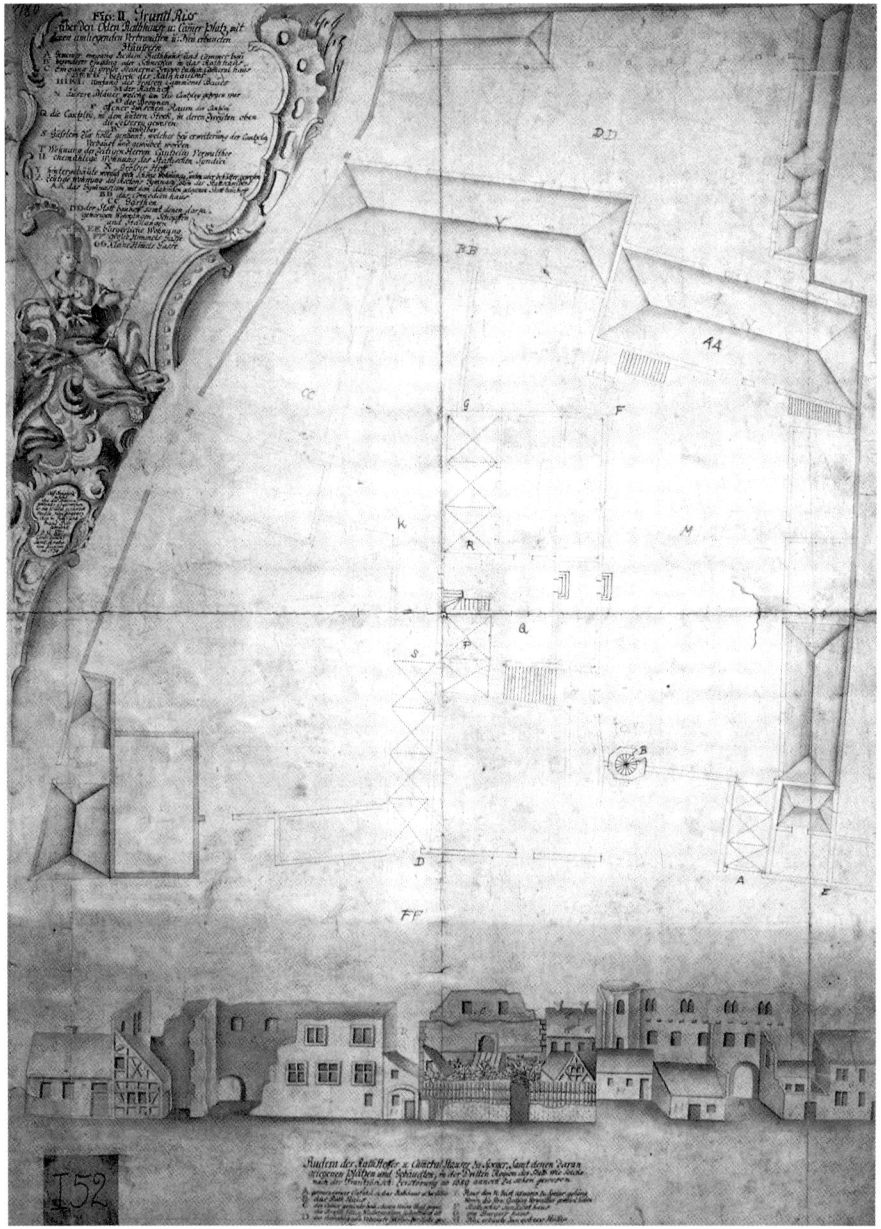

Bild 42

en Reichsstadt. Es mag den Ratsherren bei der Rückkehr in die zerstörte Heimat nicht leichtgefallen sein, sich von diesem überlieferungsträchtigen Platz zu trennen.

In gewissen Grenzen läßt sich der alte Baubestand aus der Zeit vor 1689 rekonstruieren; denn zum Glück sind uns eine ganze Reihe von PLÄNEN UND ABBILDUNGEN überkommen, die das Aussehen des weitläufigen Ruinenplatzes um 1760/90 zeigen. Von diesen Plänen und Ansichten werden wiedergegeben ein PLAN des Ratsschreibers und Geometers Philipp Heinrich BLUM (Bild 42), ein AQUARELL von Franz STÖBER (Bild 43) und eine FEDERZEICHNUNG von Johann RULAND (Bild 44). Eine vierte Darstellung, ein weiteres Aquarell Stöbers, ist nur im Katalog (Nr. 4.4.03) wiedergegeben.

Wir können hier nur eine kurze Zusammenfassung aller vier Bilder bieten. Während der Aufriß des Blumschen Planes (Bild 42) die Straßenfront des ganzen Komplexes entlang der Nordseite der Großen Himmelsgasse bis zur Kleinen Himmelsgasse zeigt, bietet die Federzeichnung Rulands (Bild 44) nur deren mittleren Teil von der selben Stelle aus, die beiden Aquarelle Franz Stöbers nur den rechten, östlichen Teil mit einem Treppenturm, und zwar einmal wiederum von der Großen Himmelsgasse, also von Süden her (Katalog Nr. 4.4.03), dann aber von Norden, aus dem Hofe des Rathauses (Bild 43).

BILD 43

Den Teil am rechten, östlichen Rand des Gesamtkomplexes können wir nach den vorliegenden Darstellungen noch am leichtesten rekonstruieren, er ist auf drei unserer vier Abbildungen wiedergegeben. Es war ein ursprünglich dreistöckiges, langgestrecktes Gebäude von etwa 25 Meter Länge aus gotischer Zeit, in dessen obere Geschosse man im 16. Jahrhundert über einen Renaissancetreppenturm (in der Legende zu Blums Plan: *B besonderer Eingang oder Schnecken in das Rathaus)*, der auch auf dem Aufriß Blums und auf allen drei Abbildungen zu sehen ist, gelangte. Blums Aufriß *(B das Rathhaus)* zeigt auch noch drei Geschosse, auf den Bildern Stöbers, die 35 Jahre jünger sind, ist

BILD 44

das dritte Geschoß abgebrochen, nur die Konsolen für die Balkendecke sind auf dem Stöberschen Aquarell von Süden, der Großen Himmelsgasse aus, über den Fenstern des ersten Obergeschosses deutlich zu erkennen. Unter diesem Geschoß führte zu ebener Erde eine gewölbte Tordurchfahrt ins Innere des Komplexes; auf beiden Darstellungen Stöbers sind die Konsolen für die Gewölberippen und die Schildbogen an den Wangenmauern der Durchfahrt noch gut zu sehen. Durch diese Durchfahrt gelangte man in einen großen Innenhof (auf Blums Plan: *M der Rathhoff*); von diesem Hof aus ist das Bild Stöbers nach Süden (Bild 43) gezeichnet; es zeigt die Nordmauer des Gebäudes, die wir bisher nur von innen betrachten konnten, nun von außen. Erst an dieser Darstellung kann man ablesen, daß das erste Obergeschoß sieben hohe, prachtvolle gotische Fenster hatte, von denen drei auf der Süd-(Innen-)seite durch das Pultdach einer Nothütte verbaut waren; das Maßwerk der Fenster ist längst herausgebrochen. Unterhalb dieser repräsentativen Fensterreihe sind noch etliche Konsolen an der Mauer zu erkennen; sie können nur einem früher hier angebauten Altan zur Auflage gedient haben.
Das zweite Obergeschoß, das auf Stöbers Aquarellen verschwunden ist, hatte auf der Nordseite vier paarweise, also insgesamt acht gotische Fenster, wie aus dem Blumschen Aufriß zu entnehmen ist. Beide Geschosse bargen vermutlich je einen großen Saal, der untere war nach Osten hin um eine Fensterachse kürzer.
Auf dem Bild von Stöber steht rechts der prächtige, zweifellos im 16. Jahrhundert angebaute Treppenturm, dessen Eingang durch einen hohen Steinhaufen verschüttet ist. Die Mauer rechts davon zeigt – mit einem etwa gleichzeitigen, schönen, nun aber zugemauerten Renaissanceportal – den ehemaligen Eingang zu der breiten Treppe, über die man in den Hauptbau des Reichskammergerichts (auf Blums Plan: *C Eingang und große Steinerne Treppe zu dem Cameralhaus)* gelangte.
Rechts von dieser großen Steintreppe, gegen Norden, lagen die *Canzley* und die *Leserey,* das Archiv des Kammergerichts; dahinter waren, gegen Westen, mehrere Gewölbe.
Die Federzeichnung Rulands (Bild 44), die den mittleren Teil der Straßenfront wiedergibt, zeigt, daß vom Cameralhaus an der Straße nichts mehr übrig war, auch von ihm sieht man nur im Hintergrund die Nordmauer mit einer ehemaligen Tür aufragen. Das vermauerte Tor in der linken Bildhälfte war der Zugang zum ehemaligen Höllengässel, das im 16./17. Jahrhundert, als der Cameralbau zu eng geworden war, überwölbt wurde (in Blums Legende zum Aufriß: *D das ehemalig nun verbauete Gäßlein zur Hölle gen.)* und an das, westlich anschließend, noch ein Erweiterungsbau des Gerichts angebaut wurde; von ihm ist auf dem Blumschen Aufriß noch ein beträchtlicher Teil, auch an der Straßenfront noch aufrechtstehend zu sehen; Ruland zeigt davon im Obergeschoß zwei hohe Fensterhöhlen.
Wir brechen hier ab, noch viel bliebe zu sagen zu diesem denkwürdigen Ort. Was an Eindrükken bleibt beim Betrachten dieser Bilder von den Trümmern vergangener Pracht und Herrlichkeit, hat Sophie La Roche 1783 in treffenden Worten beschrieben: *Die Ruinen des grossen Gebäudes vom Kammergericht erinnerten mich an einen der unbegreiflich barbarischen Züge in dem Charakter der sonst so feinen und weichen französischen Nation, die im Jahre 1689 die ganze Stadt in einen Aschenhaufen verwandelte … An den übrig gebliebenen Mauern des Kammergerichts haben hie und da arme Bürger Hütten angebaut. Es rührte mich daher ungemein, weil ich dachte, dass der Arme immer in dem Wohnsitz der Gerechtigkeit einen Schutz finden sollte …*

Katalog Nr. 4.4.01, 4.4.02 und 4.4.04

BILD 45

Reichskammergericht in Speyer – das fordert einen Rückblick und einen Seitenblick heraus.
Der Rückblick: Das REICHSKAMMERGERICHT hat noch seinen stolzen Sitz im Rathof zu Speyer. Wir schreiben das Jahr 1660. Der Dreißigjährige Krieg ist seit über einem Jahrzehnt vorbei, die Stadt hat sich wieder einigermaßen erholt, ohne freilich die alte Bedeutung wiedererlangt zu haben. Die Bevölkerungszahl, die man für diese Zeit nur ungefähr errechnen kann, hat sich von knapp dreieinhalb Tausend wieder auf fast 5800 vermehrt. Auch die Buchdruckerkunst kam wieder zu einer gewissen Blüte, wobei nicht zuletzt die Jurisprudenz, vor allem wegen der Tätigkeit des Reichskammergerichts eine Rolle spielte. Die Speyerer Buchproduktion dieser Zeit bestand zum weit überwiegenden Teil aus juristischer Literatur. Unter den in Speyer gedruckten und verlegten Werken hat uns eine Art Handbuch des Rechts am Kammergericht eine hübsche ANSICHT DER STADT Speyer auf dem Titelblatt überliefert: Es sind die Pandekten des Wilhelm RODING, die erstmals 1598 bei dem Speyerer Verleger Bernard Albinus erschienen waren. Soweit festzustellen, ist diese Auflage, die der Speyerer Verleger Jacob Siverts herausbrachte, die zweite Ausgabe; gedruckt hatte sie der aus Halle in Sachsen gebürtige Stadtdrucker Christian Dürr. Das Titelkupfer zeigt unter der Devise „Recht vor Gewalt“ unter dem doppelköpfigen Reichsadler nach dem Vorbild von Sebastian Münster links den Dom mit dem nach rechts anschließenden Nordteil der Stadt; im einzelnen vergleiche man die Beschreibung im Katalog. Rodings Pandectae Camerales erschienen noch 1665 in einem fremden Druck, die dritte reguläre Auflage, ebenfalls mit einem schönen Titelkupfer verziert, 1668 als Editio tertia wiederum im Verlag des Jacob Sivert, diesmal zusammen mit dem Frankfurter Johann Peter Zubrodt (siehe Katalog Nr. 1.5.04). Noch 1688 erschien bei dem Speyerer Ratsdrucker Christoph Olffen in einem Frankfurter Verlag die vierte Auflage, ein Jahr, bevor die Tätigkeit des Reichskammergerichts in Speyer ihr jähes Ende fand; nicht mehr lange sollte der Spruch des poeta laureatus Caspar Bruschius von etwa 1540 gelten:

> Speier, du Heimat des Rechts,
> der Kaiser gefeierte Ruhstätt',
> Keine der Töchter des Rheins
> kommt Dir an Herrlichkeit gleich!
> Dreierlei Obrigkeit thront
> in deinen gesegneten Mauern:
> Klerus und Kammergericht
> neben dem Stadtregiment.

Katalog Nr. 1.2.09

BILD 46

BILD 46

Reichskammergericht in Speyer – nun der Seitenblick aus den letzten Jahrzehnten des 18. Jahrhunderts: Am 24. September 1779 hat GOETHE vom jenseitigen Rheinufer, von der Anlegestelle des Lußheimer Fahrs aus, jenes bekannte *leichte Schattenbild der Gegend* mit der ANSICHT VON SPEYER auf die Rückseite eines Briefblattes an Frau von Stein mit raschem Stift geworfen und dabei vermerkt: *Wir warten auf die Fähre, indes will ich im Schatten Ihnen ein paar Worte schreiben ...* Goethe war mit Herzog Karl August von Sachsen-Weimar-Eisenach, bei dem er in Diensten stand, auf seiner zweiten Reise in die Schweiz. Es muß ein schöner Herbst gewesen sein, wie ihn die oberrheinische Tiefebene kennt, denn Goethe fährt fort: *Wir haben heute den schönsten Tag und bisher das gewünschte Glück.* Und dann folgt jener bekannte, bedeutungsschwere, dunkle Satz: *Auf diesem Weg rekapitulier ich mein ganz vorig Leben ...,* geschrieben *gegen Speyer über.*

Was aber soll das Reichskammergericht dabei?! Speyer hatte Goethe schon vorher kennen gelernt, vielleicht schon auf der Durchreise zum Studium nach Straßburg 1770, sicher aber auf der ersten Schweizer Reise 1775, als er dem von Sophie La Roche her bekannten Domherren von Hohenfeldt einen Besuch abstatten wollte, ihn aber nicht antraf.

Er kannte mit Sicherheit die Stadt auch aus seinen literarischen Arbeiten, mindestens seit dem Herbst 1771, als er die „Geschichte Gottfriedens mit der eisernen Hand", den Urgötz nach der Rückkehr aus Straßburg in Frankfurt entwarf und dann 1773 in die zweite, die heutige Fassung brachte. Läßt er doch am Ende des zweiten Aktes den Götz auf der Bauernhochzeit zum Brautvater sagen: *Macht euch auf nach Speyer, es ist eben Visitationszeit, zeigts an, sie müssens untersuchen und euch zu dem Eurigen verhelfen;* wenn auch zum Zeitpunkt dieser Ereignisse im Leben Götzens – etwa zwischen 1510 und 1520 – das Reichskammergericht noch nicht in Speyer saß: Der Dichter hat mit dem Ausspruch seines Helden eben nur dieses Gericht gemeint haben können.

Vom Mai bis August 1772 war Goethe selber als Rechtspraktikant am Reichskammergericht in Wetzlar tätig – die Geschichte des Gerichts war ihm also durchaus bewußt. Es wäre ungewöhnlich gewesen, wenn ihm bei seinem vergeblichen Besuch beim Herrn von Hohenfeldt nicht deutlich geworden wäre, daß der Trümmerhaufen hinter des Domherrn Haus die alte Stätte des hohen Gerichts gewesen war!

Beim Besuch im September 1779 hatte Goethe, wie er am folgenden Tag von Rheinzabern aus berichtet, zunächst den aus der Schweiz stammenden Domherrn von Beroldingen aufgesucht, um mit ihm den Dom zu besichtigen, den er ein paar Stunden vorher schon in seiner Skizze als das mächtige Monument festgehalten hatte, das die anderen Türme der Stadt – das Altpörtel, den spitzen Turm der Moritzkirche und das Allerheiligenstift – überragt. Es gibt kaum andere Worte, die den tiefen Eindruck des großen Denkmals romanischer Baukunst geraffter und doch angemessener und treffender zu umreißen vermögen, als Goethe sie am Tag nach eben diesem Eindruck an Frau von Stein geschrieben hat: *Wir ... sahen den Dom, ein halb neues, halb aus dem Brand überbliebnes Gebäude, dessen erste Anlage wie die alten Kirchen zusammen in dem wahren Gefühl der Andacht gemacht ist. Sie schließen den Menschen in den einfachen großen Formen zusammen, und in den hohen Gewölben kann sich doch der Geist wieder ausbreiten und aufsteigen, ohne, wies in der großen Natur geschieht, ganz ins Unendliche überzuschweifen ...*

Man muß sich bei diesen Worten vergegenwärtigen, daß der Wiederaufbau des Domes gerade im vorangegangenen Jahr fertig geworden war, daß der Beschauer nun – sozusagen ganz frisch – den ursprünglichen Eindruck des romanischen Domes, den der Architekt F. I. M. Neumann, der Sohn des großen Balthasar, durchaus im alten Geiste wiederhergestellt hatte, erfahren konnte; auch von der bald hinzugetretenen barocken Ausstattung war der weite Innenraum wohl noch unberührt, so daß das Bauwerk selbst unverfälscht und ganz sprechen konnte. Hundert Jahre später hat Martin Greif, der Speyerer Dichter, in schlichten Versen Geist und Gedanken des Zeichners von 1779 zu umschreiben versucht:

Die Türme meiner Vaterstadt,
Wie Goethe sie geschaut,
Wo ihm der Rheinstrom flüsternd hat
Ihr Schicksal anvertraut!

Eh' noch daher die Fähre kam
Dort durch der Wellen Lauf,
Im leichten Schattenbilde nahm
Er ihren Umriß auf.

Wohl auch den Schatten ihrer Macht
Sah er nur noch allein,
Jedoch der hingesunknen Pracht
Schien er gedenk zu sein.

Katalog Nr. 1.6.0.01

BILD 47–55

Die folgenden NEUN BILDER waren bis etwa 1960 ganz unbekannt. Damals tauchten sie im Heidelberger Antiquariatshandel auf und konnten von einem Speyerer erworben und von der Klambt-Druck GmbH in Speyer etwa 1963 im Druck herausgebracht werden. Den Druck hat Dr. Berthold Roland mit einer Einleitung versehen, die alles Wissenswerte über den damals Aufsehen erregenden „Fund" sagt. Die insgesamt zehn Blätter, von denen wir neun abbilden, sind die ersten einer Reihe von Darstellungen, die sehr weite Bereiche der Stadt noch im Ruinenzustand zeigen. Manches von ihnen vermittelt auch den Stand der bisher geleisteten, wenn auch nicht besonders anspruchsvollen Wiederaufbauarbeit. Im Ganzen aber ist die Serie in gewissem Sinn die Ouverture der Speyerer Ruinendarstellungen, die bald folgen sollten: 1782 von Jean François Gouth für den Goethefreund Johann Heinrich Merck aus Darmstadt, von Franz Stöber, der im Auftrag des Domherren von Hutten seine Speyerer Ruinenansichten schuf; ihm folgte Johannes Ruland, dem wir ab 1789/90 viele Ansichten des alten, untergegangenen Speyer verdanken. In den zwanziger Jahren des 19. Jahrhunderts sollte den Genannten noch Peter Gayer, der erste Kreisarchivar und tüchtige Zeichner, folgen, der in manchen seiner Darstellungen schon nicht mehr die tatsächlichen Objekte abbilden konnte, weil sie bereits verschwunden waren, sondern auf die Vor-Bilder seiner eben genannten Künstler-Vorfahren zurückgegriffen hat. Sie alle freilich stellten in ihren Ruinenbildern einzelne solcher Objekte dar, während der Zeichner unserer Bilder stets größere Ensembles zusammenfaßte.

Berthold Roland betont in seiner Einleitung zu unserem Zyklus, daß bei den genannten frühen Speyerer „Ruinenmalern" – Gouth und Stöber – die Hutten, Hohenfeldt und Beroldingen mit ihrem weiten Bekanntenkreis von La Roche bis zu dem Geheimen Rat Merck das auslösende und fördernde Element darstellten; so vermutet Roland wohl zu Recht, daß auch unsere Bildfolge, die er auf 1777 datiert, irgendwie mit diesem Kreis zusammenhängt, wenn auch ihr Schöpfer unbekannt geblieben ist.

BILD 47

OSTPARTIE DES DOMES von Nordosten, mit Udenturm, Heidentürmchen und dem dreifach gestaffelten Ring der Stadtmauer.

Katalog Nr. 2.6.01

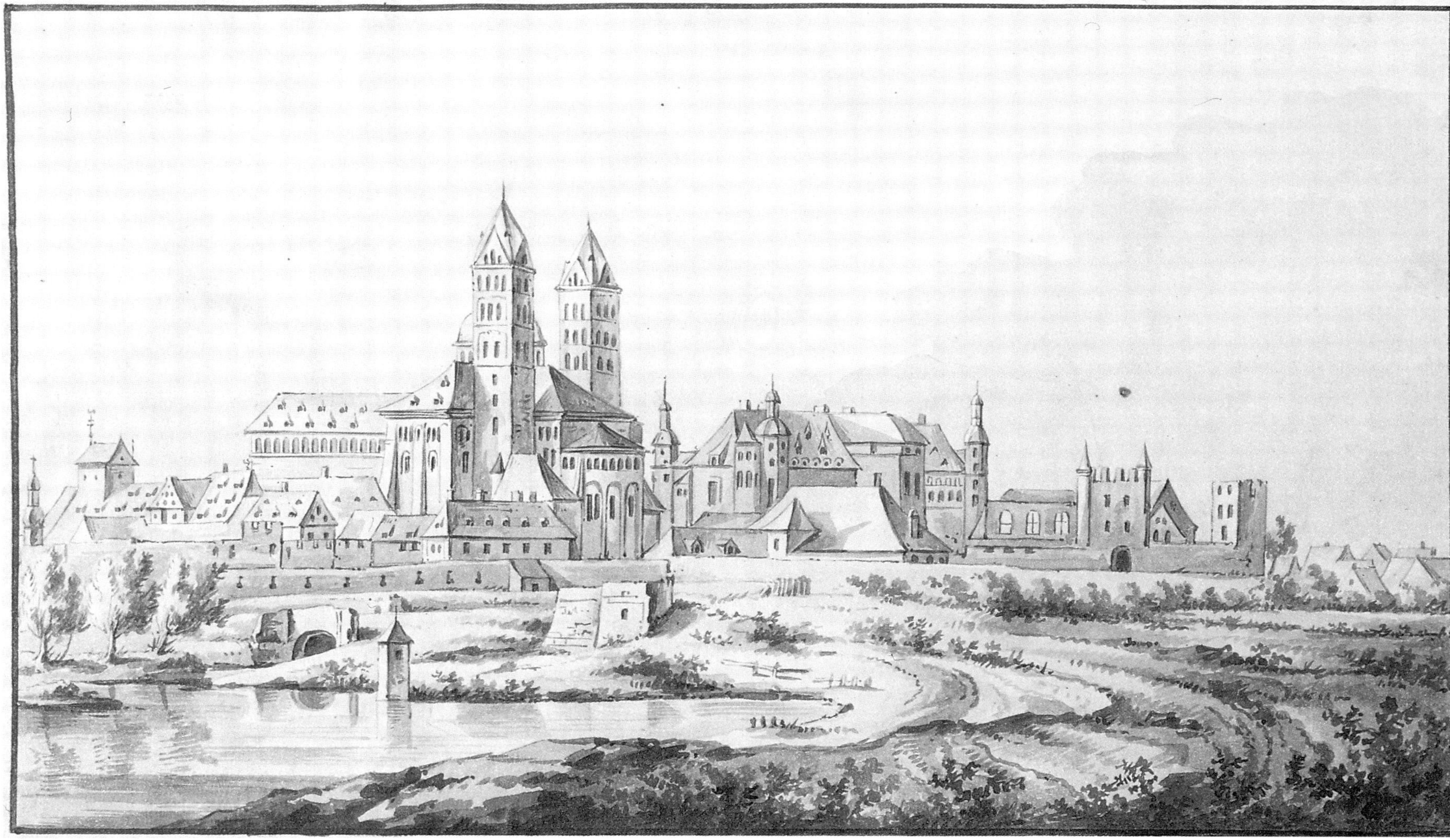

BILD 48

DOMBEZIRK VON SÜDOSTEN mit der barocken BISCHOFSPFALZ, dem Heidentürmchen – mit Toreinfahrt – und Udenturm; im Vordergrund die Kleebach. Beim Dom fehlt noch jede Spur von der barocken, 1777 fertiggestellten Fassade: Für die Datierung der Zeichnung auf 1777 – so Roland – ein Widerspruch!

Katalog Nr. 2.6.02

BILD 49

DREIFALTIGKEITSKIRCHE; links das Hohenfeldtsche Haus, rechts von der Kirche die um etwa 90° gedrehte Front des RATHOFES an der Großen Himmelsgasse. Man vergleiche Bild 42–44. Im Vordergrund „versunkenes Dorf", dessen Bedeutung unbekannt ist.

Katalog Nr. 2.6.03

BILD 50

Blick vom Ruinengelände des JOHANNITERHOFES auf die BARTHOLOMÄUSKIRCHE, rechts davon das Altpörtel; links Blick in die Kleine Greifengasse.
Katalog Nr. 2.6.05

BILD 51

HÄUSERWINKEL in Speyer, wohl im Bereich zwischen Hagedorns- und Großer Greifengasse.

Katalog Nr. 2.6.06

BILD 52

Blick auf den HASENPFUHL, links die Klosterkirche ST. MAGDALENA.

Katalog Nr. 2.6.07

BILD 53

ANSICHT DER STADT von der Zufahrt zur Lußheimer Fähre. Im Mittelgrund das STEPHANSTÖRLEIN, rechts davon der ARMBRUSTER-TORTURM am Fuß des „Museumsbuckels". Rechts davon das Deutschordenshaus mit der Stephanskapelle samt ihrem Zwiebelturm; weiter das Mirbachhaus (vgl. Katalog Nr. 4.4.12).

Katalog Nr. 2.6.08

BILD 54

Blick auf den SÜDWESTTEIL DER INNENSTADT von Südosten, mit Kirche des ALLERHEILIGENSTIFTS (beste und deutlichste Wiedergabe dieser bedeutenden, ganz verschwundenen Kirche), rechts davon das Altpörtel, die Peterskirche, die Franziskanerkirche auf dem Gelände des Stiftungskrankenhauses und der hohe Turm der Moritzstiftskirche (heute Königsplatz).

Katalog Nr. 2.6.09

BILD 55

Ruinengelände des JOHANNITERHOFES mit zerstörtem Treppenturm. Ganz links der Turm der Johanneskirche, Osttürme des Domes, Läutturm der Georgskirche; dicht neben der Ruine der spitze Turm der Moritzstiftskirche.

Katalog Nr. 2.6.04

BILD 56

Bild 56

Zum unmittelbaren Vergleich mit Bild 55 ist hier eine Tuschzeichnung Johannes Rulands aus der Zeit um 1810 abgebildet, die denselben Treppenturm des Johanniterhofes darstellt. Die Bartholomäuskirche – dereinst zwischen Wormser- und Gutenbergstraße gelegen –, deren Ruine sich rechts von der Treppenturmruine erhebt, hatten wir schon auf unserem Bild 50 kennengelernt, doch war sie dort noch von einer halb zerfallenen Mauer verdeckt, die auf Rulands Zeichnung verschwunden ist.
Der Johanniterhof ist von den „Ruinenmalern“ zu Ende des 18. und Anfang des 19. Jahrhunderts mit Vorliebe in seinem Zerfall abgebildet worden (siehe Katalog Nr. 2.6.04 und 05; 4.2.06, 07 und 070). Sollte diese Vorliebe darauf zurückzuführen sein, daß der Überlieferung nach hier, in diesem Klosterhof des Johanniter-Ritterordens, am Tag der Apostelteilung (15. Juli) des Jahres 1291 König Rudolf von Habsburg gestorben sein soll? Er ist ja der einzige der im Dom begrabenen deutschen Herrscher, der in Speyer selber gestorben ist. Schon in Germersheim soll der todkranke König den Wunsch geäußert haben: „Wohlauf nach Speyer, wo meine Vorfahren sind, die Könige waren! Ich will selber zu ihnen reiten, daß niemand mich dahin zu führen braucht!“
Für die Wahrheit der Überlieferung vom Tode Rudolfs im Johanniterhof spricht die Tatsache, daß in seinen Ruinen 1811 jenes Grabmal König Rudolfs, das heute in der Vorkrypta des Domes vor den Kaisergräbern an der Wand angebracht ist, im Schutt gefunden worden ist. Das Bildnis, die erste porträtähnliche Darstellung eines deutschen Königs des Mittelalters, entstand wohl noch zu Lebzeiten Rudolfs; auf es beziehen sich die Verse des Ottokar von Steyr in seiner 1308–1318 entstandenen Reimchronik; dort schildert er, der *kluoge steinmetze* habe das Bild *sûber und rein ûz einem marbelstein* gehauen; er sei dem König nachgereist und habe die Runzeln gezählt, um sein Bildwerk zu ergänzen. Allerdings ist es nicht aus *marbelstein,* sondern aus Sandstein, und daß *der stein wart nu sin dach,* stimmt auch nicht, wie wir von der Abbildung der Königsgräber von 1648 sicher wissen. So spricht alles dafür, daß die Platte tatsächlich ihren ursprünglichen Platz im Johanniterhof als dem Sterbeort des Königs gefunden hatte.
Der gewesene Unterpräfekt des Arrondissements Spire, Verny, verehrte 1814 (?) die Platte dem Grafen von Dalberg in Herrnsheim bei Worms; zu dem Besuch der kaiserlichen und königlichen Majestäten von Österreich, Rußland und Preußen auf ihrem Kriegszuge nach Frankreich am 15. Juni 1815 in Speyer wurde der Stein von Herrnsheim auf Kosten der Stadt in den Dom nach Speyer gebracht und auf dem Grab König Rudolfs von Habsburg niedergelegt; Johann Michael König hat in seiner Neuausgabe der „Historischen Beschreibung der kaiserlichen Begräbnisse in dem Dom zu Speyer“ 1826 auch den Besuch der Majestäten im Dom beschrieben: *Als nun Seine kaiserliche Majestät* (von Österreich) *mit ihren erlauchten Herren Prinzen und übrigen hohen Umgebungen diesen Grabstein mit innigen Gefühlen betrachtet und Speyer wieder verlassen hatten, wurde derselbe, damit keine weiteren Verletzungen daran geschehen können, auf einem sicheren Platze sorgfältig aufbewahrt.* Seit 1826 war die Platte in der neu geschaffenen Antikenhalle nördlich vom Dom, bis sie 1858 endgültig in den Dom kam …

Katalog Nr. 4.2.06

BILD 57

BILD 57

Nach vielen Teilansichten der Stadt wieder ein GESAMTÜBERBLICK, diesmal von einem ungewohnten Standort aus und vor einer Zeit gewaltiger Umbrüche: SPEYER VON SÜDWESTEN – genau gesagt von Westsüdwest – etwa 150 m westlich des Bahnübergangs der Alten Schwegenheimer Landstraße aus der Zeit kurz vor 1794. Die nachträglich beigefügte Datierung *Speyer wohl um das Jahr 1815* kann nicht stimmen, da eine Reihe der abgebildeten Kirchen um diese Zeit nicht mehr aufrecht stand.
Die feine FEDERZEICHNUNG von der Hand Johannes RULANDS zeigt die Stadt in den ersten Jahren der Französischen Revolution, etwa zwischen 1790 und 1794; es macht ihren besonderen Wert aus, daß sie – wie gesagt – eine ganze Reihe bedeutsamer Bauten des mittelalterlichen Speyer noch aufrecht stehend wiedergibt, und zwar zeichnerisch exakt, nämlich: ganz rechts außen die Kirche des Allerheiligenstifts (vgl. Bild 54), links daneben zwischen den Bäumen die Pfarrkirche St. Peter, rechts vom Dom die Franziskaner-Klosterkirche, links davon die Moritz-Stiftskirche, rechts vom Altpörtel die Karmeliterkirche, links davon die Aegidienkirche und, ganz am linken Bildrand, die Guido-Stiftskirche. Die anderen Türme – Dreifaltigkeitskirche, Läutturm, Hl. Geistkirche, Dominikaner-Klosterkirche (Konviktskirche) – sind ja heute noch zu sehen. Die Zeichnung ist damit für die Topographie der alten Stadt ein unschätzbares Dokument von erstaunlicher Präzision, zugleich aber eine anschauliche Darstellung von Speyer zu Beginn der Französischen Revolution.

Katalog Nr. 1.6.4.01

BILD 58

Hatte die Zerstörung der Stadt 1689 deren Gesicht ganz wesentlich verändert, die Verhältnisse in Recht und Verfassung jedoch unberührt gelassen, so wendete die „Franzosenzeit“ von 1792–1813 das Gesicht der Stadt entscheidender und tiefer.
Im April 1792 hatte der französische König, Ludwig XVI., unter dem Druck der Kriegspartei der Girondisten dem Kaiser den Krieg angekündigt; Preußen erklärte sich daraufhin mit Habsburg solidarisch, die Aufstellung einer Armee begann. Im August überschritt diese die Grenze nach Frankreich, mußte aber nach Anfangserfolgen nach der Kanonade bei Valmy, die durch den berühmten Ausspruch Goethes ins allgemeine Geschichtsbewußtsein eingegangen ist, den Rückzug antreten. Damit geriet auch Speyer in unmittelbare Gefahr, zumal die Nähe der französischen Festung Landau jederzeit einen raschen Zugriff zum Rhein hin ermöglich-

te. In der Tat besetzte der kommandierende General der Rheinarmee der Revolutionstruppen, Custine, am 30. September 1792 als erste deutsche Stadt Speyer, ihr folgte Worms und am 21. Oktober Mainz. Johann Ruland hat den ANGRIFF DER *FRANKEN* auf die immer noch Freie Reichsstadt am 30. September in einem KUPFERSTICH dargestellt; der Angriff erfolgte von Schwegenheim aus, zunächst gegen Heiligenstein, wo Custine seine Truppen in drei Gruppen aufteilte: Die erste rückte gegen Berghausen, die zweite umging die Stadt nach Norden, um den kaiserlichen Truppen den Rückzug abzuschneiden, die dritte, die Ruland wiedergibt, rückte direkt gegen das kurpfälzische Zollhaus an der Schwegenheimer Landstraße vor. Der Angriff endete mit einer völligen Niederlage der kaiserlichen Truppen, die gefangen nach Landau abgeführt wurden. Speyer wurde besetzt, die in der Stadt eingelagerten Vorräte wurden ebenfalls dorthin überführt. Custine bemühte sich, die Bürger für die neuen Ideen der Freiheit und Brüderlichkeit zu gewinnen; ein Freiheitsbaum wurde errichtet, dreifarbige Kokarden unter die Bevölkerung verteilt. Die Eroberer versuchten bald darauf, ihre militärischen Erfolge in politische umzusetzen. Am 13. November verlas der Mainzer Professor Böhmer auf dem Rathaus eine Proklamation Custines,

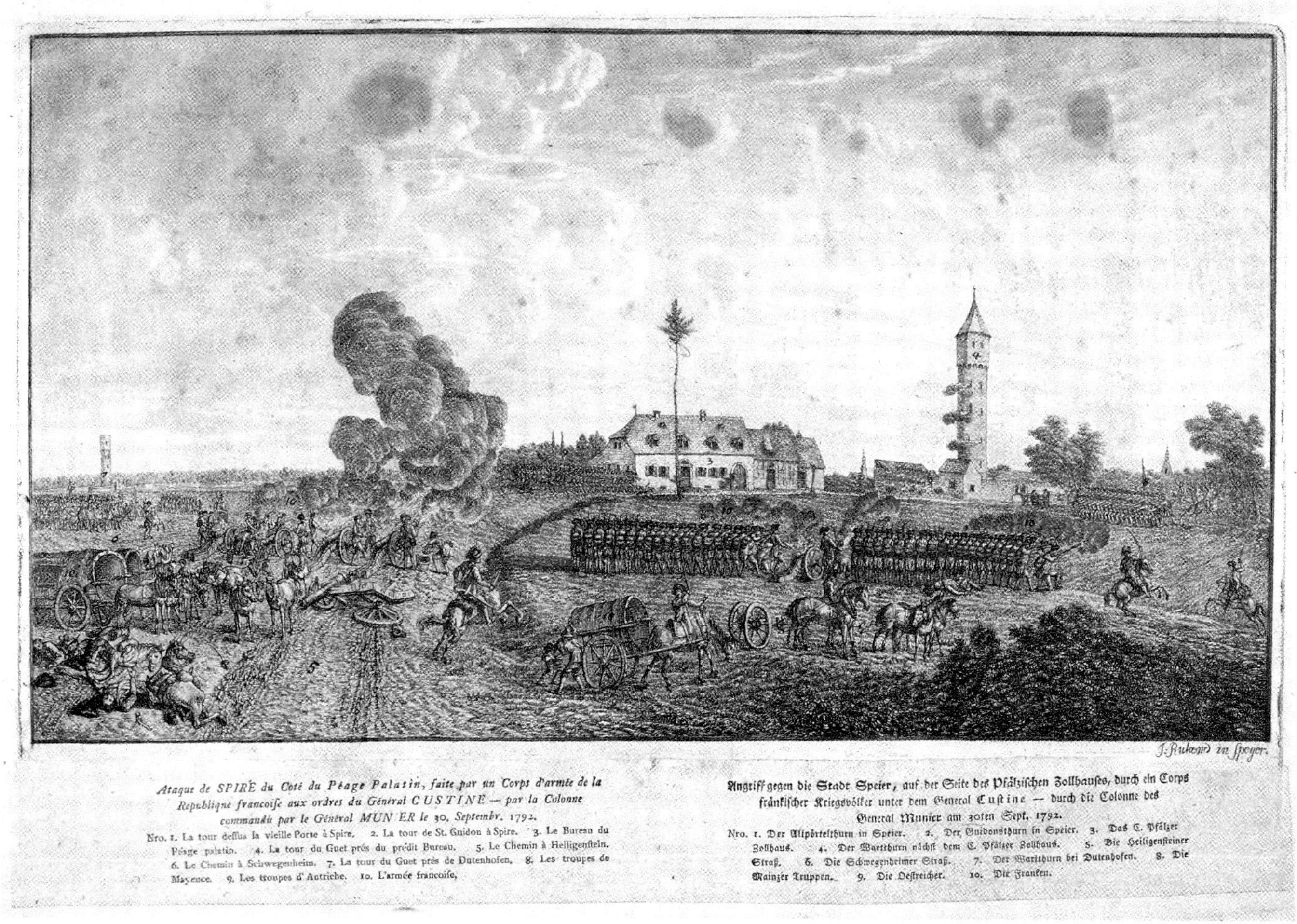

welche die Vereinigung der Stadt mit der freien französischen Nation verlangte. Die ablehnende Haltung der Zünfte wurde durch die Einsetzung einer Landesadministration für die Gebiete von Speyer, Worms und Mainz kurzen Weges beiseite geschoben, der Rat entlassen und der frühere Ratskonsulent Petersen als Maire eingesetzt. Seit dem 13. November stand zum ersten Mal der Freiheitsbaum neben dem Domnapf.

Katalog Nr. 5.5.04

BILD 59

Die EROBERUNG SPEYERS durch CUSTINE gibt auch ein 1806 erschienener französischer KUPFERSTICH in freier Darstellung wieder. Für den französischen Zeichner Swebach des Fontaines war es immer noch das Speyer aus der Zeit vor 1689, das er für den Stecher Berthault als Vorlage der *Prise de la ville de Spire* schuf: Der Dom hat noch seine vier Türme und seine zwei Kuppeln, das Weiße Tor hat immer noch seine alte Gestalt mit den vier Ecktürmchen. Wie Speyer damals wirklich aussah, war in Paris in den Jahren der napoleonischen Herrschaft unbekannt, 1689 hatte – so scheint es – nicht stattgefunden.
Übrigens hatten die Revolutionstruppen am Ostersonntag, dem 31. März 1793 die Stadt wieder den Österreichern überlassen müssen, aber am Ende des Jahres zogen die Franzosen zum zweiten Male in Speyer ein. Diesmal ging es nicht so „konstitutionell" zu wie unter Custine, die Stadt mußte Kontributionen in Geld und Lebensmitteln in astronomischer Höhe zahlen, die öffentlichen Kassen, Keller und Speicher wurden rücksichtslos geleert. Als hier nichts mehr zu holen war, wurden die Häuser der geflohenen Bürger geplündert …

Katalog Nr. 5.5.03

Bild 60

Die ersten Monate des Jahres 1794 unter französischer Besatzung waren die härtesten für das Gebiet am linken Oberrhein. Die „Ausleerungskommissionen" preßten alles aus der Bevölkerung, was aus ihr herauszupressen war; den bedauernswerten Menschen sollten nur „ihre Augen gelassen werden, um ihr Unglück zu beweinen". Das wohl nach 1816 entstandene Bild will die brutalen Übergriffe einer marodierenden Soldadeska darstellen.
In Speyer, das im Hintergrund unseres Bildes – entgegen den geschichtlichen Tatsachen – in Flammen aufgeht, setzte die französische Besatzung ihr Zerstörungswerk mit der Plünderung des Domes und der Kirchen fort. Im Dom wurden alle Statuen, die Kirchenstühle, die Orgel, sechs Glocken und die Schränke in der Sakristei zerschlagen, die Grabdenkmale im Kreuzgang und der Ölberg wurden verstümmelt, von den Türmen wurden die vergoldeten Kugeln genommen, an ihrer Stelle Freiheitsbäume mit roten Jakobinermützen aufgesteckt. Aus dem Innern wurde alles Metall weggeführt. Nur die leeren Mauern blieben stehen. Wieder wurde neben dem Domnapf ein Freiheitsbaum errichtet, daneben ein Freudenfeuer aus hölzernen Statuen, Meßbüchern und anderen gottesdienstlichen Gegenständen entzündet, das unter dem Absingen der Marseillaise umtanzt wurde. Bischofspfalz, Fürstenhaus, Klöster, die lutherische Dreifaltigkeitskirche wurden geplündert. Eine Brandschatzung von 400000 Livres wurde gefordert, für die Revolutionssoldaten mußten Strümpfe, Hosen, Hemden, Stiefel, Schuhe und Hüte abgeliefert werden. Im Februar wurden alles Vieh und alle Vorräte an Wein und Korn geholt. Erst am 25. Mai 1794 hatte mit dem Abzug der Revolutionstruppen der entsetzliche Spuk ein Ende ...

Katalog Nr. 5.5.07

BILD 61

Es ist nicht bekannt, der wievielte FREIHEITSBAUM es war, der am 1. Germinal des Jahres 6 (Revolutionskalender = 21. März 1798) vor dem Dom errichtet wurde. Auch vor dem Kaufhaus steht auf dem KUPFERSTICH RULANDS schon einer. Der vor dem Dom wurde errichtet zum *Triumph der Freiheit* anläßlich der Errichtung des Departements Mont-Tonnerre.

Nach dem Frieden von Campo Formio 1797 zwischen Frankreich und Österreich, in dem letzteres die Abtretung des linken Rheinufers zugestanden hatte, annektierte Frankreich das Gebiet und teilte es in vier Departements; Speyer kam als Sitz einer Unterpräfektur im Arrondissement Spire zum Departement Donnersberg mit Mainz als Hauptort. Aus diesem Anlaß also die Errichtung des neuen Freiheitsbaumes.
Als Johannes Ruland diesen Kupferstich schuf, konnte er auf eine Zeichnung zurückgreifen, die er 1792 schon gefertigt hatte (s. Katalog Nr. 5.5.06), beim Einmarsch Custines. Er brauchte jetzt nur die Staffage beizugeben: Der Weinmarkt vor dem Dom ist mit vielen Menschen belebt, besonders dicht drängen sie sich um den Freiheitsbaum; nur der Domnapf, der auf der Zeichnung von 1792 noch zu sehen ist, ist verschwunden. – Der Stich trägt eine zweisprachige Unterschrift gleichen Inhalts, links französisch und handschriftlich, rechts deutsch. Der deutsche Text ist zum Teil vorgedruckt, nur das Datum *1ten germinal, 6ten* (Jahr) und *Speyer* sind handschriftlich eingetragen. Das legt den Schluß nahe, daß der Stich auch bei anderen Freiheitsbaum-Errichtungen verwendet werden sollte oder gar verwendet worden ist.
Wie man sich in konterrevolutionären Kreisen über die Flut der Freiheitsbäume lustig machte, kündet ein Mainzer Flugblatt von 1793 in einem Gespräch zwischen einem Freiheitsmann und einem Juden, der den Taumel um den Baum nicht verstehen will: Ein Baum ohne Wurzeln, der also nicht feststeht, *kan also nicht Früchte tragen. Und was will dan eine Kapp ohne Kopf und Hirn sagen,* womit die Jakobinermütze auf der Spitze des Baumes gemeint war.
Speyer war nun, vom 23. Januar 1798 bis Ende 1813 der französischen Republik bzw. dem Reich Napoleons einverleibt, nachdem es vorher von Ende Mai bis Oktober 1794 und vom 17. September 1795 bis 8. Juni 1796 nochmals in der Hand österreichischer Truppen gewesen war; noch einmal, im Oktober 1796 hatten die Österreicher die Stadt besetzt; vom 1. November dieses Jahres an dauerte dann die französische Besetzung bis Neujahr 1814. Wir sollten daran denken, daß dies bis 1919 die letzte Besetzung der Stadt durch fremde Truppen war.

Katalog Nr. 5.5.09

Aufpflanzung des Freiheitsbaumes zu Speier 1798.
(Kupferstich v. J. Ruland).

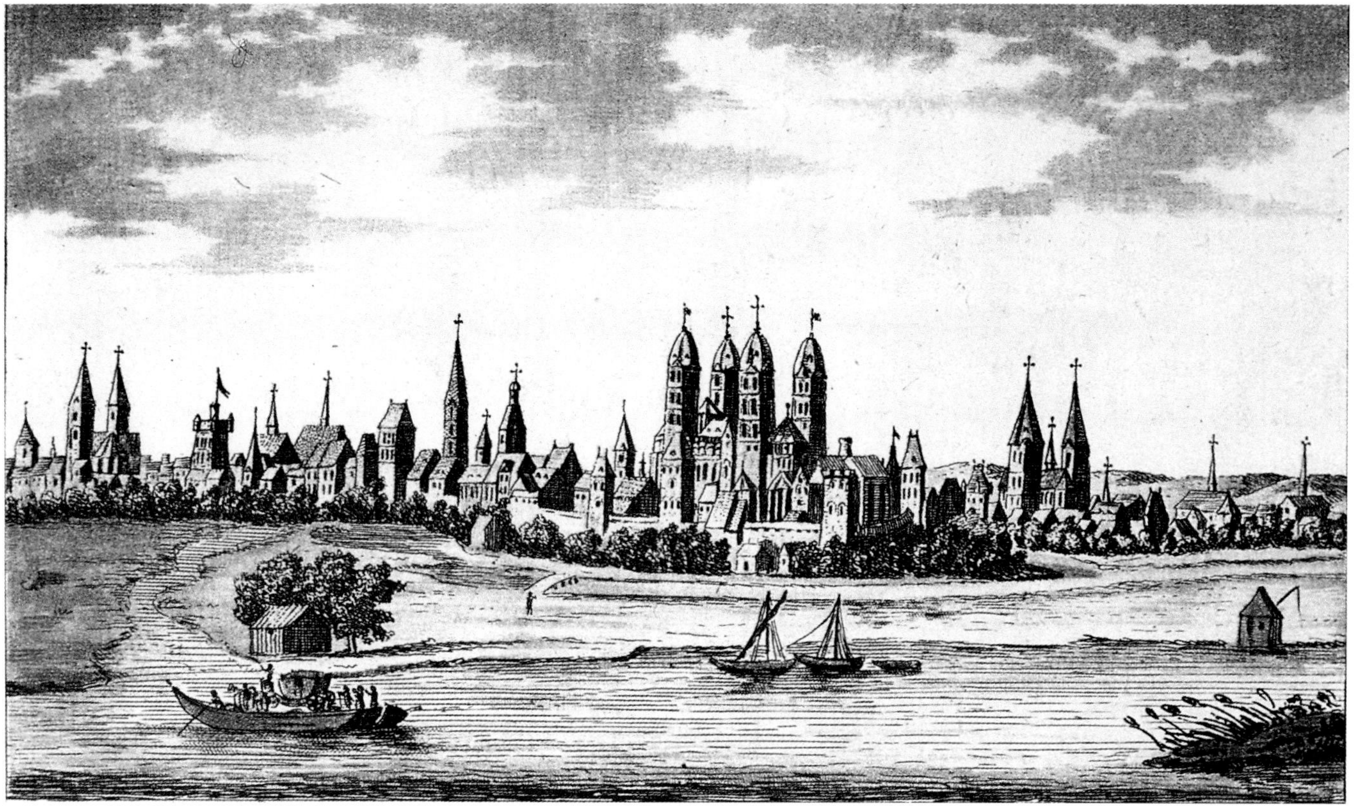

BILD 62

Wir haben eben erst, bei der *Prise de la ville de Spire* (Bild 59) festgestellt, daß die französischen Zeichner und Graphiker auf ihren Stadtansichten von Speyer ausnahmslos auf das Bild der Stadt vor 1689 zurückgriffen. Ein besonders eindrucksvolles Beispiel für diese merkwürdige „Mode" ist eine STADTANSICHT aus der ZEIT DES DEPARTEMENTS MONT-TONNERRE, die – wenn auch mit gewissen Vereinfachungen – sich genau an den Kupferstich Matthäus Merians hält. Man möchte das Bild geradezu als Spott auffassen, wenn man bedenkt, daß gerade in den Jahren der französischen Herrschaft der größte Teil der alten Kirchen und Klöster in Speyer abgerissen wurde. Die Ansichten der damals verschwundenen, kunstgeschichtlich auch als Ruinen noch unersetzlichen Gebäude werden uns noch beschäftigen.

Katalog Nr. 1.4.23

Bild 63

Ein merkwürdiges Bild: nicht nur der Darstellung, auch dem Hersteller nach und in der Technik ist es ungewöhnlich: Auf der Rückseite ist als Künstlerin angegeben die Klosterfrau Barbara Walz, Hardheim, 1820. Ist es verwunderlich für eine Klosterfrau, wenn sie ihr Bild nicht gemalt oder gezeichnet, sondern gestickt hat? Hardhein liegt zwischen Walldürn und Tauberbischofsheim. Viel spricht dafür, daß Barbara Walz eine jener neun Klosterfrauen war, die 1802 auf Befehl der französischen Behörden ihr Kloster St. Magdalena im Speyerer Hasenpfuhl verlassen mußten – was sollte sonst eine Klosterfrau im fernen Hardheim zu einer solchen Stickerei veranlaßt haben!

Zu beachten ist auch der Zeitpunkt, zu dem die kunstvolle Arbeit angesetzt ist: 1820. Dem entspricht das Bild von Speyer, das da dargeboten wird, in gar keiner Weise: Noch stehen, rechts, Udenturm und, links, Armbrustertorturm, ebenso noch die Domdechanei südlich und die Bischofspfalz nördlich vom Dom – Bauten, die 1820 verschwunden waren. Und ganz rechts liegt die Klosterheimat der kunstfertigen Stickerin, die Magdalenenkirche im Hasenpfuhl – wenn wir mit unserer Vermutung, Barbara Walz sei vor 1802 Nonne im Magdalenenkloster gewesen, recht haben.

Katalog Nr. 1.6.0.02

BILD 64

Die STADTANSICHT, die vor uns liegt, stammt aus dem Jahr 1798; sie entspricht der Wirklichkeit – ganz im Gegensatz zu den vorhergehenden. Im Vordergrund liegen Fässer, Warenballen und Säcke, Arbeiter und Kaufleute stehen dabei, in der Kleebach liegt ein Schiff mit hohem Mast. Die Stadt im Hintergrund zeigt das vom 18. Jahrhundert vertraute Bild mit Heidentürmchen, Udenturm, Dom, Bischofspfalz, Jesuitenkirche, Magdalenenkloster, Dreifaltigkeitskirche, Turm der Moritzkirche, Läutturm, Heiliggeistkirche, Dominikanerkirche, Altpörtel und, gleich daneben, am Rand des Hochufers der „Erdbrust" in der Armbruststraße, die Johanneskirche. Auf dem Weg fährt ein Heuwagen der Stadt zu, Bauern und Mägde dabei. Eine Gruppe von zwei Bürgersfrauen und einem Herrn steht, in ihre Unterhaltung vertieft, daneben. Ein friedliches Bild, das der Wiener Künstler Lorenz JANSCHA vom Speyer der französischen Zeit *nach der Natur* gezeichnet hat.

Nichts ist zu spüren von der Not und den Drangsalen der gerade vergangenen Jahre, von der Flucht vieler Speyerer Bürger ins Rechtsrheinische, von der Vertreibung der Geistlichen und der totalen Enteignung der Kirche. Freilich kehrten viele der entwichenen Bürger alsbald zurück, das Leben normalisierte sich, wie man sieht. Es ist erstaunlich, in welchem Umfang sich in der napoleonischen Zeit das alte Bürgertum auch unter den geänderten politischen Verhältnissen halten konnte. Im neuen Munizipalrat saßen nicht wenige Bürger, die auch dem alten Rat angehört hatten, sogar einige der Maires jener Zeit kamen aus der Schicht der ehemaligen Honoratioren. „Fortschrittliche" Neubürger hatten wenig Chancen, in das alte reichsstädtische Geflecht einzudringen.
Durch den Weggang des katholischen Klerus und den geringen Einfluß der lutherischen Geistlichkeit war das Sozialgefüge der Stadt jedoch wesentlich einheitlicher geworden.

Das wirtschaftliche Leben der Stadtbevölkerung unterschied sich von dem der reichsstädtischen Zeit vor der Revolution kaum, es blieb ländlich bis kleinbürgerlich bestimmt. Nur wenige ragten über die breite Schicht der Handwerker mit landwirtschaftlichem Nebenerwerb, die reinen Bauern und die im Dienstleistungsgewerbe Tätigen hinaus. Es gab nur drei größere Handelshäuser – Hetzel (zugleich Maire), Freytag und Lichtenberger –, von denen Hetzel Handel nach Frankreich, Belgien, Frankfurt und Köln mit Wein, Tabak, Sirup, Essig, Pottasche und Öl trieb; er hatte drei Schiffe auf dem Rhein fahren und eine Reihe Transportwagen für den Verkehr zu Lande. Der Handel ins Rechtsrheinische blieb eng beschränkt, Speyer war von seinem alten Wirtschaftsbereich über den Fluß hinüber weitgehend abgetrennt.

Katalog Nr. 1.6.1.03

Bild 63

BILD 65

Auf den Stadtansichten, die unabhängig von Vorlagen aus der Zeit vor der Zerstörung von 1689 das Stadtbild wiedergeben (siehe Bild 36, 38, 40 u. 41) war keine Bestätigung für Behauptungen zu finden, Speyer liege noch weitgehend zerstört; aber noch 1765 hatte die Stadt an den kaiserlichen Hof in Wien berichtet, es liege noch über ein Drittel in Schutt und Asche, und 1783 hatte Kaspar Risbeck in seinen Reisebriefen über Deutschland gar berichtet, Speyer *ist nun kaum zur Hälfte wieder erbauet.*
Wo aber sind die Ruinen zu suchen, die doch recht weitflächig gewesen sein müssen?
Freilich, einige davon haben wir bereits vorgeführt: Den Rathof oder den Johanniterhof (Bild 42–48, 50, 51 u. 55). Es müssen aber doch noch mehr „öde Plätze" dagewesen sein. Dazu müssen wir zurückgreifen auf Zeichnungen, Aquarelle und Ölbilder, die uns aus dieser Zeit erhalten sind. Zugleich sind diese Bilder die letzten Zeugnisse zahlreicher bedeutender Bauten, die – seit 1689 zerstört liegend – in der napoleonischen oder der ersten bayerischen Zeit bis etwa 1830 abgerissen worden sind; an ihre Stelle sollten „Anpflanzungen" und Promenaden treten; das hervorstechende Beispiel für diese Pläne sollte der sogenannte Obere Domgarten werden, dem die ganze Bebauung um den Dom in den zwanziger Jahren zum Opfer fiel.
Den Anfang dieser Inventarisierung der Speyerer Ruinen am Ende des 18. Jahrhunderts machte – nach einigen Ansätzen von 1777 (Bild 47–55) und 1782/83 (J. F. Gouth im Auftrag des Darmstädter Kriegszahlmeisters Merck, vgl. Bild 68) –, im Auftrag des Domdechanten von Hutten, der Landschaftsmaler Franz Stöber aus Wien, den der kunstsinnige Domherr 1786 als Kustos seiner umfangreichen Gemäldegalerie an den Rhein holte. Stöber *hatte das Glück, bei Sr. Hochwürdigen Gnaden ... als Direktor seiner nie genug zu rühmenden Sammlung ... angestellt zu werden. Stöbers jetzige Beschäftigungen bey diesem hohen Gönner und Freund der Kunst sind, die Ruinen der dasigen Gegend nach der Natur mit dem aller ausgeführtesten Pinsel zu mahlen, welche mit grossem Beyfall die Sammlung vermehren halfen.* (Meusel, 1790, nach B. Roland)

Unsere Ruineninventarisation soll STÖBERS lavierte FEDERZEICHNUNG von der NIKOLAUSKAPELLE (etwa an der Stelle der Antikenhalle von 1826) und dem Domstaffelturm eröffnen, der dicht daneben die Treppen zum Hasenpfuhl und zur Sonnenbrükke hinunter überwölbte. Gerade von diesem Ensemble sind uns eine ganze Reihe von Ansichten von der Hand Gouths (Katalog Nr. 4.1.01), Rulands (Katalog Nr. 4.1.02) und Gayers (Katalog Nr. 4.1.04 u. 040) überliefert. Aus unterschiedlichen Blickwinkeln bieten sie alle mehr oder weniger dasselbe Bild: Turmstumpf und romanische Kapelle mit abgerundetem Turm, davor armselige Hütten, wie wir sie schon von den Bildern des Rathofes her kennen.
Beim Ableben Huttens († 1790) gab Stöber seiner Trauer bewegten Ausdruck: *Wen kann mein Schmerz über den Verlust befremden, der überlegt, daß die meisten Liebhaber nur auf alte Malereyen sehen und den Künstler vor Hunger sterben lassen.* Stöber war brotlos geworden, doch setzte er – Gottlob – seine Ruinenmalerei unentwegt fort.

Katalog Nr. 4.1.03

Stöber: Domstaffelturm u. Nikolauskapelle zu Speier.

Bild 66

Machen wir uns auf den Weg durch die Stadt von der Nikolauskapelle durch das „Windloch“ zwischen Westwerk des Domes und Jesuitenkirche, wo auch heute noch immer der Wind bläst, obwohl der Abstand zu den Domherrnhäusern, die an der Stelle des Jesuitenkollegs zu Anfang unseres Jahrhunderts erbaut wurden, größer als früher ist.
Durch die Große Himmelsgasse, vorbei am Rathof, der Dreifaltigkeitskirche und der in Ruinen liegenden Georgskirche mit dem vorderen Retscher kommen wir an der Elendherberg (an der Pfaugasse) vorbei zur Ruine der Pfarrkirche Johannes Bapt. auf der Nordseite der Johannesgasse (etwa bei dem vormaligen Gebäude der Landesbibliothek), die nach der Kirche benannt ist. An sie schließt sich der Maulbronner Klosterhof an.
Dessen Ostmauer ist auf unserem Bild, einer Sepiazeichnung von Peter Gayer aus den frühen Jahren der bayerischen Verwaltung rechts vom Turm der Kirche zu sehen. Im Vordergrund zieht die Johannesgasse, heute sagt man „Straße“, vorbei, von der Kirche selbst ist außer einer aufragenden Mauer hinter dem kleinen Hüttchen nichts mehr zu sehen. Erst um 1770 war die Wiederinstandsetzung nach dem Stadtbrand erfolgt. Um 1810 standen aber von ihr, nach den Verwüstungen des Jahres 1794, nur noch ein paar klägliche Mauern (vgl. auch Katalog Nr. 4.1.08).
Die Johannespfarrkirche stammt – der Stadtentwicklung entsprechend, wohl aus dem 12. Jahrhundert; urkundlich erwähnt wird sie erstmals 1262 und 1273. Ihr Leutpriester, d.h. ihr Pfarrer, war zum Chorgebet im Dom verpflichtet.
Durch ein besonderes Ereignis hat die Johanneskirche ihren besonderen Platz in der Stadtgeschichte: Im Haus des Plebans, Ecke Johannesstraße-Lebküchergasse, in dem der sächsische Kanzler beim Reichstag 1529 seine Herberge hatte, kamen am 25. April die Räte der Fürsten, die am 19. April die berühmte Protestation gegen die Reichstagsbeschlüsse in Sachen des Glaubens dem Reichstag eingereicht hatten, und die Vertreter der reformgeneigten Reichsstädte in der unteren Stube zusammen und verfaßten eine Appellation an Kaiser und Konzil, die alle Bedenken der Reformfreunde, einschließlich der beiden Fassungen der Protestation enthielt und von zwei kaiserlichen Notaren in ein Instrumentum nach den Regeln der Notarskunst gefaßt wurde.

Katalog Nr. 4.1.09

BILD 67

Schaut man nicht genau hin, so könnte man die ST. MORITZKIRCHE (auf dem heutigen Königsplatz), die Johannes RULAND um 1800 mit der Feder gezeichnet hat, für wohl erhalten betrachten. Bei genauerem Hinsehen jedoch merkt man, daß das Maßwerk der gotischen Fenster nur noch in Bruchstücken erhalten ist und die Dächer des Mittelschiffs und des (sichtbaren südlichen) Seitenschiffs fehlen. Eine Radierung Gouths von 1783, die das Innere nach Westen, zum Turm hin zeigt, bestätigt den Befund in erschreckender Weise: Die Dächer von Mittelschiff und beiden Seitenschiffen fehlen ganz und die Arkaden zwischen Mittel- und Seitenschiffen samt Gewölben sind völlig ausgebrochen. Die Zeichnung Rulands zeigt nur noch Querschiff und Chor eingedeckt, auch der Turm mit seinem schlanken, spitzen Helm steht noch aufrecht. Man vergleiche auch Katalog Nr. 4.1.10 und 12 sowie 6.3.01! Tatsächlich war nach der Zerstörung von 1689 von der Kirche nur Turm, Chor und Querschiff wiederaufgerichtet worden, 1794 wurden auch diese instandgesetzten Teile durch die französischen Revolutionstruppen im Inneren demoliert. Diesen Zustand gibt Ruland wieder. Nach 1806 wurden die Ruinen ganz abgerissen (siehe Katalog Nr. 4.1.11), der Platz eingeebnet. 1809 wurde das Gelände in „eine schöne Promenade“ umgewandelt und der neugeschaffene Platz nach dem Präfekten des Departements Donnersberg, Jeanbon-St. André, als Andreas-Platz benannt. 1816, im ersten Jahr der bayerischen Regierung, erhielt der Platz den heutigen Namen: Königsplatz, der nur während einiger Jahre unter der NS-Herrschaft gegen „Josef-Bürkel-Platz“ (nach dem damaligen Gauleiter des Gaues Saarpfalz) umgetauscht wurde.

Zur Geschichte der 1806 abgerissenen Kirche sei kurz bemerkt, daß sie eine der ältesten Kirchen der Stadt war, die vermutlich im Anfang des 11. Jahrhunderts entstand. Als St. Moritz-Kirche blieb sie Pfarrkirche bis zu ihrem Abbruch. Als nach mehrmaliger Zerstörung das Stift St. German vor den Toren der Stadt (heute Priesterseminar) 1469 ins Stadtinnere verlegt wurde, war nach längerem Hin und Her die St. Moritzkirche als neuer Sitz des Germansstiftes bestimmt worden. Von diesem Zeitpunkt an trug die Kirche den Namen St. German und Moritz. Die Verlegung des Stiftes in die Stadt hatte 1473 einen Neubau der Kirche zur Folge, der 1689 den Flammen zum Opfer fiel.

Katalog Nr. 2.4.02

Bild 68

In den Mauern des mittelalterlichen Speyer waren mit Mönchsniederlassungen alle vier Bettelorden vertreten – die Franziskaner oder Minderbrüder (seit 1221), die Dominikaner oder Prediger (seit 1260; heute Konvikt mit Chor der alten Klosterkirche), die Augustinereremiten (nach 1260) und die Karmeliten (seit 1270); alte Straßennamen erinnern an diese Klöster: Die Bruder- und die Mönchsgasse an die Franziskaner, die Predigergasse an die Dominikaner, die Augustinergasse an die Augustiner und die Karmeliterstraße an die Karmeliten, die als letzte und einzige sich in einer Vorstadt ansiedelten. Vom Dominikaner- (Katalog Nr. 4.2.02) und vom Augustinerkloster (Katalog Nr. 4.2.03–05) besitzen wir Abbildungen und Pläne, vom Franziskanerkloster nur Pläne aus der Zeit kurz vor dem Abbruch (etwa 1806), vom Karmeliterkloster endlich ist uns ein Kupferstich nach einer Zeichnung von 1782 erhalten, der hier abgebildet ist. Er gehört in die Reihe jener Ruinenansichten, die Johann Franz Gouth 1782/83 für den Darmstädter Geheimen Rat Merck gezeichnet hat. Er zeigt das Kloster oder wenigstens Teile davon in einem trostlosen Zustand; die Mönche hatten vermutlich die am stärksten beschädigten Gebäude liegen lassen und mehr gegen den heutigen Postplatz hin 1747–1749 neue Konventsbauten und eine neue Kirche errichtet. Das ist um so erstaunlicher, als das Kloster als Hauptquartier des Generals Montclar 1689 vom Brand verschont geblieben war.

Zu sehen ist nebst einigen halbverfallenen Gebäuden und eingebauten Hütten die Ruine eines stattlichen viereckigen Kirchturms, der ins Oktogon übergeht; der Helm fehlt.
Der Konvent erlitt in der Französischen Revolution das Schicksal aller Speyerer Klöster – ausgenommen das der Dominikanerinnen im Hasenpfuhl: 1794 wurde es ausgeplündert, die Mönche verjagt, die Gebäude verwüstet und später abgerissen. Scheußlichkeiten an Leichnamen von Mönchen, die aus den Gräbern gerissen wurden, spotten jeder Beschreibung.
Vom ganzen Kloster ist heute nur noch ein einziger Gedenkstein aus dem Jahre 1490 am Gebäude Karmeliterstraße 2 erhalten, der an den Aufenthalt des päpstlichen Ablaßkommissars Raimund Peraudi im Kloster in diesem Jahr erinnert; unter dem farbig gehaltenen Wappen des Papstes Innozenz VIII. mit Tiara und Petrusschlüssel steht der Spruch: *Hoc in loco fuerat jubileus ab Innocentio VIII datus anno Christi 1490*, er befand sich ursprünglich über der Tür der im genannten Jahr neu erbauten Sakristei (Abb. bei Klotz, Stadtgesch. S. 54). Der Ablaß war zur Abwehr der Türkengefahr ausgeschrieben worden.
Das Kloster, das recht wohlhabend war, verdankte gerade diesem päpstlichen Legaten, der schon 1488 und wieder 1502 längere Zeit im Konvent weilte und sich dort auf eigene Kosten ein Haus errichtet hatte, ganz erhebliche Geldspenden, die es instand setzten, zu Ende des 15. Jahrhunderts ganz bedeutende Baumaßnahmen durchzuführen. So wurde der Kirche im Norden ein Seitenschiff angefügt, über dessen Eingang außen wie an den Gewölben im Innern die Geschlechterwappen des Papstes und seines Legaten Peraudi angebracht wurden; in dem Fenster über dem Eingang wurden in Glasgemälden beider Bildnisse verewigt. Im Chor der Kirche wurde ein neues Sakramentshaus, kunstvoll aus Stein gehauen, errichtet, der Hochaltar erhielt ein neues Tafelgemälde, und der Subprior Frater Jacobus von Michelstadt schrieb auf Pergament fünf prachtvolle Bücher für den Chorgesang.
1494 konnte der Konvent aus den Einkünften eines neuen Brauhauses, das großen Gewinn abwarf, das Sommerhaus des Klosters herrichten lassen, zwei Jahre darauf wurde ein neuer Altar zu Ehren der Mutter Anna mit einem Tafelgemälde errichtet und die Orgel repariert.
Wichtig erscheint auch die enge Bindung der Karmeliter an die Stadt: 1407 bereits ist die Bruderschaft der *Rebenleutt* oder *Weingaertner* in der Klosterkirche erwähnt, 1470 außer dieser die der Schafhirten und die der Schützen, die alle ihren Altar in der Karmeliterkirche hatten. Für die Schützenbruderschaft wurde 1485 eine eigene Kapelle an die Kirche mit einem Sebastianusaltar angebaut. 1496 schließlich wurde an dem oben erwähnten, neuerrichteten Annenaltar eine St. Annen-Bruderschaft gestiftet, deren Mitglieder, Männer und Frauen, der guten Werke der ganzen Karmeliterprovinz teilhaftig werden sollten. Die Verbindung zur Stadt wird besonders darin sichtbar, daß der Rat der Stadt am St. Severinstag (23. Oktober), dem Tag der erfolgreichen Abwehr des Severinsaufruhrs 1330, ein feierliches Jahrgedächtnis in der Klosterkirche mit anschließendem Frühmahl zu halten pflegte.
Anfang 1486 war Kaiser Friedrich III. auf dem Weg zum feierlichen Reichstag in Frankfurt, auf dem sein Sohn Maximilian zum König gewählt werden sollte, nach Spey-

er gekommen, hatte dem Konvent große Meßstiftungen gemacht und am Oktavtag von Dreikönig selbst dem Hochamt in der Klosterkirche beigewohnt.
Bedeutend war auch die Bibliothek des Klosters; bereits in den 30er Jahren des 15. Jahrhunderts besaß es über zweihundert Handschriften, die – wie damals üblich – zum Schutz vor Dieben angekettet waren. Auch mit Kelchen und wertvollen Monstranzen war das Kloster reich ausgestattet.
Der Speyerer Karmeliterkonvent war zweifelsohne sehr wohlhabend und leistete viel für Kunst und Wissenschaft. Von all der vergangenen Herrlichkeit läßt unser Bild nichts mehr erkennen.

Katalog Nr. 4.2.10

BILD 69

Die PETERSKIRCHE, im Südwesten der alten Innenstadt, heute in der Allerheiligengasse, früher Petersgasse, gelegen. Ein hübsches AQUARELL, wieder von Franz STÖBER, das den verträumt-romantischen Charakter des Speyerer Stadtgesichts zu Beginn der Französischen Revolution trefflich widerspiegelt; zugleich aber Abbild des armseligen Lebens in damaliger Zeit.

Die Kirche ist ganz ruiniert, kein Dach, ausgebrochene Fenster; nur der romanische Turm steht noch. Im Hof noch ein Kreuz des ehemaligen Kirchhofes und der Taufstein, der nun als Brunnentrog dient. Der Kirchenbereich ist auch hier wie bei der Jakobskirche durch ein Tor von der Außenwelt abgeschieden, auch hier wieder ein ärmliches Häuschen, das sich an die Schwibbögen der Stadtmauer anlehnt.

St. Peter war ebenfalls – wie St. Johann, St. Moritz und St. Jakob (Bild 66, 67, 71) – eine der Pfarrkirchen der mittelalterlichen Innenstadt, der Überlieferung nach bereits 1157 bezeugt; doch ist dieses Zeugnis sehr zweifelhaft. Rechtliche Beziehungen der Kirche zum alten Kloster auf dem Germansberg sprechen für ein höheres Alter, das wahrscheinlich bis ins 11. Jahrhundert hinaufreicht; damit zählt St. Peter – wie St. Moritz – zu einer der ältesten Kirchen der Stadt. Der ursprüngliche Bau war, wie der Turm zeigt, romanisch, in gotischer Zeit fand ein Umbau statt, wie die Maßwerkfenster im Chor und die Strebepfeiler ebenda und am Schiff beweisen.

Katalog Nr. 4.1.14

BILD 70

Wohl von wenig später als das AQUARELL Stöbers ist ein weiteres von der Hand RULANDS; doch zeigt es die PETERSKIRCHE von der Nordseite, nicht wie das Stöbers von Süden. So ist die Kirche in voller Ausdehnung von Schiff und Chor zu sehen: auch das Untergeschoß des Turmes, dessen Fenster im obersten Geschoß zum Teil zugemauert zu sein scheinen, ist hier sichtbar. Zwischen Kirchenchor und dem kleinen Häuschen vor der hochragenden Stadtmauer ist das Tor zum Kirchhof, dessen Innenansicht uns Stöber geboten hatte, in perspektivisch gedrückter Form zu sehen. Zu dem Aquarell gibt es eine Federzeichnung als Vorstudie Rulands, die fast genau unserem Bild entspricht. Zu den beiden Rindern hat der Maler nun den zugehörigen Hirten gesellt, dem ein Hund folgt: Wieder ein Zeugnis für die Ackerbauernstadt Speyer aus der Zeit um 1800.

Katalog Nr. 4.1.160

Bild 71

Oben (Bild 65) haben wir kurz geschildert, wie der Wiener Maler Franz Stöber 1786 nach Speyer kam; hier ist ein Ölgemälde von ihm zu betrachten, das wohl eines der ersten war, das er 1787 von Speyerer Ruinen gemalt hat: Die Jakobskirche in der Jakobsgasse, heute Heydenreichstraße. Von dem noch aufrechtstehenden Kirchenturm mit dem Storchennest, der in seiner Haube dem der Johanneskirche und der Bartholomäuskirche, mehr noch den Türmen der Stiftskirche St. Paul in Worms und den von dort beeinflußten Kirchtürmen in Dittelsheim und Alsheim ähnlich war, vermutet man, daß diese Form durch die Kreuzzüge in den Orient beeinflußt worden ist. Vom Kirchenschiff ist nichts mehr da, nur der Chorbogen und dahinter die gerade schließende Ostwand des Chores mit drei gotischen Fenstern stehen noch. An die Südwand des Chores ist eine Hütte mit Pultdach angebaut. Die südliche Langhauswand ist nur noch als Außenmauer erhalten, durch die ein Tor – wohl die ehemalige Kirchtür – in das frühere Kirchenschiff, das nun als Friedhof dient, hineinführt. Ein weiteres Tor rechts im Hintergrund führt auf die Jakobsgasse.
Die Kirche war eine der sieben innerstädtischen Pfarrkirchen; sie war dem Pilgerheiligen St. Jakob d. Ä. geweiht, ein Zeichen für die Lage Speyers an einer der Pilgerstraßen zum fernen Wallfahrtsort Santiago di Compostela in der spanischen Provinz La Coruña. Sie wird als Kapelle bereits Mitte des 12. Jahrhunderts bei einer Curie der Speyerer Stadtgrafen und Hochstiftsvögte erwähnt. Im 13. Jahrhundert ist sie im Pfarreisystem der Stadt bereits eine der Pfarrkirchen. Nach der Zerstörung 1689 wurde sie nicht wieder aufgebaut, bestand aber als katholische Pfarrei weiter, wie der Leichenzug auf unserem Bild zeigt. Nach der Wiederbesiedlung standen um die Ruine Hütten der armen Bevölkerung, 1702 hielten sich zwei Schuhflicker in einem Gartenhaus auf dem Kirchhof und in der Kirche selbst ohne Erlaubnis eines hohen Rates auf. Die letzten Ruinenreste wurden erst 1836 abgetragen, um dem Neubau der Synagoge der jüdischen Gemeinde Platz zu machen; diese fiel dem Pogrom des 9. November 1938 zum Opfer. Heute ist der Platz vom Südteil des Kaufhofes überbaut …

Katalog Nr. 4.1.13

BILD 72

Kreuzkapelle zu Speier, (vor dem Landauer Tor) Sepiazeichnung v. Ruland.

Die HL. KREUZKAPELLE vor dem Gilgentor hat JOHANNES RULAND in mehreren Zeichnungen vor ihrem Abbruch im Jahr 1787 im Bild festgehalten.

Die hier gezeigte Darstellung mag den Betrachter zunächst verwirren; rechts im Hintergrund ist eine Mühle zu erkennen, wo nie eine Mühle lag. Nach einigem Überlegen kommt der Ortskundige freilich auf den Gedanken, das Bild könnte seitenverkehrt sein. In der Tat, die Mühle, liegt sie in Wirklichkeit links hinten, ist die Schießberger Mühle (siehe Bild 80), heute unter dem Namen Steinersche Mühle, benannt nach dem jetzigen Eigentümer, bekannt. Die Kreuzkapelle stand auf dem Zwingergraben vor der Vorstadtmauer um die Gilgenvorstadt vor dem Landauer- oder Gilgentor. In diesen Zwinger, der im Spätmittelalter zum Schutz des gefährdeten Landauer Tores der Vorstadtmauer vorgebaut worden war, führte durch das Kreuztor (beim heutigen protestantischen Dekanat bei der Gedächtniskirche) die alte Fernstraße Straßburg–Mainz, um im Innern des Zwingers nach links zum Landauer Tor, nach rechts zum Streifertor (über der Ludwigsstraße zwischen Hilgard- und Marienstraße) in die Gilgenvorstadt zu führen. Der Name des Kreuztores hat seinen Namen von der Kreuzkapelle, sie muß also schon vor der Anlage des Zwingers dagewesen sein. Den Stilmerkmalen nach ist sie in der Zeit der Spätgotik errichtet worden.

Der Grundstein wurde am 24. Juli 1458 gelegt; in der Bistumsmatrikel des Bischofs Matthias Ramung (um 1470) ist sie jedoch noch nicht aufgeführt.

Im 16. Jahrhundert baute man an die Südseite der Kapelle den Wehrturm zum Adler, als einzigen Mauerturm des Zwingers. Der alte Graben des Zwingers ist auf unserem Bild rechts von der Kapelle, in Wirklichkeit also links, deutlich zu erkennen.

1490 betreuten Mönche des Karmeliterklosters die Kapelle seelsorglich. Nach dem Übertritt der Reichsstadt zum lutherischen Bekenntnis 1540 wurde sie wohl nicht mehr mit Gottesdienst versehen.

Katalog Nr. 4.1.18

BILD 73

Es ist nicht sicher, ob die Bleistiftzeichnung des ST. CLARAKLOSTERS in Altspeyer von JOHANNES RULAND stammt; denn unter dem Bild hat Peter Gayer mit eigner Hand vermerkt: *St. Clara-Kloster zu Speier.* Allerdings könnte der Erhaltungszustand der Klostergebäude dafür sprechen, daß tatsächlich Ruland der Zeichner um 1790 gewesen ist; denn das Kloster wurde in den Revolutionsjahren hart mitgenommen, was dem Baubestand nicht anzusehen ist.

1299 waren die Clarissinnen, also Nonnen des weiblichen Zweiges des Franziskanerordens, aus Oggersheim, wo sie vorher ihre Niederlassung hatten, auf Einladung des Speyerer Rates nach Speyer gekommen, wo sie vom Neuen Hospital St. Georg ein Areal zum Neubau ihres Klosters in der Vorstadt Altspeyer erwarben. 1546 fielen die Klostergebäude einem Brand zum Opfer, doch erfolgte schon in den nächsten Jahren der Wiederaufbau. Aber der interne Zustand des Klosters war in der folgenden Zeit nicht der beste; nach dem Tod der Priorin war nur noch eine einzige Nonne im Kloster. Der lutherische Stadtrat hielt die Gelegenheit für günstig, das Kloster und seinen Besitz an sich zu bringen. Nur durch Neubesiedlung mit Schwestern aus dem vorarlbergischen Kloster Valduna gelang es dem Franziskanerorden, diese Pläne zu durchkreuzen (1575). Zu Anfang des 17. Jahrhunderts erlebte der Konvent eine neue Blüte, das Kloster mußte wegen der Zahl der Nonnen vergrößert werden.
Alles wurde aber zunichte gemacht durch die Ereignisse von 1632 (vgl. Bild 12), als der schwedische Oberst Horneck während der Belagerung durch die Kaiserlichen die Vorstadt Altspeyer abbrennen ließ. Auch das Clarakloster wurde ein Raub der Flammen. Noch lange Jahre nach dem Ende des 30jährigen Krieges fristeten die Schwestern ein armseliges Leben; 1666 schrieb die Äbtissin in einem Brief, daß der Konvent *bey diesen beschwerlichen Zeiten* so schlecht mit Lebensmitteln versorgt sei, *daß unß kaum durchbringen können.* Doch unternahm die Äbtissin alle Schritte, um das Kloster wenigstens wieder notdürftig instandsetzen zu lassen.
Bei der Einäscherung der Stadt 1689 hatte das Kloster zwar große Drangsale zu leiden, blieb jedoch von der Zerstörung verschont. 1703 wurde der Dachreiter der Kirche neu erbaut. Über die häufigen Kriegsnöte des 18. Jahrhunderts kam der Konvent halbwegs glimpflich hinweg, mit den Besetzungen durch die Revolutionstruppen ab 1792 ging es jedoch rasch abwärts. Zwar versuchten die Schwestern trotz mehrfacher Flucht immer wieder mit rührender Anhänglichkeit, sich in ihrer Klosterheimat zu halten, konnten aber nicht verhindern, daß das Kloster schließlich aufgehoben und 1798 mit allen Gütern versteigert wurde. Die Klosterbauten dienten im 19. Jahrhundert als Notquartier für arme Leute, bis sie 1879 abbrannten. Nur spärliche Reste sind noch verbaut in die jetzt stehenden Häuser.

Katalog Nr. 4.2.09

St. Clara-Kloster zu Speier

Bild 74

Auf der aquarellierten Federzeichnung Rulands aus der Zeit um 1790 sind gleich drei Ruinen zu sehen: Rechts die St. Valentins- oder St. Velten Kapelle, in der Mitte der sogen. Hinterretscher, d.h. das Rückgebäude des ganzen Retscheranwesens, noch mit vier Stockwerken, und die Margarethenkapelle. Die Retscherruine steht seit 1835, um ein Stockwerk erniedrigt, noch, ebenso der Chor der St. Valentinskapelle, nicht mehr die angebaute Margarethenkapelle.
Der Retscher ist benannt nach der Patrizierfamilie der Retschel oder Retschelin, deren ältester Vertreter schon 1241 erwähnt wird. Er kann als Erbauer der noch erhaltenen Ruine angesprochen werden, da der Bau ausgesprochen frühgotische Elemente aufweist; der Retscher zählt zu den wenigen Beispielen frühester profaner Gotik in Deutschland und ist von nordfranzösischen Mustern beeinflußt (Röttger).
Die noch stehende Ruine ist wahrscheinlich jenes „Sommerhaus“ *(domus aestivalis)* gewesen, in dem 1322 der neue Ratsadvokat Heinrich von Fulda, gegen die Margarethenkapelle gewandt, seinen Amtseid leistete; als „Sommerhaus“ bezeichnete man Rückgebäude, die nach Norden gerichtet und kühl waren – bei den heißen Sommern Speyers eine kluge und verständliche Baumaßnahme.

Ein Rückgebäude setzt natürlich auch ein Vordergebäude voraus. Von diesem Vorderbau besitzen wir leider weder Überreste noch irgendwelche Zeichnungen, ausgenommen die Darstellung eines kümmerlichen Überbleibsels einer prachtvollen gotischen Toreinfahrt auf einer Zeichnung Rulands um 1795 (Müller IX).
Die Retschelin waren, bis zum Severinsaufruhr 1330 – einem Versuch des Patriziats, die um die Stadtherrschaft konkurrierenden Zünfte auszuschalten – eines der mächtigsten Geschlechter der Stadt. Sie saßen ständig im Rat, hatten zwischen 1281 und 1330 siebenmal den Posten eines der beiden Bürgermeister inne, stellten Stadtschultheißen und Monatsrichter (Strafrichter); auch außerhalb Speyer hatten sie reichen Besitz, so in Assenheim, Böbingen und Ottersheim – kurzum, sie gehörten zu den mächtigsten Geschlechtern. Der letzte Angehörige wird 1403 genannt, sie scheinen ausgestorben zu sein. Den Retscher mit zwei Häusern, Scheune und Garten erwarb 1495 die Stadt um 650 Gulden. Die Gebäude dienten allen möglichen Zwecken: als Schule (Ratsgymnasium), Archiv, Bibliothek, Druckerei, ja zwischen 1629 und 1649 sogar als lutherische Kirche. 1689 wurde alles in Schutt und Asche gelegt.
Der Name Retscher ist im Speyerer Volksmund bis heute an der Gedächtnis-, der „Retscher“-Kirche haften geblieben; Fremde werden irritiert „Warum?“ fragen. Auch mancher Neuspeyerer weiß wohl nicht, weshalb die neugotische Kirche sich den Namen des frühgotischen Patrizierpalastes zugelegt hat. Die Entstehung dieses Namens ist ein Stück Speyerer Kultur- und „Reformationsgeschichte“. Schon um die Mitte des vorigen Jahrhunderts plante man den Bau einer Gedächtniskirche zur Erinnerung an die Protestation von 1529. Die führenden Köpfe des Speyerer Protestantismus waren damals der festen Überzeugung, der Reichstag von 1529 sei in diesem Retscher abgehalten worden, der Ort der Protestation also dort zu suchen. Zur Erbauung der neuen Kirche gründete man einen „Retscherverein“. In einer erbitterten literarisch-wissenschaftlichen Fehde zwischen den Wortführern der protestantischen Seite und dem katholischen Geschichtsschreiber des Bistums Speyer, Franz Xaver Remling, 1857–1859, die in ganz Deutschland Wellen schlug, obsiegte in der Hauptsache – der Frage nach dem Ort der Protestation – schließlich Remling, der nachweisen konnte, daß der Ort der Ständeversammlungen der Reichstage im 16. Jahrhundert stets der Rathof, nie der Retscher war. Der Retscherverein brauchte dann bis 1882 Zeit, um sich den unwiderlegbaren Geschichtsquellen zu beugen. Der Vereinsname wurde geändert, man erwarb anstatt des bisher vorgesehenen Bauplatzes beim Retscher einen neuen, weit draußen vor der Stadt, wo 1893 schließlich der Grundstein zur Gedächtniskirche gelegt wurde. Der Name „Retscherkirche“ aber wanderte mit und ist noch heute mit der Gedächtniskirche verbunden.

Katalog Nr. 4.4.050

Bild 75

Zeigte uns das vorige Bild den Retscher – samt der damals noch vorhandenen Margarethenkapelle und der Valentinskapelle – von Nordosten, so stand Peter Gayer, als er seine Sepiazeichnung zu Papier brachte, westlich vom Retscher, der auch auf seinem Bild hinter den Kapellenresten noch vier Geschosse hoch aufragt; die Margarethenkapelle scheint jedoch schon abgebrochen zu sein. Die Baumgruppe links ist wohl, wie die Figurenstaffage, Beiwerk der künstlerischen Phantasie.

Viele Speyerer werden nicht wissen, daß die Reste des Kirchenchores, den Gayer abbildet, noch heute fast genau so zu sehen sind, allerdings in stark verbautem Zustand; die auf unserem Bild nicht sichtbare Nordostwand des Chores, die Ruland noch wiedergegeben hat, ist 1830 neuen Einbauten gewichen.

Die Geschichte der Kapelle hat Karl Rudolf Müller als erster aufgedeckt. Sie wurde kurz vor 1307 in die Nordostecke des neuen Kirchhofs der Pfarrkirche St. Georg gebaut, war ursprünglich mit einem kurzen Choranbau versehen und wurde in spätgotischer Zeit nach Osten durch einen größeren Chor verlängert; die Reste dieses Chores zeigt sowohl Ruland wie Gayer. Die ganze Kapelle des Spätmittelalters war über 20 Meter lang, also gar nicht so klein. Vom verlängerten Chor führte eine Mauer zum Retscher, durch die ein Tor auf den Kirchhof führte; es ist rechts auf dem Bild Gayers zu sehen, auf dem Rulands ist es durch Anbauten verdeckt. Mit der Stadt wurde auch die Valentinskapelle 1689 ein Raub der Flammen und blieb als Ruine liegen. 1752 wurde das Langhaus zum Spitalgarten geschlagen, damals wurde wohl die Südwand abgebrochen. In die Chorruine wurde schon zwischen 1714 und 1752, wie bei so vielen anderen zerstörten Kirchen der Stadt, eine Hütte eingebaut.

Katalog Nr. 4.4.06

BILD 76

Wieder ein Ruinenbild – diesmal jedoch ohne Kirche, Kloster oder Kapelle. Johannes RULAND hat es wohl um 1800 gezeichnet. Es beweist, daß auch Wohn- und Wirtschaftsbauten, die wir uns in einer Stadt des 17./18. Jahrhunderts immer vereint vorstellen müssen, noch in Ruinen lagen. Dargestellt ist ein Stück der Ostseite der HEERDGASSE, etwa von der Einmündung der Mönchsgasse an gegen die Taubengasse zu. Der gotische Torbogen ist heute noch erhalten, er führt von der Heerdgasse in den sogen. Siebenweiberhof, ein Gewirr von kleinen Nothütten des 18. Jahrhunderts, wie wir sie schon von manchen Bildern kennen; nur sind sie (auf dem Bild nicht sichtbar), wenn auch etwas „saniert" und vermindert, bis auf den heutigen Tag erhalten geblieben. Die Straßenfront mit dem Torbogen, samt Senkscharte darüber, macht, selbst bei ausgebrochenen Fenstern, ganz den Eindruck einer Patrizierkurie des 13./14. Jahrhunderts, wie sie uns in der Retscherruine ja noch erhalten geblieben ist. Das Grundstück ging sicher, wie alle Grundstücke auf der Ostseite der Heerdgasse, durch bis zur Webergasse, muß also einen beträchtlichen Umfang gehabt haben. Das stimmt damit überein, daß die Heerdgasse im 13./14. Jahrhundert in der Tat ein bevorzugtes Gebiet für Patrizierkurien war. Im 14. Jahrhundert befanden sich dort auch mehrere Klosterhöfe auf großflächigen Arealen, die möglicherweise durch Stiftungen an die betreffenden Klöster übergegangen sind.

Katalog Nr. 2.4.03

BILD 77

Selbst für einen alten Speyerer ist dieses AQUARELL von FRANZ STÖBER, das sich seinen bereits vorgeführten Ruinenansichten würdig anschließt, ein Bilderrätsel: Wo ist das? Zum guten Glück hat eine „mitleidige Hand" auf der Rückseite aufgeschrieben: *Bachoffen zu Speyer nächst der Johanneskirche.* In der Tat gibt es dort noch eine kleine, platzartig erweiterte Sackgasse „Zum BACKOFEN", genauer zwischen Pfaugasse und ehemaligem Gebäude der Landesbibliothek. Dort also stand der Backofen, der rechts hinten mit seinem Kaminaufbau zu sehen ist. Das Gelände gehörte zur Elendherberge, einer der mittelalterlichen Spitalstiftungen, an denen Speyer reich war. Entsprechend der alten Bedeutung von „Elend" = Fremde war die Elendherberge eine Wohltätigkeitsstiftung zur Beherbergung armer Pilger und mittelloser Reisender; sie bestand schon 1318, vermutlich jedoch noch nicht an dieser Stelle, an der sie wohl erst nach 1356 in einer ehemaligen Patrizierkurie ansässig wurde. Als Elendherberge wird ja heute noch die westliche Häuserzeile der Pfaugasse mit dem malerischen Mansardendachhäuschen am Kopf bezeichnet. Dazu gehörte also der Backofen.
Auch hier wieder das – hier im modernen Sinn – elende, armselige Bild der Stadt im 18. Jahrhundert: Speyer war eben auf weite Strecken eine Notstadt. Aber man kann dem Bild entnehmen, daß man sich eingerichtet hatte in der „Speyerer Elendherberge", so gut es eben ging.

Katalog Nr. 2.4.06

BILD 78

ABBRUCH DES TRÄNKTORES, so lautet der Titel unter einem AQUARELL von FRANZ STÖBER, das gewöhnlich auf 1790 datiert wird. Es zeigt dieses große Tor, das in der Tränkgasse – der Fortsetzung der Stuhlbrudergasse nach Osten am Fuße des Domhügels – lag. Der Zeitpunkt des Abbruches, der nicht verbürgt ist, scheint ungewöhnlich; denn die Serie der Abrißaktionen beginnt erst 1819/20, als die Stadtverwaltung meistbietend zur Auffüllung des leeren Stadtsäckels die noch stehenden Reste der mittelalterlichen Stadtbefestigung versteigerte. Gewiß waren einige wenige der Innenstadttürme schon vor der Französischen Revolution abgebrochen worden, etwa der Eurichsturm am oberen Ende der Eurichsgasse, oder der Metzgerturm und der Zimmerleuteturm südlich vom Dom zwischen Armbrustertor und Heidentürmchen, 1771 auf Ansuchen des Domkapitels. Das Datum des Abbruchs des Tränktores, das ein beachtliches Bauwerk aus Ziegelsteinen war, bedürfte der Nachprüfung; zugleich wäre damit eine genaue Datierung des Stöberschen Aquarells gegeben. Stöber verstarb erst 1834. Ein Werkverzeichnis des für Speyer bedeutenden Künstlers, das allerdings das Aufspüren seines Früh- und Spätwerks voraussetzen würde, steht bislang aus. Vielleicht gehört der „Abbruch des Tränktores“ zum letzteren?

Katalog Nr. 4.3.02

BILD 79

Das KÜH- ODER RHEINTOR, das FRANZ STÖBER in einer aquarellierten FEDERZEICHNUNG um 1800 festgehalten hat, war der Zugang zum Kleebach mit dem Hafen und dem oberen Kran, wie aus dem Klüpfelsauplan des 16. Jahrhunderts (Bild 2 und 3) gut zu entnehmen ist. Während dort jedoch noch die intakte Vorstadtmauer um den Hasenpfuhl mit dem überdachten Wehrgang zu erkennen ist, ist hier, links und rechts vom Tor, die Mauer mit Häusern verbaut. Das Tor selbst ist um das Dach und das oberste Fachwerkgeschoß niedriger. Ganz links ist der untere Riegel, die Sperre des Speyerbachausflusses aus der Stadt, der heute nicht mehr vorhanden ist, zu sehen; auch er ist auf dem Klüpfelsauplan noch in intaktem Zustand festgehalten. Auf dem Bild Stöbers ist über dem Durchfluß die Mauerkrone zerstört, auch das aufgesetzte Gebäude mit der Giebelgaube ist verschwunden und ersetzt durch ein primitives Bretterdach, unter dem das Rad zum Aufwinden des Gatters herausschaut. Stöber hat diesmal keinen ausgesprochenen Ruinenwinkel gemalt, das Tor ist noch leidlich intakt; die Stadtmauer hat allerdings ihre ehemalige Funktion als Befestigung längst eingebüßt; den Polizeiaufgaben, die die Mauer noch erfüllen sollte, wurden auch die zu Hausmauern umfunktionierten Stadtmauern gerecht: War das Tor geschlossen, so konnte kein Diebsgesindel in den Hasenpfuhl über die Rheintorstraße eindringen.

Katalog Nr. 4.3.03

BILD 80

Bild 80

Die Schiessberger- oder heute die Steinersche Mühle, jetzt freilich ohne sichtbare Wasserräder, hat uns nach dem Stand von 1820/30 Peter Gayer in einer Federzeichnung festgehalten. Wir haben sie bereits auf der seitenverkehrten Zeichnung der Kreuzkapelle von Johannes Ruland aus der Zeit vor 1787 (Bild 72), ja auf dem Speyerer Flurplan von 1572 (Bild 4 u. 5) kennengelernt.
Die Galc- oder Galgmühlen, wie sie im Mittelalter hießen, sind die am frühesten bezeugten Speyerer Mühlen, wenn sie auch weit vor den Toren lagen. Bereits 1223 werden Äcker *iuxta molendinum Galcmulen* genannt. Als Eigentümer vertauschte damals Bischof Konrad III. seinen Teil an der Galcmühle, gen. Mittelmühle, an das Domkapitel, 1241 verpachtete das Allerheiligenstift seinen Anteil an den Zöllner und Patrizier Dietmar auf Lebenszeit. 1276 beanspruchte der Patrizier Elbwin der Schwarze den vierten Teil der unteren Galcmühle, ein Gerichtsspruch sprach aber diesen Teil dem Domkapitel zu, Elbwin wurde mit Geld abgefunden. Bereits vor diesen Zeugnissen, wohl schon im 12. Jahrhundert, liegt die Übertragung eines Mühlenteils durch den Domherrn Albert, der zusammen mit seinem Bruder Arnold den vierten Teil der Mühle innehatte und seinen Anteil, also ein Achtel, dem Domstift vermachte. Aus diesen Zeugnissen ergibt sich einmal das hohe Alter der Galcmühle, aber auch, daß die Besitzrechte an der Mühle zersplittert waren, was auf ein noch höheres Alter schließen läßt. Mühlenrechte waren sehr wertvoll und deshalb recht begehrt; das zeigen auch die Rechte bzw. die Ansprüche der genannten Patrizier.
Auf der Zeichnung Gayers ist die Zweiteilung der Mühle gut zu sehen. Früher scheint es, wie aus den vorstehenden Zeugnissen hervorgeht, eine Dreiteilung gegeben zu haben, da 1223 von der Mittelmühle des Bischofs die Rede ist.

Die obere Schießberger Mühle war bis 1856 Mahlmühle im Besitz der Witwe Jakob Kunzer und wurde in diesem Jahr in eine Sägemühle umgewandelt. Die untere Schießberger Mühle ist schon 1836 als Mahlmühle im Besitz von Jakob Steiner. Im Adreßbuch von 1868/69 ist der Betrieb als Kunstmühle, Mehlgroßhandlung und Backsteinbrennerei aufgeführt. Um die gleiche Zeit wurde eine Sägemühle eingerichtet; dabei ist es bis heute geblieben.

Die Steinersche Mühle ist im Kern sicher eine der ältesten, wenn nicht die älteste technische Einrichtung in Speyer; sie verdiente eine sachverständige Untersuchung ihres historischen Bestandes.

Katalog Nr. 2.5.03

BILD 81

Wenn wir nach der ganzen Reihe von Einzelbildern aus dem alten Speyer uns wieder ANSICHTEN DER GESAMTEN STADT zuwenden, so sind wir beim Anschauen der ersten Vedoute nicht wenig irritiert: Auf dem Formular eines Gesellenbriefes prangt am Kopf, unter dem Stadtwappen, der Meriansche KUPFERSTICH, wenn auch mit gewissen Variationen, auf die wir noch zu sprechen kommen müssen. Jedenfalls stimmt – außer dem Stadtbild selbst – das Vorgelände zum Rhein hin und dieser selbst samt der Fähre und den Schiffen weitgehend mit der Vorlage überein. Was stutzig macht, ist das Datum des Handwerkerbriefes: Im Formular ist bereits vorgedruckt: *18 . .*, d. h. das Formular und mit ihm die Stadtansicht stammt mit Sicherheit aus dem 19. Jahrhundert; das ausgefüllte, vollständige Datum in Handschrift lautet denn auch *27. Januar* (18)*46*.

Es ist schon sehr bemerkenswert, daß die Speyerer Zimmerleutezunft sich noch 1846 für ein offizielles Dokument einer Darstellung der Stadt aus dem 17. Jahrhundert bedient, wo doch die Zunft als rechtliche Körperschaft gar nicht mehr, sondern nur noch als eine Art Innung bestand. Der scheinbare Widerspruch ist wohl nur so aufzulösen, daß in der Speyerer Handwerkerschaft – das Formular ist ja ein Vordruck für die Meister aller ehrsamen Handwerke! – die reichsstädtische Tradition noch so lebendig war, daß man auf einem solchen repräsentativen Vordruck sich noch ganz und gar mit der reichsstädtischen Vergangenheit identifizierte.
Der Kupferstich stammt von dem Mainzer F. CÖNTGEN, wohl einem Verwandten (Sohn?) des Stechers Georg Joseph Cöntgen, dem wir den Handwerkerbrief von 1783 verdanken, der uns die Stadt von Norden her zeigte (Bild 41). Der jüngere Cöntgen hat jedenfalls nicht den Brief von 1783 als Vorlage benutzt, sondern Merians Ansicht. Von seinen Auftraggebern, den Speyerer Handwerkern, hatte er gewiß den Auftrag, die Reichsstadt noch in ihrem alten Glanz darzustellen, jedoch mit gewissen zeitbedingten Berichtigungen: Der Dom zeigt nicht mehr die alte, romanische Fassade, sondern die barocke von 1777, das Guidostift hat nur noch den einen Turm, der ihm nach dem Einsturz des zweiten 1754 verblieben war; hierin richtet sich unsere Ansicht nach der des älteren Cöntgen, und vermutlich ist auch die Darstellung des Domes von Norden, die gar nicht in Merians Ansicht hineinpaßt, von dort - zwar mißverstanden – übernommen worden.

Katalog Nr. 1.4.27

BILD 82

Speyer von Südosten, Speyer von Norden – das waren die einzigen Standpunkte der Schöpfer der Stadtansichten vom 16. bis ins 19. Jahrhundert. Die Ansichten Rulands (z. B. Bild 57) sind die ersten, die die Stadt von einer neuen Warte aus zu betrachten begonnen haben. Die Ansichten von Nordosten mehren sich, neu kommen die von SÜDWESTEN hinzu, die in der Zeit des Biedermeier hervortreten. Man hatte den Blick vom Berghäuser Hochufer, vom Narrenberg aus, entdeckt. Eine der FRÜHEN ANSICHTEN aus dieser Perspektive stellt die LITHOGRAPHIE von J. VELTEN dar, die dieser nach einer Zeichnung von K. Knell um 1830 geschaffen hat. Vor dem Hintergrund des Odenwaldes dehnt sich hinter der weiten Rheinaue die Stadt, nun realistisch dargestellt: Zwischen Dom und Altpörtel sind nur noch die Türme der Hl. Geistkirche, des Läutturms und der Dreifaltigkeitskirche zu sehen; nur noch die „hohe Burg", wie um diese Zeit die profanierte Konviktskirche (Chor der Predigerkirche) hieß, hebt sich noch über die Dächer der Stadt hinaus. Wie bescheiden war die Silhouette der Stadt geworden!

Katalog Nr. 1.6.4.04

BILD 83

Drei Viertelstunden von der Stadt, eine Viertelstunde vom Rhein auf einem ehemaligen Hochufer dieses Stromes liegt ein anderer Belustigungsort – Berghausen. Schon der Weg dahin ist schön: rechts Saaten, Weingärten und Obsthaine, links eine Niederung vom Rheine durchströmt mit einigen lieblichen Fernsichten. Aus dem Garten des Wirtshauses ist die Aussicht auf den Strom – tatsächlich konnte man damals noch den Rhein sehen, es war der Berghäuser Altrhein, der erst 1842/44 durch die Rektifikation zum Altrhein wurde – *und die Stadt besonders schön* ..., so beschreibt Friedrich Blaul 1838 in seinen „Träumen und Schäumen vom Rhein" Land und Stadt, wie sie sich vom Berghäuser Hochufer aus darbieten; die Wirtschaft, die er meint, ist der Pfälzer Hof mit seinen ehemaligen beiden Pavillons direkt am Hochuferrand, den noch August Becker 1858 als den *beliebtesten Belustigungsort der Speyerer* beschrieb, *da sich hier eine Gartenanlage im englischen Geschmack befindet, die in der That des Besuches in ihrer reizenden idyllischen Lage werth ist, wie denn auch das Wirtshaus dabey nichts zu wünschen übrig läßt.*
Die Lage war schon zu Zeiten Blauls so verlockend, daß die reichen Leute von Speyer sich dort ihr Monrepos schufen, die wohlbetuchten Handels- und Fabrikherren Johann Heinrich Scharpff und sein Schwiegersohn Philipp Markus LICHTENBERGER mit seinem Sohn Wilhelm Heinrich, Herren des Handelsplatzes in der Rheinschanze (heute Ludwigshafen), die in Speyer Wein- und Tabakhandel und im ehemaligen Guidostift eine Krappfabrik betrieben. Sie haben sich, wohl in den dreißiger Jahren, am HOCHUFER BEI BERGHAUSEN, vor dem Hohlweg, ein GARTENHAUS in antikem Stil hinstellen lassen; heute ist die Gegend zwar fast ganz überbaut, aber das Häuschen steht noch in verbautem Zustand und wird als Wohnhaus genutzt.
Auf unserem Bild, das zwischen 1840 und 1850 der Künstler Alexandre Marie COLIN, den man eigens aus Paris sich verschrieben hatte, in seiner Lithographie geschaffen hat, kann man das Gartenhäuschen, zwar seitenverkehrt, mit den Damen und Herren des Hauses Scharpff-Lichtenberger sehen, wie sie dem Lautenspiel einer der Damen lauschen angesichts der Stadt Speyer. Für die alten historischen Kostbarkeiten der Stadt hatte man allerdings keinen Sinn: 1822 war vom Guidostift, der nunmehrigen Lichtenbergerschen Krappmühle, der letzte Turm abgetragen worden, 1839 wurden die Reste durch einen Brand zerstört. Aus den Steinen der Ruinen baute man das langgestreckte Gebäude, das heute noch den Weidenberg krönt, als Krappdarre; was kümmerte altes Gemäuer einen frühliberalen Kaufmann!

Katalog Nr. 1.6.4.05

Bild 83

BILD 84

Man sieht es fast auf den ersten Blick: Die STADTANSICHT von etwa 1850 entspricht weitgehend der unseres vorigen Bildes. Auch hier ist der Standort des Zeichners bzw. Lithographen das Berghäuser Hochufer, die Rheinaue ist durch Wege und Baumreihen in derselben Weise gegliedert, auch der bergige Hintergrund ist derselbe. Der einzige Unterschied ist der, daß anstelle des Lichtenberger-schen Sommerhäuschens ein Baum mit einer Menschengruppe getreten ist, bei der der beliebte Chevauxleger nicht fehlen darf.

Katalog Nr. 1.6.3.04

BILD 85

Noch eine weitere STADTANSICHT VOM NARRENBERG aus, an dem die Weinlese, der „Herbst" in vollem Gange ist, wie die Trauben schneidende Frau rechts und der Hottenträger zeigen. Der Narrenberger scheint kein schlechtes Gewächs gewesen zu sein. Blaul schreibt in seinen „Träumen und Schäumen ...", daß *auf dieser Höhe eine treffliche Sorte wächst, der Narrenberger nämlich, von ungemeiner Lieblichkeit und Stärke* ..., und der pfälzische Historiograph im Priesterrock Michael Frey sagte 1836 von ihm, er beschleiche so ganz stille den Kopf.

Wie die Angaben unter dem Bild und der Fußtitel angeben, handelt es sich um das Erzeugnis eines LONDONER VERLAGES, das in einem englischem Werk 1862 erschienen ist (siehe Katalog). Das Datum erweckt Verwunderung, da die Abbildung nicht „up to date", um es englisch zu sagen, war; stellt sie doch den Dom noch mit dem barocken Westwerk dar, das schon seit 1855/56 dem neuromanischen, wie wir es kennen, gewichen war. Offensichtlich hatte man einen Stahlstich von Rohbock/Kurz, der 1854 im Verlag G. G. Lange in Darmstadt erschienen war (Katalog Nr. 1.6.4.07), mit geringen Veränderungen in der Personenstaffage – eine Frau fehlt dort – übernommen, ohne die Neuauflage dieses Stahlstiches mit dem neuen Westwerk (Katalog Nr. 1.6.4.070) aus der Zeit nach 1855 zu kennen.

Katalog Nr. 1.6.4.071

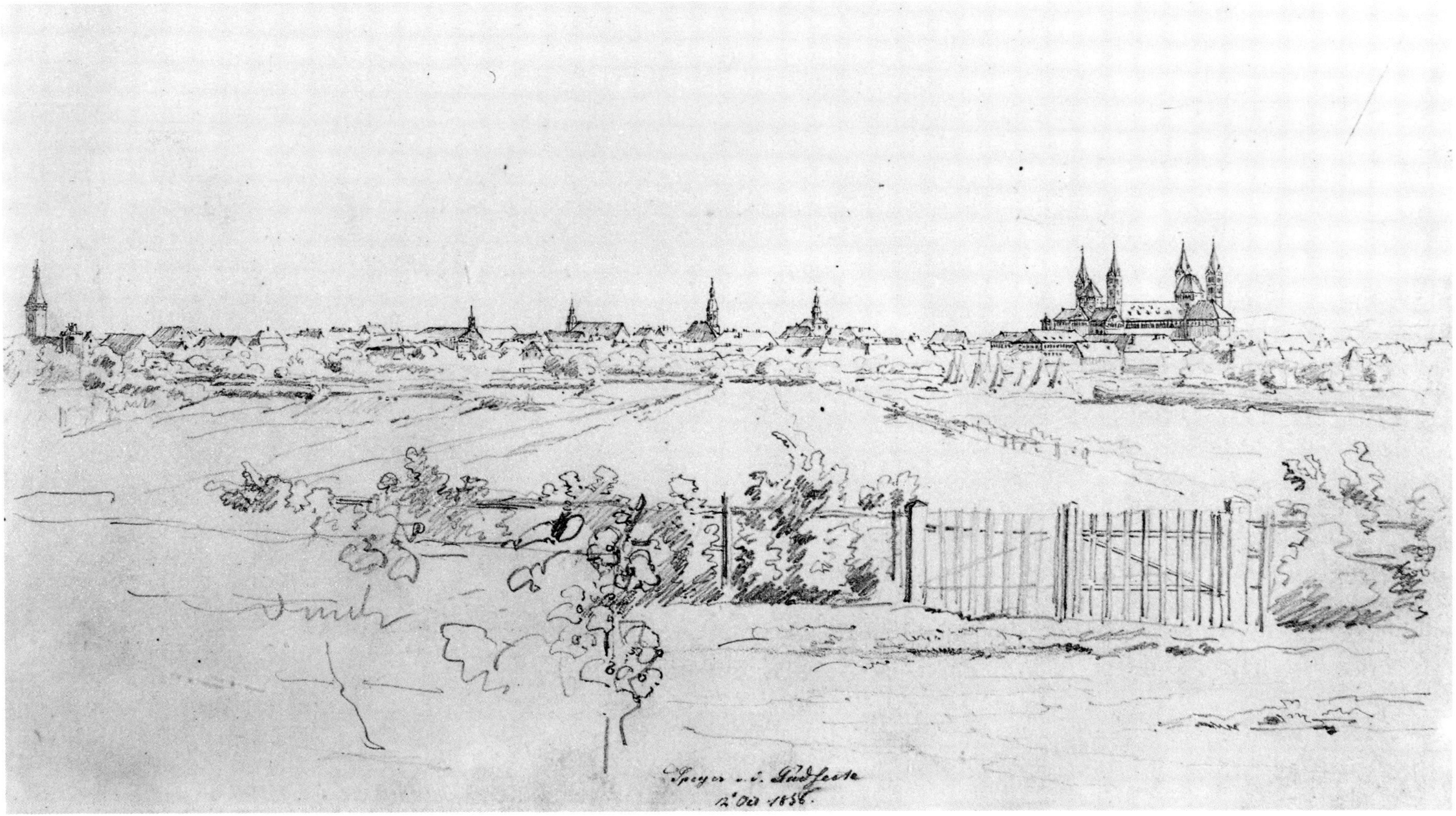

BILD 86

Auch die feine BLEISTIFTZEICHNUNG aus Peter ZAECHS Skizzenbuch vom 12. Oct. 1856 zeigt *SPEYER V. D. SÜDSEITE*, also wohl auch vom Narrenberg, allenfalls von dessen Fuß aus. Der Datierung zufolge war zu diesem Zeitpunkt die neue Westfassade des Domes – wenigstens nach außen hin – schon fertiggestellt. Wenn uns das Blatt auch für die Stadtansicht nichts Neues bietet, so besticht es doch durch seine Eleganz.

Katalog Nr. 1.8.02

BILD 87

Ein letzter *BLICK AUF SPEYER*, wie es scheint, aus weiter Ferne – aber doch wiederum nur *VOM NARRENBERG* BEI BERGHAUSEN aus, wie die Reben im Vordergrund beweisen. Das Bild kann als Beleg dienen für die oben gemachte Angabe Friedrich Blauls (Bild 83), man sehe von Berghausen aus den Rhein; es ist der heutige Berghäuser Altrhein um die Insel Flotzgrün herum, den damals also noch die Schiffe befuhren, erst 1842 wurde hier der Durchstich bei Oberhausen-Rheinhausen begonnen. Auf dem linken Flußteil, der dem heutigen Lauf des Stromes noch entspricht, ist ein Dampfschiff zu sehen. Speyer liegt winzig links vor der Bergkulisse des Königstuhles bei Heidelberg.

Katalog Nr. 1.7.08

BILD 88

Die LITHOGRAPHIE aus der Zeit kurz nach 1825 ist mit zwei Fußtiteln überliefert; der aussagekräftigere gibt an, daß am *19. September 1825* das DAMPFSCHIFF *De Rijn an Speyer vorbey passirte,* der kürzere nennt das Bild, das sonst ganz gleich ist, nur *Oestliche Ansicht von Speyer.* Diese Bezeichnung stellt die Lithographie einer anderen mit dem Fußtitel *Südliche Ansicht von Speyer* des späteren Zweibrücker Zeichenlehrers Marx Theodosius Veil (Veiel) (Katalog Nr. 1.6.3.03) zur Seite. Die *Oestliche Ansicht* ist uns unter diesem Titel und unsigniert nur mit dem Dampfschiff bekannt, doch ist gerade diese, jedoch mit der Fähre statt dem Dampfschiff, mit dem Fußtitel *Lussheimer Überfahrt bey Speyer,* von Veil signiert, (Katalog Nr. 1.7.01) nachgewiesen. Dies spricht dafür, daß auch die *Oestliche Ansicht* ursprünglich ohne das Dampfschiff von Veil geschaffen worden ist, genau wie die *Südliche Ansicht.* Als das Dampfschiff 1825 Speyer passierte, hat ein Unbekannter von der *Oestlichen Ansicht* (mit der Fähre) ohne Nennung des Urhebers Veil – wie es häufig geschah – einfach mit Auswechslung der Fähre gegen das Dampfschiff „abgekupfert" und auf einem der beiden überlieferten Exemplare unseres Bildes ohne Hemmungen den ursprünglichen Titel stehen lassen. Dies als kleines Beispiel, wie Künstler seinerzeit mit ihren „Erzeugnissen" untereinander umgegangen sind; man dachte sich gar nichts dabei, vorhandene Vorlagen für eigene, neue Zwecke „umzufunktionieren".

Über dieser ein wenig komplizierten Entstehungsgeschichte unseres Bildes sei aber das dargestellte Ereignis nicht vergessen! Mit der Dampferfahrt von 1825 begann das Zeitalter der Dampfschiffahrt am Oberrhein. Es gelang damals zum ersten Male einem Dampfboot mit einer „Strom-Untersuchungsreise" bis zum Oberrhein vorzudringen.

Schon ein Jahrzehnt zuvor (1816) hatte ein Dampfschiff, den Niederrhein aufwärts, Köln erreicht, im Jahr darauf bereits Koblenz; beide Male waren es englische Schiffe. Für die weitere Ausdehnung stromauf war es entscheidend, die fahrtechnisch schwierige Strecke bis Bingen zu bewältigen. Erst 1824 und 1825 startete die niederländische Dampfschiffahrtsgesellschaft Nederlandsche Stoomboot Maatschapij zwei neue Versuchsfahrten, von denen die erste den schwierigen Abschnitt wegen steigenden Hochwassers nur wenig über Bacharach schaffen konnte. Der mitreisende Passagier Sulpiz Boisserée, Kunstsammler aus Köln, schrieb damals: *Es ist eine neue Sache von der größten Wichtigkeit und sie hat außer dem Reiz der Neuheit auch noch jenen des Wunderbaren, verbunden mit dem Einträglichen; das ist denn nun für diese närrische Welt das Anziehendste … die Fahrt … glich einem Triumphzug; … überall kamen die Bewohner jung und alt ans Ufer, und staunten das wunderbar einherrauschende Dampfboot an, welches bei einer der größten Überschwemmungen, wo kein Schiff mit Pferden gezogen werden kann, seinen Weg durch die mächtigen Wasserwogen ruhig fortsetzte.*

Das teilweise Mißlingen hielt die Dampfschiffahrtsgesellschaft nicht ab, mit einem neuen Schiff, bei dessen Bau man die Erfahrungen des Vorjahres verwertete, im Herbst 1825 einen neuen Versuch zu wagen, der voll und ganz gelang. Die Schiffahrt von 1825 ist nautisch und technisch genauestens dokumentiert, worauf hier natürlich nicht einzugehen ist. Doch die Anteilnahme der Bevölkerung interessiert um so mehr.

In Mainz hatte sich *beinahe die ganze Bevölkerung* am Ufer versammelt. Schon lange vor dem Erscheinen des Schiffes hatte man *große Anstalten* zur feierlichen Begrüßung getroffen. In Speyer hatte man eine Kapelle des bayerischen Militärs aufgeboten und *Böller auf dem Ufer aufgepflanzt,* um Salut zu schießen. Für die Neue Speyerer Zeitung war das Dampfboot *mit Flügeln versehen,* so sehr beeindruckten *die Schnelligkeit seines Laufs* und *die Leichtigkeit, über den Spiegel des Wassers hinzugleiten.*

Und für die Nachwelt wurde zur Erinnerung an das große Ereignis die nebenstehende Lithographie geschaffen.

(Für Interessenten sei auf den Aufsatz von Grit Arnscheidt in den Mannheimer Heften 1990 verwiesen!).

Katalog Nr. 1.7.05

Bild 88

BILD 89

Daß Speyer eine Stadt des Flußübergangs ist, sieht man dieser idyllischen LITHOGRAPHIE von GERHARD RULAND, dem Sohn von Johannes, von 1826 kaum an. Die Fährknechte des *Lußheimer Fahrts* haben gerade einen zweirädrigen Karren über den Strom gesetzt, der obligate Chevauxleger am Ufer weist auf das bedeutsame Ereignis hin. Die Anlegestelle der Fähre befand sich etwa bei der Einmündung des heutigen neuen Hafens. Im Hintergrund das gar nicht mehr vieltürmige Speyer: Außer Dom und Altpörtel sind nur noch Heidentürmchen, der Stumpf des Udenturms rechts davon, der Läutturm und die Klosterkirche St. Magdalena auszumachen.

Derweil verdankt Speyer Entstehung, Aufstieg und Blüte nicht zuletzt gerade dem Umstand, daß die urzeitliche Ufergestaltung des Rheines die beiden Hochuferränder eines unregulierten Strombettes so nahe zueinander geschoben hat, daß hier nicht nur ein, sondern gleich mehrere günstige Übersetzmöglichkeiten sich boten. Im Mittelalter hatten zwischen Mechtersheim und Ketsch zeitweise fünf Fähren mit dem Übersetzverkehr zu tun, die bekanntesten, bis zur Zeit der Schiffbrücke von 1865, waren eben das Lußheimer und das Rheinhauser Fahr, über das übrigens seit Ende des 15. Jahrhunderts der Postverkehr der Habsburger von Innsbruck in die österreichischen Niederlande ging. Im 12. und 13. Jahrhundert wurde mindestens ein Teil des Warenverkehrs von Süd- und Südwestdeutschland zu den für den europäischen Handel bedeutsamen Champagnemessen und zurück über Speyer und die hiesigen Rheinfähren abgewickelt. Aus Lothringen ging das Salz über den Strom, über die Fähren im Spätmittelalter Wein und Speyerer Tuch nach Südosteuropa bis nach Linz, Wien, Preßburg, ja bis nach Hermannstadt und Kronstadt in Siebenbürgen.

Als Ruland seine Lithographie zeichnete, war das alles längst vorbei, Speyer spielte im Handel keine Rolle mehr. Übrig geblieben war ein zweirädriger Bauernkarren …

Katalog Nr. 1.7.03

Die ANSICHT VON DER STADT SPEYER hat GERHARD RULAND 1826 auf Stein gezeichnet: Wären der Dom mit seinem barocken Westwerk und einige kleinere Details wie die Segelschiffe nicht: VON NORDEN aus, etwa kurz vor der heutigen Autobahnbrücke betrachtet, sieht das Bild heute fast noch genau so aus, wenn man sich die häßlichen Bauten der Ziegelwerke wegdenkt. Die längst bekannte Turmfolge – Magdalenenkloster, Dreifaltigkeitskirche, Läutturm, Hl. Geistkirche, Konviktskirche (die „Hohe Burg“ damals) und Altpörtel – sie ist auch heute noch so zu sehen. Und die endlos lange Pappelreihe säumt noch immer das Ufer.
Der Schiffsverkehr wird allerdings noch in altmodischer Weise abgewickelt, das Dampfschiff von 1825 ist wieder weit in die Zukunft gerückt: Ein Reiter mit zwei Pferden treidelt wie im Mittelalter ein Segelschiff stromauf. Ganz vorne am Ufer wird gerade ein Boot mit Schilf beladen. Vor dem Dom liegen einige Schiffe im Hafen, an dem der Kran und das Lagerhaus schwach zu erkennen sind. Links vom Dom sind gerade noch das Heidentürmchen und der Mirbachhof mit der Zwiebelhaube der Stephanskapelle auszumachen.

Katalog Nr. 1.6.1.06

Die LITHOGRAPHIE *Die RHEINFAHRT Ihrer Majestäten DES KÖNIGS UND DER KÖNIGIN VON BAYERN AM 8. JUNI 1829*, entstanden anläßlich der Pfalzreise König Ludwigs I. von Bayern und seiner Gemahlin Therese von Sachsen-Hildburghausen vom 7. bis 14. Juni 1829, ist in dem nach der Reise im Speyerer Verlag von Franz Carl Schwaab erschienenen „Album" enthalten. Auch dieses Bild geht auf die *Oestliche Ansicht von Speyer* von Veil (Katalog Nr. 1.7.01) zurück; doch ist sie der Vorlage frei nachempfunden.

Sie gibt die Schiffahrt des königlichen Paares am Nachmittag des 8. Juni wieder. Nach der Mittagstafel fuhren die allerhöchsten Herrschaften gegen vier Uhr in die sogen. Neue Anlage im Auwald am Rhein, wo auf offener, vom Wald umschlossener Wiese der „Marschall von Sachsen" und andere Volksstücke aufgeführt wurden. *Nach beendetem Spiel gab es eine sehr belebte und lustige Wasserfahrt auf dem Rheine, wobei das reichgeschmückte königliche Schiff von einer Menge Nachen und Kähnen im Halbkreis umschlossen, unter Musik und Gesang sich dem Hafen der Stadt nahete und landete. Ein Festball in dem schönen Saale des königlichen Lyzeums, welchem die allerhöchsten Herrschaften mit ihrem Gefolge beiwohnten und über die Mitternachtsstunde belebten, schloß die Feier des Tages.* (Remling, Neuere Geschichte der Bischöfe zu Speyer S. 476)

Katalog Nr. 5.6.03

BILD 91

BILD 92

Als AEGIDIUS FEDERLE aus Stühlingen (Baden) vor 1837 in einer Aquatintazeichnung (Katalog Nr. 1.7.09) die abgebildete Darstellung von Speyer als erster schuf, war nicht vorauszusehen, daß das Motiv eines der beliebtesten werden würde (vgl. Katalog Nr. 1.7.09–15). Die Zeichnung war wohl die Vorlage für eine LITHOGRAPHIE, die wenig später LOUIS BLEULER, ein Schafhausener Verleger, herausbrachte. Diese Lithographie zeigen wir in unserem Bild.
Der Blick geht vom rechten Rheinufer auf die andere Seite zu DOM UND STADT; von den Türmen ist das Altpörtel grob verzeichnet. Interessanter für jene Zeit ist das Ufer unterhalb der Stadt, mit der Werft, daneben der Kran samt Lagerhaus in einer Bretterumzäunung: der Freihafen, an den die Stadt große wirtschaftliche Hoffnungen geknüpft hatte, als die Rheinuferstaaten 1830 planten, solche Häfen zu errichten. Der Stadtrat hatte schon 1829, bei der Pfalzreise des Königs, auf der Ehrenpforte, die an der Gemarkungsgrenze gegen Dudenhofen errichtet worden war (Katalog Nr. 5.6.05), auf die Notwendigkeit angespielt, die Speyerbachmündung zu verlegen, um einen neuen, geeigneten Hafen auszubauen: „Wege, die die Natur verwehrt, wird Ludwig – der König – auf kunstvolle Weise eröffnen.“ Daraus wurde aber noch lange nichts, der Freihafen, erst 1833 inoffiziell eröffnet, blieb lange ein Provisorium an der alten Speyerbachmündung (etwa beim heutigen Bootshaus).
Friedrich Blaul hat 1838, als er mit der „Stadt Koblenz“ zu Schiff in Speyer ankam, den Hafenbetrieb anschaulich geschildert: *Von den wenigen Schiffen, die in dem bretternen Not-Freihafen vor Anker lagen, stieg schon der Rauch des Abendfeuers auf und die Schiffknechte schauten neugierig nach unserer Stadt Koblenz herüber. Am Ufer herrschte ziemlich reges Leben. Viele Neugierige standen nahe bei der Landungsbrücke, andere warteten auf ankommende Freunde und Angehörige; weiter unten saß eine große Versammlung beiderlei Geschlechts unter einem zeltartigen Schirmdache und wartete auf eintretende Vakaturen in den Badhäuschen, welche auf einem Floße von Tannenstämmen im Rhein standen. Rings um den Kran und das Lagerhaus arbeiteten rüstige Schiffbauleute auf der Werfte an neuen Fahrzeugen.*

Katalog Nr. 1.7.10

BILD 93

Wenig später, wohl 1837, hat AEGIDIUS FEDERLE ein AQUARELL geschaffen, das heute als Original im Benutzerraum des Stadtarchivs die Wand ziert. Es ist, deutlich sichtbar, eine Variante seiner Aquatintazeichnung, die Louis Bleuler dann als Lithographie herausgebracht hatte (Bild 92). Auf dem neuen Bild Federles, das wir hier sehen, erscheint die STADT etwas ferner gerückt, perspektivisch naturgetreuer. Das Altpörtel wie das Heidentürmchen sind beide wesentlich getreuer getroffen. Auch Werft und Freihafen samt Kran und Lagerhaus sind weit realistischer geboten. Der Standort aber scheint derselbe zu sein wie auf dem alten Bild. Der ins Auge springende Hauptunterschied ist das DAMPFSCHIFF, das vor der Stadtkulisse stromauf fährt. Geändert hat sich auch die Figurenstaffage am rechten Flußufer: Ein Boot mit einem Zeltaufbau ist dort vertäut, die beiden Schiffsleute sitzen daneben unter einem Weidenbaum.
Wenig später hat Bleuler, ohne die Urheberschaft Federles anzuzeigen, das ganze Bild drucken lassen, mit geringfügigen Änderungen. Erst in dem Werk von L. Bleuler und A. Schreiber, „Ouvrage representant les vues les plus pittoresques“ von 1838 ist die dort abgedruckte Lithographie als Zeichnung Federles angegeben; als Lithograph firmiert Friedrich Salathé aus Binningen bei Basel. Weitere Nachahmungen des Bildes folgen noch bis etwa 1860 (vgl. Katalog Nr. 1.7.11–15).

Katalog Nr. 1.7.12

BILD 94

Die STADT VON SÜDOSTEN – der für die frühen Stadtvedouten fast immer eingehaltene Kanon bis weit ins 18. Jahrhundert hinein. Dem Betrachter sei empfohlen, den STAHLSTICH, den die beiden Schüler der Städelschen Kunstschule in Frankfurt, JOHANN BALTHASAR BAUER UND HERMANN EMDEN etwa um 1840 geschaffen haben, mit dem Holzschnitt von Münster oder den Kupferstichen von Hogenberg und Merian, die alle etwa aus dem selben Blickwinkel aufgenommen worden sind, zu vergleichen.

Was hier zu sehen ist, ist von der Qualität der Wiedergabe her nicht das Beste: Die Häuser links vom Dom sind doch alle recht schematisch geraten, auch zu ordentlich und sauber für Speyerer Verhältnisse, und der Dom ist doch recht verzeichnet.
Bis zur Stadtmauer hin erstreckt sich das Gelände der Klüpfelsau, heute der untere Domgarten, vor 150 Jahren also noch landwirtschaftlich genutzt. Im oberen Domgarten kann man schon die neuen Parkanlagen erkennen, die Ruinen der alten Bebauung um den Dom sind abgebrochen.
Katalog Nr. 1.6.2.03

BILD 95

Der Dom zu Speyer, eine LITHOGRAPHIE des aus Landau gebürtigen Maler-Dichters HEINRICH JAKOB FRIED von 1830, bietet das Bild der Stadt in einem Ausschnitt, der als einziger noch, direkt links von der SONNENBRÜKKE, den Stumpf des alten Gackturmes darstellt. Der untere Riegel ist bereits verschwunden.

Fried, ein Schüler von Peter Cornelius, war ausgesprochener Romantiker. Der Steindruck mit dem Dom war in einer 1830 in München erschienenen Mappe mit Lithos von Pfälzer Burgen und den Klosterruinen Limburg und Rosenthal enthalten; sie alle zeigen deutlich, wie eng Fried der Romantik verbunden war.

Katalog Nr. 3.1.11

BILD 96

Romantiker wie Fried war auch der Mainzer Maler HEINRICH KEMPF, der – im Unterschied zu jenem – aus der Düsseldorfer Schule hervorgegangen ist. Ihm verdanken wir ein auf 1846 datiertes ÖLBILD von Speyer, das – das STADTBILD betreffend – trotz der weiten Distanz des Betrachters zum Mittelgrund ziemlich exakt ist; auch der Hintergrund mit den Haardtbergen der Queichtalpforte ist genau wiedergegeben. Der Vordergrund ist freilich romantisch-künstlerischer Phantasie entsprungen: Mächtige Eichen, die man am badischen Ufer vergeblich suchen wird, in zerklüftetem, mit Felsbrocken bestückten Gelände, belebt mit einem jungen Paar und einem Landmann rechts im Hintergrund: das hat der Maler auf dem rechten Rheinufer bei Speyer bestimmt nicht vorgefunden. Doch beeinträchtigt dies den Reiz des Bildes und seinen Wert nicht im mindesten – ist es doch die einzige Darstellung der Stadt aus der Biedermeierzeit in Öl.

Katalog Nr. 6.3.03

BILD 97

Was J. P. WALTHER aus Nürnberg 1834 in seinem großen KUPFERSTICH hinter einem zweifachen romanischen Doppelbogen als *KREISSTADT SPEYER* (am Kopf des Bogens, mit dem ganz verzeichneten Stadtwappen inmitten) darstellt, ist sicher nicht die getreueste Darstellung der Stadt. Auf dem Rhein pflügt immerhin nun ein Dampfschiff dessen Wellen, doch gewinnen die Darstellungen der acht bayerischen Kreise (=Regierungsbezirke), die Lommel und Bauer in ihrem 1836 in Nürnberg erschienenen Werk „Das Königreich Bayern in seinen acht Kreisen“ mit einer Abbildung der jeweiligen Kreishauptstadt – hier den Rheinkreis mit Speyer – wiedergaben, ihren eigentlichen Reiz erst durch die dargestellten Trachten. Auf dem Speyerer Bild sind es zwei Gruppen: links ein junges Paar aus Heiligenstein, dem *weinreichen Pfarrdorf im Canton Speier,* wie der Text beschreibt, und ein Bauernpaar mit Kind aus dem Landcommissariat (heute Kreis) Bergzabern, alle im prachtvollen Sonntagsstaat ihrer Trachten.

Katalog Nr. 1.6.1.08

BILD 98

Nach unserer Wanderung rund um die Stadt, die wir von Norden, Osten, Süden und Südwesten betrachtet haben, wieder ein Abstecher ins Innere von Speyer zur Biedermeierzeit!
Den Blick die HAUPTSTRASSE hinab zum Altpörtel, den uns die LITHOGRAPHIE aus der Zeit um 1830 bietet, hat Friedrich Blaul in seinen „Träumen und Schäumen vom Rhein" 1838 vor Augen gehabt, als er dort schrieb: *Ich sah die breite freundliche Straße hinab, die im Westen mit einem hohen Torturme schließt; ich schaute mich rings verwundert um – nirgends eine Spur von 1813. Das alles hatte sich wunderbar zu seinem Vorteile verändert …* Nach der Übernachtung im Wittelsbacher Hof machte sich Blaul am nächsten Morgen auf, *die Stadt zu durchstöbern. Auf meinem Gang strebte ich zuerst nach der Hauptstraße. Sie sucht in alten Städten vergebens ihres Gleichen, was die Breite und das freundliche Aussehen betrifft. Freilich ist Speyer nicht mehr das alte, die Franzosen haben zu verschiedenen Zeiten Versuche gemacht, den früheren Charakter der Stadt zu verwischen … Freundlicher mag die Stadt allerdings geworden sein, als sie früher war, dem Bürger mag's in diesen mittelmäßigen aber freundlich angetünchten Häusern wohnlicher sein, als dem früheren Reichsstädter …, aber mir war es nicht lieb, daß ich nicht einmal mehr auf architektonische Spuren der alten Zeit stieß. Nur die Linien der Straßen scheint die Stadt aus ihren alten Zeiten überbehalten zu haben … Die Hauptstraße ist ganz gerade, obwohl die Häuserreihen nicht schnurgerade Linien bilden, wie etwa in dem viereckigen Mannheim langweiligen Angedenkens …*
Blaul hat hier ein typisches Kennzeichen alter Städtebaukunst instinktiv bemerkt: Die für das heutige Auge geradezu elegante Linienführung mittelalterlicher Straßen, die – wenn auch mit *mittelmäßigen, aber freundlich angetünchten Häusern* bebaut – ihren feinen Schwung von einst bewahrt haben.

Katalog Nr. 2.3.08

BILD 99

Machen wir uns auf den Weg, die Hauptstraße hinunter, seit 1816, dem Beginn der bayerischen Zeit, nach König Max I. offiziell als Maximilianstraße bezeichnet (was sogar im „Dritten Reich" beibehalten wurde!). Auf der linken, südlichen Seite kommen wir nach den Vikarienhäusern – heute bischöfliches Palais und Domherrenwohnungen – am REGIERUNGSGEBÄUDE vorbei, das uns eine LITHOGRAPHIE im Zustand von 1830/40 darbietet, die neben anderen, den Rand eines Speyerer Stadtplanes der Zeit ziert. Wir hatten, mit genau umgekehrter Blickrichtung, es schon auf Bild 38 zum Dom vor 1755 auf der rechten Seite sehen können. Es war das Anfang des 18. Jahrhunderts erbaute Domherrnhaus der Kanoniker aus dem Geschlecht der Herren von Metternich, die, wie vor dem Brand von 1689, so auch danach bis 1753 stets eine Kanonikerpfründe im Domkapitel besetzt hatten. Abgesehen von der Aufstockung in den 40er Jahren des 19. Jahrhunderts hat die große, um einen geräumigen Innenhof gruppierte Vierflügelanlage, die bis zur Kleinen Pfaffengasse durchgeht, ihr Aussehen bis heute bewahrt. In der Französischen Revolution war das Anwesen versteigert worden, noch vor der bayerischen Zeit hatte es der Fabrikant Lichtenberger aufgekauft; als am 27. Juni 1815 das alliierte Hauptquartier, während der Hundert-Tage-Herrschaft Napoleons, in Speyer Quartier machte, logierte in diesem Haus der russische Zar Alexander mit seinem Gefolge. Später nutzte es Lichtenberger als Tabakmagazin. Etwa 1817 erwarb der bayerische Staat das Gebäude für die Kreisregierung; bis es umgebaut war, nahm diese ihren Sitz im Rathaus, das aber *zu klein und zu feucht* war. Etwa 1820 zog die Regierung in den Metternichschen Hof um, der bis in die Nazizeit (1938) Sitz der Regierung der Pfalz blieb.

Katalog Nr. 4.4.10

BILD 100

Der STADTPLAN von 1830 hat außer dem *„Regierungsgebäude"* noch weitere RANDVIGNETTEN, darunter auch eine Ansicht mit dem Titel *„Die protestantische Kirche"*; damit ist die DREIFALTIGKEITSKIRCHE gemeint. Wenn auch der weite Platz vor der Kirche so nie bestanden hat – der Läutturm wäre vom Standort des Zeichners nicht zu sehen – so ist die Abbildung schon deshalb wichtig, weil sie die Fassade der Kirche noch im alten Zustand zeigt, der vor dem Umbau nach den Plänen des Architekten Heinrich Jester vom Jahr 1891 bestanden hat. Die damals neu gegebene Form mit ihren Renaissance-Anklängen kann mit der alten, viel eleganteren nicht mithalten.

Es spricht nicht nur für den unerschütterlichen Heimatsinn der Speyerer, sondern ebenso für die Glaubenskraft ihres Luthertums, daß sie als erstes öffentliches Gebäude nach dem Brand von 1689, der ihre alten Kirchen, die Georgskirche und die Predigerkirche zerstört hatte, und der Wiederbesiedlung den Bau einer Kirche in beachtlichen Maßen in Angriff nahmen. Die Pläne für die *Neue* oder *Lutherische Kirche* stammten von dem kurpfälzischen Baumeister Johann Peter Graber aus Mannheim. Bereits 1703 waren die 1701 begonnenen Maurerarbeiten soweit gediehen, daß das Dach aufgesetzt werden konnte. Die Innenausstattung forderte freilich ihre Zeit; Erst 1717, am 31. Oktober, dem 200jährigen Gedenktag des Lutherschen Thesenanschlags an der Schloßkirche zu Wittenberg, konnte der Neubau feierlich eingeweiht werden.
Die Ausleerungskommission der Franzosen 1793/94 raubte auch die Dreifaltigkeitskirche aus: Die Orgel wurde nach Straßburg geschafft und alles Inventar beschlagnahmt. Wiederum am 31. Oktober, im Jahre 1817 fand in der Kirche die Unionsfeier zur pfälzischen protestantischen Kirche zwischen Lutheranern und Reformierten statt.
Wie sehr der Geschmack sich ändern kann: 1783 hatte noch Sophie La Roche die *Lutherische Kirche* als *schönes, mit einem Hof und großen Bäumen umgebenes Gebäude* beschrieben. Friedrich Blaul ist da 1838 ganz anderer Meinung, denn die Erbauungszeit der Kirche Anfang des 18. Jahrhunderts erkläre *ihre Geschmacklosigkeit zur Genüge.* All das, was auch uns heute am Barock wieder entzückt, macht er herunter: *Die viereckigen und gewundenen Säulen, die dickbackigen Engel, die vergoldeten Schnörkel ... lassen einen nicht zu einer wahrhaft andächtigen Stimmung kommen.* Der Gegensatz zwischen Barock und Biedermeier, aber wohl auch zwischen Luthertum und Calvinismus kann kaum krasser ausgedrückt werden.

Katalog Nr. 4.1.06

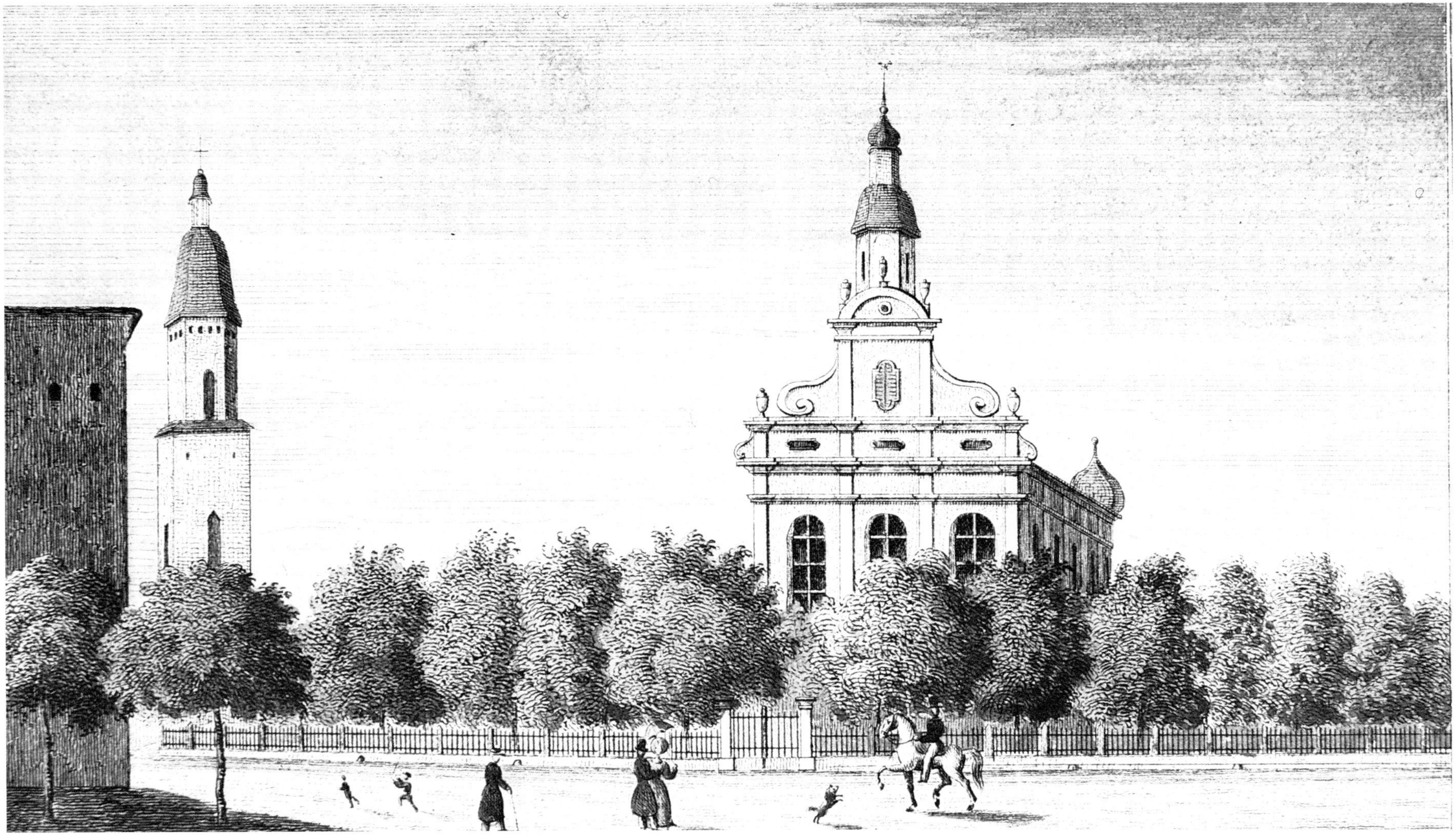

BILD 101

Ein weiteres RANDBILD zum STADTPLAN von etwa 1830 zeigt das KAUFHAUS, ein zweistöckiges Gebäude von 1748/49, bekrönt von der Statue der Fortuna von Vinzenz Möhring; wir kennen es schon von Bild 61 und 98 im Gesamtbild der Hauptstraße. Der Untertitel unseres Bildes *Das Stadthaus* gilt nur für die 30er Jahre des 19. Jahrhunderts.
Erbaut wurde das Haus als Kaufhaus, worunter man allerdings etwas anderes verstand als heute. Es war ein städtisches Dienstgebäude, in dem alle auf dem Rhein per Schiff vorbeigeführten Waren vor dem Weitertransport gelagert und zum Verkauf angeboten werden mußten; das sogen. Stapelrecht berechtigte die Stadt dazu. Unmittelbar an der Ostseite des Gebäudes bog die sogen. Stadtbach, die früher durch die Hauptstraße offen geflossen war, nach Norden um und lief mit Gefälle die Spitalgasse, die heutige Georgengasse hinunter; über diesen Bach führte die Schlagbrücke. In der Stadtbeschreibung des Senators Becker von 1773 wird das Kaufhaus wie folgt beschrieben: *Das Kauff-Hauß ist ein zweystöckigtes gebäude, worinnen die ambtsstube, die Wohnung des Kauffhaußschreibers, ein Waarenmagazin, die Mehlwaag etc. befindlich, hat eine Durchfahrt, ist außerhalb in der Crämergaß* (=Hauptstraße) *und auf der Schlagbrück mit arcaden versehen, unter welche lesteren die ehemalige Brodstättel lociret worden sind.* Auf unserem Bild sind diese Arkaden bereits vermauert.
1874 erhöhte man das Gebäude nach den Plänen des Stadtarchitekten Heinrich Jester um ein Geschoß und änderte den Giebel in Renaissancemanier (siehe Bild 127), wie es Jester später auch bei der Dreifaltigkeitskirche machen sollte (siehe Bild 100). Die schöne Fortuna wanderte vom Giebel ins Museum, wo man die prachtvolle Statue heute noch bewundern kann. Vor der Stadtzerstörung stand hier seit 1289 die Münze, das Haus der patrizischen Genossenschaft der Münzer und Hausgenossen der Stadt (die auf der Gedenktafel von 1852 angegebenen Daten stimmen z. T. nicht!)

Katalog Nr. 4.4.11

Das Stadthaus.

BILD 102

Das MITTELALTERLICHE KAUFHAUS, schon in der 2. Hälfte des 14. Jahrhunderts genannt, stand am Platz des alten Stadtsaales (vgl. auch Katalog Nr. 4.4.09); die dort verbauten Eckquader stammen noch von diesem alten Gebäude. Dort spielte sich im Spätmittelalter der Speyerer Großhandel, der Kauf und Verkauf von Barchent, Heringen, Leinwand und Zwillig sowie von Leder ab; eine Kaufhausnottel von 1426 führt eine große Anzahl der im Kaufhaus gehandelten Waren auf. Im neuen Kaufhaus von 1749 freilich waren die weitgespannten Handelsbeziehungen der Stadt auf einen Bruchteil von einst zusammengeschrumpft.

Katalog Nr. 4.4.08

Bild 103

Bild 103

Die Lithographie von 1829 stellt den Einzug des bayerischen Königs Ludwig I. und seiner Gattin Therese am 7. Juni 1829 dar (vgl. die Rheinfahrt des Königspaares: Bild 91). Eine große Menschenmenge drängt sich auf dem alten Marktplatz, im Vordergrund ist die königliche vierspännige Kutsche zu sehen, wie sie gerade von der Hauptstraße in die Schustergasse einbiegt; sie ist auf dem Weg zum Wittelsbacher Hof, wo das hohe Paar übernachtete.

Angereist über Würzburg, Aschaffenburg und Worms hatte das Königspaar am Pfingstmorgen in Bobenheim pfälzischen Boden betreten; über Frankenthal ging's in die Rheinschanze, dann über Oggersheim nach Dürkheim, wo „man" das Mittagsmahl einnahm. Um vier Uhr nachmittags ging dann die Reise über Wachenheim, Forst, Deidesheim, Mußbach, Neustadt, Haßloch, Hanhofen und Dudenhofen nach Speyer. An der Gemarkungsgrenze zu Speyer war ein mächtiger Triumphbogen aufgebaut, auf dem der pfälzische Löwe ruhte. Dort empfingen Bürgermeister und Stadtrat die Majestäten. *Nur langsam bewegten sich die königlichen Wagen durch die breite, von Menschen wimmelnde Maximilians-Straße. Sie lenkten in die Schustergasse ein, wendeten sich beim südöstlichen Eck des Königsplatzes zum Wittelsbacher-Hofe, wo die geistlichen und weltlichen Würdenträger und Beamten der Stadt harrten, um von dem Regierungspräsidenten im weiten Empfangssaale dem Herrscher einzeln vorgestellt zu werden. Ein prächtiger Fackelzug von den Zöglingen der hiesigen Studienanstalt den allerdurchlauchtigsten Gästen mit Gesang und Musik dargebracht, schloß den jubelvollen, festlichen Tag* (Remling, Neuere Geschichte der Bischöfe zu Speyer).

Auf unserem Bild sieht man links nochmals das Kaufhaus mit der Fortuna-Statue, daneben den Dachreiter der Dreifaltigkeitskirche. Rechts, neben den Häusern, lugen gerade noch die Domtürme hervor.

Katalog Nr. 5.6.04

BILD 104

Die folgenden Bilder sollen den Dom in seiner Umgebung während der ersten sechs Jahrzehnte des 19. Jahrhunderts dem Betrachter darbieten.
Die LITHOGRAPHIE DES DOMES hinter Kleebach und dreifacher Stadtmauer, 1817 VON JOSEPH THÜRMER *nach der Natur gezeichnet,* zählt zu den Inkunabeln der deutschen Lithographie (vor 1820 entstanden). Das Bild zeigt richtig den von etwa 1813/14 bis 1822 abgebrochenen Ostgiebel des Domes, aber unrichtig den Vierungsturm mit achtseitigem Zeltdach; seit den Stahl'schen Sicherungsarbeiten 1750/60 hatte die Kuppel doch eine barocke Haube! Schwer einzuordnen ist auch der bereits 1771 abgebrochene Zimmerleutturm, der bei der oberen, der Zinnenmauer, noch in der Mitte zu sehen ist. Schließlich stimmt die nach Ziegeln aussehende Dachbedeckung natürlich ebenfalls nicht. Das *Nach der Natur gezeichnet* darf also nicht ganz wörtlich genommen werden.

Katalog Nr. 3.1.04

Bild 105

Die Zeichnung von Peter Gayer hat ihren besonderen Wert nicht nur in der genauen Datierung 22. Okt. 1818, sondern auch dadurch, daß sie den Dom und dessen südliche Umgebung in einem Zustand zeigt, wie wir ihn sonst nicht kennen. Am Dom fällt auf, daß nicht nur der Chorgiebel abgebrochen ist, was wir von mehreren Zeichnungen Rulands, die allerdings undatiert sind, kennen (Katalog Nr. 3.1.01–03), sondern auch das nördliche Querschiffdach. Die südliche Umgebung des Domes zeigt noch Teile der alten Bebauung, wohl die Domdechanei und, links vom Heidentürmchen, den Zwiebelturm der Stephanskapelle. Der Domgarten, die Parkanlage um das Münster, ist also noch nicht angelegt. Die Bischofspfalz auf der Nordseite ist jedoch schon vom Erdboden verschwunden.

Katalog Nr. 3.1.05

BILD 106

Von einem unbekannten Künstler ist die LITHOGRAPHIE um 1820 geschaffen worden. Im einzelnen siehe Katalog. Bemerkenswert ist noch, daß das Schiff, das in die Kleebach hineingezogen wird, zum Treideln mit dem Tau zu dem Zugpferd am Ufer nicht etwa am Bug befestigt war, sondern am Mast. Das Schiffstreideln war bereits auf Bild 2, 3 und 90 deutlich zu sehen; es hatte sich also vom 16. bis ins 19. Jahrhundert nicht geändert.

Katalog Nr. 3.1.06

BILD 107

Wiederum eine FEDERZEICHNUNG DES DOMES von GAYERS Hand, diesmal ohne Datum. Wie man aber sieht, ist der Dom ringsum von Bäumen umgeben, die Domanlagen sind also bereits vorhanden. 1820 war der Kreuzgang bzw. dessen Reste abgebrochen worden; auch er war in der Zeit der französischen Herrschaft schwer beschädigt worden. Zugleich mit ihm hatte man auch die Katharinenkapelle, das Obergeschoß jener Doppelkapelle zwischen südlichem Querhaus und Langhaus, beseitigt. Wie die Zeichnung deutlich erkennen läßt, war aber in der Zwischenzeit der Chorgiebel wieder instandgesetzt worden.

Schon 1816 hatte König Maximilian I. bei einem Besuch in Speyer die Wiederherstellung des Domes zugesagt. Mit dem bayerischen Konkordat von 1817 wurde auch das Bistum Speyer wiederhergestellt; damit wurde der Dom wieder zur Kathedralkirche eines Bistums bestimmt. Am 16. Februar 1818 wurde der Direktor des bisherigen erzbischöflichen Vicariats von Regensburg, Matthäus von Chandelle, vom bayerischen König zum Bischof von Speyer ernannt. Bereits am 20. März verfügte König Max die Wiederherstellung des Domes. In den Jahren 1820–1822 erfolgte dann endlich die Reparatur der Dächer, Gewölbe, die Erneuerung der Treppen der Osttürme und des Plattenbelages im Inneren. Am 19. Mai 1822 weihte Bischof Matthäus den weitgehend wiederhergestellten Dom, am 27. Mai, dem Geburtstag des Königs, wurde auf einem Notaltar das erste Pontifikalamt gehalten. Erst jetzt hatte der Dom seine alte Aufgabe, Bischofskirche zu sein, wieder ganz übernommen, die er bis auf den heutigen Tag hat bewahren können.

Katalog Nr. 3.1.07

BILD 108

Die LITHOGRAPHIE, die den DOM VON NORDEN in einer französischen Sammelmappe von 1831 zeigt, ist von Nicolas Marie Joseph CHAPUY gezeichnet und von Jean JACOTTET auf Stein übertragen worden. Die hübsche Figurenstaffage hat Adolphe Jean Bapt. Bayot eigens geschaffen. Wie aus den beiden verschiedenen Angaben der lithographischen Anstalt in Paris zu entnehmen (siehe Katalog), muß das Blatt mindestens in zwei Auflagen herausgekommen sein. Es hat noch bis in die 50er Jahre hinein Nachahmer gefunden, die gleich dem Vorbild den Steindruck bevorzugten, aber auch den moderneren Holzstich angewendet haben. Siehe Katalog Nr. 3.1.120 und 121.

Katalog Nr. 3.1.12

BILD 109

Katalog Nr. 3.1.13

Der 1832 in LONDON erstmals erschienene STAHLSTICH ist mehrfach mit unterschiedlichen Fußtiteln nachgestochen worden. William TOMBLESON hat die Zeichnung geliefert, Thomas BARBER hat sie auf die Stahlplatte übertragen.
Die alte Speyerbachmündung ist noch da, ebenso die Kleebach, die alte Hafenlände der Stadt. In ihr ist nur ein Holzfloß zu sehen.
Der obere Domgarten ist bereits angelegt, noch ist der doppelte Mauerring, wenn auch bedeutend niedriger geworden, vorhanden. Siehe im übrigen im Katalog.

Bild 110

BILD 110

Bisher hatten wir – aus vielfachen Perspektiven – die barocke Westfassade des Domes auf den Stadtansichten etwa ab 1780 betrachten und uns an den fremdartigen Eindruck, den sie auf Menschen unserer Zeit macht, doch ein wenig gewöhnen können. Aber der Dom war auf diesen Ansichten doch zu klein dargestellt, um die neue Gestalt richtig einordnen zu können.

Es gibt eine große Reihe von Architekturzeichnungen des barocken Westwerkes schon aus der Erbauungszeit 1776/77, die in unserer vorliegenden Bildersammlung keinen Platz haben. Die Ansichten mit Umgebung von Südwesten mit der Neumann'schen Fassade setzen erst mit dem Widmungsbild für Bischof Chandelle von 1824 ein (Katalog Nr. 5.6.01). So kommt es, daß wir keine Ansicht der alten Bebauung vor dem Abbruch des Kreuzgangs 1820 besitzen, wenn man von der Kölner Zeichnung von 1606 (Bild 24) absieht. Erst nach Anpflanzung der Platanen im oberen Domgarten, die schon auf dem Widmungsbild und dann, ab 1826 auf einer Reihe von Südwest-Ansichten des Domes zu sehen sind, setzen die Domansichten aus diesem Blickwinkel ein (siehe Katalog Nr. 3.2.02–06).

Von Gerhard RULAND ist eine auf 1826 datierte LITHOGRAPHIE, die unserem Bild sehr ähnlich ist; vermutlich ist Rulands Bild die Vorlage für diese Abbildung gewesen. Sie zeigt den DOM in wiederhergestellter Gestalt, doch fehlen auf den beiden Kuppeln noch die Kreuze.

Sie waren im Revolutionswinter 1793/94 abmontiert, der Dom im Innern von allem, was irgend einen Wert hatte, entblößt worden. Danach lag er leer und verwüstet da, so daß der Gedanke, ihn abzureißen, den der Mainzer Architekt Henrion 1804 hatte, sonst wohl gar nicht hätte aufkommen können. Gerade der barocke Westbau sollte stehen bleiben und zu einem Triumphbogen zu Ehren Napoleons umfunktioniert werden. Nur das energische Einschreiten des damals für Speyer zuständigen Mainzer Bischofs Colmar und dessen gute Verbindungen nach Paris konnten diesen wahnwitzigen Plan verhindern. Es ist ein Ruhmesblatt für den Speyerer Munizipalrat, daß auch er sich einstimmig für die Erhaltung des Domes aussprach: *In Erwägung zwar, daß der Dom der Krone gehöre ..., so wolle es doch dem Magistrate einer Stadt, deren alter Glanz durch nichts mehr als durch dieses Gebäude bezeugt wird, in keiner Weise geziemen, dessen Zerstörung zu beantragen und also gleichsam die Gräber von acht Kaisern aufzudecken* ... Der damalige Unterpräfekt des Arrondissements Spire, Verny, hatte sogar den schändlichen Vorschlag gemacht, nach dem Abriß solle an der Stelle des Domes ein Rindvieh- und Saumarkt angelegt werden. Dank der Bemühungen Bischof Colmars beim Kultusminister in Paris und Eingaben an Kaiserin Josephine bei einem Besuch in Speyer konnte das Unheil abgewendet werden. Am 23. September 1806 verfügte Napoleon in St. Cloud, daß die beiden katholischen Pfarreien bei den Franziskanern und den Jesuiten vereinigt und der neuen Gesamtpfarrei der Dom als Pfarrkirche überlassen werde. Die darauf einsetzenden Reparaturarbeiten konnten freilich nur die gröbsten Schäden beseitigen; beim Rückzüg der Franzosen Ende 1813 wurde der Dom wieder als Heumagazin benutzt. Erst die 1820 einsetzenden Wiederherstellungsbemühungen unter bayerischer Hoheit machten den Dom wieder zu einem dem Gottesdienst geweihten Bauwerk, zu einer Kirche.

Just zur gleichen Zeit aber radierte man alle alten Bauten um den Dom weg; der Zeitgeschmack forderte „Anlagen" und „Promenaden". Der Domgarten sollte der hohen Geistlichkeit sogar zum Anstoß werden. Bischof Manl verlangte im Frühjahr 1828 von der Regierung des bayerischen Rheinkreises, die Domanlage solle eingefriedet und zur Nachtzeit geschlossen werden. *Mit der wiedereintretenden angenehmen Jahreszeit* werde auch *der Besuch der Anlage bei der Kathedralkirche wieder beginnen;* der Bischof ersuchte die Regierung, die Anlage *rundum mit Stacketen dergestalt zu versehen, daß sie des Abends bei eintretender Dämmerung ... gehörig verschlossen werden könne, damit der Unfug unsittlicher Menschen, welche zum großen Ärgernisse der Gutdenkenden die Umgebung der heiligen Stätte auf die schändlichste Weise in den verflossenen Jahren ... profaniert haben, hierdurch gesteuert werde ...*

Katalog Nr. 3.2.020

Bild 111

Man sieht es schon auf den ersten Blick: Es war gewiß kein großer Künstler, der das Aquarell mit der Ansicht des Domes von Nordosten von der Klüpfelsau über die Kleebach hinweg hingepinselt hat; und doch ist es ein liebenswürdiges Bild, das vor der Kulisse des hoch aufragenden Münsters das biedermeierliche Paar in trautem Schwatz vereint.

Das flache Gebäude vor der Nordseite des Domes kann nur die 1826 von Johann Philipp Mattlener entworfene Antikenhalle sein; sie war der Anfang unseres Historischen Museums der Pfalz.

Katalog Nr. 3.1.16

BILD 112

Die UNSIGNIERTE SEPIAZEICHNUNG aus den Jahren vor 1844 ist die Vorlage für die wohl beliebteste und auch bekannteste ANSICHT DES DOMES, von der Klüpfelsau, geworden, die freilich den Standort des Zeichners phantasievoll variiert hat. Diese Zeichnung hat Nicolas Marie Joseph Chapuy 1844 zur Vorlage für seine eigene genommen – oder sollte gar unser Bild die Originalzeichnung Chapuys sein? Jedenfalls entsprechen die Maße unserer Zeichnung ungefähr der Lithographie, die Louis P. A. Bichebois und Charles Fichot auf Stein gezeichnet haben. Sie erschien im genannten Jahr sozusagen gesamteuropäisch, in einem Pariser, einem Londoner und einem Berliner Verlag (Katalog Nr. 3.1.170). Wenig später muß sie Johann Bapt. Berdellé für seine eigene Lithographie, die wiederum in ungefähr denselben Maßen gehalten ist, verwendet haben (Katalog Nr. 3.1.171). Auch der Stahlstich des Prager Stechers Joseph Rybiçka übernimmt – nun allerdings in viel kleinerem Maßstab – die Vorlage (welche?) ganz genau (Katalog Nr. 3.1.172). Und noch einmal wird das beliebte Motiv – nun in einem Zwischenmaßstab – von der Lithographischen Anstalt A. Borndrück in Neusalza vom Stein gedruckt (Katalog Nr. 3.1.173).

Katalog Nr. 3.1.17

BILD 113

Der hübsche STAHLSTICH, der den DOM fast genau VON NORDEN zeigt, gibt mancherlei Rätsel auf. Zunächst die Künstler betreffend: Der englische Zeichner Birket Foster lebte von 1825–1899, der Stecher William H. Capon war schon 1827 verstorben. Das reimt sich nicht zusammen; als Stecher signiert jedenfalls ganz klar W. H. Capon. Die Frage muß vorerst wohl offen bleiben. (Die gleiche Unklarheit besteht übrigens bei dem Stahlstich Katalog Nr. 3.1.15 von denselben Künstlern, der zum Teil auch gleiche Bildteile wiedergibt.) Unsicher ist auch die Datierung; sind die beiden Stahlstiche zu gleicher Zeit entstanden, wofür die Identität der Künstler sprechen würde? Der zweite Stich (Katalog Nr. 3.1.15) hat, falls unsere Annahme, daß er Vorlage für den Stich von Verhas (Katalog Nr. 3.1.150) war, sicher schon 1840 vorgelegen, als der von Verhas erschien. Dann wäre aber auch unser Bild vor 1850 anzusetzen, nicht „um 1850", wie es im Katalog geschieht. Auch diese Frage bleibt ungelöst. – Schließlich die Ungewißheit, wo eigentlich der Wasserlauf im Vordergrund und die Häuser rechts zu suchen sind. Eigentlich kann der Bach, aus dem eine Frau schöpft, nur der Nonnenbach (etwa bei der heutigen Nonnenbachstraße) sein, also der Wassergraben um die Hasenpfuhl-Vorstadt, hier an deren Ostseite. Die Häuser wären dann die an die Vorstadtmauer angebauten Häuser der Farrenturmgasse von der Ostseite, und die Mauer, die hinter dem zweiten aufragt, müßte zum Kühtor gehören. Aber auch das bleibt unsicher. Wir wollten an diesem einen Beispiel aufzeigen, wieviele Fragen es für Speyerer Ansichten des 19. Jahrhunderts noch zu lösen gibt; sie reichen von der Suche nach dem ersten Erscheinungsort der Bilder in der Reiseliteratur des Jahrhunderts, über Fragen der Identifizierung der Künstler bis hin zu genaueren topographischen Untersuchungen, die sehr diffizil sein können.

Katalog Nr. 3.1.18

BILD 114

Die DOMANSICHTEN von Nordosten waren im 19. Jahrhundert häufiger, also wohl beliebter als die VON SÜDOSTEN. Wie reizvoll aber auch diese sein können, zeigt die Farblithographie des FRANS STROOBANT aus Brüssel, die wohl kurz nach 1856, der Fertigstellung des neuromanischen Westwerkes am Dom, entstanden sein dürfte; viel später kann sie nicht gemacht sein, da noch die Kleebach im Vordergrund zu sehen ist; wurde diese doch bei der Anlage des Alten Hafens 1853 von der Verbindung mit der Speyerbachmündung und damit von jeder Wasserzufuhr abgeschnitten, also zum Austrocknen verurteilt.
Die Darstellung des Domes entspricht in manchen Details nicht der Wirklichkeit, etwa die Anordnung der Fenster an der Apsis, die wie eine zweite Zwerchgalerie wirken, oder die Zahl der Arkaden am südlichen Querschiffarm. Diese Fehler hat auch das Guckkastenbild (Katalog Nr. 3.1.231) übernommen, genau so wie die Variante unseres Steindruckes, die dem vorderen Soldaten noch eine Wäscherin zugesellt (Katalog Nr. 3.1.230).

Katalog Nr. 3.1.23

Bild 115

Ein niederländischer oder flämischer Verlag hat um 1880 den festlichen Fronleichnamszug im Holzstich festgehalten, der zum Abschluß der Prozession unter dem vollen Geläut des Domes in das Gotteshaus einzieht. Wer die alten Speyerer Fronleichnamsprozessionen gesehen hat oder selber „mitgewallt“ ist, kann sich in die festliche Stimmung, die das Bild ausstrahlt, gut hineindenken.

Wenn sie auch unserem heutigen Geschmack so recht wohl kaum noch entsprechen, so passen die Verse von Leopold Reitz wie auf das Bild gedichtet:

Sein Zepter schwingt in die Runde;
Es ducken sich Giebel und Dach.
– Eine lange bange Sekunde
Wie zwischen Blitz und Schlag.

Und wogende Glocken entfalten
Fahnen im goldenen Flug;
Die hastenden Menschen verhalten
Und schreiten wie festlich im Zug.

Es betet der Dom gewaltig
Gekniet an den heiligen Rhein;
Dann reckt er sich riesengestaltig
Und greift in den Himmel hinein.

Steht hier auf dem Bild nicht ein gewisser kirchlicher Triumphalismus, geboren aus dem Ghettodenken des Katholizismus der Kulturkampfzeit, in merkwürdiger Parallele zu der gestelzten Ausdrucksweise profanierter religiöser Sprache, die zu mythisch-nationaler Übersteigerung im Gedicht umschlägt?
Das Westwerk, das der Karlsruher Architekt, der Weinbrenner-Schüler Heinrich Hübsch im Auftrag König Ludwigs I. entworfen hat, ist demgegenüber noch ganz dem staatskirchlich-dynastischen Denken der Zeit verhaftet; der Speyerer Bischof, Nikolaus von Weis, hatte Mühe, die Tendenz zur Glorifizierung des Hauses Wittelsbach ebenso wie des Hauses Habsburg, das die „Kaiserhalle“ des Erdgeschosses finanzierte, die Ausgestaltung des neuen Westbaus nicht allzu sehr bestimmen zu lassen. Dabei sollte nicht vergessen werden, daß beide Herrscher – Ludwig I. von Bayern und Kaiser Franz Joseph von Österreich – mit dem neuen Westwerk durchaus auch an die preußische „Konkurrenz“ am Kölner Dom dachten. Das ganze 19. Jahrhundert über war es ja geradezu Mode geworden, mittelalterliche Dome und Kirchen fertig- oder umzubauen – man denke außer Köln und Speyer nur an Bamberg, Quedlinburg, Regensburg, Bern oder Ulm.

Katalog Nr. 3.2.12

BILD 116

Das ALTPÖRTEL – gesehen etwa VON DER HEUTIGEN KARMELITERSTRASSE, gezeichnet von PETER GAYER etwa um 1820/30: Zu stolzer Höhe von rund 55 Meter Höhe erhebt sich der mächtigste Torturm der Stadt: die Pforte zur Hauptstraße, als Hauptzufahrt zur mittelalterlichen Kernstadt des 11./12. Jahrhunderts. Bezeugt ist er allerdings erst für das Jahr 1197 zum ersten Male als *vetus porta,* altes Burgtor, Burg hier im alten Sinne von Stadt verstanden. Daß er älter sein muß, ergibt sich schon aus dem Namen und seinem kleineren Widerpart an der Ludwigsstraße, dem Neupörtel. Das höhere Alter wird auch von der Lage am wichtigsten Zugang zur Stadt bestätigt, denn schon 1147 besteht vor ihm die Vorstadt vor dem alten Burgtor, die Gilgenvorstadt.
Der Turm, wie er sich uns heute darbietet, ist, den Stilmerkmalen nach, allerdings erst in den ersten Jahrzehnten des 13. Jahrhunderts entstanden, er hatte also bereits einen Vorgänger, dessen Aussehen wir nicht kennen. Das Alter des jetzigen Turmes von knapp 800 Jahren kann allerdings nur der untere Teil, bis etwa zur halben Höhe des großen Zifferblattes, beanspruchen. Die darüber stehenden Bauteile sind zu Beginn des 16. Jahrhunderts (1511–1514) aufgestockt worden, einschließlich der rundum laufenden Galerie mit der zierlichen spätgotischen Maßwerkbrüstung und dem hohen geschieferten Walmdach, das den Turm noch schlanker erscheinen läßt. An den Turm schloß sich rechts und links die Stadtmauer aus der Salierzeit an, die heute noch zum Teil auf der Südseite in den dortigen Häusern der Roßmarktstraße verbaut ist.
Daß der Turm überhaupt noch steht, hat er den Mönchen des nahen Karmeliterklosters zu danken. Bei der Demolierung der Stadtmauern und der Türme durch die Franzosen im Jahre 1689 sollten alle Türme vom Weidentor bis zum Weißen Tor, alle nach Westen gerichtet, gesprengt werden. Am 17. März wurde die große Zeit- und Betglocke auf dem Altpörtel zum letzten Male geläutet. Acht Tage später fiel das Neupörtel. Es war ein glücklicher Zufall, daß der am 16. April in Speyer eintreffende Marschall Duras Quartier im nahen Karmeliterkloster nahm, gerade als der stolze Turm in die Luft gejagt werden sollte. Aber selbst die bewegten Bitten des Karmeliterpriors Tiburtius a.S. Matthia konnten den Marschall nicht von der Ausführung des Befehles abbringen. Auch die Bedenken, daß der Turm bei der Sprengung in Richtung des Klosters fallen und dieses zerstören könne, nutzte nichts: die Bürgschaft, daß er selber im Kloster Quartier genommen habe, müsse – so meinte der Marschall – genügen; seine Leute würden den Turm schon nach der Seite werfen, wohin sie wollten. Alle Hoffnung schien verloren. Die Sprenghöhlen waren schon gebohrt und mit Pulver gefüllt. Da fiel der ganze Konvent der Karmelitermönche dem Marschall zu Füßen und der Prior brachte mit bewegter Stimme vor, das Kloster sei alt und baufällig, die morschen Gewölbe könnten allein von der ungeheuren Erschütterung der stürzenden Gesteinsmassen einfallen, und schloß beschwörend: „Herr, habt Erbarmen und schont den Turm!“ Nach bangen Augenblikken des Schweigens rief der Marschall bewegt, „Steht auf, Kinder, der Turm soll stehen bleiben!“ So blieb das Altpörtel stehen, bis auf den heutigen Tag – auch wenn es vor etwa 30 Jahren Stimmen gab, der Turm müsse einer autogerechten Verkehrsführung in und durch die Stadt weichen!

Katalog Nr. 4.3.07

BILD 117

Das ALTPÖRTEL hatte es PETER GAYER offensichtlich angetan: Er hat es noch einmal, dieses Mal VON SÜDEN, von der Roßmarktstraße aus gezeichnet, etwa in der selben Zeit wie das vorhergehende Bild. Zeigte dieses den Turm von Südwesten, von der Feldseite, so wendet er dem Betrachter nun die Südostseite, die Stadtseite, zu. Leider sind die prachtvollen spätromanisch-frühgotischen Fensterarkaden dieser Seite noch vermauert, was vermutlich damit zusammenhängt, daß das erste Geschoß des Turmes bis weit ins 19. Jahrhundert hinein als Gefängnis genutzt wurde – ein Gefängnis mit so prachtvollen, großen Fenstern wäre aber gar keines gewesen. Im 18. Jahrhundert saßen darin alle Ungehorsamen und Raufbolde, auch junge Mädchen, die sich „wider die Sitten" vergangen hatten, ebenso händelsüchtige Säufer. 1793 wurden, nachdem die Kaiserlichen mal wieder die Stadt zurückerobert hatten, die Jünger der Revolution, die Klubisten, eingesperrt, ein Jahr später, als die Franzosen wieder die Stadt eingenommen hatten, setzten die Freiheitsapostel aus dem Westen den mannhaften, unerschrockenen Pfarrer von St. Guido, den 75jährigen Augustinerpater Florentin Röder darin fest. Noch im 19. Jahrhundert war der Turm Gefängnis; 1831 berichtet der junge Franz Joseph Mone, daß die im Turm Eingesperrten an einer Schnur Beutel in die Durchfahrt zum Betteln heruntergelassen hätten.

Wie auf Gayers Zeichnung zu erkennen, war offensichtlich zu seiner Zeit auch an der Südseite des Turmes ein Zifferblatt angebracht. Eine Uhr hatte der Turm bereits 1395, sie ist auch auf dem Speyerer Flurplan von 1572/73 deutlich zu sehen (siehe Bild 4 u. 5). Im 18. Jahrhundert wurde die Uhr erneuert, ebenso wie die Bet- und Sturmglocke; diese ließ noch bis zum Ersten Weltkrieg dreimal des Tags ihre Stimme ertönen: morgens, mittags um 11 Uhr und abends zur Vesper.

Einen Blick sollten wir auch der städtebaulich ganz besonders reizvollen Situation schenken, dem eleganten Schwung, mit dem die Roßmarktstraße – im Mittelalter als Dirnenquartier keine besonders feine Adresse! – auf den Turm zuzieht.

Katalog Nr. 2.4.01

BILD 118

Die BLEISTIFTZEICHNUNG DES ALTPÖRTELS, die CARL RAUCH 1831 auf einer Reise mit dem Darmstädter Verleger Ludwig Lange gefertigt hat, ist für uns besonders wertvoll, weil sie uns die Situation um den Torturm in einem Zustand zeigt, der längst verschwunden ist: Die einzige Zufahrt zur Hauptstraße (und der einzige Zugang!) führt noch durch das Tor; links steht noch, direkt an den Turm angebaut, ein Haus, rechts ist noch der Wehrgang, zu dem eine breite Treppe hinaufführt, deutlich zu erkennen. Man kann so in etwa nachempfinden, wie das Altpörtel ganz in den Mauerring einbezogen war. Die Fensterarkaden sind immer noch vermauert.

Deutlich ist nun auch die Uhr mit ihren zwei Zifferblättern, dem oberen für zwölf Stunden, dem unteren für eine Stunde zu sehen. Im Zusammenhang mit der Renovierung, die die Fenster von ihrer Vermauerung befreite, wurden 1853 auch die Zifferblätter neu gestrichen, unglückseligerweise in den Farben schwarz, gold und braunrot – den „revolutionären" Farben von 1848/49! Auf Weisung des Regierungspräsidenten mußte das Braunrot des Zifferblattes schwarz gestrichen werden, die Stadt hatte außerdem zu recherchieren, wer die Anordnung zu dieser beziehungsvollen Malerarbeit erteilt hatte. Als Übeltäter stellte sich der kgl. Bauinspektor Hagemann heraus, der die verfängliche Farbzusammenstellung just auf den Rat des Tiroler Dekorationsmalers Schwarzmann gewählt hatte, der – zusammen mit Schraudolph – den Dom im Auftrag König Ludwigs ausgemalt hat. Hagemann erhielt einen kräftigen Rüffel von oben. So streng war eben die Zensur zur Zeit der Reaktion ...

Der stolze Turm war, wie gesagt, in den ersten Jahrzehnten des 13. Jahrhunderts erbaut worden, zu einer Zeit also, in der die Stadt und ihr Rat bereits die Hoheit über die Stadtbefestigung dem Bischof als Stadtherrn abgerungen hatten; es ist also sicher, daß der Turm in städtischer Regie gebaut wurde und in der reichsstädtischen Zeit als stolzer Zeuge bürgerlicher Hoheit betrachtet wurde.

Dem entspricht auch die Rolle, die der Turm im Rechtsleben der Bürgerschaft spielte, so etwa beim Tragen des Lastersteines. Diese im ganzen Bereich des germanischen Rechts verbreitete Strafe für böszüngige Frauen, 1314 hier bezeugt, aber sicher älter, wurde in Speyer so vollzogen, daß die Straffällige den Stein, um den Hals gehängt, vom Domnapf, dem östlichen Ende der reichsstädtischen Macht, bis zum Altpörtel *ane Mantel und unverhenket* über die ganze Hauptstraße zu tragen hatte; man hat verschiedentlich in den Speyerer Zeitungen der letzten Jahre lesen können, die Speyerer Klatschmäuler hätten den Stein nackt durch die Hauptstraße tragen müssen; das geht denn doch selbst für das angeblich frauenfeindliche Mittelalter ein wenig zu weit; *unverhenket* heißt nichts anderes, als daß der Stein offen getragen werden mußte, so daß ihn jeder sehen konnte, und nicht unter den Kleidern versteckt werden durfte.

Katalog Nr. 2.3.09

BILD 119

Ein ganz neues Bild vom ALTPÖRTEL – und doch ist es schon fast 150 Jahre alt! Es wurde erst vor kurzer Zeit entdeckt, was kein Wunder ist; denn es befindet sich in englischem Privatbesitz und wir verdanken die Wiedergabe nur dem großzügigen Entgegenkommen des Speyerer Stadtarchivs.

Eine Engländerin hat das hübsche AQUARELL um 1844 gemalt: Mary Ellen BEST aus York, die seit 1840 auf dem Kontinent weilte und 1891 in Bessungen bei Darmstadt gestorben ist.
Die Häuser links und rechts, die seit der Zeichnung von Carl Rauch gebaut worden sind, stehen, geringfügig verändert, heute noch. Links ist heute die Lady Chic zu Hause, rechts das Blumengeschäft Nothhelfer, durch das später der Durchgang für Fußgänger gebrochen wurde.

Mary Best hat sich selbst beim Zeichnen des Altpörtels dargestellt, umringt von Speyerer Jugend, die ihr neugierig zuschaut. Sogar auf den Pumpbrunnen daneben, der uns schon von Rauchs Bild bekannt ist, sind zwei geklettert, um ja alles zu sehen. Links der Tordurchfahrt ist eine kleine Bude angebaut, neben der eine Frau sitzt; sollte es die erste, im Bild festgehaltene Bretzelverkäuferin (Bretzel bitte in Speyer mit -tz-!) sein? Einen Fehler hat Mary Best allerdings gemacht auf ihrem Bild: Meinte sie auf der Südhalbkugel der Erde zu sein, wo der Schatten von Norden einfällt?

Und das Altpörtel selbst? Wenn man es da vor sich sieht, fällt einem unwillkürlich die Rede ein, die es einmal als *Vater Altpörtel* – nach den „Speyerer Mannigfaltigkeiten“, dem Vorläufer von „Rheinpfalz“ und „Tagespost“, – 1782 gehalten haben soll: ... *Hier steh ich nun, ich alter Riesenknabe, so manches Jahrhundert her über alle meine Nachbarn herfürragend in freier Himmelsluft bei so vielen erlittenen herben Schicksalen unerschüttert in meiner alten Masse, als Scheidewand zwischen Stadt und Vorstadt. Ich bin ein alter, ehrlicher Deutscher, – das seht ihr an meinem grauen, bemoosten Kittel ... Mein Magen enthält viele Zellen, wo die Speisen in Gehorsam gebracht werden ... Ich verschlucke gemeiniglich alle Ungehorsamen, Starrköpfe und Raufer, beides Mann und Weib, besonders bin ich jungen Mädchen gefährlich, die sich einer allzu warmen Liebe überlassen haben. Auch für Euch, ihr Jünglinge und Männer, die ihr gewohnt seid, euer Herz so oft mit den Dünsten des Rebensaftes zu erhitzen, dann hingeht und mit euresgleichen bis zu Schlägen hadert, oder euerer Ehehälfte das männliche Faustrecht gar zu sehr empfinden lasset, auch für euch ist mein Leib eine gute Herberge. Tut doch dieses ja nicht mehr!*

Katalog Nr. 2.3.11

BILD 120

Neben den Männerklöstern der vier Bettelorden gab es im Mittelalter bis zur Französischen Revolution auch zwei FRAUENKLÖSTER: Das der Clarissen, des weiblichen Zweiges der Franziskaner oder Minderbrüder, das wir bereits kennengelernt haben (Bild 73) und das der DOMINIKANERINNEN in der Vorstadt über Hasenpfuhl. Sie alle sind verschwunden – bis auf das im Hasenpfuhl. Es kann auf eine lange und zum Teil schwere Geschichte, die die Klosterfrauen immer wieder tapfer gemeistert haben, zurückblicken. Als der unbekannte Zeichner um 1825 herum die BLEISTIFTSKIZZE mit der KLOSTERKIRCHE über den Dächern des Hasenpfuhls anfertigte, war das Kloster schon gut 600 Jahre alt.

Zuerst waren es jedoch keine Dominikanerinnen, sondern Reuerinnen oder sogen. Magdalenen, ein Frauenorden, der vor 1227 von dem Hildesheimer Kanoniker Rudolf gegründet worden war; es ist gewiß nicht zu weit hergeholt, daß bei der engen Verbindung zwischen Hildesheim und Speyer in jenen Jahren – der dortige Bischof war zuvor Domdekan in Speyer – Einflüsse von dort mitspielten, als ein frühes Reuerinnenkloster zunächst in St. Leon, das zur Speyerer Diözese gehörte, gegründet, dann aber bereits vor 1231 nach Speyer verlegt worden war; der glaubhaften Klostertradition nach hatte ihnen der Speyerer Patrizier Walter Barth im Hasenpfuhl ein Haus mit einem großen Grundstück vermacht, auf das die Schwestern ihr neues Kloster bauten. Obwohl die Nonnen 1281 dem Domstift versprochen hatten, keinen anderen Orden, auch nicht den der Dominikaner oder Franziskaner anzunehmen, begab sich ihr Konvent 1304 doch unter das Regiment der Speyerer Dominikaner.

Wie bei den Clarissen beeindruckt auch bei den Dominikanerinnen die Treue, mit der sie in der akuten Krise der Französischen Revolution zu ihrem Kloster standen. Im Hungerwinter 1793/94 wurden ihnen Glocken und Orgel weggenommen. Gemälde und Kirchenfenster wurden zerschlagen. Doch schon 1797 konnte der Gottesdienst wieder aufgenommen werden, nachdem es der Priorin gelungen war, neue Fenster zu beschaffen. Aber am 4. Juli 1802 schien alles vorbei zu sein: Das Kloster wurde geschlossen, die meisten Nonnen wurden des Landes verwiesen (vgl. Bild 63), die Gebäude versteigert. Aber 1805 schon konnte die Kirche als Pfarrkirche wieder geöffnet werden. 1807 gelang es den verbliebenen Schwestern, denen das Tragen ihres Ordenskleides verboten war, das an Bürger versteigerte Kloster wieder zurückzuerwerben. Am 1. Dezember 1826 hat König Ludwig I. von Bayern als Landesherr die Wiedererrichtung des Klosters genehmigt. Wegen der damit verbundenen Bedingung, die Klosterfrauen müßten die katholischen Mädchenschulen übernehmen, gab es noch heftige Auseinandersetzungen mit den liberalen Kreisen der Stadt; erst am 8. Dezember 1828 konnte das Kloster feierlich wieder eröffnet werden. Aber selbst danach verlangte die Speyerer Zeitung 1831 in einer Pressekampagne die Aufhebung der Schule. Deren sichtliches Gedeihen jedoch besiegte die Voreingenommenheit nach und nach.

Einer bedeutenden Bewohnerin des Klosters in unserer jüngsten Vergangenheit muß hier noch gedacht werden: Es ist Edith Stein, die nach ihrer Konversion vom jüdischen zum katholischen Glauben von 1922 bis 1931 als Studienrätin für Deutsch und Fremdsprachen an der Höheren Töchterschule des Klosters wirkte. 1938 trat sie in Köln in den Orden der Karmelitinnen ein, mußte aber nach der „Reichskristallnacht“ nach Holland fliehen; aus dem Konvent von Echt wurde sie aber in das holländische Konzentrationslager Amersfort 1942 verschleppt und von dort am 7. August mit vielen Juden aus Holland nach Auschwitz deportiert. Ihr dortiges Schicksal war das der meisten ihrer ehemaligen Glaubensgenossen, die dorthin verbracht worden waren. 1987 hat sie die katholische Kirche zur Ehre der Altäre erhoben. Der Konvent der Klosterfrauen zu St. Magdalena weiß sich dieser großen, tapferen und klugen Frau im tiefsten Innern verbunden und pflegt ihr Gedenken.

Katalog Nr. 4.2.01

BILD 121

Es ist kein Wunder, daß der Hasenpfuhl in seiner exponierten Lage selbst bis in unsere Tage immer wieder von HOCHWASSERN heimgesucht wird. Daß das in früherer Zeit, vor der Rheinkorrektion Tullas und der Befestigung des neuen Flußlaufs durch Uferdämme, noch viel stärker der Fall war, liegt auf der Hand. Unser Bild, eine LITHOGRAPHIE von 1824, stellt die Wasserwüste, die sich über die ganze Rheinaue bis zum Horizont und erst recht über den HASENPFUHL gebreitet hat, in erschreckender Weise vor des Betrachters Auge. Die Klüpfelsau ist überflutet, das Lagerhaus am ehemaligen Hafen steht im Wasser, vom Kühtor aus schaut der Weg dorthin gerade noch aus den Wassermassen. Das Klosterkirchlein der hl. Magdalena ragt aus den Fluten; hinter ihm sieht man die Pappelreihe, die damals den Eselsdamm begleitete, aus dem Wasser hervorgucken.
Es war nicht das erste Hochwasser im Hasenpfuhl. Beim Sommerhochwasser des Jahres 1480 strömten die Wasser durch die Fenster des Klosterkreuzganges von St. Magdalena, in der Kirche war noch der Taufstein überflutet. 1758 gab es wieder Überschwemmungsschäden im Hasenpfuhl. Und die Speyerer mittleren Alters werden noch an das Hochwasser von 1955 denken, als der Fischmarkt überflutet war und der Hasenpfuhl mit knapper Not vor dem Schlimmsten bewahrt werden konnte.

Katalog Nr. 5.6.02

BILD 122

Die in Paris erschienene LITHOGRAPHIE mit dem neu hergerichteten DOM im Hintergrund, umgeben von den schon hochgewachsenen Bäumen der oberen Domanlage, und dem neuen HAFEN, der 1853 eröffnet wurde und als Alter Hafen heute noch besteht, im Vordergrund, muß nach 1856, der äußeren Fertigstellung des neuromanischen Westwerks, ja sogar nach 1868, der Beseitigung des Walmdaches am Chorgiebel des Domes und dessen Ersetzung durch einen aufgemauerten Giebel, entstanden sein, der seinerseits bei der neuesten Restaurierung in den 60er Jahren einem nach dem Muster des Ostchores am Mainzer Dom weichen mußte. Der Speyerbach hat nun endlich die Mündung, die sich die Speyerer schon 1829 beim Besuch König Ludwigs I. erhofft hatten (Katalog Nr. 5.6.05), der Hafen ist fertig, die Kaimauer ist da – aber großer wirtschaftlicher Aufschwung kehrte mit der Hafeneröffnung nicht ein; mit solchen Dingen haben die Speyerer – bis heute wenigstens – nicht allzuviel Glück.

Katalog Nr. 2.2.04

Bild 123

Peter Zaech (Zech) hat 1859 das reizende kleine Ölbild gemalt, das den Dom mit der neuen Westfassade und die Brücke vor dem Kühtor mit Häusern des Hasenpfuhls zeigt.
Peter Zaech war gebürtiger Münchner, verlebte seine Jugend aber in Zweibrücken, wo sein Vater als Lehrer am dortigen Gymnasium wirkte. Seit 1838 war er Zeichenlehrer in Neustadt an der Haardt, wie es damals noch hieß. 1843 wurde er Aushilfslehrer am wenige Jahre alten Lehrerseminar in Speyer, 1849 „wirklicher Lehrer". Bis zu seinem Tod bewohnte er das Feuerbachhaus. Am 30. Dezember 1874 verstarb er dort und wurde auf dem alten Friedhof (heute Adenauerpark) beigesetzt. Siehe auch Bild 86 und Katalog Nr. 1.6.1.10, 1.8.03–05 sowie 6.3.07.

Katalog Nr. 6.3.06

Bild 124

Das Ölbild des Karlsruher Malers Richard zeigt Speyer wie schon Federle (Bild 93), nach ihm Zaech (Katalog Nr. 1.8.05) vom badischen Rheinufer aus, wie dieser in der Zeit nach der Fertigstellung des neuromanischen Westwerkes. Hinter den Häuschen am jenseitigen Ufer liegt der neue Hafen, die neue Speyerbachmündung ist wohl von dem Schiffssegel im Vordergrund verdeckt.

Katalog Nr. 6.3.05

BILD 125 UND 126

Zwei Ansichten der Stadt von Norden, die ältere, ein STAHLSTICH von POPPEL UND HÖFLE von 1855 ein wenig mehr von Nordnordwest, die zweite, eine *TOTALANSICHT* als Radierung von dem Berliner GEISSLER, weit im Norden des Domes. Der große Komplex rechts vom Altpörtel könnte auf beiden Ansichten das an die Stelle des Guidostifts getretene Gebäude sein, das auf dem älteren Stahlstich ganz rechts außen mit dem kleinen Dachreiter der Bahnhof (?).

Das ZWEITE BILD, die RADIERUNG VON GEISSLER, dürfte wohl vom Rheindamm nördlich von der Stadt gesehen sein. Das Zügle rechts im Mittelgrund ist das Heidelberger Bähnchen, das die Stadt im weiten Bogen im Norden umfuhr; das heutige Industriegeleis folgt noch der alten Bahntrasse. Das Bähnchen erlaubt auch eine Datierung: Es fuhr 1873 zum ersten Mal über die Schiffbrücke. Übrigens war die Speyerer Schiffbrücke zusammen mit der von Maximiliansau die einzige Eisenbahnschiffbrücke auf der Welt!

Katalog Nr. 1.8.01 und 1.8.07

BILD 127

Ein letzter Blick die Speyerer HAUPTSTRASSE hinunter zum Altpörtel vor über hundert Jahren! Das Kaufhaus, nun von der *Post* mit Beschlag belegt, ist bereits von Heinrich Jester um ein Stockwerk erhöht und seines hübschen Barockgiebels beraubt worden (siehe Bild 101). Die Konviktskirche trägt noch ihren alten Dachreiter, der nach den Plänen August von Voits 1834/35 aufgesetzt wurde. Auf der Hauptstraße herrscht reges Treiben; neben ein paar Kutschen sieht man nur Menschen zu Fuß. Muß da nicht das Herz all jener, die heute im zweitausendjährigen Speyer so sehnlich eine Fußgängerzone auf der Hauptstraße wünschen, höher schlagen? Dem steht eigentlich nur entgegen, daß es heute Autos gibt ...

Katalog Nr. 2.3.16

Gesamtkatalog Speyerer Ansichten (1492–1880)

Vorbemerkungen

Der Katalog unternimmt den Versuch, eine Übersicht über bildliche Darstellungen der Stadt Speyer, seien es Gesamtansichten oder Teilwiedergaben, etwa von Straßen, Plätzen, auswahlweise auch von Einzelgebäuden, vom Einsetzen der Überlieferung bis zur breiteren Anwendung der Fotografie, also etwa von 1500 bis ca. 1860/70, zu schaffen. Der Katalog ist in sechs Hauptgruppen unterteilt, diese jeweils wieder in einzelne Gruppen; Näheres ist der nachstehenden Gliederung zu entnehmen.

Bei den Hauptgruppen 1 (Stadtansichten) und 6 (Darstellungen auf Ölbildern) wurde Vollständigkeit angestrebt, wenn auch bei diesem ersten Versuch einer Gesamtaufnahme ganz gewiß nicht erreicht. Bei Hauptgruppe 2 – Darstellung von Bauten-Ensembles – und Hauptgruppe 4 – wichtige Einzelgebäude – kann naturgemäß nur eine Auswahl geboten werden; noch enger mußte diese Auswahl bei Hauptgruppe 3 – Bilder des Domes und seiner Umgebung – getroffen werden, da die Zahl sonst allzu sehr angewachsen wäre; vor allem wurde auf reine Architekturdarstellungen des Domes ganz verzichtet. Bei der Auswahl stand immer die ästhetische oder historische Aussage voran. Ganz sollten diese Teilansichten keinesfalls ausgespart werden; pure Stadtansichten hätten vom alten Speyer in vergangenen Jahrhunderten ein schiefes Bild ergeben.

Die gewählte, aus dem reichen Material sich ergebende Gliederung führt mitunter zu gewissen Überschneidungen. Dieser Mangel wurde durch möglichst viele Hinweise zu beseitigen versucht; außerdem bietet das beigegebene Register die Möglichkeit, je nach Interesse oder gesuchtem Objekt die entsprechenden Belege aufzufinden.

Der Darstellungstechnik nach sind aufgenommen worden:

1. Druckgraphik, d.h. Darstellungen in den verschiedenen, seit dem 15. Jahrhundert aufkommenden Vervielfältigungstechniken (Holzschnitt, Kupferstich, Radierung, Lithographie, Stahlstich, Holzstich).

Die meisten dieser Darstellungen – Lithographien vielleicht ausgenommen – sind in der Regel, soweit es sich nicht um Flugblätter (Einblattdrucke) handelt, als Illustrationen in Veröffentlichungen in Buchform, nicht als Einzelblätter erschienen. Diese Form der Veröffentlichung setzt bereits mit den ältesten Darstellungen ein und dauert bis zum Ende der Berichtszeit an.

Soweit die betreffenden Publikationen der Entstehungszeit zu ermitteln waren, sind sie im Schema der Beschreibungen – dazu siehe unten! – unter der Rubrik „Druckort" angegeben. Für die älteren Darstellungen vor 1750 konnte auf das „Repertorium älterer Topographie" von Alois Fauser (s. Literaturverzeichnis) zurückgegriffen werden; doch konnte eine Reihe weiterer Speyerer Ansichten vor 1750 ermittelt werden. Für einen großen Teil der Druckgraphik ist jedoch der Druckort nicht ermittelt, was in zunehmendem Maße für Abbildungen in der Reiseliteratur des 19. Jahrhunderts gilt; viele dieser Ansichten sind uns als Einzelblätter, die aus den Büchern, in denen sie ursprünglich enthalten waren, entfernt worden und in den verschiedensten Sammlungen gelandet sind, überliefert. Den bibliographischen Nachweis ihres ursprünglichen Erscheinungsortes zu liefern, muß künftiger Forschung überlassen bleiben.

In der Hauptsache wurden für unseren Versuch eines Katalogs der Druckgraphik über Speyer bis zum Beginn der Fotografie die graphische Sammlung des Historischen Museums der Pfalz in Speyer und die des Stadtarchivs Speyer als die wohl ergiebigsten Sammlungen für unser Thema ausgewertet. Daneben wurde eine große Anzahl von Museen und Archiven in der Bundesrepublik, der DDR, vereinzelt auch des Auslands einbezogen; vgl. dazu den Bildnachweis. Darüber hinaus stellten mehrere Privatsammler ihre Sammlungen zur Verfügung.

2. Unikate, d.h. als Einzeldarstellungen geschaffene Zeichnungen, Aquarelle, Gouachen und Ölbilder. Auch davon stellt die Sammlung des Historischen Museums den größten Anteil. Die Ölbilder sind, ohne Rücksicht auf die dargestellten Objekte, in einer eigenen Gruppe zusammengefaßt (Hauptgruppe 6).

Die Numerierung des Katalogs erfolgt nicht in laufender Nummernfolge, sondern nach den Haupt- und Untergruppen in einer Art Dezimalklassifikation. Dabei bezeichnet die erste Ziffer die Hauptgruppe, die zweite die Gruppe, die dritte – nur bei Abteilung 1.6 – die Untergruppe; darauf folgt die eigentliche Bildnummer. Varianten einer Darstellung bzw. Nachbildungen, oder Entwurf und Ausführung wurden unter der gleichen Bild-Nr., jedoch mit Beifügung einer weiteren Ziffer gekennzeichnet, etwa 1.1.06 für die Erstdarstellung, 1.1.060 für die Variante, oder 3.1.17 für die Erstfassung, 3.1.170, 3.1.171, 3.1.172, 3.1.173 für weitere Fassungen bzw. Nachbildungen.

Das Schema der Beschreibung der Einzel-Nr. setzt sich folgendermaßen zusammen:

Der Haupttitel, soweit vorhanden, an der Spitze; unter Haupttitel wird der die Darstellung betreffende Titel innerhalb der Bildumrandung verstanden; unmittelbar anschließend folgt die möglichst knapp gehaltene Beschreibung des Bildinhaltes; danach:

Beschriftungen des Bildes (Beschr.), also Bezeichnungen von Gebäuden, Wasserläufen usw. im Bild;

Titel außerhalb der Bildumrandung (Kopf-, Fuß-, Randtitel); Legenden zum Bild, Privilegierungen, Widmungen;
darunter Technik des Bildes (Zeichnung, Kupferstich, Holzschnitt etc.), dazu auf dem Blatt enthaltene Angaben über den Künstler und die Entstehungszeit (Signierung und Datierung), sowie die Maße des Blattes bzw. des Bildes; dahinter, abgesetzt, das Datum der Entstehung;

Druckort, d.h. der Titel der Veröffentlichung, in der das betreffende Bild ursprünglich enthalten ist. Bei älteren Darstellungen, die in Drucken mit sehr langen Titeln erschienen sind, wird der Titel gekürzt wiedergegeben; für den ausführlichen Titel ist auf Fauser, Repertorium älterer Druckgraphik (s. Literaturverzeichnis) zu verweisen.

Lagerort: Bei Fundstellen in Druckwerken wird hier die Bibliothek mit der betr. Signatur genannt; bei Einzelblättern die Signatur des verwahrenden Instituts;

Literaturangaben: sie enthalten meist Hinweise auf Abbildungen der betr. Katalog-Nr. in anderen Druckwerken; dazu auch sachbezogene Literaturhinweise zum Bildinhalt;

Bild-Nr., am Ende der Beschreibung, gibt gegebenenfalls die Bild-Nr. an, wenn die betr. Katalog-Nr. im Bildteil als große Abbildung wiedergegeben ist.

Soweit Angaben – Titel, Signierungen, Datierungen, Legenden etc. – aus dem Bild im wesentlichen übernommen sind, sind sie in Kursivdruck wiedergegeben.

Soweit eine Wiedergabe einer Katalog-Nr. im Bildteil nicht enthalten ist, ist jeder Nr. eine Abbildung in kleinem Format beigegeben.

Die Beschreibungen sind mit einer Paraphe unterzeichnet, die den Bearbeiter benennt; St. = Stein; D. = Doll.

D.

Übersicht über den Katalog

Verzeichnis der abgekürzt zitierten Literatur

Bachmann, Städtebilder
Friedrich Bachmann, Die alten Städtebilder. Ein Verzeichnis der graphischen Ortsansichten von Schedel bis Merian. Leipzig 1939

Bayerland
Das Bayerland. Illustrierte Halbmonatsschrift für Bayerns Land und Volk. Hrsg. von Fridolin Solleder. 36. Jahrgang Nr. 9: 1.Mai-Heft 1925

Bericht Hist. Museum Nr. 2
Bericht des Historischen Museums der Pfalz in Speier Nr. 2. Hrsg. von Georg Berthold. Speyer 1914

Dellwing KDM
Denkmaltopographie Bundesrepublik Deutschland: Kulturdenkmäler in Rheinland-Pfalz Bd. 1: Stadt Speyer. Bearb. von Herbert Dellwing. Hrsg. im Auftrag des Kultusministeriums vom Landesamt für Denkmalpflege. Düsseldorf 1985

Doll, Handel und Wandel
Handel und Wandel in einer alten Stadt. Ein Streifzug durch 1500 Jahre Speyerer Wirtschaftsgeschichte. Hrsg. von der Speyerer Volksbank aus Anlaß ihres 100jährigen Bestehens 1864–1964. Text und Bildauswahl L. A. Doll

Domausstellung 1930
Frieda Dettweiler (Bearb.), Führer durch die Domausstellung 1030–1930 im Historischen Museum der Pfalz zu Speyer am Rhein. Speyer 1930

Eger, Gesch. Speyer
Wolfgang Eger (Redaktion), Geschichte der Stadt Speyer. Herausgegeben von der Stadt Speyer. Bd. 1 u. 2. Stuttgart [2]1983

Engelhardt, Geschichtliche Erinnerungen
Konrad Engelhardt, Geschichtliche Erinnerungen von Speyer an Hand der Speyerer Flur- und Gassennamen. Speyer [2]1934. Reprint 1981

Fauser, I. II.
Alois Fauser, Repertorium älterer Topographie. Druckgraphik von 1486 bis 1750. Bd. I: Einleitung, A–K. Bd. II: L–Z. – Wiesbaden 1978

Groh, Stadtansichten I–XVII. 18–30
Günther Groh, Alte Speyerer Stadtansichten, in: Speyer. Vierteljahresheft des Verkehrsvereins in Zusammenarbeit mit der Stadtverwaltung. Speyer 1968–1975
I: Frühjahr 1968. – II: Sommer 1968. – III: Herbst 1968. – IV: Winter 1968. – V: Frühjahr 1969. – VI: Sommer 1969. – VII: Herbst 1969. – VIII: Winter 1969. – IX: Frühjahr 1970. – X: Sommer 1970. – XI: Herbst 1970. – XII: Winter 1970. – XIII: Frühjahr 1971. – XIV: Sommer 1971. – XV: Herbst 1971. – XVI: Winter 1971. – XVII: Frühjahr 1972. – 18: Sommer 1972. – 19: Herbst 1972. – 20: Winter 1972. – 21: Frühjahr 1973. – 22: Sommer 1973. – 23: Herbst 1973. – 24: Winter 1973. – 25: Frühjahr 1974. – 26: Sommer 1974. – 27: Herbst 1974. – 28: Winter 1974. – 29: Frühjahr 1975. – 30: Sommer 1975.

Heuser, Pfälzer Land
Emil Heuser, Pfälzer Land in der Vergangenheit. Neustadt a. d. H. 1922. Reprint Frankfurt 1980

Jöckle, Speyerer Künstler
Clemens Jöckle, Speyerer Künstler der Vergangenheit. Speyer 1986

Kermann, Franz Weiss
Rose Kermann, Leben und Werk des Vikars, Lehrers und Schriftstellers Franz Weiss, in: MittHistVerPfalz 82 (1984) S. 243–278

Klotz, Stadtgesch.
Fritz Klotz, Speyer. Kleine Stadtgeschichte. (Beiträge zur Speyerer Stadtgeschichte Heft 2). Speyer [4]1988

Kubach-Haas, Dom zu Speyer
Hans Erich Kubach und Walter Haas (Bearb.), Der Dom zu Speyer. (Die Kunstdenkmäler von Rheinland-Pfalz Bd. V). Textbd. u. Bildbd. München 1972

Medding I
Wolfgang Medding, Stadtansichten von Speyer aus alter Zeit, in: MittHistVerPfalz 58 (1960) (= Pfälzisches Museum. Festschrift des Historischen Museums der Pfalz in Speyer zum 50jährigen Bestehen seines Neubaues), S. 244–261

Medding II
Topographia Palatinatus Rheni ... von Matthäus Merian, Frankfurt 1645. Neue Ausgabe 1963. Mit einem Nachwort von Wolfgang Medding. Kassel-Basel 1963. Nachwort mit eigener Seitenzählung S. 3–10

Müller, Bemerkungen I–XII
Karl Rudolf Müller, Kritische Bemerkungen zu Bildern aus dem alten Speyer
I. Das Franziskanerkloster (3 Abb.), in: Pfälzer Heimat 10 (1959) S. 61–62
II. Das Mühltürmlein (3 Abb.), in: ebenda 10 (1959) S. 140–142
III. Das alte Kaufhaus (3 Abb.), in: ebenda 11 (1960) S. 105–107
IV. Die Kirche auf dem Germansberg (3 Abb.), in: ebenda 11 (1960) S. 137–140
V. Die St. Peterskirche (5 Abb.), in: ebenda 12 (1961) S. 130–135
VI. Das Allerheiligenstift (7 Abb.), in: ebenda 13 (1962) S. 121–129
VII. Die St. Margarethenkapelle am Retscher (5 Abb.), in: ebenda 15 (1964) S. 9–17
VIII. Die St. Valentinskapelle (9 Abb.), in: ebenda 15 (1964) S. 95–103
IX: Die St. Georgskirche (15 Abb.), in: ebenda 17 (1966) S. 129–140
X. Das St. Georgsspital bis zum Bau der St. Laurentiuskapelle bei St. Georg (13 Abb.), in: ebenda 23 (1972) S. 8–19
XI. Die drei Laurentiuskapellen (5 u. 12 Abb.), in: ebenda 24 (1973) S. 1–3 u. S. 89–98; (6 Abb.) 25 (1974) S. 122–129
XII. Die Hl. Kreuzkapelle mit dem Turm zum Adler (9 Abb.), in: ebenda 39 (1988) S. 97–104

Portenlänger-Stein
Franz Xaver Portenlänger und Günter Stein, Der Dom im Bild. Domansichten aus zehn Jahrhunderten, in: Ausstellungen zum Domjubiläum. Speyer 1980

Röttger KDM
Die Kunstdenkmäler der Pfalz. III. Stadt und Bezirksamt Speyer. Bearb. Bernhard Hermann Röttger. (Die Kunstdenkmäler von Bayern, hrsg. vom Landesamt für Denkmalpflege. Regierungsbezirk Pfalz III). München 1934

Roland, Pfalz
Berthold Roland, Die Pfalz. Der Garten Deutschlands. Amorbach 1969

Roland, Speyer
Berthold Roland, Speyer. Bilder aus der Vergangenheit. Impressionen und Profile. Bad Honnef 1961

Roland, Speyer 1777
Zehn Ansichten von Speyer aus dem Jahre 1777. Einführung von Berthold Roland. Speyer [1963]

Speyer um 1800
Bildermappe mit vorstehendem Titel in Pappumschlag, ohne weitere Angaben. Hrsg. von Buchhändler Dan. Koch, ca. 1950

Stein, Stadtbilder
Günter Stein, Stadtbilder vom alten Speyer. Festgabe Oelbermann Speyer–Lindau [1980]

Stein, Stadt am Strom
Günter Stein, Stadt am Strom. Speyer und der Rhein. Speyer 1989

Stein s. Portenlänger–Stein

Thieme-Becker, Künstlerlexikon
U. Thieme u. F. Becker, Allgemeines Lexikon der bildenden Künstler von der Antike bis zur Gegenwart. 36 Bde. Leipzig 1907–1950. Reprint Leipzig 1981

Weiss, Rhein-Pfalz
Franz Weiss, Die malerische und romantische Pfalz. Mit 24 Stahlstichen. Neustadt a.d.H. [1]1840.
Franz Weiss u. W. Kuby, Die malerische und romantische Rhein-Pfalz dargestellt in Original-Ansichten in Stahlstich von Deutschlands bedeutendsten Künstlern, historisch-topographisch beschrieben von -. Neustadt [2][1855]. Reprint Frankfurt 1979 u. 1981.
Franz Weiss und W. Kuby, Die malerische und romantische Rhein-Pfalz. Neustadt [3]1856 D.

Abkürzungen

a.a.O.	am angegebenen Ort
Abb.	Abbildung
Abt.	Abteilung
Akad.	Akademie
A.Maj.	Antiqua Majuskel
A.MajKurs.	Antiqua Majuskelkursive
A.Min.	Antiqua Minuskel
A.MinKurs.	Antiqua Minuskelkursive
Anfg.	Anfang
angebl.	angeblich
Aufl.	Auflage
Aug.Vind.	Augsburg
Bayer.	Bayerische(r)
Bd., -bd.	Band, -band
bes.	besonders
Beschr.	Beschriftung
Best.	Bestand
betr.	betreffend
Bf	Bischof
Bibl.Inst.	Bibliographisches Institut
Buchh.	Buchhandlung
bzw.	beziehungsweise
Clm	Codex latinus Monacensis
dat.	datiert
del., *del.*[l]	delineavit (=gezeichnet)
Ders.	Derselbe
dir.	direxit (=verlegt von)
ehemal.	ehemalige(-r, -s)
evtl.	eventuell
f.	für
f., ff.	folgend(e)
f. fc., fec.	fecit (hat gemacht)
Fig.	Figure
fol.	folio (=Blatt)
Fr.Maj.	Fraktur Majuskel
Fr.Min.	Fraktur Minuskel
Gedr., gedr.	gedruckt
Gesch., -gesch.	Geschichte, -geschichte
gest.	gestochen
gez.	gezeichnet
handschriftl.	handschriftlich
HD	Heidelberg
Hildbh.	Hildburghausen/Thüringen
Hrsg.	Herausgeber
Imp. impr.	Imprimerie, imprimé(e)
Inv.	Inventar
inv.	invenit (=entworfen)
ital.	italienisch
Jahrg.	Jahrgang
Jahrhdt.	Jahrhundert
KA	Karlsruhe
KDM	Kunstdenkmäler
KL	Kaiserslautern
kolor.	koloriert
kurpfälz.	kurpfälzisch(es)
lat.	lateinisch
Lit.	Literatur
lith.	lithographiert, lithographié
Lith.Anst.	Lithographische Anstalt
LU	Ludwigshafen
M	Museum
MA	Mannheim
MittHistVerPfalz	Mitteilungen des Historischen Vereins der Pfalz
Mog.	Moguntinensis (=aus Mainz)
MSP	Historisches Museum der Pfalz, Speyer
N	Norden
N.d.Natur	Nach der Natur
NNO	Nordnordost
NNW	Nordnordwest
NO	Nordost
NW	Nordwest
O	Osten
ONO	Ostnordost
OSO	Ostsüdost
pag.	pagina (=Seite)
Pfälz.	Pfälzisch(-e, -er, -es)
phil.-histor.	philosophisch-historisch
pub.[d], *Pub*	published
S	Süden
S.	Seite
s.	siehe
sc., scu., scul., sculp.	sculpsit (=gestochen)
Sitzungsber.	Sitzungsbericht
sign.	signiert
SO	Südost
SSO	Südsüdost
SSW	Südsüdwest
Staatsbibl.	Staatsbibliothek
Stahlst.	Stahlstich
StASP	Stadtarchiv Speyer
Steind.	Steindruck
SW	Südwest
tom.	tomus (=Band)
unsign.	unsigniert
vgl.	vergleiche
W	Westen
wahrscheinl.	wahrscheinlich
Wissensch.	Wissenschaften
WNW	Westnordwest
WSW	Westsüdwest
z.T.	zum Teil

Katalog

1. Stadtansichten

Diese erste Hauptgruppe umfaßt Ansichten der gesamten Stadt von verschiedenen Standpunkten aus, wobei dieser jeweilige Standtpunkt naturgemäß zu Begrenzungen des Gesichtsfeldes führt. Der Betrachter kann ja nie die ganze Stadt sehen, sondern nur Teilausschnitte.
Die Reihe 1.1 bis 1.5 umfaßt Stadtansichten, die die Stadt noch in der Gestalt vor dem Brand von 1689 zeigen, auch wenn einzelne dieser Ansichten erst danach entstanden sind; die alten Ansichten der einst stolzen Reichsstadt wirken weiter bis ins 19. Jahrhundert hinein. Für die Datierung von Ansichten ohne Zeitangabe bedeutet dies, daß sie durchaus nach 1689 geschaffen sein können, auch wenn sie die Stadt noch in der alten Gestalt zeigen.
Einen sicheren Anhaltspunkt für die Datierung undatierter Ansichten bieten die Formen des Dom-Westwerkes ab 1778 (1.6 u. 1.7) bzw. ab 1856 (1.8). Erstere zeigen die barocke Fassade, die erst 1778 fertiggestellt war – zwischen 1755 und 1777 lag das Westwerk als Ruine darnieder; letztere geben die Westfassade des Domes in der heutigen Gestalt wieder, wie sie durch den Architekten Heinrich Hübsch ab 1852 entworfen und ab 1855 ausgeführt wurde.

1.1: Frühe Stadtansichten

Die Gruppe umfaßt zunächst einige phantastische Darstellungen, die mit der wirklichen Gestalt der Stadt nichts zu tun haben. Nicht ganz trifft das auf Nr. 1.1.03 zu, die zweifelsohne den Dom inmitten einer nicht realistisch dargestellten Stadt wiedergibt; es ist eine der ältesten Darstellungen des Domes. Das wirkliche Speyer wollen ohne Zweifel jedoch die Nr. 1.1.06/060 und – den westlichen Zipfel des Stadtgebietes darstellend – die Nr. 1.1.07/070 darbieten. Beide Bilder sind eigentlich als Pläne gedacht – gezeichnet aus der sogen. Kavaliersperspektive bzw. aus der Vogelschau –, die als Beilage zu Prozessen vor dem Reichskammergericht eingereicht wurden und so in dessen Prozeßakten gelangt sind; die Erstausfertigungen verblieben bei der Stadtverwaltung und sind deshalb im Stadtarchiv gelandet. Beide Darstellungen könnten vom gleichen Zeichner stammen, doch sind sie unsigniert.

D.

Nr. 1.1.01

Phantastische Stadtansicht mit Mauer und Stadttor mit Fallgatter und Kirchtürmen. Davor ein gekrönter König mit Szepter und ein Bischof mit Mitra und Stab, dazwischen das Speyerer Hochstiftswappen.

Kopftitel: *Spire* (Fr. Min.).

Text unter dem Bild: *Keyser Cord de stichtede dat bischoppdom to spire vnde dat munster to gosseler vnde den pallas vnde den hoff vnde leyt dat mûnster wigen in de ere sunte mathias vnde sunte symon* ... (Fr. Min.).

Holzschnitt, unsign.; 13,3 × 12,8 cm (Bild). – 1492

Druckort: Botho, Cronecken der Sassen, gedr. bei Peter Schöffer, Mainz 1492.

Lagerort: MSP: HM 1934/25.

Lit.: Eger, Gesch. Speyer Bd. 1 S. 297 Abb. 12. D.

Nr.1.1.02

Im Vordergrund zwei Boote, vollbesetzt mit krummnasigen Mönchen und knuppelnasigen Nonnen, mit je einem Fährmann im Boot. Am jenseitigen Stromufer ein dritter Fährnachen mit Fährmann, zu dem hin eine weitere Gruppe von Mönchen auf einem Weg zustrebt. Links davon phantastische Stadtansicht mit Mauern, Türmen und einer großen Kirche. – Dargestellt ist die sagenhafte Mönchsüberfahrt von Speyer zum Reichstag von 1530 nach Augsburg zur Unterstützung der katholischen Sache.

Holzschnitt, unsign., Maße unbekannt. – 1531

Lagerort: unbekannt.

Lit.: Alb. Becker, Rheingeister zur Vollendung und Weihe der Kaisergruft zu Speyer. Speyer 1906, bes. S. 6–8. – O. Clemen, Eine wunderbare Geschichte, welche sich bei Speyer am Rhein am 18., 19. und 20. Juli 1530 begeben hat, in: Archiv f. Kulturgesch. 8 (1910) S. 86–89. – Alb. Becker, „Phasma monachorum Spirensium" u. Kaiseridee, in: Ebenda 8 (1910) S. 367–368. – Ders., Die Speyerer Mönchsüberfahrt von 1530. Zum 400. Geburtstag der Speyerer Kaisersage, in: Blätter f. Pfälz. Kirchengesch. 6 (1930) S. 63–73 (mit Abb.). – [Ders.:], Von Speyer nach Augsburg aufs Konzil. Zum 400. Geburtstag der Speyerer Kaisersage, in: Speyergau-Heimatblätter 1930 S. 107–108 u. 111, 112. – W. Becker-K. Hopstock, Speyer und seine Brücken einst und jetzt. Speyer 1987, S. 14 Abb. 1. – Stein, Stadt am Strom S. 24. D.

Nr. 1.1.03

Ansicht einer Stadt mit Mauern und Wehrtürmen, hinter der ziegelgedeckte Häuser und eine große, schiefergedeckte Kirche mit vier Türmen und zwei Kuppeln, das ganze auf einem Hügel liegend, dargestellt sind. Links ein Strom zwischen braungetönten Ufern. Die Kirche stellt unverkennbar den Speyerer Dom von N her gesehen dar. – Miniatur (aquarellierte Federzeichnung) in einer 1542 im Auftrag des Speyerer Domkapitels hergestellten Kopie der antiken Notitia dignitatum.

Titel: *Prouintia Dalmatia* (A. Min-Kurs); bezieht sich auf den vorhergehenden Text des Itinerars, gehört also nicht zum Bild.

Aquarellierte Federzeichnung, unsign., 31 × 24 cm (das ganze Blatt). – 1542

Lagerort: Staatsbibl. München: Handschriften-Abt. Clm 10291 fol. 169r. – Kopie von K. Th. Schmitt von 1938 StASP: Best. 233 Nr. I 40.

Lit.: Paul Lehmann, Die mittelalterliche Dombibliothek zu Speyer (Sitzungsber. der Bayer. Akad. d. Wissensch., phil.-histor. Abt. Jahrg. 1934 Heft 4) S. 12. – Kubach-Haas, Dom zu Speyer, Textbd. S 73 Nr. 5; Bildbd. Abb. 2.

Bild 1 D.

Nr. 1.1.04

Ansicht, links eines Mauergevierts, dessen Ecken mit viereckigen, mit Pyramidenhelmen bedachten Türmen besetzt sind; zwischen den Türmen Wehrgang. Rechts daneben wuchtiges Stadttor mit vier Erkertürmchen an den Ecken, davor eine apsidenartige Barbakane mit einem hohen Tor. Der Turm hat eine Art Galerie (= Altpörtel?).

Textüberschrift: *Speier* (Fr. Min.).

Holzschnitt, als Textabbildung links vom Text, mit *Es ist Speier ein alte stat* ... (Fr. Min.) beginnend, links außen die Marginale *Nemetes* (A. Min.); 5,6 × 7,8 cm. – 1544

Druckort: Sebastian Münster, Cosmographia. Beschreibung aller Lender ... Basel 1544 S. *cccxxiiii* (324).

Lagerort: StASP: Best. 233 Nr. III 111.

Lit.: Fauser I S. LXI. D.

Nr. 1.1.05

Ansicht einer Stadt, in der Bildmitte eine zweibogige Brücke über einen Bach, rechts davon ein runder Befestigungsturm mit Erkertürmchen, links der Brücke eine Art Tordurchfahrt mit Erkertürmchen. Daneben ein runder mit einer Kuppel und Laterne bedachter Zentralbau, links davon ein Turm mit spitzem Helm. Es ist fraglich, ob wirklich ein Teil des alten Speyer dargestellt werden soll. Möglich wäre der Eintritt in die Stadt im N am heutigen Rauschenden Wasser; der Rundturm wäre als Diebstor, die Brücke als Diebsbrücke, der Rundbau als Hl. Grabkirche zu deuten.

Textüberschrift: *Speier* (Fr. Min.).

Holzschnitt, als Textabbildung links vom Textanfang eingefügt, mit *Es ist Speier ein alte statt* ... (Fr. Min.) beginnend, links außen die Marginale *Nemetes* (A. Min.); 6,6 × 7,4 cm. – 1546

Druckort: Sebastian Münster, Cosmographia. Beschreibung aller Lender ... Basel [2]1546, S. *cccciiii* (= 404).

Lagerort: StASP: Best. 233 Nr. III 79.

Lit.: Fauser I S. LXI D.

Sogen. Klüpfelsau-Plan. Darstellung der zwischen dem Bischof und der Reichsstadt strittigen Klüpfelsau. Oben in der linken Bildhälfte bis über die Mitte nach rechts seitlich angeschnittene Ansicht der Stadt und der Vorstadt über Hasenpfuhl von O, links begrenzt vom Armbrustertor mit der Stephanspforte, dem Zimmerleuteturm, dem Heidentürmchen und dem Udenturm von der inneren Stadtmauer. Hinter dem Heidentürmchen der Dom von S. Rechts vom Udenturm spitzer Kirchturm (kaum die Nikolauskapelle). Nach rechts anschließend die Hasenpfuhlvorstadt, deren Befestigung mit dem unteren Riegel über dem Ausfluß des Speyerbachs aus der Stadt beginnt, daneben das Kühtor mit Vortor, daran mit einem Mauerknick anschließend drei Mauertürme (zum Farren, Widder und Löwen). Rechts vom Kühtor die Klosterkirche St. Magdalena mit spitzem Türmchen. Im Mittelgrund die Kleebach mit der von Gebüsch umsäumten Einmündung des Speyerbachs mit zwei großen und zwei kleineren am Ufer liegenden Schiffen und Nachen und dem oberen und unteren Kran. Vor der Kleebach im Vordergrund, den Hauptteil des Planes einnehmend, die Klüpfelsau mit dem Fahrweg zum Lußheimer Fahr sowie einem Wassergraben, senkrecht von der Kleebach bis zum Rhein ziehend. Der Weg zur Anlegestelle der Fähre gegen den Rhein zu mit Bäumen, der Graben auf der linken Seite mit Gebüsch gesäumt. Ganz vorne der Rhein, auf dem ein Lastschiff von zwei Männern stromauf getreidelt wird. Auf dem Weg zur Stadt ein Fuhrwerk und drei Personen, im Gelände der Klüpfelsau Schießscheiben und zum Trocknen ausgespannte Fischernetze.

Beschr.: Über der Stadt *Die Stadtt Speier,* in der Kleebach *Die Klebach;* auf der Klüpfelsau ganz links *Speirer Weid;* entlang dem Fahrweg *Loßheimer fahrweg;* im Gelände *Die Klipffel auw* links des Grabens; *Spidal wisenn* rechts davon. Im Rhein links *der Reinn* und, rechts des Treidelschiffs, *Der Rheinn.* Ganz rechts *Der neuw Kran* (alles in gotischer Kursive). Entlang dem Graben ausführliche Beschr., die den Plan als Beilage zu einem Rechtsstreit ausweist, mit Lageangaben durch Großbuchstaben *A–M.*

Federzeichnung, aquarelliert, unsign.; 43,5 × 98,8 cm. – [1574]

Lagerort: StASP: Best. 234 Nr. I 136.

Lit.: Pfälz. M – Pfälz. Heimatkunde 1929 Abb. 37 (hinter S. 88). – Röttger KDM S. 551. – Doll, Handel und Wandel S. 35 (Ausschnitt). – Dellwing KDM S. 14. – Medding I S. 246 Nr. 1 (nicht ohne Irrtümer). – Eger, Gesch. Speyer Bd. I S. 405 Abb. 1.

Bild 2 D.

Variante des Klüpfelsau-Planes (Nr. 1.1.06). Unterschiede: Bei der Stadtansicht ist ganz links das Armbrustertor weggefallen, dafür steht rechts von der Stephanspforte ein Mauerturm, der vielleicht den Metzgerturm darstellen soll (vgl. Röttger KDM S. 576) und bei Nr. 1.1.06 fehlt. Der Mauerknick der Vorstadtmauer vom Farrenturm ab fehlt, die Mauer erscheint begradigt. Das Buschwerk am Speyerbachausfluß beim unteren Riegel fehlt, so daß das Fallgatter des Riegels deutlich zu erkennen ist. Das Kühtor hat kein Vortor. Der untere Kran liegt außerhalb des Bildausschnittes und fehlt deshalb. Die Schiffe am Ufer sind anders plaziert, auf der rechten (nördlichen) Spitze der Klüpfelsau weiden vier Pferde. Auf dem Rhein fährt rechts von dem Treidelschiff ein Segelschiff nach rechts mit geblähtem Segel. Rechts neben der Hasenpfuhl-Vorstadt einzelnes Gebäude mit Rauchwolke.

Beschr.: Rechts vom Dom *Speir;* in der Kleebach *Klebach;* im Rhein bei dem Segelschiff *Der Rein;* auf der Klüpfelsau ganz links *Waid;* darunter am Rheinufer *Loßheimer fare vber dem Rhein;* auf dem Weg zum Lußheimer Fahr *N. Farweg vß der Statt Speyr zum Loßheimer Rheinfar;* entlang dem Weg *Hag vf der Klüpfelaw an dem Loßhemer farweg;* im Gelände *Die Klipffelauw, oder die groß oder sonst die Vorderwiß genant;* am Ufer der Kleebach entlang der Baumreihe *Hag vf der Klüpfelaw gegen der Kleebach;* auf der rechten Spitze der Klüpfelsau *Spittal oder Vorderweide oder Vorderklüpfelaw.* – Über dem Gebäude mit Rauchwolke *Brenofen.* Entlang dem Graben von der Kleebach zum Rhein ausführliche Beschr., mit Maßangaben, die den Plan als Beilage zu einem Rechtsstreit ausweist und inhaltlich mit der auf Nr. 1.1.06 übereinstimmt. Lageangaben durch Großbuchstaben *A–N.* Beschr. und Ausführung des Planes machen wahrscheinlich, daß Nr. 1.1.060 das mundierte Exemplar der Stadt Speyer von Nr. 1.1.06 darstellt, das zum Prozeß eingereicht wurde. – Rückvermerk: *Augenschein Speier contra Speier. Spirae aprilis anno etc. 74* [= 1574]. *Die Klüpffelaw belang*[end].

Federzeichnung, aquarelliert, unsign. und undat.; 51 × 87,3 cm. – 1574

Lagerort: Hauptstaatsarchiv München: Plansammlung Nr. 10371.

Lit.: Medding I S. 246 Nr. 2 (nicht ohne Irrtümer). – E. Krausen, Die handgezeichneten Karten im Bayerischen Hauptstaatsarchiv ... bis 1650. Neustadt a. d. Aisch 1973, S. 30 Nr. 98. – Klotz, Stadtgesch. S. 96.

Bild 3 D.

Speyerer Flurplan. Im Vordergrund ganz rechts unten der westliche Teil der Stadt mit dem Altpörtel, links davon das Neupörtel; zwischen beiden die Kreuzkapelle. Rechts vom Altpörtel das Klüpfelstor und zwei Türme der Mauer um die Gilgenvorstadt, dahinter nach W zu die ganze linke Rheinebene, die von der Haardt am Horizont abgeschlossen wird; zu deren Füßen Neustadt, links die Kestenburg, rechts das Winzinger Schloß. Dazwischen die Ebene, von Wegen durchzogen, mit Ackerland, durchsetzt mit einzelnen Waldgebieten. Rechts im Mittelgrund Dudenhofen, dahinter Hanhofen, links davon Harthausen; ganz links unten, nur angeschnitten, Berghausen. Um die Stadt zieht sich die Landwehr des 15. Jahrhdt. mit den einzelnen Warttürmen. Zwischen Berghausen und der Stadt das Gutleuthaus.

Beschr.: Unter der Darstellung der Stadt *Die Statt Speyer.* Bezeichnung der Dörfer *Berckhausen, Hardthaussen, Heinhofen, Dudenhoffen,* der Wege und Straßen *Die Straß nach Landau, Hardthäuser Straß,* der Wege *Der Berckhäußer Mühlweg, der Weg auff Helgenstein, Hardhäuser Weg,* der Landwehr-Warten *Landauer Hiltzen wardt, Hardhäusser hiltzen warth, Dudenhoffer Wardt* und, stadteinwärts, innerhalb der Landwehr, die *Landauer Wardt.* Mehrere Gewannen als *Baufeldt,* weiter gegen das Gebirge zu als *Ackerfeld* bezeichnet, vor der Landwehr *Der Selner Haldt* mit Stein mit dem Stadtwappen. Vor der Landwehr sieben Grenzsteine numeriert: *1. Stein unter dem Nußbaum.* – *2.* (ohne Bezeichnung). – *3. Des Abts von Maulbrun Stein.* – *4. Der Lange Stein.* – *5.* (ohne Bezeichnung). – *6. Im Bockseh oder Bintzgruben.* – *7. Stein an Heinhover Strassen am ablasgarten* (westlich Dudenhofen). – Zwischen Dudenhofen und Harthausen *Dy Nachtwaeid;* vor Speyer rechts *Leimen Grub* an der Dudenhofer Straße. An Wasserläufen nur *Die Speyer Bach,* die vor der Stadt die Schießberger Mühle (zwei Mühlengebäude mit je zwei Mühlrädern) treibt. Der ganze Plan mit schwarzem Rand, darin unten *Auffgang,* oben *Niedergang,* links *Mittag,* rechts *Mittnacht.*

Federzeichnung, aquarelliert, unsign. und undat.; 64 × 83 cm. – [1572]

Lagerort: StASP: Best. 234 Nr. I 159.

Lit.: Röttger KDM S. 582 u. S. 736f. Abb. 516 u. 517. – F. J. Hildenbrand, Die Speyerer Landwehr, in: Pfälz. M – Pfälz. Heimatkunde 36, 1919 S. 28–34. – Pfälz. M – Pfälz. Heimatkunde 1929 Abb. 38. – Müller, Bemerkungen XII S. 100 (dort das Neupörtel als Gilgentor aufgefaßt). – Klotz, Stadtgesch. S. 41. – G. Stein, in: PfalzatlasTextbd. II, Speyer 1971 S. 787 Abb. 7. – Eger, Gesch. Speyer Bd. I S. 406 Abb. 2.

Bild 4 D.

Flurplan der Stadt Speyer. Genau, auch in der Beschriftung wie Nr. 1.1.07. Die Übereinstimmung geht bis zur Zahl der eingezeichneten Bäume. Die Schreibweise der Beschr. geringfügig unterschiedlich. Auch die Numerierung der Grenzsteine identisch; beide Pläne damit als Beilage zu einem Prozeß ausgewiesen.

Dorsalnotiz: *Augenschein Dudenhouen contra Speir. Plan. Ist in dem rotul 29. maii anno etc. 73* [= 1573] *producti eingeschlossen gewesen. Protocollum huius ocularis inspectionis in 27ª fol. 58 v.* (Fr. Min.).

Federzeichnung, aquarelliert, unsign.; 61 × 81 cm. – 1572/73

Lagerort: Hauptstaatsarchiv München: Plansammlung Nr. 20401.

Bild 5 D.

1.2.–1.4: Münster, Hogenberg und Merian

Die drei Stadtansichten von Sebastian Münster (1550, Nr. 1.2.01–04), Braun und Hogenberg (1582, Nr. 1.3.01) und Merian (1638, Nr. 1.4.01) und die ihnen jeweils nachempfundenen Darstellungen der Stadt zeigen Speyer von SO, wobei die beiden ersten – Münster und Braun-Hogenberg – das Stadtbild, am Dom gut ablesbar, mehr von S her betrachten, im Gegensatz zu Merian, der die Stadt eher von OSO her in den Blick nimmt. Dabei ist zu beachten, daß von Münster und Hogenberg für den Nordteil der Stadt mit dem Stift St. Guido offensichtlich ein zweiter Standpunkt gewählt wurde und beide Bilder ineinander komponiert wurden; für Münster bzw. seinen Zeichner und für Hogenberg konnte sich die Stadt von einem Standort aus nicht in der dargestellten Weise darbieten. Eher trifft das noch für Merian zu, der die Stadt von OSO zeigt; doch konnte er von seinem Standort aus unmöglich das Jesuitenkolleg in der dargestellten Form sehen, wenn ihm hier nicht eine falsche Bezeichnung untergekommen ist, wie etwa bei St. Jakob (Ziffer 2 seiner Legende, die unzweifelhaft das Allerheiligenstift wiedergibt).
Im übrigen ist deutlich zu erkennen, daß für Braun-Hogenberg Münster Pate gestanden hat, während Merian selbständig gearbeitet ist. Trotzdem werden die Ansichten in drei unterschiedlichen Gruppen gezeigt; die Ansichten, die sich Münster zum Vorbild gewählt haben, zeigen das den Rhein überquerende Fährschiff stets auf dem Fluß, am Ufer einen leeren Fährnachen, während Braun und Hogenberg mit seinen Nachfolgern nur eine anlandende (oder abstoßende?) Fähre dicht beim Ufer zeigen. D.

1.2.: Sebastian Münster und Nachfolger

Nr.1.2.01

Die stat Spira. (Fr. Min.). – Ansicht von SO, im Vordergrund der Rhein mit Fähre im Fluß, an der Anlegestelle ein leerer Fährkahn. Auf dem von Wegen und Wasserläufen durchzogenen, mit Büschen und Bäumen bestandenen Gelände vor der Stadt Schießscheiben, Holzstapel und aufgespannte Fischernetze. Vor der Stadtmauer links und rechts dichte Baumgruppen, nur das Mittelstück vor dem Dom läßt freien Durchblick.

Kopftitel: *Nemetum ciuitatis uetustissimae pictura, quam hodie uulgo Spiram appellant (A. Min.).*

Unter dem Bild zweispaltiger lateinischer Text zur Stadt- und Bistumsgeschichte.

Beschr.: *S. German* (A. Min.) rechts vom hohen Turm der Kirche St. Moritz und German. *Das munster* (A. MinKurs.) rechts vom Dom. *S. Widñberg* (Fr. Min.) rechts von der Stiftskirche St. Guido. – Links im Rhein *Rhenus fl*(uvius) (A. MinKurs.) und *Der Rhin* (A. Min.).

Holzschnitt, sign. *HHF* (Heinrich Holzmüller fecit), 17 × 38,2 cm. –
1550 und später (bis 1628).

Druckort: Cosmographia. Beschreibung aller Lender durch Sebastianum Munsterum, in welcher begriffen Aller völcker, Herrschafften, Stetten, vnd namhafftiger flecken, Herkommen … Getruckt zu Basel durch Henrichum Petri. Anno 1550 (lat. Ausgabe), S. 474. – Vgl. Fauser I S. LXI (mit Angaben über die deutschen und lateinischen Auflagen 1544–1628).

Lagerort: MSP: BS 110. HM 1981/40. – StASP: Best. 233 Nr. III 43. – In vielen Privatsammlungen.

Lit.: Bayerland S. 266. – Fr. Bachmann, Städtebilder S. 228 Spalte „Münster". – Röttger KDM S. 24 (mit Abb. 10). – Thieme-Becker, Künstlerlexikon Bd. XII S. 345. – F. Herrmann u. L. Kraft, Daniel Meisners Schatzkästlein. Neudruck Heidelberg 1927, Einleitung S. XXV. – Medding I S. 247f. – Fauser II Nr. 13194. – Groh, Stadtansichten II, S. 28. – Eger, Gesch. Speyer Bd. 1 S. 611 Abb. 4.

D.

Nr.1.2.02

Ansicht von SO. Stockgleich mit Nr. 1.2.01, aber ohne Haupttitel.

Kopftitel: *Die Reichsstadt Speier / so vor zeiten* (Fr. Min.) *Ciuitas Nemetum* (A. Min.): *das ist / Nemeter Statt hat geheissen* (Fr. Min.).

Unter dem Bild zweispaltiger Text zur Stadt- und Bistumsgeschichte.

Beschr.: Wie Nr. 1.2.01, doch fehlt im Rhein *Rhenus fl.*, statt *Der Rhin* steht in kleineren Typen *Der Rhein* (Fr. Min.).

Holzschnitt, wie Nr. 1.2.01, sign. *HHF* (Heinrich Holzmüller fecit); 16,8 × 37,8 cm. –
1550, später – bis 1628 – öfter.

Druckort: Cosmographie des Sebastian Münster, deutsche Ausgabe, erstmals Basel 1550, je nach Auflage mit wechselnden Seitenzahlen. Titel s. Nr. 1.2.01. – Vgl. Fauser I S. LXI (mit Angaben über die lat. und deutschen Ausgaben 1544–1628).

Lagerort: MSP: BS 369. BS 2704. HM 1981/41. HM 1981/42. (kolor.). – StASP: Best. 233 Nr. II 23. – Theod.-Zink-M KL: Graph. Sammlung Inv. Nr. 813.

Lit.: wie Nr. 1.2.01.

Bild 6 D.

Nr. 1.2.03

Die Stat Spira (Fr. Min.) – Ansicht von SO, stockgleich mit Nr. 1.2.01.

Kopftitel: *La paincture de la citè tresancienne des Nemetiens, qu'on appelle auiourd'huy vulgairement Spire* (A. Maj.).

Beschr.: Wie Nr. 1.2.01, doch fehlt im Rhein *Rhenus fl.*

Auf der Vorderseite der Abbildung erläutert der Herausgeber, wie er das Bild durch Vermittlung des Reichskammergerichtsprokurators Lupold (Leopold) Dick vom Rat der Stadt erhalten habe.

Holzschnitt, sign. *HHF;* 17 × 38,2 cm. – 1575

Vorlage: Nr. 1.2.01.

Druckort: La cosmographie vniverselle de tout le monde ... Auteur en partie Mvnster, mais beaucoup plus augmentée, ornée et enrichie, par Francois de Belle-Forest ... A Paris, Chez Nicolas Chesneau ... 1575, Bd. I, nach Spalte 1180. – Vgl. Fauser I S.LXII.

Lagerort: MSP: BS 370 (Nachdruck) – StASP: Best. 233 Nr. III 44.

Lit.: Wie Nr. 1.2.01 und Fauser II Nr. 13196. – Eger, Gesch. Speyer Bd. 1 S. 407 Abb. 3 (mit ungenauer Datierung und unrichtiger Autorenangabe). D.

Nr. 1.2.04

Die stat Spira (Fr. Min.). – Ansicht von SO, stockgleich mit Nr. 1.2.01.

Kopftitel: *La dipintura di Nemeto antichissima citta, hora Spira* (A. Min.).

Unter dem Text zweispaltiger italienischer Text zur Stadt- und Bistumsgeschichte.

Beschr.: Wie Nr. 1.2.01, doch fehlt im Rhein *Rhenus fl.*

Holzschnitt, sign. *HHF,* wie Nr. 1.2.01; 16,9 × 37,8 cm. – 1592

Druckort: Cosmographie des Sebastian Münster, ital. Ausgabe, 1592.

Lagerort: MSP: BS 111. – StASP: Best. 233 Nr. III 24.

Lit.: wie Nr. 1.2.01. – Nicht bei Fauser. D.

Nr. 1.2.05

Speier (A. Min.). – Ansicht von SO, vereinfachte und verkleinerte Darstellung des Holzschnitts von Sebastian Münster (Nr. 1.2.01).

Holzschnitt, unsign.; 6,9 × 9,2 cm. – 1593

Vorlage: Münsters Cosmographie (Nr. 1.2.01).

Druckort: Abraham Saur, Parvvm theatrum vrbivm, Das ist: Erster Anblick / vnd Summarischer Auszug / von Erbawung vnnd Ankunfft namhaffter Stätt / Schlösser vnd Klöster / ... Gedruckt zu Franckfurt am Mayn (durch Nicolaum Bassaeum). 1593, S. 189. – Vgl. Fauser I S. LXIVf. – Nach Medding I S. 249 noch 1658 neu aufgelegt von H. A. Authes in Frankfurt.

Lagerort: Privatsammlung Speyer.

Lit.: Röttger KDM S. 24. – Fr. Bachmann, Städtebilder S. 229 Nr. 2004 Spalte „Basse“. – Medding I S. 249. – Groh, Stadtansichten IV, S. 21. – Fauser II Nr. 13197. D.

Nr. 1.2.06

Stadtansicht von SO, stockgleich mit Nr. 1.2.05, aber ohne Haupttitel.

Kopftitel (= Textüberschrift): *Die Statt Speyer* (Fr. Min.).

Holzschnitt, unsign., 7,1 × 9,3 cm. – 1595

Vorlage: wie Nr. 1.2.05.

Druckort: wie Nr. 1.2.05; 2. Aufl., Frankfurt 1595. – Vgl. Fauser I S. LXV.

Lagerort: MSP: BS 3245-HM 1925/65. HM 1941/1(a). – StASP: Best. 233 Nr. IV 263.

Lit.: wie Nr. 1.2.05. D.

Die Statt Speyer.

Nr. 1.2.07

Ansicht von SO, stockgleich mit Nr. 1.2.05, aber ohne Haupttitel.

Holzschnitt, unsign.; 7 × 9,3 cm. – 1595

Vorlage: aus 1.2.06 übernommen.

Druckort: Parvvm theatrvm vrbivm sive vrbivm praecipvarvm totivs orbis brevis & methodica Descriptio. Authore Adriano Romano. Francoforti ex officina Typographica Nicolai Bassaei. 1595, S. 152. – Vgl. Fauser I S. LXIV.

Lagerort: MSP: BS 3437. – StASP: Best. 233 Nr. IV 278 (kolor.).

Lit.: Fauser II Nr. 13198. – Bachmann, Städtebilder S. 229 Nr. 2004 Spalte „Basse". D.

qua Nemetum à Romanis ædificata dicitur, extititq; Iulii

Cæsaris temporibus, uti antiqua Ethnicorum ædificia, i-

Nr. 1.2.08

Ansicht von SO, stockgleich mit Nr. 1.2.05.

Randtitel (links): *Von der Statt Speyer* (Fr. Min.).

Holzschnitt, unsign., 7 × 9,3 cm. – 1597

Vorlage: Nr. 1.2.05.

Druckort: Cosmographia, Das ist Ein schöne ... Beschreibung des Göttlichen Geschöpffs Himmels vnd der Erden ... beschrieben / vnd in Truck gegeben Durch ... Johann Rauwen Meimbreßensem ... Getruckt zu Franckfurt am Mayn / durch Nicolaum Bassaeum. 1597, S. 212. – Vgl. Fauser I S. LXIIIf.

Lagerort: MSP: HM 1930/41(47). BS 3822.

Lit.: Bachmann, Städtebilder S. 229 Nr. 2004 Spalte „Basse". – Fauser II Nr. 13198. D.

Von der Statt Speyer.

Nr. 1.2.09

Spira (A. Maj.). – Ansicht von SO/O, nach Nr. 1.2.01–2, aber nur die nördliche Hälfte mit Dom und St. Guidostift, ohne Beschr.; der Rhein ist von der Kartusche mit der Druckerangabe verdeckt. Das ganze auf Blatt mit doppelköpfigem Reichsadler, auf dessen Brust ein Schild mit dem Titel *Rodingii* (A. Maj.) *Pandectae Camerales adauctae* (A. Min.). Darüber rechts Auge Gottes, links aus den Wolken ragend, eine Hand, die die Waage der Gerechtigkeit hält, auf der linken Waagschale ein Richtschwert, auf der rechten, sich neigenden ein Buch mit der Aufschrift *Ius Camerale* (A. Maj.).

Kupferstich, sign. links unter dem Bildrand *Æ fec.*; Druck: *Spirae Nemetum Sumptibus Iacobi Siuerts 1660* (A. Min.); 15 × 8,5 cm. – 1660

Vorlage: 1.2.01–02 (Münster).

Druckort: Roding, Pandectae Camerales. ²1660, Speyer, Titelkupfer.

Lagerort: Pfälz. Landesbibl. SP: 4.2186 Rara

Lit.: Groh, Stadtansichten XIV, S. 17. – K. Niebler u. A. Quintana, in: 500 Jahre Speyerer Buchdruck. Speyer 1981, S. 56–58; danach druckte Christian Dürr den Band, den Jacob Siverts nur verlegte; (Abb. a. a. O. S. 69).

Vgl. 1.5.04

Bild 45 D.

1.3: Braun und Hogenberg und Nachfolger

Nr. 1.3.01

Spira (A. Maj.) über dem Dom. - Ansicht von SO. Vorn der Rhein mit abstoßendem Fährnachen, in dem sich ein Reiter und drei Personen zu Fuß befinden. Am Ufer Zollwärter mit Hellebarde. Zur Stadt ansteigendes, von Wegen und Wasserläufen durchzogenes, mit Sträuchern und Bäumen bestandenes Gelände. In der Bildmitte der Dom, die Stadtmauer rechts und links davon mit zahlreichen Türmen besetzt.

Beschr.: *Das Munster* (A. MinKurs.) rechts neben dem Dom. *S. Widñberg* (A. MinKurs.) rechts neben dem Stift St. Guido.

Text, in der linken oberen Ecke: *Spira celebris admodum Imperii et episcopalis in Germania ciuitas cuius olim incolae Nemetes et vrbs ipsa Nemetum dicebatur. Arnoldo Wesalio Neomagus et Nemetum atque Vangionum terminus fuit* (A. MinKurs.).

Kupferstich, unsign., wahrscheinlich von Franz Hogenberg; 11,3 × 47,2 cm. 1572

Druckort: Georg Braun u. Franz Hogenberg, Civitates orbis terrarum, in aes incisae et excusae, et descriptione topographica morali et politica illustrata. Köln 1572. Bd. I S. 34 Mitte (oben Heidelberg, unten Worms).

Lagerort: MSP: BS 147. BS 373. BS 2330. HM 1981/45; alle drei Städte BS 211. BS 3430. - StASP: Best. 233 Nr. II 36. - Kurpfälz. M HD: Inv. Nr. 1214^3. - Theod.-Zink-M KL: Graph. Sammlung Inv. Nr. 898.

Lit.: Thieme-Becker, Künstlerlexikon XVII (1924) S. 306f. - Röttger KDM S. 24f.; Abb. S. XXI. - Bachmann, Städtebilder S. 228 Nr. 2004 Spalte „Braun und Hogenberg". - Groh, Stadtansichten III S. 20–21. - Medding I S. 249. - Fauser I S. XXXIV; II Nr. 13195. -

Bild 7 D.

Nr. 1.3.010

Spira (A, Maj.). – Wie Nr. 1.3.01, jedoch Montage eines hohen Firmaments zwischen der Stadtansicht und dem oben aufgeklebten Haupttitel und dem Text in der oberen linken Ecke.

Beschr.: wie Nr. 1.3.01.

Kupferstich, unsign., kolor. von Anna Beek, aus der Sammlung Wilhelms III. von Oranien († 1702). – 41 × 46,8 cm. – 1572/vor 1702

Druckort: wie Nr. 1.3.01.

Lagerort: Privatsammlung Speyer.

Lit.: Zur Ansicht selbst wie Nr. 1.3.01. D.

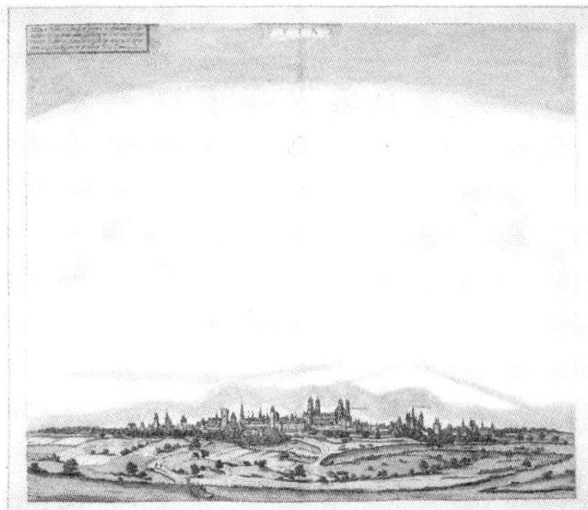

Nr. 1.3.03

Speier (A. Min.). – Ansicht von SO, im Vordergrund der Rhein mit abstoßender Fähre, das Gelände bis zur Stadt, wie bei Braun und Hogenberg (Nr. 1.3.01), mit Bäumen und Büschen bestanden, von Wasserläufen und Wegen durchzogen. Beim Dom fehlen beide Kuppeln.

Kopftitel: *670* (links). – *Comm. rer. Germ. liber III* (A. Maj.).

Beschr.: *Das Mumster* (! A. MinKurs.) über dem Dom, *Swedenberg* (A. MinKurs., statt S. Widenberg) über dem Stift St. Guido.

Kupferstich, unsign., von Peter de Bert (Bertius); 14,3 × 19,5 cm. – 1616

Vorlage: Braun und Hogenberg (Nr. 1.3.01).

Druckort: P. Bertii Commentariorvm rervm Germanicarvm Libri Tres ... Tertius est praecipuarum Germaniae vrbium cum earum Iconismis et Descriptionibus. Amstelodami 1616, S. 670. – Vgl. Fauser I S. XXVIII.

Lagerort: MSP: BS 236. BS 1285 (ohne Kopftitel u. Seitenzahl). – StASP: Best. 233 Nr. IV 383 (= BS 1285, Rückseite jedoch leer; angebl. von Petrus Kaerius 1620). IV 68.

Lit.: Röttger KDM S. 24. – Medding I S. 250 Nr. 7 (fehlerhaft). – Groh, Stadtansichten VII, S. 12. – Fauser II Nr. 13200. –

Bild 8 D.

Nr. 1.3.02

Spira (A. Maj.). – Ansicht von SO in grober, zittrig wirkender Manier, mit dem von Booten befahrenen Rhein – ohne Fährnachen – im Vordergrund. Bis zur Stadtmauer von Wasserläufen durchzogenes Gelände mit Bäumen, kleinen Gebäuden und aufgespannten Fischernetzen. Dem Dom fehlen beide Kuppeln.

Beschr.: *Celebris admodum Imperii & episcopalis in Germ*(an)*ia ciuitas* (A. Min., das *a* seitenverkehrt) rechts oben; vgl. Text bei Nr. 1.3.01.

Kupferstich, unsign., von Francesco Valegio; 8,6 × 13,2 cm. – Um 1600

Vorlage: Braun und Hogenberg (Nr. 1.3.01).

Druckort: Raccolta di le piv illvstri et famose citta di tvtto il mondo (Venedig um 1600); vgl. dazu Fauser I S. LXXVI.

Lagerort: Bayer. Staatsbibl. München Ital. 118.210. Ebenda 8° Mapp 45–184. – MSP: BS 317. BS 2326. HM 1981/43 (kolor., dat. 1654, Verlag Jo. Armbrusteri Moguntini). – StASP: Best. 233 Nr. IV 286 u. IV 354 (286 angebl. aus Druckwerk von Savonarola von 1713; 354 angebl. aus Bologna). – Kurpfälz. M HD: Inv. S 3230.

Nr. 1.3.02 (Fortsetzung)

Lit.: Röttger KDM S. 24. – Medding I S. 250 (nicht fehlerfrei). – Groh, Stadtansichten V, S. 23. – Fauser II Nr. 13199. – Eger, Gesch. Speyer Bd. 1 S. 610 Abb. 2. D.

Nr. 1.3.04

Spier (A. Maj.). – Stadtansicht im Längsoval, das an den vier Ecken durch ornamentierte Zwickel zum Rechteck ergänzt ist, von SO. Am Rhein links vorne am Ufer abstoßende, besetzte Fähre.

Kupferstich als Randvignette einer Pfalzkarte, sign. *Magna cura in lucem editum per Nicolaum Joannis Piscatorem Amsterodami* (A. MinKurs.); ganze Karte 45 × 55,3 cm, nur die Stadt 4,95 × 13,35 cm. – 1621

Vorlage: Braun und Hogenberg (Nr. 1.3.01).

Druckort: Claes Jansz Visscher (Piscator), Palatinatus Rheni nova et accurata descriptio A° 1621: Karte der Kurpfalz mit reicher Umrahmung durch Wappen, Kostümdarstellungen und Stadtvignetten, darunter links unten Speyer.

Lagerort: MSP: BS 3667.

Lit.: Nicht bei Fauser und Medding I.

St./D.

Nr. 1.3.040

Spier (A. Maj.). – Stadtansicht im Längsoval, ganz wie Nr. 1.3.04.

Beschr.: *Ryn flu.* (A. Min.).

Kupferstich von Joannes Nicolaus Piscator, als Randvignette seiner unten genannten Pfalzkarte: *Magna cura in lucem editum per Nicolaum Joannis Piscatorem. A° 1652* (A. MinKurs.); ganze Karte 45 × 55,3 cm (Platte); nur die Vignette von Speyer 4,5 × 13,2 cm. – 1652

Vorlage: wie Nr. 1.3.04.

Druckort: wie Nr. 1.3.04, Auflage 1652.

Lagerort: MSP: BS 3668. HM 1933/481 (kolor.). – StASP: Best. 234 Nr. I 26 (Nachdruck). – Kurpfälz. M HD: Inv. S 6796.

Lit.: Groh, Stadtansichten XII S. 11. – Nicht bei Fauser und Medding I.

D.

Nr. 1.3.05

Speier (A. MinKurs.). – Ansicht von SO, der Dom ohne Kuppeln. Im Vordergrund stufenförmig ansteigendes Podest, auf dem ein vornehm gekleideter Herr auf ein neben ihm stehendes Prunk-Himmelbett zeigt; vor ihm eine reich gedeckte Tafel.

Kopftitel: *Et cibo et potu et bona conscientia* (A. Maj.).

Fußtitel: *Si cibus et potus bonus et mens conscia recti | Ultima si dicat,* (A. MinKurs.), *salvus es* (A. Maj.), *hora sat est.* – Darunter: *Ein gsunden Bissen, Ein gut Gewissen | Ein reinen Trunk, Ein Selign sprung, | Aus diesem Leben | Woll mir mein Gott auß gnaden geben.*

Kupferstich, unsign., wahrscheinlich von Eberhard Kieser; 7,3 × 14,8 cm. – 1624

Vorlage: Bertius, Commentariorum rerum Germanicarum III S. 670 (Nr. 1.3.03).

Druckort: Daniel Meisner, Thesaurus philo-politicus. Das ist politisches Schatzkästlein guter Herren und bestendiger Freundt. Frankfurt 1623–1626. Band I Heft 4 (? 1624) Nr. 42. – Wieder in Sciographia Cosmica, Daß ist: Newes Emblematisches Büchlein, Teil D, Nürnberg 1638, Nr. 26. Mit Wappen. – Zu den verschiedenen Ausgaben s. Medding I S. 250–252 und Fauser I S. LXXIVf.

Lagerort: MSP: BS 232. HM 1976/12 (Nachdruck); beide ohne Wappen. – StASP: Best. 233 Nr. IV 53 (Randtitel links: *NB Kupffer Statt Speyer* in Fr. Min.; aus Paul Fürst, Sciographia cosmica 1637/38?, ohne Wappen). Nr. IV 281.

Lit.: F. Herrmann und L. Kraft, Daniel Meisners Schatzkästlein, Neudruck Heidelberg 1927, Einleitung. – Röttger KDM S. 25. – Medding I S. 250–252 (mit Abb.). – Groh, Stadtansichten VIII, S. 11. – Fauser II Nr. 13201. – Eger, Gesch. Speyer Bd. 1 S. 611 Abb. 7.

Bild 9 D.

Nr. 1.3.06

Speyer (A. Maj.). – Ansicht von SO, mit dem üblichen, hier jedoch vereinfachten Bildaufbau. Beim Dom fehlt die Vierungskuppel, das Querschiff ist ganz mißverstanden. In den beiden oberen Ecken leere Wappenschilde.

Kupferstich, unsign., doch sicher von Friedrich Hulsius (Hülsen); 7,1 × 13,5 cm. – 1632

Vorlage: Im Kern auf Braun und Hogenberg zurückgehend (Nr. 1.3.01).

Druckort: Inventarivm Sveciae, das ist: Gründliche und wahrhafftige Beschreibung deß Königreichs Schweden ... verfasset Durch Joh. Ludwig Gottfried. Mit schönen Kupfferstücken gezieret | vnd an den Tag gegeben durch Friedrich Hulsium. Gedruckt zu Frankfurt am Mayn | bey Wolffgang Hofmann | in Verlegung obgedachten Hulsij. Im Jahr 1632, S. 380 u. 415. – Vgl. Fauser I S. XLIV.

Lagerort: MSP: BS 334. – StASP: Best. 233 Nr. IV 23. IV 282 (kolor., mit anderem Text u. Maßen 7,5 × 13,8 cm die Platte). – Privatsammlung Speyer (7 × 13,4 cm).

Lit.: Röttger KDM S. 24. – Medding I S. 250. – Groh, Stadtansichten IX, S. 11. – Fauser II Nr. 13202. D.

Nr. 1.3.07

Spier (A. Maj.) Ansicht der Stadt von SO (?), stark vereinfacht, im Vordergrund der Rhein mit anlegender Fähre. Unter dem Bild die Wappen der vier Burggrafen.

Kupferstich, unsign.; ca. 5 × 4 cm. – 1630

Vorlage: Vielleicht Braun u. Hogenberg, stark reduziert (Nr. 1.3.01).

Druckort: Germaniae nova et accurata descriptio, von Eberhard Cloppenburg. 1630.

Lagerort: Staatsbibl. München: 2° Mapp. 190–292. Mapp. VIII 206a–15 (Faksim.).

Lit.: Nicht bei Fauser und Medding I.

D.

Nr. 1.3.08

Stadtansicht von SO, zusammen mit Ansicht von Mainz (oben); beide stark vereinfacht. Die Speyerer Ansicht zeigt im Mittelgrund die Kleebach, im Vordergrund den Rhein; links vorn ein gespaltener Baumstumpf. Der Dom ohne Kuppeln.

Fußtitel: *Magonza. Spira* (A. Maj.).

Beschr.: In der Mainzer Ansicht *Reno F* (A. Maj.).

Kupferstich, unsign.; 26,3 × 19,3 cm (ganzes Blatt), 8,5 × 12,5 cm (Speyer allein, Platte). Wasserzeichen A. C. u. Kleeblatt. – Nach 1632

Vorlage: Inv. Sveciae von Hülsen (Nr. 1.3.05).

Druckort: vermutlich italienische Publikation.

Lagerort: MSP: HM 1986/22.

Lit.: Nicht bei Medding I u. Fauser. St./D.

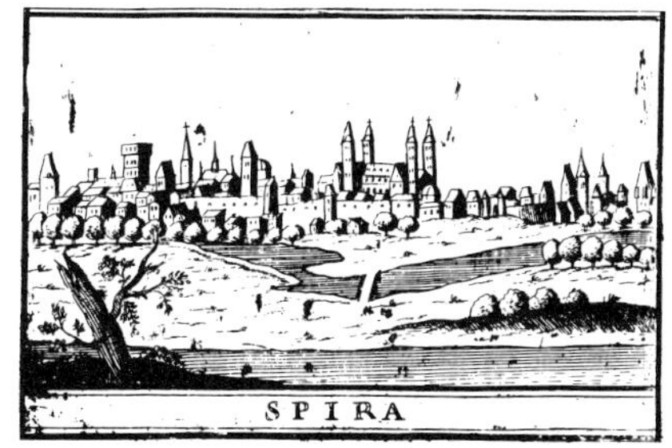

Nr. 1.3.09

Spiers (A. Maj.) Stadtansicht von SO, vereinfacht. Im Vordergrund der Rhein mit vollbesetztem Fährboot mit Steuermann am Heck.

Beschr.: *Ryn Flu.* (A. Min.), im Rhein.

Vorlage: Vielleicht Braun und Hogenberg (Nr. 1.3.01) oder einer seiner Nachstecher (Hülsen? Nr. 1.3.06. Piscator? Nr. 1.3.04).

Kupferstich, von G. Mercator; ca. 4 × 11 cm. – 1657

Druckort: Germaniae nova tabula, a G. Mercatore delineata. 1657.

Lagerort: Bayer. Staatsbibl. München: 2° Mapp. 190–226.

Lit.: Nicht bei Fauser und Medding I. D.

Nr. 1.3.10

Speier (A. Maj.). – Stadtansicht im Längsoval, das an den vier Ecken durch ornamentierte Zwickel zum Rechteck ergänzt ist. Am Rhein im Vordergrund abstoßende Fähre.

Kupferstich, unsign.; 6 × 10 cm. – 1661

Vorlage: Randvignette der Pfalzkarte von N. J. Visscher (Piscator) Nr. 1.3.04.

Druckort: Atlas des Großen Kurfürsten von Brandenburg.

Lagerort: Bayer Staatsbibl. München: 2° Mapp. 283a–5 (Faksimile der Ausgabe von 1661).

Lit.: Nicht bei Medding I u. Fauser.

D.

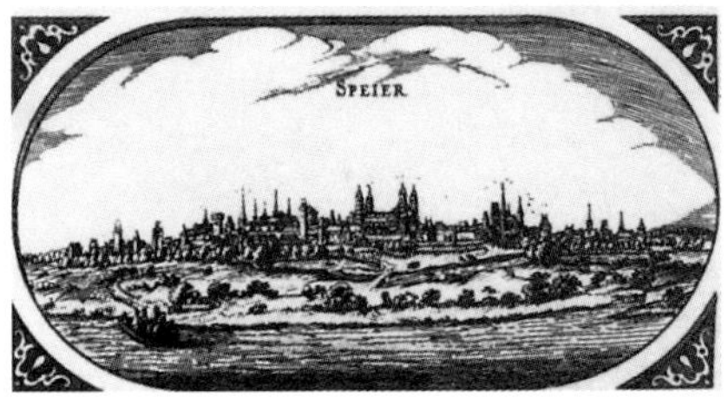

Nr. 1.3.11

Speir (A. Min.) rechts oben. – Ansicht der Stadt im Hintergrund jenseits des Rheines von SO mit abstoßender Fähre am jenseitigen Ufer. Die Stadt trotz des kleinen Formates in Einzelheiten getroffen: außer dem Dom (ohne Kuppeln) das Weiße Tor, der Turm der Moritzstiftskirche, Guidostift und Gackturm erkennbar. Diesseits des Flusses links Kirche, angeschnitten, vor deren Portal vier Bettler hocken; auf das Kirchenportal schreitet eine Familie zu, voran drei Kinder, dahinter ein vornehm gekleidetes Ehepaar, dahinter Dienerin, die auf dem Kopf einen Korb trägt.
Unter dem Bild, aufgeklebt, zwei Ausschnitte, der obere mit Bibelzitaten, der untere mit einem Sinnspruch über die Spendenfreudigkeit für Kirchenkleinodien und die Verweigerung der Werke der Barmherzigkeit.

Kupferstich, unsign. und undat.; 5,6 × 7,5 cm (nur das Bild). – Ende 17. Jahrhdt.

Vorlage: Nr. 1.3.01, vereinfacht.

Lagerort: StASP: Best. 233 Nr. IV 19.

D.

Nr. 1.3.12

Ansicht von SO, jedoch seitenverkehrt; wohl als Guckkastenbild verwendet. Im Vordergrund der Rhein mit drei Segelschiffen und einem Boot, jedoch ohne den üblichen Fährnachen; dahinter zur Stadt ansteigendes, von Wasserläufen und Wegen durchzogenes, mit Büschen und Bäumen bestandenes Gelände.

Fußtitel: *Spire* (A. MajKurs.), *Ville d'Allemagne dans le Bas Palatinat Capital de l'Eveché de même nom sur le bord du Rheim* [sic!] *elle est libre et Imperial elle fut brullée par les Francois en 1689.*

Kupferstich, sign. *A Paris chez Mondhare rue S. Jacques a l'Hotel Saumur,* kolor.; 25,7 × 41,8 cm. Um 1700

Vorlage: Für Stadt und Vorgelände Braun und Hogenberg (Nr. 1.3.01), Rhein mit Schiffen frei gestaltet.

Druckort: Wohl als Einzelblatt gedruckt.

Lagerort: MSP: BS 306. – LASP. – StASP: Best. 233 Nr. II 39.

Lit.: Röttger KDM S. 25. – Medding I S. 256 (nicht als Guckkastenbild erkannt, sondern fälschlich als Ansicht von NO her aufgefaßt). – Stein, Stadt am Strom S. 79 Abb. 40. – Nicht bei Fauser.

Bild 28 D.

1.4: Merian der Ä. und Nachfolger

Die Stadtansicht, die Matthäus Merian d. Ä. um 1620 wohl persönlich gezeichnet und später gestochen hat, hat zweifellos am meisten als Vorbild gedient und auch am längsten – bis ins 19. Jahrhundert – nachgewirkt. Dabei sind verschiedene Gruppen festzustellen:

1. Getreue Nachstiche nach dem Vorbild, die sich allenfalls in Details von der Vorlage unterscheiden; s. die Nr. 1.4.03, 1.4.04, 1.4.09, 1.4.10, 1.4.11, 1.4.15, 1.4.16, 1.4.18, 1.4.21 und 1.4.26; die Nr. ab 1.4.09 sind bereits alle nach dem Brand von 1689 geschaffen worden, ohne die Spuren der Zerstörung kenntlich zu machen.
2. Vereinfachungen des Vorbildes: Schon früh einsetzend, reichen sie bis zur napoleonischen Zeit: 1.4.02, 1.4.05, 1.4.12, 1.4.19 und 1.4.23.
3. Varianten einfacher Art: 1.4.13, 1.4.20, 1.4.25 und 1.4.27. Letztere scheint besonders interessant: Aus dem 19. Jahrhundert stammend, als das Stadtbild sich ganz anders darbot, hält sich die Darstellung noch weitgehend an das Vorbild, ohne auf gewisse Korrekturen zu verzichten; so ist der Dom mit der barocken Fassade von 1778, aber seitenverkehrt, wiedergegeben, und das Guidostift ist, zum Zeitpunkt der Entstehung des Stiches, in der barocken Gestalt mit nur einem Turm dargestellt, obwohl es zu dieser Zeit vermutlich nicht mehr stand.
4. Varianten mit stärkeren Abweichungen: Der Anstoß dazu stammt aus Nürnberg mit den drei Beispielen kurz vor und wenig nach 1689: Nr. 1.4.06, 1.4.07 und 1.4.08, die alle sehr eng miteinander verwandt sind; sie stammen aus dem selben Verlag. Auf den ersten Stich greift noch kurz vor 1800 der Wiener Stecher Kilian Ponheimer zurück (Nr. 1.4.22). Am weitesten treibt die Reduktion des Vorbildes das eigenartige Blatt Nr. 1.4.24.
5. Varianten mit gewandelter Stilauffassung: Nr. 1.4.14 und 1.4.17; die Abhängigkeit der letzteren zeigt sich nicht nur in der Darstellungsweise, sondern auch in einer Reihe von Fehlern in der Wiedergabe einzelner Gebäude und der zugehörigen Beschriftung. Beide Stecher dürften Speyer wohl kaum aus dem Augenschein gekannt haben. Umso erstaunlicher ist, daß sie als einzige Darstellungen deutlich die zerstörten Partien des Domes ab 1689–1755 wiedergeben.

Die Nr. sind in zeitlicher Folge aufgeführt. D.

Nr. 1.4.01

Speyer (Fr. Min.). – Ansicht von SO, im Vordergrund der Rhein mit abstoßender Fähre, Segelschiff und Nachen; rechts oben Stadtwappen in Halbrundschild.

Beschr.: *Rhenus fluvius* (A. Min.). – Unter unterer Bildumrandung bezifferte Legende über einzelne Gebäude *1–16*, teilweise fehlerhaft, zweizeilig.

Kupferstich, unsign., wahrscheinl. von Merian d. Ä. selbst gezeichnet und gestochen (ca. 1619/20; vgl. Nr. 1.4.010); 18,5 × 34,8 cm (Fauser: 17,1 × 34,5 cm). – 1638. 1645

Druckort: Neuwe Archontologia cosmica, Das ist / Beschreibung aller Kaysertumben / Königreichen vnd Republicken der gantzen Welt ... verfasset Durch Johann Ludwig Gottfried ... verlegt von Matthaeo Merian ... Getruckt zu Franckfurt am Mayn / in Wolfgang Hoffmanns Buchtruckerey ... 1638. – Topographia Palatinatus Rheni et vicinarum Regionum Das ist, Beschreibung vnd Eigentliche Abbildung der Vornemsten Stätte & Plätz der Vntern Pfaltz am Rhein ... An Tag gegeben Vnd Verlegt durch Mattheum Merian. 1645, S. 84.

Lagerort: MSP: BS 91. BS 209. BS 1284. HM 0/2363. HM 1984/834 (Nachdruck) u. a. m.

Lit.: Schuchhardt, Die Zeiller-Merian-sche Topographie, in: Centralblatt für Bibliothekswesen 13 (1896) S. 193–232, hier S. 204f. u. 225. – Röttger KDM S. XXIII. S. 25. – F. Bachmann, Städtebilder, S. 229. – Medding I S. 252. – Medding II S. 8f. – Groh, Stadtansichten XI, S. 12. – Fauser II Nr. 13203. – Eger, Gesch. Speyer Bd. 1 S. 609 Abb. 1.

Bild 11 D.

Nr. 1.4.010

Speyer (handschriftl.). – Ansicht der Stadt von SO, ganz wie 1.4.01. Gebäudenumerierung *1–15,* keine Legende.

Federzeichnung, stark stockfleckig; angeblich Originalzeichnung von M. Merian zu dem Kupferstich von Speyer (Nr. 1.4.01). Die auf dem Stich (Nr. 1.4.01) am rechten Rand dargestellte Hl. Grabkirche (Nr. *16: Lazaret*) fehlt hier; beschnitten? Rechts unter dem Bild *Originalzeichnung von M. Merian* (Hand des 19. Jahrhdt.); Maße unbekannt. – 1620 (?)

Lagerort: Privatbesitz Düsseldorf. – MSP: Foto Nr. 4709.

Lit.: wie Nr. 1.4.01. D.

Nr. 1.4.02

Spire (A. Maj.). – Stadtansicht von SO, wohl nach Merian (Nr. 1.4.01), aber ohne Fähre, Baumgruppe links, Halbinsel rechts; nur ein Schiff am Rheinufer ist beibehalten. Das ganze in längsovaler, durch mächtige Voluten begrenzter Kartusche. Links oben außerhalb der Kartusche berittene Truppe.

Beschr.: *Rhein Fl.* (A. MinKurs.).

Kupferstich, unsign., vielleicht von Cochin; 8 × 24 cm (nur die Stadtvignette). Um 1644/45

Druckort: Am oberen Rand eines großen Vogelschauplanes mit dem Schwarzwald und Freiburg, oben rechts, zusammen mit der Vignette von Mainz (links), mit dem Titel: *Les combatz donnez devant* (A. Maj.) *la ville et chasteau de Fribourg en Brisgaui et les attaques des forts … le 3., 5. et le 10. aoust 1644* (A. MinKurs.). – Sign. *Par le S*^{r} *de Beaulieu, Ingenieur Ordinaire du Roy* (rechts unten); *Auec Privilege de sa Maiesté* (links).

Lagerort: Bayer. Staatsbibl. München, Mapp. XII, 17 fi. – Kunstsammlungen der Veste Coburg: Inv. Nr. IX, 339, 26 (aus Beaulieu, 2°, Neuauflage 1781). – MSP: BS 3994. – StASP: Best. 233 Nr. I 4.

Lit.: Nicht bei Fauser und Medding I. D.

Nr. 1.4.03

Speyer (A. Maj.). – Darstellung wie 1.4.01; rechts oben Stadtwappen mit geschweiftem Schildfuß.

Beschr.: wie Nr. 1.4.01. Legende 1–10 unter unterem Bildrand, zweizeilig.

Kupferstich, unsign.; 10,8 × 13,2 cm. – 1658

Vorlage: Nr. 1.4.01 (Merian), verkleinert.

Druckort: Martini Zeilleri. Itinerarium Germaniae & Regnorum Vicinorum cum Iconibus Civitatum. Amstelodami Apud Johannem Janßonium Juniorem A° 1658, tom. I, nach S. 260. – Vgl. Fauser I S. LXXXIV.

Lagerort: MSP: BS 2375–HM 1926/12. – StASP: Best. 233 Nr. IV 503 (11,4 × 13,8 cm, Platte).

Lit.: Fauser II Nr. 13206. D.

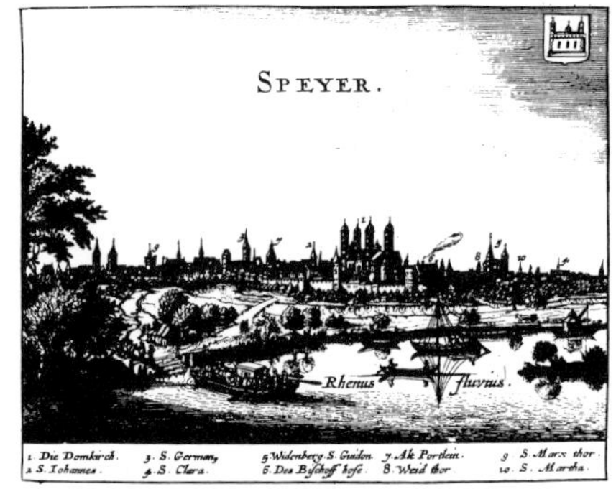

Nr. 1.4.04

Spir (A. Maj.), auf beidseits fünffach gewelltem, in zwei Zipfeln auslaufenden Schriftband, darunter, kleiner *Palatinat* (A. MinKurs.). – Darstellung wie Nr. 1.4.01, jedoch ohne Wappen.

Beschr.: *Rhein fl.* (A. MinKurs); rechts davon *cours de leau,* mit Pfeil. Vor dem Armbrusterturm neben Brücke über die Kleebach *Pont.*

Kupferstich, sign. *N. Cochin sculp.*, 14,2 × 50 cm; Himmel darüber mit Medaillon 24,5 × 50 cm. – Vor 1676

Druckort: Les plans des villes, batailles et victoires, prises et remportees svr les ennemies, Par les Armées des Tres-Chretiens Roys de France et Nauarre [Lovis XIII] et Lovis XIV. Desinées sur les lieux par le Cheualier de Beaulieu. 1676. 2°. – Vgl. Fauser I S. XXIIIff.

Vorlage: Nr. 1.4.01 (Merian).

Wie Fauser S. XXIV erläutert, sind die Stiche bei Beaulieu 2° in drei Arbeitsgängen mit drei Platten gedruckt worden, von denen die erste das Bild selbst (Höhe bis ca. 16 cm) enthält, die zweite einen variablen Bildrahmen und eine dritte den Himmel, der das Bild um fast das Doppelte erhöhte und es oben mit variablen Draperien und Girlanden abschloß. Diese dritte Platte ist in drei Varianten nachweisbar: Mit Eichenlaubgirlande, mit Lorbeergirlande und mit Lorbeergirlande mit zwei Putten. Die Girlanden umschließen ein ovales Medaillon, in dem das Bild des jeweils siegreichen Feldherrn unterzubringen war.

Lagerort: MSP: BS 372 (Nachdruck): Nur die Grundplatte mit der Stadtansicht. HM 1981/46. BS 215 (Nachdruck): stark erhöhte Platte, mit Eichengirlande und Medaillon (ohne Bild). BS 711: Lorbeergirlande mit Putten, im Medaillon das Brustbild des Duc d'Enghien, vermutlich zur Erinnerung an dessen Rheinübergang bei Speyer im August 1644. Demnach kann der Stich Cochins bei Beaulieu schon bald nach 1644, nicht erst beim Erscheinen des Gesamtwerks 1676 entstanden sein. – StASP: Best. 233 Nr. I 8 (mit Umrahmung und leerem Medaillon). – Kunstsammlungen der Veste Coburg: Inv. Nr. IX, 339, 29 (aus späterer Auflage des Beaulieu von 1781 mit dem Titel: „Donné Par Le Roy A M. De Miromesnil Garde des Sceaux De France En 1781"; wie MSP: HM 1981/46 u. BS 215).

Lit.: MittHistVerPfalz 16 (1892) S. 210. – Bayerland S. 265. – Röttger KDM S. 25. – Medding I S. 255 Nr. 13, wo aber unser Stich mit unserer Nr. 1.4.05 verwechselt wird. – Fauser II Nr. 13205.

Bild 16 D.

Nr. 1.4.05

Spira (A. Maj.), auf beidseits vierfach gewelltem, in zwei Zipfeln auslaufenden Schriftband. – Darstellung wie 1.4.04, jedoch vergröbert. Links im Vordergrund fehlt die von Merian eingeführte obligate Baumgruppe.

Beschr.: *Fivme Reno* (A. MajKurs.).

Kupferstich, unsign.; 13,5 × 43,4 cm. – Wohl nach 1676

Vorlage: Nr. 1.4.04, indirekt 1.4.01 (Merian).

Druckort: Citta, Fortezze, Isole e Porti principali dell' Europa In Pianta, et in Eleuatione, Descritte e Publicate ... Dal Padre Maestro Coronelli ... 1689, Bl. 100 unten. – Vgl. Fauser I S. XXXVIII.

Lagerort: Bayer. Staatsbibl. München: 2° Mapp. 57–96b. – MSP: BS 363. – Privatsammlung Speyer, zusammen mit Stenay (oben), Speyer (unten, mit breitem Rand mit Früchtegirlanden).

Lit.: Medding I S. 255 (dort fälschlich Cochin zugeschrieben; das Blatt ist unsign. Ebenso ist Abb. 5, die unseren Stich zeigt, unrichtig Cochin zugeschrieben). – Fauser II Nr. 13210.

D.

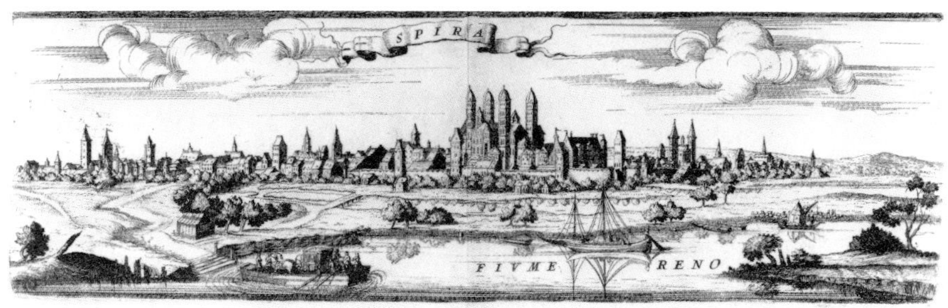

Nr. 1.4.06

Speyer (A. Maj.). – Darstellung von SO in Anlehnung an Merian (Nr. 1.4.01) doch ohne Wappen.

Beschr.: *1–4,* dazu Legende über oberem Bildrand: *1. Die Domkirch. 2. S. German. 3. S. Jacob, 4. Rhein fl.* (A. MinKurs.).

Kupferstich, unsign.; 5,8 × 11,3 cm. – 1685

Vorlage: Merian (Nr. 1.4.01).

Druckort: Ausführliche und gründliche Beschreibung des ganzen Rheinstroms, verlegt bei Christoff Riegels und gedruckt von Andreas Knorzen Wittib, Nürnberg 1685. Weitere Aufl. 1686. 1690. Um 1700. – Nicht bei Fauser, vgl. aber Fauser I S. LXIII (Pufendorf) u. S. LXIV (Reis-Gefert), beide mit gleichem Verleger und Drucker.

Lagerort: Germanisches Nationalmuseum Nürnberg: Bibl. G 9313 (Aufl. 1685). – Staats- und Stadtbibl. Augsburg: 8°. Gs 853 (1686). – StASP: Best. 233 Nr. IV 180 (aus der Aufl. 1690). – Münchner Stadtbibliothek. – Studienbibl. Dillingen: X 64 (Aufl. ca. 1700).

Lit.: Nicht bei Fauser u. Medding I.

Bild 33 D.

Nr. 1.4.07

Speyer (A. Maj.). – Darstellung nach Merian, doch stark vereinfacht, ohne Fähre, Schiffe, Baumkulisse und Wappen; die Kirchtürme überhöht, Domtürme mit geschweiften Hauben.

Beschr.: Ziffern *1–3.* Legende über oberem Bildrand: *1 S. Germanus 2 Die Domkirch 3 Der Bischoffsshofe* (A. MinKurs.).

Kupferstich, unsign.; 5,9 × 11,3 cm. – Vor 1686

Vorlage: wohl Nr. 1.4.06 (gleicher Verleger, gleicher Drucker); indirekt Nr. 1.4.01 (Merian).

Druckort: Der getreue Reiß-Gefert durch Ober- und Nieder-Teutschland. Das ist: Grundrichtige und ausführliche Abhandlung derer jenigen Residenzien, Städte, Schlösser ... Nürnberg: Christoff Riegels/Druckts Andreas Knorzen seel. Wittib. A. 1686; bei S. 678.

Lagerort: MSP: BS 320 (mit der Nr. *97* rechts über oberem Bildrand). BS 2819. – StASP. Best. 233 Nr. IV 264.

Lit.: Fauser II Nr. 13209. D.

Nr. 1.4.08

Speyer (A. Maj.). – Darstellung nach Merian (Nr. 1.4.01), doch stark vereinfacht; es fehlen wie bei Nr. 1.4.07 Fähre, Schiffe, Baumkulisse und Wappen. Die Kirchtürme noch stärker überhöht als dort, die Domtürme mit geschweiften Hauben.

Ohne Beschr., ohne Legende.

Kupferstich, unsign.; 5,7 × 11,0 cm (Bild). Nach 1686

Vorlage: wohl 1.4.07.

Druckort: unbekannt; das Fehlen der Legende könnte dafür sprechen, daß der Stich in einem (verlorenen?) Band der Kreisbeschreibungen von 1703 ff. im Verlag Wolffgang Michahelles und Johann Adolph, Nürnberg 1703/04 zu suchen sein könnte (vgl. Fauser I S. XXXVII).

Lagerort: MSP: BS 2818.

Lit.: Nicht bei Fauser u. Medding I. D.

Nr. 1.4.09

Speyer (Fr. Min.) in beidseits dreifach gerolltem Band. – Darstellung wie Nr. 1.4.01. – Vgl. Nr. 5.2.03!

Beschr.: wie Nr. 1.4.01, ebenso die Legende. – Rechts oben Stadtwappen in barockem Ovalschild.

Kupferstich, *zu finden bei Joh. Philipp Steudner;* 18,6 × 35 cm (Platte). – Nach 1689(?).

Vorlage: wie Merian (Nr. 1.4.01).

Lagerort: MSP: BS 129. – Kurpfälz. M HD: Inv. S 3229. – StASP: Best. 233 Nr. III 32.

Lit.: Kubach-Haas, Dom zu Speyer Textbd. S. 76 Nr. 29. – Nicht bei Fauser.

Bild 25 D.

Nr. 1.4.10

Speyer (Fr. Min.). – Darstellung wie Nr. 1.4.01.

Beschr.: wie Nr. 1.4.01. Legende 1–16 mit anderem Zeilenumbruch.

Kupferstich, sign. *Joh. Jacob Senfftel sc.*; 18,8 × 35,1 cm. – 1691

Vorlage: Nr. 1.4.01 (Merian).

Druckort: Johann Christoph Wagners Christlich- und Türkischer Staedt- und Geschicht-Spiegel. Vorweisend Eine eigentliche Beschreibung aller der vornehmsten Städte/Vestungen und Schlösser der Christenheit und Türkey. 2. Buch. Augsburg: Jacob Koppmayer. 1691, vor S. 55. – Vgl. Fauser I S. LXXX.

Lagerort: MSP: BS 176. – StASP: Best. 233 Nr. III 9.

Lit.: Röttger KDM S. 25. – Medding I S. 254. – Fauser II Nr. 13213.

D.

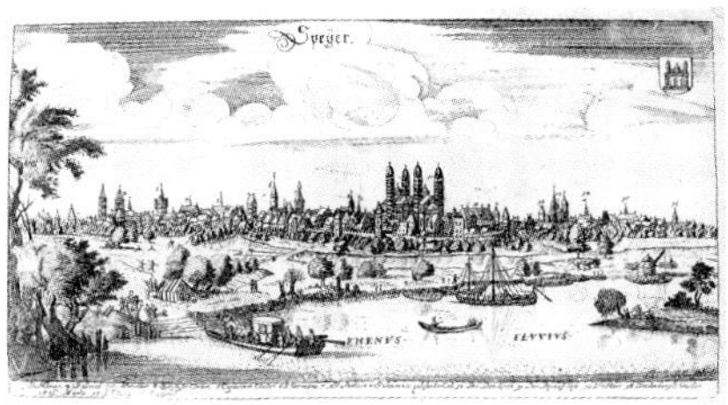

Nr. 1.4.11

Stadtansicht ganz nach Nr. 1.4.01 (Merian), doch ohne Wappen und Legende.

Beschr.: Statt der Bezifferung der Gebäude bei Merian Nr. 1–16 über den betr. Gebäuden (von links nach rechts) *S. Marcus. S. Jacob. MarxThor. BarfüßerCloster. Capuciner. S. Germanus. S. Joannes. Die Domkirch* ...; im Strom *Rhein Flus*. Unter dem unteren Bildrand Text: *Speyer, ehemals Nemetis oder in Römerzeiten Nemidona genannt, heuntiges Tags Spira Nemetum, liegt am Rhein* ... (6 Zeilen, A. MinKurs.) über die Geschichte der Stadt, darin die Verlegung des Reichskammergerichts nach Wetzlar – die dortige Eröffnung war 1693 – erwähnt.

Kupferstich, unsign., 13 × 27 cm; 16,4 × 28,5 cm (Platte). – Nach 1693.

Vorlage: Nr. 1.4.01 (Merian).

Lagerort: MSP: BS 224 (kolor. bläulich, grün u. rot). – StASP: Best. 233 Nr. III 98.

Lit.: Nicht bei Medding I u. Fauser.

D.

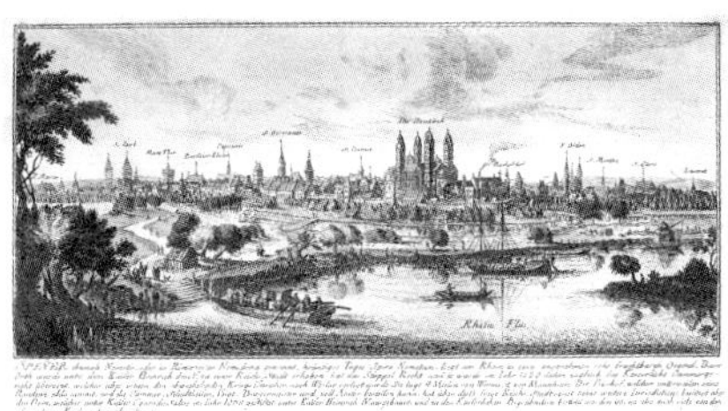

Nr. 1.4.12

Spire (A. Maj.) auf fünffach gewelltem Schriftband mit je zwei auslaufenden spitzen Zipfeln. Darstellung wie Merian (Nr. 1.4.01), jedoch vereinfacht. Die Baumgruppe links im Vordergrund fehlt, ebenso das Stadtwappen.

Beschr.: *Rhin fl.* (A. Maj.) mit Pfeil in Laufrichtung des Stromes. – In der Ecke links oben *95*. Keine Legende.

Radierung, sign. *AD* (= Adam) *Perelle sc.*; 11,3 × 15,9 cm. – Vor 1695

Vorlage: Nr. 1.4.01 (Merian), vereinfacht.

Druckort: Beaulieu, Les Glorievses conqvestes de Louis le Grand. A Paris. Chez le Sieur de Beaulieu, rue St. André des arts ... (= Beaulieu, 2. Ausgabe in 4°; vgl. Fauser I S. XXV).

Lagerort: MSP: BS 379. – StASP: Best. 233 Nr. III 71 (Platte 10,7 × 15,7 cm. Angebl. aus N. de Fer, Französisches Städtebuch. Paris 1700; wohl falsche Zuweisung. Vgl. Fauser I S. XLIV).

Lit.: Fauser II Nr. 13208. D.

Nr. 1.4.13

Spira (A. Maj.) *Spejr* (A. MajKurs.), auf flatterndem, zwiefach gewelltem Schriftband. Darstellung frei nach Merian (Nr. 1.4.01), ohne Wappen, Helme der Domtürme geschweift.

Beschr.: Gebäude beziffert *1–14*. Zwei Putten, rechts und links des Schriftbandes schwebend, halten je ein Tuch, auf dem die Legende zu den bezifferten Gebäuden (Nr. 1–7 und 8–14) untergebracht ist.

Text unter dem unteren Bildrand, zweispaltig in je zwölf Zeilen, über das Schicksal der Stadt 1689–1703, links lateinisch, rechts deutsch. Inmitten in ovaler Kartusche das Stadtwappen. Rechts unten *S. 16*.

Kupferstich, sign. *cum privilegio Sacrae Caesareae Majestatis Joseph Fridrich Leopold excudit Aug. Vind.* (Augsburg); 20,3 × 29,8 cm. – Nach 1703

Vorlage: frei nach Merian (Nr. 1.4.01).

Lagerort: MSP: BS 219. BS 355. – StASP: Best. 233 Nr. III 25. – Berlin, Kupferstichkabinett: Top. Speyer.

Lit.: Röttger KDM S. 25. – Medding I S. 256 (mit dem Text der deutschen Beschr.). – Groh, Stadtansichten (18), S. 19. – Fauser II Nr. 13214.

Bild 29 D.

Nr. 1.4.14

Stadtansicht von SO, Darstellung sehr frei nach Merian (Nr. 1.4.01), jedoch ohne Schiffe, Nachen und Wappen; die Fähre rechts unten auf dem Rhein. Der Dom mit zerstörtem Langhaus, die meisten Kirchen (außer Dom, Clarissenkloster) mit Zwiebelhauben. Legende, angeordnet um Medaillon, umgeben von Akanthusranken und frühem Bandwerkornament mit Brustbild Kaiser Josephs I. (1690–1711).

Beschr.: Nr. *1–17* über einzelnen Gebäuden, *18* im Fluß, mit Richtungspfeil des Rheinstromes. Über dem Bild Legende dazu: *Speyer* (Fr. Min.) *1–18,* ähnlich wie Nr. 1.4.17. Wie dort mehrfach unrichtige Zuweisung von Objekten. Anhalt zur Datierung bietet Nr. 9: *Luthr. neu erbaute Kirch* (= Dreifaltigkeitskirche, Rohbau 1703 vollendet).

Kupferstich, unsign.; 20,2 × 31,5cm (Druckrand). – ca. 1704–1711

Vorlage: Nr. 1.4.01 (Merian), frei nachempfunden. Mehr aus der Vogelperspektive.

Lagerort: MSP: HM 1985/148. – StASP: Best. 233 Nr. III 94 (17,8 × 29,8 cm Bild).

Lit.: Groh, Stadtansichten (19), S. 14. – Nicht bei Medding I u. Fauser.

Bild 34 D.

Nr. 1.4.15

Speyer. (Fr. Min.). – Ansicht von SO, Darstellung getreu nach Merian (Nr. 1.4.01), aber ohne Stadtwappen, in querovalem, von Voluten und stilisiertem Blattwerk gebildeten Rahmen, der einem querrechteckigen, gerahmten Architektursockel aufgelegt ist. Beidseits je drei Genien bei der Trauben- bzw. Getreideernte. Darüber auf bzw. zwischen zwei Wandpfeilern sieben ovale, bekränzte Kartuschen.

Beschr.: Die Ansicht ohne Beschr. Auf der mittleren der Kartuschen *Ende der Capitularen,* auf den übrigen sechs Wappenschilde der Speyerer Domkapitulare Johann Adolf Spies von Büllesheim (1684-† 1739), Lothar Friedrich Mohr von Waldt (1688–1713), Daniel Ehrenmund Freiherrn von Waldenburg gen. Schenkern (1688–1730), Ernst Friedrich von Twickel zu Twickel zu Hauixbeck (1695-† nach 1711), Johann Wilhelm von Twickel zu Hauixbeck (1694–1754); der 5. Schild ist leer: *vacat.*

Kupferstich, unsign.; 33,5 × 57 cm. Untere Bildhälfte mit der Stadtansicht aus dem Kalender Bischof Heinrichs Hartard von Rollingen auf das Jahr 1712. Die obere Bildhälfte enthält eine Darstellung des Speyerer Madonnenbildes und ist sign.: *Johann Baptist Unterstainer del., Leonhard Heckenauer* [Stecher] *Augsburg 1695*

Vorlage: Nr. 1.4.01 (Merian).

Druckort: Kalender Bischof Heinrichs Hartard von Rollingen auf das Jahr 1712.

Lagerort: MSP: BS 1287 (nur untere Bildhälfte). Das ganze Bild: BS 2811 – HM 1929/14.

Lit.: MittHistVerPfalz 16 (1892) S. 210f. – Nicht bei Fauser u. Medding I.
D.

Nr. 1.4.16

Stadtansicht, ziemlich genauer Nachstich nach Merian, s. Nr. 1.4.01; auch das Stadtwappen rechts oben fehlt nicht.

Fußtitel: *Spire* (A. MajKurs.) | *Ville de Haut Cercle du* (A. MinKurs.) *Rhin* (A. Min.) *en* (A. MinKurs.) *Allemagne* (A. Min.).

Beschr.: Ziffern *1–10.*

Legende: *1. Le Dome 2. S. Marc 3. S. Jean – 10. Lazaret* (A. MinKurs.), links und rechts des Fußtitels angeordnet.

Kupferstich, unsign., *a Leide* (A. Min.) *chez Pierre van der Aa* (rechts im Wasser des Rheinlaufs); 25,8 × 33,9 cm. –
1729

Vorlage: Nr. 1.4.01 (Merian).

Druckort: La galérie agréable du monde à Leide, chez Pierre van der Aa, ohne Jahr, wahrscheinlich 1729, Bd. 40 fol. 45. – Zur Datierung Fauser I S. XXI.

Lagerort: Niedersächs. Staats- und Universitätsbibl. Göttingen: 2° Geogr. 656: 40 Rara. – StASP: Best. 233 Nr. II 45.

Lit.: Medding I S. 255 Nr. 16. – Fauser II Nr. 13215. – D.

Nr. 1.4.17

Spira (A. Maj.), darunter *Speyer* (Fr. Min.) in querovaler Kartusche. – Ansicht von SO, frei nach Merian (Nr. 1.4.01), mit stärkeren Abwandlungen. Die meisten Kirchtürme (außer Dom und Clarissenkloster) mit Zwiebelhauben (wie Nr. 1.4.14). Im Vordergrund am unteren Bildrand Stadtwappen, bekrönt von Mitra und Bischofsstab, links begleitet von Codices und Globus, rechts von Faß mit Trauben und Flaschen. Der Dom in zerstörtem Zustand nach 1689, der westliche Teil des Langhauses fehlt.

Beschr.: Über einzelnen Gebäuden Ziffern *1–17,* dazu unter unterem Bildrand zweispaltige Legende in fünf Zeilen, lateinisch und deutsch, Nr. 1–17, jedoch mehrfach unrichtig (genau wie Nr. 1.4.14, z.B. Nr. 11: Stift zu Allerheiligen, das in Wirklichkeit die Dreifaltigkeitskirche darstellt; die Verwechslung beruht offenbar auf dem Doppelnamen des Allerheiligenstifts: Stift zur Hll. Dreifaltigkeit). Über oberem Bildrand *N° 55.*

Kupferstich, sign. *Fr. Bernhard Werner del. A. Gläßer sc. Mart. Engelbrecht excud. A. V.* (Augusta Vindelicorum = Augsburg); 21,2 × 30 cm. –
1720–1730 (nach Fauser I S. LXXXII war Werner in den 20er Jahren des 18. Jahrhdt. für Augsburger Verlage tätig).

Vorlage: Nr. 1.4.14.

Lagerort: MSP: BS 336. BS 337. BS 2426. BS 3428. – Theod. Zink-M KL: Graph. Sammlung Inv. Nr. 845. – StASP: Best. 233 Nr. III 33.

Lit.: Meyer-Schwartau, Der Dom zu Speyer. Berlin 1893 Taf. XXIX rechts oben (Ausschnitt). – Röttger KDM S. 25. – Medding I S. 257 (mit Abb., datiert auf 1740). – Kubach-Haas, Dom zu Speyer. Textbd. S. 77 Nr. 37a (irrigerweise als Ansicht von N bezeichnet; nicht nach der angeblichen Vorzeichnung Nr. 37b (s. Nr. 1.5.05). Eine Stadtansicht von Werner/Gläßer/Engelbrecht von N, wie Kubach-Haas angeben, existiert gar nicht). – Nicht bei Fauser. D.

Nr. 1.4.18

Spira (A. Maj.). – Ansicht von SO getreu nach Merian (Nr. 1.4.01) in mehrfach geschweiftem Rahmen, doch ohne Stadtwappen. Darüber in barokkem Altaraufbau das Speyerer Madonnenbild, verehrt vom hl. Papst Stephanus (? links) und vom hl. Bernhard (rechts).

Randtitel links, oben und rechts *Maria Jungfrau uns befrey ...*, mit Chronogramm; Untertitel zweizeilig *O Königin von Bernardo gegrüßt dreymahl im Jahr Tausendeinhundert viertzig zwey* [! sic], *vor Hunger, Krieg und Pest durch dise Gnaden zahl unsers Vaterlands stets Beschützrin sey* (Fr. Min.).

Kupferstich, unsign., von einer Abbildung des Speyerer Gnadenbildes in Würzburg, von Joh. Balthasar Guttwein; 42,5 × 27,6 cm. – 1736

Vorlage: Nr. 1.4.01 (Merian).

Lagerort: MSP: BS 1062. BS 3068 (auf Stoff gedruckt). – StASP: Best. 233 Nr. III 45.

Lit.: Portenlänger-Stein S. 26 Nr. 28. – Nicht bei Medding I und Fauser.

Bild 30 St./D.

Nr. 1.4.19

Speyer (A. Maj.), auf sechsfach gewelltem, in zwei flatternden Zipfeln auslaufenden Schriftband. – Ansicht von SO frei nach Merian (Nr. 1.4.01), ohne Stadtwappen und die Baumkulisse links vorne.

Beschr.: *Der Rhein* (A. MinKurs.), mit Pfeil der Laufrichtung. Rechte Ecke oben: *41*

Text in zehn Zeilen unter dem Bild: *Speyer, Latein. Civitas Nemetum, liegt am Rhein ...* Keine Legende.

Kupferstich, sign. unter dem Bildrand rechts *Gabriel Bodenehr exc. A. V.* (Augusta Vindelicorum = Augsburg); 17,4 × 20 cm (Platte). – 1731–1737 (vgl. Fauser I S. XXX–XXXII, bes. XXXI).

Vorlage: Nr. 1.4.12 (Perelle), indirekt 1.4.01 (Merian).

Druckort: Gabriel Bodenehr, Dritter Theil des Tractats genanndt Europens Pracht und Macht ... zu finden bey ... [1731–1737] Bd. III S. 41.

Lagerort: MSP: BS 316 (unsign.). – StASP: Best. 233 Nr. III 4 (ohne *41* oben rechts).

Lit.: Fauser II Nr. 13217.

Bild 31 D.

Nr. 1.4.20

Spira (A. Maj.). – Ansicht von SO, ganz nach Merian (Nr. 1.4.01), zusammen mit zwei anderen, um die allegorische Figur des Vaters Rhein angeordneten Stadtvedouten, links unten Philippsburg, rechts Weißenburg, unterhalb eines von beidseits je drei jonischen Säulen flankierten Barockaltars, als dessen Altarblatt ein *Speyrischer des Hohen DomStiffts Calender auf das Jahr ... 1757* (Fr. Min.) eingesetzt ist. Rechts und links zwischen den Säulen Wappen der Domcapitularen, um die drei Stadtvedouten die der Domicellare. Im Scheitel des Altaraufbaus Bildnis, darunter Inschrift *Von Gottes Gnaden | Franz Christoph | Bischoff zu Speyer, | Probst der Gefürsteten | Probstey Weisenburg | des Heiligen Römischen | Reichs Fürst &c. &c.* (A. Maj.) und Wappen des Speyerer Bischofs Franz Chr. Cardinal von Hutten. Das Ganze bekrönt von einer Darstellung des Himmels, in dessen Mitte die Patrona Spirensis steht, umgeben von Engeln und Heiligen.

Kupferstich, links und rechts unten sign. *Maximilian Welsch* (Zeichner), *Daniel Hertz* (Stecher), *Jacob Gottschall* (Drucker); 177,5 × 85,3 cm das ganze Blatt; 9 × 18,5 cm die Kartusche mit der Speyerer Stadtansicht. – 1757

Vorlage: Nr. 1.4.01 (Merian).

Druckort: Wappenkalender des Domstifts Speyer, Bruchsal 1757.

Lagerort: MSP: BS 3028.

Lit.: Nicht bei Fauser u. Medding I.
D.

Nr. 1.4.21

Ansicht von SO, ziemlich eng an Merian (Nr. 1.4.01) angelehnt, aber ohne Wappen und Legende.

Beschr.: *Rhein Fluß* (A. MinKurs.).

Fußtitel: *Prospekt der Stadt Speyer* (Fr. Min.). – Links über dem Bildrand: *LIII.*

Kupferstich, sign. *A. Sommer fec., Joseph Eder exc. W.*; 17 × 28,9 cm. – Wohl 2. Hälfte 18. Jahrhdt.

Vorlage: Nr. 1.4.01 (Merian).

Lagerort: MSP: BS 356. – StASP: Best. 233 Nr. III 109. D.

Nr. 1.4.22

Speyer (A. Min.). – Stadtansicht nach Merian (Nr. 1.4.01), jedoch vereinfacht; es fehlen die Fähre, mehrere Nachen, ein Segelschiff, ebenso das Wappen. Der Dom ohne Kuppeln, die Türme mit geschweiften Hauben. Schlecht wiedergegeben das Altpörtel und das Stift St. Guido.

Beschr.: *Rhein Fl.* (A. Min.).

Kupferstich, unsign., Kilian Ponheimer zugeschrieben; 6,6 × 9,6 cm (Bildrand). – Vor 1800 (1796?)

Vorlage: Nr. 1.4.01 über Nr. 1.4.06.

Lagerort: MSP: BS 319 (nicht auffindbar). – Privatsammlung, Speyer.

Bild 32 D.

Nr. 1.4.23

Ansicht von SO nach Merian, jedoch stark vereinfacht, besonders die Landschaft zwischen Fluß und Stadt; im Vordergrund links fehlt die Baumgruppe, kein Stadtwappen.

Fußtitel: *Spire* (A. MinKurs.). Links oben Randtitel *Dép. du Mont-tonnere.*

Kupferstich, unsign., 11,2 × 17,4 cm (Platte). – Um 1800

Vorlage: Nr. 1.4.01 (Merian), vereinfacht.

Lagerort: MSP: BS 323. – StASP: Best. 233 Nr. IV 17.

Bild 62 D.

Nr. 1.4.24

Speier (Fr. Min.) in querovalem Feld, am oberen Rand einer Kartusche mit seitlich herabhängenden Blätterzöpfen, darin eine rudimentäre Ansicht nach Merian (Nr. 1.4.01); der Dom mit zerstörtem Langhaus. Auf einer in die Fläche des Stromes hineinreichenden Tafel die Devise *Coecus coecum ducit* (A. MinKurs.), darunter gezeichnetes Papierblatt mit Darstellung eines Rundtempels (Monopteros), davor zwei Blinde, der eine mit Schurz aus Pflanzenblättern, sich vorwärts tastend; beidseits des Tempels Palmen. Rechts davon Wappen mit Helmzier und Schild, darunter Schrifttafel *von Obernitz.* Unter unterem Bildrand Sinnspruch *Der einz'ge wahre Gott hat durch die Schöpfung sich Uns deutlich offenbahrt …*

Kupferstich, unsign.; 19,2 × 15,6 cm. – 1804

Vorlage: Nr. 1.4.01 (Merian), sehr rudimentär.

Druckort: Privil. Zittauisches, Topographisches, Biographisch-Historisches Monatliches Tagebuch, Monat Juli 1804.

Lagerort: MSP: HM 1985/15. – StASP: Bibl. A 1036. D.

Nr. 1.4.25

Spira (A. Maj.). – Ansicht von SO, frei nach Merian (Nr. 1.4.01), doch vereinfacht und vergröbert, in zierlich gewelltem Rankenrahmen, der oben offen ist. Beidseits zwei Genien, links mit Zeichenblock und Leier, rechts mit Sense und Sichel und Hahn und Henne. Im Rhein Stadtwappen, von Blumen umrankt.

Kupferstich, sign. *Graffirt u. inv. von Christian Gottlob Grimm in Speier,* 7,0 × 33 cm. – 1. Hälfte 19. Jahrhdt.

Vorlage: Nr. 1.4.01 (Merian).

Lagerort: MSP: BS 380, dazu Original-Kupferplatte.

Lit.: Portenlänger-Stein S. 27 Nr. 32. D.

Nr. 1.4.26

Ansicht von SO, exakt nach Merian, doch ohne Bildtitel, Wappen und Beschr.

Fußtitel: *Speyer* (A. Maj.), *in der ersten Hälfte des 17. Jahrhunderts* (A. MinKurs.).

Stahlstich, sign. *gez. u. gest. von* Christoph Gebhard *Grape nach Merian;* 8,6 × 15,6 cm (Bildrand). – ca. 1826

Vorlage: Nr. 1.4.01 (Merian).

Druckort: J. B. Engelmann, Der erneuerte Merian. Heidelberg o. J. (ca. 1826). – Blaul, Der Kaiserdom zu Speier. Neustadt a. d. H. 1860.

Lagerort: MSP: BS 318-HM 1173b. BS 3565-HM 1930/5. – StASP: Best. 233 Nr. IV 22.

Lit.: Portenlänger-Stein S. 26 Nr. 31 (hier fälschlich Heinrich Martin Grape zugeschrieben). St./D.

Nr. 1.4.27

Handwerkerbrief der Zimmerleutezunft: Speyer mit Stadtansicht am Kopf, im wesentlichen nach Merian (Nr. 1.4.01), jedoch geringfügig variiert und vereinfacht; der Dom zeigt jedoch – seitenverkehrt! – die barocke Westfassade, das Stift St. Guido hat nur noch einen Ostturm mit barocker Haube. Der obere Kran gegenüber der Vorlage nach links gewendet, unten ist das Tretrad frei sichtbar (wie Nr. 2.2.01, vor 1755). Unter dem Urkundentext rechts und links zwei Flußgötter mit geneigten Krügen, darüber und oben um die Stadtansicht bewegte Akanthusranken als Umrandung, zwischen die im Scheitel das Stadtwappen in ovalem Schild gestellt ist.

Kupferstich, sign. links unter dem Flußgott *F. Cöntgen delin. et sculpirt* [sic!]; die Stadtansicht 10,5 × 33,2 cm; das ganze Blatt 43 × 48 cm. –
1. Hälfte 19. Jahrhdt., wohl nach 1815.

Lagerort: MSP: BS 1286 (die Urkunde ist auf den 27. Jan. 1846 ausgestellt; *18* (...) ist im Formular eingedruckt. HM 30. VI. 1913: Original-Kupferplatte.

Lit.: Medding I S. 258. – Kubach-Haas, Dom zu Speyer, Textbd. S. 97 Nr. 179.

Bild 81 D.

1.5 Unabhängige Stadtansichten bis 1789

Die Nr. sind in zeitlicher Folge gereiht.

Während einige noch gewisse Anklänge an Münster bzw. Merian zeigen – Nr. 1.5.01, 1.5.04, 1.5.05, 1.5.09 – sind die übrigen ganz freie Neuschöpfungen. Das gilt insbesondere für die Nr. 1.5.03, 1.5.06 (eine der wenigen Vogelschauansichten, vgl. 5.1.01 und 5.1.02) sowie vor allem 1.5.07, eine genaue Federzeichnung mit der Stadtansicht von N, die nur wenige Parallelen hat (Nr. 1.6.1.01 und 6.2.01). D.

Nr. 1.5.01

Spira (A. Maj.). – Ansicht der Stadt von SO unter einem Stammbaum der salischen Franken (Salier) von 897 (Konrad Graf von Franken) bis 1125 (Kaiser Heinrich V.), gewidmet dem Würzburger Erzbischof Julius Echter von Mespelbrunn (1545–1619) als Herzog in Franken in einer Kartusche am Kopf des Stammbaums.

Beschr.: links oben *fol. XI.*

Kupferstich, unsign., von Dominicus Custodis; 40 × 24,9 cm (Platte). –
1608 u. später

Druckort: Principvm Christianorvm stemmata, ab Antonio Albizio nobili Florentino collecta ... opera et impens. Dominici Custodis Antuerp. nunc ciuis Augustini aeri incisa. Augustae Vindelicor. A° MDCVIII (Erstaufl.). Weitere Aufl. 1610 und 1612.

Lagerort: Bayer. Staatsbibl. München: 2° Geneal. 2 (1608). 2° Geneal. 3 (1610). 2° Geneal. 4 (1612). – MSP: BS 367. HM 1966/1. HM 1966/55. HM 0/2411. – StASP: Best. 233 Nr. III 47. – Privatsammlung Dr. Rein.

Lit.: Roland, Pfalz. S. 9. – Groh, Stadtansichten VI, S. 21. – Portenlänger-Stein S. 22 Nr. 11. – Eger, Gesch. Speyer Bd. 1 S. 296 Abb. 11. – Nicht bei Fauser u. Medding I.

Bild 10 D.

Nr. 1.5.02

Speyr (Fr. Min.). – Stadtansicht mit Dom in der Mitte, wohl von N. Auf beiden Seiten des Domes mehrere Kirchen und Türme, die nicht eindeutig zuzuordnen sind. Im Vordergrund Mündung des Speyerbachs in die Kleebach, an der links der obere Kran zu sehen ist. Die Stadt von der Stadtmauer mit schematisch dargestellten Türmen umgeben.

Beschr.: rechts oben *113.*

Radierung, unsign.; 2 × 3,1 cm; das ganze Blatt 28,6 × 36,8 cm. – 1632

Druckort: Flugblatt „Abriß der Fürnemsten Städt ... die von Gustav Adolph von Schweden eingenommen“, mit zahlreichen Städteansichten; Speyer steht an 113. Stelle.

Lagerort: Kunstsammlungen der Veste Coburg: Inv. Nr. XIII, 316, 1009. – Eine weitere Darstellung der von Gustav Adolf von anno 1631 bis anno 1632 eroberten Städte und Plätze in MSP: BS 3136, mit schematischer Darstellung der Stadt mit Nr. 80.

Lit.: Nicht bei Fauser u. Medding I.

D.

Nr. 1.5.03

Ansicht der Stadt (Ostteil) und des Domes – dieser seitenverkehrt – von N. Links die Kleebach, vorn der untere Kran mit Arbeitern und zwei angelegten Schiffen. Rechts hinten der Dom, links davor am Ufer der obere Kran, dazwischen Türme und Gebäude. Im Vordergrund rechts ein knorriger Weidenbaum.

Beschr.: *Der Thumb* (A. Min.).

Radierung von Wenzel Hollar, beschnitten; 5,4 × 9,3 cm (linke untere Ecke fehlt). – 1635

Druckort: Amoenissimae aliquot locorum in diversis provinciis jacentum ... Effigies Nr. 11. Köln, bei Abraham Hogenberg, 1635.

Lagerort: MSP: BS 281. – StASP: Best. 233 Nr. IV 36. – Landesmuseum Mainz: Graphische Sammlung Nr. 6932.

Lit.: G. Parthey, Wenzel Hollar. Beschreibendes Verzeichnis seiner Kupferstiche. Berlin 1853 (Reprint Amsterdam 1963), S. 153 Nr. 705. – W. Spieß (Hrsg.), Wenzel Hollar. Rheinlandschaften aus der Zeit des Dreißigjährigen Krieges. Düsseldorf 1926, S. 26. – J. Urzidil, Wenceslaus Hollar. Wien-Leipzig 1936 S. 45 u. Taf. VIII Nr. 2. – Groh, Stadtansichten X, S. 21. – Kubach-Haas, Dom zu Speyer. Textband S. 76 Nr. 23; Bildbd. Abb. 6 (Ausschnitt). – V. Denkstein, Wenceslaus Hollar – Zeichnungen. Hanau 1979 S. 17. – Portenlänger-Stein S. 22 Nr. 14. – Stein, Stadtbilder, Abb. – Reisebilder vom Rhein. Ausstellungskatalog Mittelrhein. Landesmuseum Mainz. Mainz 1986/87, S. 155 Nr. 111 (dort auf 1630 datiert). – Eger, Gesch. Speyer Bd. 1 S. 610 Abb. 3. – Klotz, Stadtgesch. S. 112. – Stein, Stadt am Strom S. 45f., Abb. 20.

Bild 15 St./D.

Nr. 1.5.030

Ansicht der Stadt und des Domes von N. Dasselbe Bild wie Nr. 1.5.03, jedoch seitenverkehrt; dadurch erscheint der Dom hier seitenrichtig.

Beschr.: *Der Thumb* (A. Min.), wie Nr. 1.5.03.

Fußtitel: *Zu Speier* (A. MinKurs.); rechts unten *11.*

Radierung von Wenzel Hollar; 6,4 × 9,5 cm (Platte). – 1635

Lagerort: MSP: HM 1930/1. – StASP: Best. 233 Nr. IV 18.

Lit.: wie Nr. 1.5.03. D.

Nr. 1.5.04

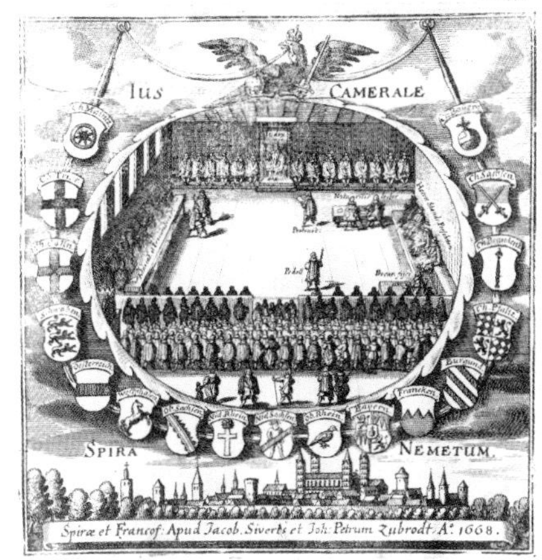

Spira Nemetum (A. Maj.), darüber *Ius Camerale* (A. Maj.). – Ansicht der Stadt von SO auf unterem Bildstreifen, darüber aus der Vogelschau Saal mit Sitzung des Reichskammergerichts, umgeben von den 17 Wappen der Kurfürsten und der Reichskreise.

Beschr.: *Judex – Protonot*(arius) *– Notarius – lector – Herrn StandsPersohnen – Procur*(ator) *fisci – Pedell – Aduocat*(i) *et Procuratores* sowie Beschriftungen der Wappen (A. Min.).

Fußtitel: *Spirae et Francof: Apud Jacob Siverts et Jo:Petrum Zubrodt, A° 1668* (A. Min.).

Kupferstich, unsign.; 16,2 × 15,5 cm. – 1668

Druckort: Wilhelm Roding, Pandectae Camerales. Verlag Siverts, Speyer, und Joh. Petrus Zubrodt. 1668. Titelkupfer (ausführlicher Titel bei Roth, in: MittHistVerPfalz 20, 1896, S. 324 Nr. 128).

Vgl. 1.2.09.

Lagerort: MSP: HM 1932/40.

Lit.: Groh, Stadtansichten XV, S. 26. – Zu Jacob Siverts s. F. W. Roth, in MittHistVerPfalz 20 (1896) S. 285, u. K. Niebler/A. Quintana, in: 500 Jahre Speyerer Buchdruck. Speyer 1981 S. 57; ebda. S. 70 Abb. – Nicht bei Fauser u. Medding I. D.

Nr. 1.5.05

Seconde Constrvction Comte de Pagan (A. Maj., in flatterndem Schriftband oben), darunter *Spir*, ebenfalls in Flatterband (A. Maj.) – Ansicht der Stadt von SO (unten), darüber Abschnitt eines Festungswerks (Hornwerk) mit Maßangaben und – links – Maßstab.

Beschr.: links *Eschelle de 180 toises* (A. Min.). – Unter dem Bildrand rechts *S ij* (A. Min.). – Rechts oben, von Hand, *255*, verbessert zu *275*.

Kopftitel (verstümmelt): *ou l'art de la guerre* (A. Maj.), darunter *Figure LXXXVII*, rechts oben *275* (gedruckt).

Kupferstich, unsign.; 15 × 10,2 (Platte). 1672

Druckort: A. M. Mallet, Les travaux de Mars ou la fortification moderne. Paris–Amsterdam 1672.

Lagerort: MSP: HM 1985/141.

Lit.: Groh, Stadtansichten XIII, S. 24. – Nicht bei Fauser u. Medding I.
St./D.

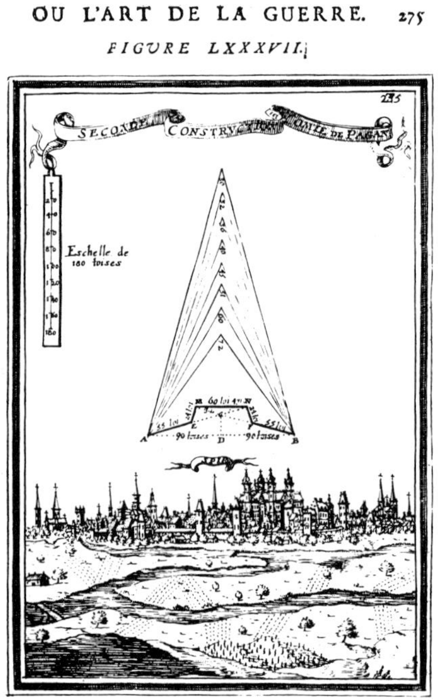

Nr. 1.5.050

Seconde construction Comte de Pagan (A. Maj. in flatterndem Schriftband oben). – Weitgehend getreu nach Nr. 1.5.05, doch fehlt vom Kopftitel *Figure LXXXVII*, und im Bild rechts oben die Zahl *255;* dafür links oben *179*. Unter dem Schriftband des Haupttitels: *Het tweede Bouwen des Graefs van Pagan* (A. MinKurs.). Der Vordergrund der Stadtansicht belebt durch eine Gruppe von vier Soldaten, die Punktierung im Gelände vor der Stadt variiert.

Beschr.: wie Nr. 1.5.05 *Eschelle de 180 toises*, darunter *Schael van 180 roeden.*

Kupferstich, unsign.; 14,2 × 9,7 cm. – Nach 1672

Vorlage: Nr. 1.5.05.

Lagerort: Privatsammlung Speyer.

Lit.: Nicht bei Fauser u. Medding I.
D.

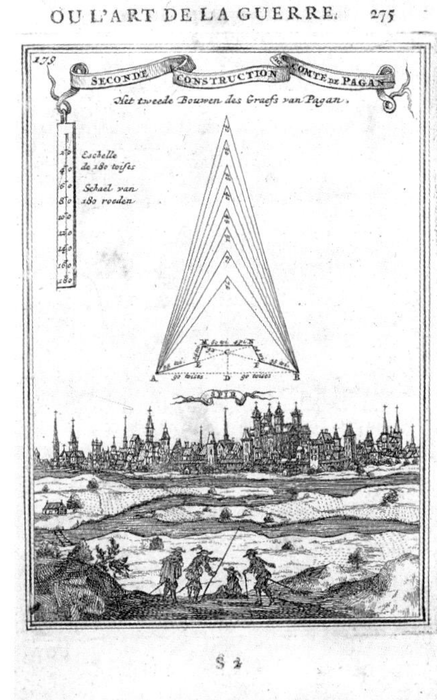

Nr. 1.5.06

Speir (A. Maj.). – Stadtansicht aus der Vogelschau von O, vorne der Dom, am westlichen Ende der Hauptstraße das Altpörtel. Die Stadt ist umgeben von der Mauer mit zahlreichen, im einzelnen nicht sicher zuweisbaren Tor- und Mauertürmen; ziemlich sicher Armbrustertor und Stephanstor, Weißes Tor, Weidentor zu erkennen. Von den Straßenzügen sind eindeutig nur die Hauptstraße und die Korngasse, nicht sicher die Wormser Straße und die Allerheiligenstraße zu erkennen, von den zahlreichen Kirchen und Klöstern außer dem Dom nur die Stiftskirche St. Guido und die Franziskanerkirche; neben dem Dom die Jesuitenkirche mit gotischem Dachreiter. Deutlich treten die vier Vorstädte heraus, vor Altspeier ein Rundbau (Hl. Grab?). An der Kleebach im Vordergrund der obere Kran.

Radierung, unsign.; 5,7 × 10,1 cm (beschnitten). – Ende 17. Jahrhdt.

Vgl. die Vogelschaudarstellung Nr. 5.1.01.

Lagerort: Kunstsammlungen Veste Coburg: Inv. Nr. XIII, 350, 102.

Lit.: Nicht bei Fauser u. Medding I.

Bild 13 D.

Nr. 1.5.07

Ansicht der Stadt von NO, mit bischöflicher Pfalz. Im Vordergrund auf dem Rhein Segelschiffe und Boote. Im Mittelgrund die Klüpfelsau mit Gebäuden. – Der Dom zeigt die Schäden von 1689, der westliche Teil des Langhauses fehlt. Der untere Bildrand – heute badisches Ufer – mit Bäumen und Buschwerk begrenzt. Bewölkter Himmel.

Beschr.: Ziffern *1–17* über Gebäuden der Stadt.

Federzeichnung, kolor.; 15,4 × 27,9 cm. – Zwischen 1700 und 1754.

Lagerort: MSP: BS 375.

Lit.: Kubach-Haas, Dom zu Speyer, Textbd. S. 77 Nr. 37b; irrigerweise als Vorzeichnung zu Nr. 1.4.17 aufgefaßt; Abb. (Ausschnitt) ebenda Bildbd. Nr. 20.

Bild 36 D.

Nr. 1.5.08

Speyer (Fr. Min.) in Schriftband mit geteilten, flatternden Enden. Stadtansicht von SO. Mittelbild einer Art Predella; links die Eherne Schlange, rechts Kreuzigung Christi; Christi Blut spritzt in einen Kelch, den ein Engel hält.

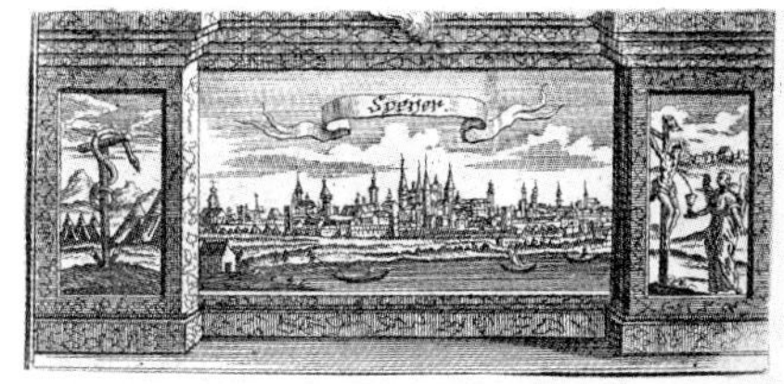

Kupferstich, unsign.; 4,6 × 9,3 cm (nur die Stadtansicht). – 1767

Druckort: Pfaff'sches Bibelwerk. Speyer, bei Ludwig Bernhard Friedrich Gegel. 1767 (Titelblatt, unterer Teil).

Lagerort: MSP: BS 335. – Pfälz. Landesbibl. SP: Sign. 1.621 41. St./D.

Nr. 1.5.09

Stadtansicht von OSO mit guterhaltener Bischofspfalz (im Zustand vor 1689), mit Allerheiligenstift, Peterskirche, Weißem Tor, Franziskanerkirche, St. Moritz-Stiftskirche, Altpörtel, Dominikanerkirche, Hl. Geistkirche, Läutturm, Dreifaltigkeitskirche links vom Dom; rechts zweitürmiges St. Guidostift, Magdalenenkloster-Kirche und Clarissenkloster. Links am Rand bekröntes Stadtwappen in ovalem Schild, vegetabil umkränzt. Kopfleiste einer Handwerkerurkunde.

Holzschnitt, unsign.; 5,5 × 27,7 cm. – Wohl 1. Hälfte 19. Jahrhdt.

Lagerort: HM 0/2326 (mit unausgefülltem Formular des Handwerkerbriefs). – BS 381 (nur die Bildleiste, mit Druckstock). St./D.

1.6.: Stadtansichten 1778 bis 1856

Die Bilder sind in fünf Untergruppen aufgeführt:

1. Ansichten von O (Nr. 1.6.0.01, 02)
2. Ansichten von N bzw. NO (1.6.1.01–10)
3. Ansichten von SO (Nr. 1.6.2.01–03)
4. Ansichten von S (Nr. 1.6.3.01–04)
5. Ansichten von SW (Nr. 1.6.4.01–072)

Beachtung verdienen die bekannte Skizze Goethes von 1779 wegen ihres Zeichners (Nr. 1.6.0.01) sowie – wegen der Technik – die gestickte Darstellung einer Klosterfrau von 1820 (Nr. 1.6.0.02). Wegen der Genauigkeit und des Standpunktes bedeutend sind noch 1.6.1.01 und 1.6.4.01. Von malerischem Reiz sind Nr. 1.6.1.03, 1.6.1.08, 1.6.2.03, 1.6.4.04, 1.6.4.05 und 1.6.4.071. Bemerkenswert ist der Nachstich 1.6.4.070, der genau mit Nr. 1.6.4.07 übereinstimmt bis auf das Westwerk des Domes, das der neuen, neuromanischen Form ab 1855/56 angeglichen ist. D.

Nr. 1.6.0.01

Stadtansicht mit Dom von O, über den Rhein hinweg, im Hintergrund, rechts vorn Baumstaffage am Ufer.

Federzeichnung, leicht angetuscht, von Joh. Wolfg. Goethe, dat. 24. 9. 1779; 12,5 × 17 cm. – 1779

Lagerort: Weimar, Goethe- und Schiller-Archiv Corp. VIa, 220. – MSP: BS 3272 (Kopie).

Lit.: Goethes Briefe an Freifrau von Stein, hrsg. von Schöll, 3. Aufl. von Wahle, Frankfurt 1899 Bd. I S. 172 zu Brief 350. – H.Wahl, Goethe als Zeichner der deutschen Landschaft 1776–1786. Erfurt 1949, S. 53 Nr. 17 (mit Abb.). – H. Thiele/K. Lutz, Speyer zur Goethezeit. Speyer 1949, S. 47 (Abb.). – Roland, Speyer. S. 84 (Abb.). – Groh, Stadtansichten (21), S. 22. – Portenlänger-Stein S. 40 Nr. 59. – W. Hecht, Goethe als Zeichner. München 1982 S. 156 Abb. – Klotz, Stadtgesch. S. 130 (mit Abb.).

Bild 46 St.

Nr. 1.6.0.02

Stadtansicht mit Dom von O. Die Bischofspfalz noch ganz erhalten; von der Stadtbefestigung sind das Armbrustertor, das Heidentürmchen und der Udenturm erkennbar; rechts die Vorstadt Über Hasenpfuhl mit der Klosterkirche St. Magdalena. Im Vordergrund am linken Rand ein Baum, ebenso in der rechten Bildhälfte; davor ein Reiter und ein Fußgängerpaar auf einem zur Stadt führenden Weg.

Farbige Stickerei, der Himmel mit Wolken in Gouache, dat. und sign. 1820, Klosterfrau Barbara Walz, Hardheim (auf der Rückseite); 42,5 × 67,5 cm. – 1820

Lagerort: MSP: HM 0/2751.

Bild 63 D.

Nr. 1.6.1.01

Handwerkerbrief der Speyerer Küferzunft vom 24. Juni 1783. Über dem Urkundentext Stadtansicht, bekrönt vom umkränzten Stadtwappen, das von zwei auf Wolken schwebenden Putten gehalten wird. Die Ansicht zeigt die Stadt von N, den Dom mit barockem Westwerk, links daneben die wiederhergestellte Bischofspfalz, daneben die Klosterkirche St. Magdalena mit barocker Zwiebelhaube. Vor dem Dom die Nikolauskapelle, dicht rechts daneben die Jesuitenkirche. Es folgen nach rechts Dreifaltigkeitskirche, Turm der Georgskirche (Läutturm), Hl. Geistkirche, Johanneskirche (oder Dominikanerkirche?), Turm der Moritzstiftskirche, Augustinerkloster, Jakobskirche (oder Bartholomäuskirche?), Altpörtel, davor die Karmeliterkirche. Ganz rechts das Stift St. Guido, nur mehr mit einem Turm mit barocker Haube. Im Vordergrund die Kleebach mit dem oberen Kran, daneben die Speyerbachmündung. Die Abfolge der Kirchtürme, wenn auch nicht die Gestalt, entspricht der in Nr. 6.2.01. – Die Urkunde ist rechts von zwei klassizistischen, von Palme und Schilf begleiteten Säulen, darunter ein liegender Flußgott, links von einem Postament mit Vase, von einem Weinstock beseitet, flankiert; vor dem Postament ein schlafender und ein stehender, die Urkunde lesender Handwerksgesell.

Kupferstich, sign. links unter dem Handwerksburschen *F. Valentin Durmer inv. et delin.;* rechts unter dem Flußgott *H. Cöntgen sc. Mog.*; ca. 8 × 23,5 cm, das ganze Blatt 31,5 × 41,5 cm. –
Zwischen 1778 und 1783.

Vgl. Nr. 1.4.27.

Lagerort: MSP: HM 1932/45. BS 3934 (leeres Formular). HM 1930/30.6 (Kupferplatte, 44 × 43,5 cm).

Lit.: Groh, Stadtansichten (20), S. 19. – Klotz, Stadtgesch. S. 118.

Bild 41 D.

Nr. 1.6.1.02

Ansicht der Stadt von N mit Dom (mit barockem Westwerk), Dreifaltigkeitskirche und Läutturm der Georgskirche ohne Helm.

Federskizze, flüchtig, unsign., wohl von Joh. Ruland; 28,7 × 35,8 cm. –
Um 1795–1798.

Lagerort: MSP: BS 445.

Lit. zur Datierung: Röttger KDM S. 444. – K. R. Müller, Bemerkungen IX. S. 131 u. S. 139 Anm. 52. D.

Nr. 1.6.1.03

Ansicht der Stadt mit dem Dom (mit barockem Westwerk) im Hintergrund von N; links die Kleebach und die Klüpfelsau, im Vordergrund am Rheinufer angetäutes Frachtschiff, am Ufer Fässer und Warenballen, dabei Kaufleute. Vorn rechts vor hohem Baum von zwei Pferden gezogener Erntewagen, daneben Bauern und spazierende Bürger.

Fußtitel: *Ansicht von Speyer* (A. Min. u. Fr. Min.). – *Vue de Spire* (A. Min. u. A. Maj.).

Kupferstich, (kolor.) sign. unten links *Nach der Natur gezeichnet von L. Janscha*; unten rechts: *Gestochen von J. Ziegler.* Verlag: *Wien, bey Artaria u. Comp.*; 35 × 45,8 cm (Platte). – 1798

Druckort: Fünfzig malerische Ansichten des Rhein-Stromes von Speyer bis Düsseldorf ... Wien 1798.

Lagerort: MSP: BS 131. BS 216. HM 1976/10 (Reprint). – StASP: Best. 233 Nr. II 43. – Kurpfälz. M HD: Inv. Nr. S 6745. – Kunstsammlungen der Veste Coburg: Inv. Nr. V, 138, 138.

Lit.: Medding I S. 258 Nr. 26 (mit Abb.). – Roland, Speyer Abb. 5 (nach S. 32). – Groh, Stadtansichten (22), S. 29. – Portenlänger-Stein S. 40 Nr. 61. – Klotz, Stadtgesch. Abb. S. 133. – Stein, Stadt am Strom S. 41 Abb. 17.

Bild 64 St./D.

Nr. 1.6.1.04

Stadtansicht von NNO im Hintergrund; der Rhein im Vordergrund. Links vorn ein Frachtkahn, mehrere Personen am Ufer.

Bleistiftzeichnung, skizziert, wohl von Joh. Gerhard Ruland; 29,0 × 46,1 cm. Vor 1826

Vorlage zu Nr. 1.6.1.06.

Lagerort: MSP: BS 438. St.

Nr. 1.6.1.05

Stadtansicht mit Dom von N, ähnlich Nr. 1.6.1.04. Im Vordergrund rechts hoher Baum, links vorn auf dem Rhein ein Schiff mit Mast, ähnlich Nr. 1.6.1.06, von zwei Pferden stromauf getreidelt.

Bleistiftskizze, wohl von Joh. Gerhard Ruland; 16,8 × 21 cm. – um 1820

Lagerort: MSP: BS 444. St./D.

Nr. 1.6.1.06

Blick auf die Stadt mit Dom von N im Hintergrund; mehrere Türme, rechts das Altpörtel. Vom Dom aus (ohne Bischofspfalz!) zieht sich am Rheinufer im Bogen eine durchgehende Reihe von Pappeln bis rechts vorne, wo einige hohe Bäume stehen. Auf dem Rhein zwei Kähne. Im Vordergrund ein Lastschiff, das von zwei Pferden stromauf getreidelt wird. Links vorn ein vertäutes Lastschiff, das beladen wird. Figurenstaffage.

Fußtitel: *Ansicht von der Stadt Speyer* (A. Min.).

Lithographie, rechts unter dem Bild sign./dat.: *G. Ruland fec: 1826*; 27,5 × 41,5 cm. – 1826

Vorlage: Nr. 1.6.1.04 u. 05.

Lagerort: StASP: Best. 233 Nr. II 49.

Lit.: Groh, Stadtansichten (25) S. 21 – Fr. Klotz, Zwei Lithographien des Speyerer Malers Gerhard Ruland, in: Pfälzer Heimat 22 (1971) S. 17-18. – Stein, Stadt am Strom S. 28 Abb. 11.

Bild 90 St.

Nr. 1.6.1.07

Ansicht der Stadt und des Domes (mit barockem Westwerk) von N, im Hintergrund. Rechts hochbeladener Heuwagen, von drei Pferden gezogen; zur Mitte hin hoher Baum.

Fußtitel: *Speyer* (A. Maj.).

Stahlstich, nach L. Janscha und J. Ziegler; 5,1 × 8,1 cm. – 1836

Vorlage: Nr. 1.6.1.03.

Druckort: Post-, Reise- und Übersichtskarte von den Königreichen Bayern und Württemberg. 1836.

Lagerort: Bayer. Staatsbibl. München Mapp. XI, 5. – MSP: HM 1988/123. – StASP: Best. 233 Nr. IV 486.

Lit.: wie Nr. 1.6.1.03. D.

SPEYER

Nr. 1.6.1.08

Kreisstadt | Speyer (Fr. Min.) als Inschrift auf romanischem Torbogen, rechts und links des Stadtwappens auf dem Scheitelstein eingehauen. Im Tor vier Erwachsene und ein Mädchen in Vorderpfälzer Sonntagstracht. Auf dem rechten hinteren Pfeilerkapitell das Samsonrelief aus dem Nordquerhaus des Domes. Hinter der Personengruppe der Rhein mit Dampfschiff, im Hintergrund Ansicht der Stadt von ONO mit Heidentürmchen, Dom mit barockem Westwerk und mehreren anderen Kirchtürmen.

Fußtitel: *Rheinkreis* (Fr. Maj.).

Kupferstich, sign. links unten *J. P. Walther sc. Nbg. 1834*; 36,5 × 26,4 cm. – 1834

Druckort: Lommel und Bauer, Das Königreich Bayern in seinen acht Kreisen. Nürnberg 1836.

Lagerort: MSP: BS 3071. HM 0/2973.7. – StASP: Best. 233 Nr. II 14. – Kurpfälz. M HD: Inv. S 6806. – Theod.-Zink-M KL: Graph. Sammlung Inv. Nr. 2 und 105. – Hack-M LU: Inv. Nr. 4903/552. – StadtM München (mit Fußtitel *Kreis Pfalz,* Fr. Maj.). – Reiss-M MA: Kat. B 320 g.

Lit.: Groh, Stadtansichten (28), S. 17. – F. X. Portenlänger, in: Kostbarkeiten aus der Pfalz. Kalender der Bayer. Versicherungskammer Blatt Nov./Dez. München 1985. – Klotz, Stadtgesch. S. 147.

Bild 97 St./D.

Nr. 1.6.1.09

Stadtansicht von NO, links der Dom mit barockem Westwerk; rechts davon Dreifaltigkeitskirche, Läutturm und Altpörtel. Vorne die Kleebach mit der Speyerbachmündung, belebt mit Segelschiffen und mehreren Nachen. Im Vordergrund das Ufer der unteren Klüpfelsau.

Kopftitel: *Kreishauptstadt Speyer* (Fr. Min.).

Lithographie in Queroval, sign. unten rechts *Borscht lith.*, links *Steind. v. F. C. Schwaab in Speyer*. Als Kopf eines „oeffentlichen Ehrenzeugnisses" der *Baugewerbschule zu Speyer 183* (.); 8 × 11,5 cm. – Um 1835

Lagerort: MSP: BS 3449. D.

Nr. 1.6.1.10

Stadtansicht von NO vom rechten Rheinufer aus. Der Dom mit barockem Westwerk, rechts davon die ehemalige Jesuitenkirche (ohne Dachreiter), Dreifaltigkeitskirche, Läutturm, Altpörtel und Hl. Geistkirche; ganz rechts hinter Bäumen die Klosterkirche St. Magdalena. Am linken Rheinufer ein größeres vertäutes Gebilde, ähnlich einem Hausboot (wie die spätere Schwimmanstalt am Rhein). In der Bildmitte ein Segelboot, das vor Anker liegt. Im Vordergrund mit Gebüschen bewachsenes Ufer. Rechts ganz am Ufer ein Angler, ein weiterer mit Kind verläßt den Fluß, die Angelgeräte geschultert.

Zeichnung, die Stadtansicht in Bleistift, der Vordergrund – Ufer und Personen – sowie das Segelschiff, aquarelliert, sign. P. Zaech; 12 × 25,5 cm. – Vor 1855

Lagerort: MSP: HM 1987/130. D.

Nr. 1.6.2.01

Ansicht der Stadt mit Dom von SO im Hintergrund. Rechts die Rheinschleife in der Gegend des Lußheimer Fahrs.

Bleistiftskizze, flüchtig, mit Federkritzeleien, unsign.; 22 × 35,1 cm. – Um 1800

Lagerort: MSP: BS 441. St.

Nr. 1.6.2.02

Ansicht der Stadt mit Dom (mit barockem Westwerk) von SO im Hintergrund. Rechts von der Apsis die zerstörte Bischofspfalz. Links das Altpörtel. Im Mittelgrund Felder, im Vordergrund kleine, links hin buschbestandene Geländewelle.

Federzeichnung von Joh. Ruland; 29 × 42,2 cm. – Um 1800

Lagerort: MSP: BS 451.

Lit.: Bericht Hist. Museum Nr. 2 S. 138 Abb. 83. St.

Nr. 1.6.2.03

Stadtansicht mit Dom von SO im Hintergrund. Im Mittelgrund Wiesen und Felder mit Figurenstaffage und einigen hohen Bäumen. Im Vordergrund links Bauern bei der Getreideernte mit Gespann, rechts einige Figuren, darunter zwei Männer mit Zweispitz.

Stahlstich, sign. links *Bauer del.*, rechts *Emden sc.*, Verlag *Gottlieb Haase Söhne*; 9,9 × 15,7 cm (Platte 15,2 × 20,2 cm). – Um 1840

Lagerort: MSP: HM 1938/30. HM 1988/114 (kolor.). – StASP: Best. 233 Nr. IV 49.

Bild 94 St./D.

Nr. 1.6.3.01

Teilansicht der Stadt. Links das Altpörtel, ganz rechts die Hl. Geistkirche, wohl von S. Neben dem Altpörtel unleserliche Beschriftung.

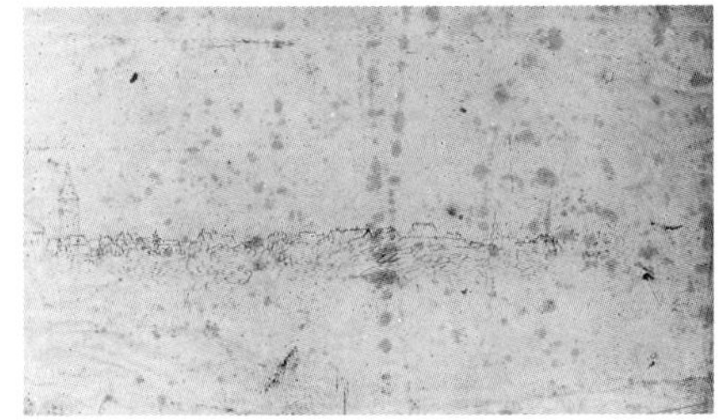

Bleistiftskizze, stark stockfleckig, von Joh. Ruland; 21,7 × 35 cm. – Um 1800

Lagerort: MSP: BS 440. St.

Nr. 1.6.3.02

Ansicht der Stadt von S, weit im Hintergrund; Dom mit barockem Westwerk, links das Altpörtel. Im Mittelgrund Wiesen und Bäume. Im Vordergrund links hohe Birke, rechts davon Hirte mit Hund und drei Kühen.

Fußtitel: *Speyer* (Fr. Min.).

Umriß-Kupferstich, sign. *C. v. Link del. – gest. v. F. P. Edelwirth, Verlag Augsburg bei A. Klauber*; 9,6 × 14,2 cm. – Um 1820

Lagerort: MSP: BS 321. – StASP: Best. 233 Nr. IV 350 (9,5 × 13,8 cm).

Lit.: Portenlänger-Stein S. 40 Nr. 57. – Groh, Stadtansichten (26), S. 27. St./D.

Nr. 1.6.3.03

Ansicht der Stadt mit Dom (mit barockem Westwerk) von S. Im Vordergrund links großer Laubbaum, rechts davon Hirtenjunge mit Zicklein neben einem Bildstock(?). Rechts vom Dom der Zwiebelturm der Stephanskapelle beim Mirbachhaus (vgl. Röttger KDM S. 646 u. 649 Abb. 453).

Fußtitel: *Südliche Ansicht von Speyer* (A. Min.).

Kupferstich, sign. *Veil f.*; 6,8 × 12,8 cm. – Um 1820(?)

Vgl. 1.7.05.

Lagerort: MSP: BS 322. – Reiss-M MA: Kat. B. 228 St./D.

Nr. 1.6.4.01

Ansicht der Stadt von SW mit – von rechts nach links – Dom (mit barokkem Westwerk), St. German und Moritz, Dreifaltigkeitskirche und Läutturm, Hl. Geistkirche, dicht daneben der Chor der Dominikanerkirche, Karmeliterkirche und St. Aegidien; ganz rechts das Allerheiligenstift, zwischen Bäumen der romanische Turm der Peterskirche. Ganz links St. Guido (?). Im Vordergrund Felder, darauf in der Mitte säender (?) Bauer, rechts davon Baumgruppe.

Fußtitel: *Speyer, wohl um das Jahr 1815* (nachträglich unten rechts in deutscher Schreibkursive beigefügt).

Federzeichnung von Joh. Ruland; 44,5 × 21,5 cm. – Kurz vor 1794

Lagerort: MSP: BS 436.

Lit.: Bericht Hist. Museum Nr. 2 S. 53 Abb. 36. – Müller, Bemerkungen VI S. 122f. – Ders., Bemerkungen I S. 62 (Ausschnitt).

Bild 57 St./D.

Nr. 1.6.3.04

Ansicht der Stadt von S im Hintergrund, Dom mit barockem Westwerk. Im Mittelgrund Wiesen und Bäume. Im Vordergrund rechts hoher Baum, darunter ein Chevauxleger mit Hund, drei Personen und ein Kind (mit Schirm). An den vier Ecken der Rahmung vegetabile Ornamentik.

Fußtitel: *Speyer* (A. Min.).

Lithographie, sign. rechts unten *W. Hesselbach*, Verlag *F. C. Schwaab Wittib, Speyer* (links), dat. *1850;* 8,5 × 17,5 cm. – 1850

Vorlage: 1.6.4.05 (?)

Lagerort: MSP: HM 1929/7 o (nachträgliche handschriftl. Beschr. von späterer Hand in deutscher Schreibschrift: *22. November 1852).* BS 2476. BS 2777.

Lit.: Portenlänger-Stein S. 42 Nr. 76.

Bild 84 St./D.

Nr. 1.6.4.02

Ansicht der Stadt mit Dom (mit barockem Westwerk) von SW. Links das Altpörtel.

Bleistiftskizze, einige Dächer mit Feder ausgezogen, von Joh. Ruland; 20,9 × 35 cm. – 1800–1820

Lagerort: MSP: BS 439. St.

Nr. 1.6.4.03

Ansicht der Stadt von SW, ähnlich Nr. 1.6.4.02, aber kleiner und von einem noch weiter entfernten Standpunkt aus; nur ein schmaler Streif auf dem großen Blatt. Von rechts Dom mit barockem Westwerk, Dreifaltigkeitskirche, Läutturm, Hl. Geistkirche, Dominikanerkirche und Altpörtel.

Fußtitel: *Speyer* (A. MinKurs.).

Bleistiftskizze von Joh. Ruland; 32 × 40 cm. – Um 1800–1820

Lagerort: MSP: BS 3056 = HM 1929/9.

Lit.: Klotz, Der Speyerer Maler Johannes Ruland, in: Pfälzer Heimat 13 (1962) S. 142–144; ders., Der Speyerer Maler Johannes Ruland, in: Speyer. Vierteljahrsheft 1981 Heft 1 S. 2–8. – Jöckle, Speyerer Künstler S. 42f.

St./D.

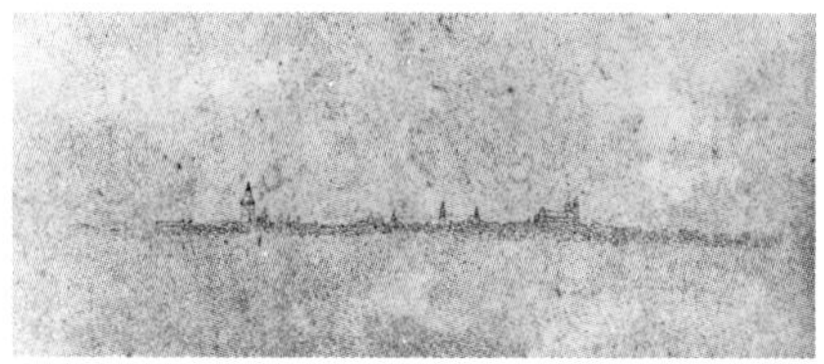

Nr. 1.6.4.040

Stadtansicht von SW, von der Berghäuser Hohl aus, wie Nr. 1.6.4.04; dazu links ein weiterer Baum, auf dem Weg links ein Wanderer, in der Hohl ein Hirt mit vier Geißen.

Fußtitel: *Speyer von der Südwestseite* (Fr. Min.).

Lithographie in der Randleiste (oben Mitte) eines Stadtplanes von 1821, sign. unter dem Plan *Lithographiert und gedruckt von S. Bühler, Mannheim,* nach der Lithographie von K. Knell und J. Velten; 8,2 × 16,3 cm. – 1830/40

Vorlage: Nr. 1.6.4.04.

Lagerort: HM 0/2806 (der ganze Plan mit Randleiste mit neun lithogr. Darstellungen von Einzelgebäuden in Speyer). HM 1988/124 (links beschnitten, nur das obige Bild). – StASP: Best. 233 Nr. IV 21 (8 × 18,1 cm).

St./D.

Nr. 1.6.4.04

Stadtansicht von SW, von der Berghäuser Hohl aus. Dom mit barockem Westwerk. Im Mittelgrund Wiesen und Gebüsch. Vorne rechts ein großer Baum. Ganz vorne ein Weg, auf dem rechts ein Reiter sich vom Pferd aus zwei Bäuerinnen (mit Sicheln) zuwendet.

Fußtitel: *Speyer.*

Lithographie, sign. links unten *Gez. von Knell*, rechts unten *Lithographiert von J. Velten*; 27 × 38 cm. – Um 1830

Vorlage zur Lithographie Nr. 1.6.4.040.

Lagerort: MSP: BS 328. HM 1984/17 (kolor.).

Lit.: Röttger KDM S. XXIX (Abb. 8) u. S. 26.

Bild 82 D.

Nr. 1.6.4.05

Ansicht der Stadt von SW, von Berghausen, vom Narrenberg, aus. – Rechts das noch vorhandene klassizistische, hier aber seitenverkehrt angeordnete Gartenhaus der Familie Lichtenberger, dabei Figurenstaffage (vier Damen und vier Herren lauschen dem Lautenspiel einer Dame). Im Mittelgrund Wiesen und Felder. Im Hintergrund die Stadtansicht; rechts der Dom mit barockem Westwerk, links das Altpörtel.

Fußtitel: *Speyer* (A. Maj.).

Lithographie auf Karton, rechts unten sign. *A. Colin del*; links unten der Verleger *G. L. Lang in Speyer*; 33,9 × 49,8 cm. – Um 1840/50

Lagerort: MSP: BS 325. BS 325b. Reprint HM 1975/1. – StASP: Best. 233 Nr. II 30. – HackM LU: Inv. Nr. 4903/520.

Lit.: Medding I S. 259f. Nr. 29 mit Abb. 8. – Portenlänger-Stein S. 42 Nr. 74. – Klotz, Stadtgesch. Abb. S. 148.

Bild 83 St.

Nr. 1.6.4.06

Stadtansicht von SW im Hintergrund, vom Berghäuser Hochufer aus. Dom mit barockem Westwerk, nach links Dreifaltigkeits-, Läut- und Hl. Geistturm sowie Altpörtel. Im Mittelgrund davor Wiesen und – von der Mitte nach rechts – lange Reihe hoher Pappeln. Im Vordergrund Büsche und Bäume, links hohe Bäume.

Lithographie nach getuschter Federzeichnung, sign. *Th. Koester del. 1852*; 24,2 × 32,2 cm. – 1852

Lagerort: MSP: BS 401. St.

Nr. 1.6.4.070

Ansicht der Stadt von SSW, wie Nr. 1.6.4.07, der Dom jedoch mit neuromanischem Westwerk.

Fußtitel: *Speyer* (A. Maj.).

Stahlstich, wie Nr. 1.6.4.07. Verlagsangabe *Darmstadt, G. G. Lange*; 11,1 × 17,3 cm. – Nach 1855

Vorlage: Nr. 1.6.4.07.

Lagerort: MSP: HM 1985/245. – StASP: Best. 233 Nr. IV 37. D.

Nr. 1.6.4.07

Ansicht der Stadt von SSW, wie Nr. 1.6.4.070. Rechts der Dom mit barockem Westwerk. Türme der Dreifaltigkeits-, Georgs- (Läutturm) und Hl. Geistkirche, ganz links das Altpörtel, ganz rechts der Rhein; auf der rechten Rheinseite höherer Berg mit Turm (vielleicht der Königsstuhl bei Heidelberg gemeint?). Im Mittelgrund Wiesen und Bäume. Vorne Weinberge (am Narrenberg bei Berghausen?), davor ein Hottenträger und eine Frau bei der Traubenernte. Links höherer Baum und eine Gruppe fliegender Vögel.

Fußtitel: *Speyer* (A. Maj.).

Stahlstich, sign. links unten *gez. v. L. Rohbock*; rechts *Stahlst. v. G. M. Kurz*; unten *Druck u. Verlag G. G. Lange, Darmstadt*; 11,2 × 17 cm. – 1854

Druckort: J. W. Appel, Der Rhein und die Rheinlande. Darmstadt 1854.

Lagerort: MSP: BS 340. – StASP: Best. 233 Nr. IV 48. St./D.

Nr. 1.6.4.071

Stadtansicht von SSW im Hintergrund Dom mit barockem Westwerk. Dreifaltigkeits-, Läut- und Hl. Geistturm, ganz links das Altpörtel. Im Mittelgrund Wiesen und Bäume. Im Vordergrund Weinberge (am Narrenberg bei Berghausen?), davor drei Personen: Hottenträger, Bäuerin und Frau beim Traubenlesen. Sehr ähnlich Nr. 1.6.4.07.

Fußtitel: *Spire* (A. Maj.).

Farböldruck im Verlag *J. M. Kronheim & Co., London* (unten links und rechts); 7 × 11,8 cm. – 1862

Vorlage: Nr. 1.6.4.07.

Druckort: Footsteps of the reformers in foreign lands. London 1862.

Lagerort: MSP: HM 1984/641. – StASP: Best. 233 Nr. IV 353 (6,9 × 11,8 cm von Bildrand zu Bildrand).

Lit.: Katalog 8, 1984/85 des Kunstantiquariats Braun und Schmidt, Wuppertal, S. 108 Nr. 3591.

Bild 85 St./D.

Nr. 1.6.4.072

Ansicht der Stadt von SW, der Dom mit barockem Westwerk, links davon Dreifaltigkeitskirche, Läutturm und Hl. Geistkirche. Im Mittelgrund links durchgehende Baumreihe, davor Felder. Im Vordergrund zieht ein breiter Fahrweg auf den Beschauer zu (Berghäuser Hohl? vgl. Nr. 1.6.4.07 und 1.6.4.071), auf dem ein Mann (Jäger mit Gewehr?) aufwärts geht.

Kopftitel: *Merkwürdige Orte* (Fr. Min.).

Holzstich, unsign.; 5 × 8,6 cm. – Um 1850

Vorlage: Nr. 1.6.4.07.

Druckort: unbekannt; die Seite mit dem Bild ist überschrieben: *Kanton Speyer.* Der Text unter dem Bild beginnt mit *Speyer (Nemetum civitas, Nemidona Spira, Augusta Nemetum, häufig, jedoch wahrscheinlich unrichtig, auch für Noviomagum gehalten).*

Lagerort: Privatsammlung Speyer. D.

1.7: Stadtansichten ab 1778 mit Fähre und Dampfschiff

Die Bilder sind in zeitlicher Folge gereiht.

Es ergeben sich zwei Gruppen:
1. Ansichten von SO von der Anlegestelle der Lußheimer Fähre, von denen die meisten auf das gleiche Vorbild zurückgehen (Nr. 1.7.01–03; 1.7.05–07; nur 1.7.04 ist selbständig).
2. Ansichten von ONO vom jenseitigen Rheinufer aus, alle mehr oder weniger auf die Aquatintazeichnung von Aegidius Federle (Nr. 1.7.09) zurückgehend, die ab 1837/38 mit einem stromauffahrenden Raddampfer auf dem Rhein versehen ist (Nr. 1.7.11–15). D.

Nr. 1.7.01

Stadt mit Dom von OSO, vom Lußheimer Fahr aus. Links Ufer mit hohen Bäumen, Personengruppen, Haus und Schuppen. Auf dem Rhein Fährschiff mit Personen, Gespann und Karren.

Fußtitel: *Lussheimer Überfahrt bey Speyer.* (A. Maj.).

Radierung, sign. *Veil fc.*; 9,6 × 17,3 cm. – Um 1820/30

Vorlage für Nr. 1.7.05. 1.7.07. 5.6.03. – Vgl. 1.6.3.03.

Lagerort: SP: BS 309. BS 310 (kolor., ohne Fußtitel). St./D.

Nr. 1.7.03

Stadtansicht im Hintergrund von SO. Dom mit barockem Westwerk. Im Vordergrund links Rheinufer mit hohen Bäumen, Haus und Scheune. Hirtenbub mit zwei Geißen, einige Personen; nahe dem Ufer Bürger und Chevauxleger, auf die Fähre weisend, die soeben von einem Gespann verlassen wird; ein Bauer, fünf Fährknechte. Ganz vorne rechts zwei Kähne am Ufer. Auf dem Rhein ein stromab segelndes Lastschiff.

Fußtitel: *Ansicht vom Lusheimer-Fahrt gegen Speyer* (A. MinKurs.).

Lithographie, sign./dat. *G* (erhard) *Ruland fec. 1826*; 27,6 × 41,6 cm. – 1826

Lagerort: MSP: BS 324. – StASP: Best. 233 Nr. II 50.

Lit.: Groh, Stadtansichten (24), S. 19.

Bild 89 St./D.

Nr. 1.7.02

Stadtansicht von OSO im Hintergrund der Dom mit barockem Westwerk. Im Vordergrund der Rhein mit Nachen, links am Ufer stehen zwei Personen, von denen eine – ein Chevauxleger – auf den Nachen zeigt. Ganz links sitzen zwei Personen. Im Mittelgrund einige Gebäude und Bäume angedeutet. Wohl Vorstudie zu Nr. 1.7.03.

Flüchtige Bleistiftzeichnung, wohl von Gerhard Ruland; 21,3 × 35,2 cm. – vor 1826

Lagerort: MSP: BS 442. St./D.

Nr. 1.7.030

Stadtansicht genau wie Nr. 1.7.03, auch sonst vollständig übereinstimmend. Nur liegt hier vor der anlandenden Fähre nur ein Nachen, das Segelschiff hinter der Fähre ist etwas mehr nach links gerückt.

Fußtitel: *Ueberfahrt bey Lusheim* (A. Maj.).

Lithographie, sign. *G. Ruland f.*; 24,5 × 41,5 cm. – 1826

Vorlage: 1.7.03.

Lagerort: Privatsammlung Speyer. D.

Nr. 1.7.04

Stadtansicht von SO im Hintergrund, rechts der Rhein. Im Vordergrund links Ufer mit hohen Bäumen und Bauer. Im Mittelgrund anlandendes Fährschiff (Lußheimer Fahr) mit mehreren Personen, Gespann und Karren. Zwei weitere Kähne und ein segelndes Lastschiff weit hinten. Links drei Personen unter schrägem Schutzdach.

Aquarellierte Federzeichnung, sign./dat. *Rodt 1828* rechts unten; 27,8 × 20,3 cm. – 1828

Lagerort: MSP: BS 311. St.

Nr. 1.7.06

Ansicht von Stadt und Dom von SO im Hintergrund. Links im Vordergrund das Lußheimer Fahr. Vom gerade aufgelaufenen Fährkahn rollt ein Karren mit Gespann; drei Fährleute. Auf dem Rhein drei Frachtschiffe und ein Raddampfer.

Lithographie, kolor., unsign.; 7,7 × 23,4 cm. – Um 1830–1840

Lagerort: MSP: BS 351.

Lit.: Stein, Stadt am Strom S. 128, Abb. Nr. 68 b. St.

Nr. 1.7.05

Stadt- und Domansicht von SO, im Mittelgrund links Anlegestelle des Lußheimer Fahrs, alles ganz wie Nr. 1.7.01, aber anstelle der Fähre nach rechts fahrendes Dampfschiff mit angehängtem Rettungsboot. Vgl. 1.7.07.

Fußtitel: *Abbildung des Dampfschiffes De Rijn, welches den 19. September 1825 an Speyer vorbey passirte* (A. Min.).

Lithographie, unsign.; 10 × 17,5 cm. – 1825

Vorlage: Nr. 1.7.01.

Lagerort: MSP: BS 1311. – StASP: Best. 233 Nr. IV 356 (mit Fußtitel *Oestliche Ansicht von Speyer*; vgl. 1.6.3.03). Nr. IV 560.

Lit.: G. Litzel, Historische Beschreibung der kaiserlichen Begräbnisse in dem Dome zu Speyer; vermehrt und neu hrsg. von J. Mich. König. Mannheim 1826, Frontispiz, rechts geringfügig beschnitten. – Stein, Stadt am Strom S. 130f., Abb. 69. – Fr. Facius, Badische Häfen am Oberrhein und Bodensee in der Frühzeit der Dampfschiffahrt, in: Aus Stadt- und Wirtschaftsgeschichte Südwestdeutschlands (=Festschrift für E. Maschke), Stuttgart 1975, S. 206–236. – Grit Arnscheidt, Das erste Dampfboot auf dem Oberrhein, in: Mannheimer Hefte, 1990 Heft 1, S. 38–44 mit Abb. 2

Bild 88 St./D.

Nr. 1.7.07

Stadt- und Domansicht von OSO im Mittelgrund. Links vorne das Lußheimer Fahr; hohe Bäume, Haus mit Scheune, drei Personen und ein Knabe. Im Vordergrund rechts ein nach links fahrender Raddampfer; vgl. Nr. 1.7.05.

Fußtitel: *Speyer* (A. MinKurs.).

Lithographie auf grünem Papier, unsign.; 8,1 × 17,2 cm. – Um 1830–1840

Vorlage: Nr. 1.7.01 und 1.7.05.

Druckort: Aus einer Serie von Pfälzer Städteansichten auf Schulheften; Verlag unbekannt.

Lagerort: MSP: BS 333. BS 1314.

St.

Nr. 1.7.08

Stadtansicht von SW, vom Narrenberg aus, links weit im Hintergrund; davor Wiesen und Felder. Hinten in der Mitte der Rhein mit Dampfschiff, rechts mit einem Floß und einem Segelschiff Teile der alten Rheinschlinge südlich von Speyer (heute Berghäuser Altrhein). Im Vordergrund Weingärten.

Lithographie, kolor., unsign.; 7,7 × 23,4 cm. – Um 1830/40

Lagerort: MSP: BS 352.

Lit.: Stein, Stadt am Strom S. 128 Abb. 68a.

Bild 87 St./D.

Nr. 1.7.09

Stadtansicht von NO von der anderen Rheinseite. Dom mit barockem Westwerk im Hintergrund, links das Heidentürmchen, rechts vom Dom Werftgelände. Auf dem Wasser Schiffe mit Segeln. Vorne links auf dem Wasser Kahn mit vier Personen, daneben hohe Baumgruppe. Im Vordergrund an einer Landzunge anlegender Kahn mit vier Personen.

Aquatintazeichnung, rechts unten sign. *E. Federle*; 12,5 × 16,5 cm. – Vor 1837

Lagerort: MSP: HM 1936/72. Vgl. Nr. 1.7.10. St./D.

Nr. 1.7.10

Stadtansicht wie Nr. 1.7.09.

Fußtitel: *Vue de la Ville de Spire.* – Darunter: *View of Spire* (A. Maj.).

Lithographie von Aegidius Federle, kolor. – *Dessiné et Publié par Louis Bleuler au Chateau de Laufen, près de Schaffhouse en Suisse* (rechts unten). *Impr. par Foppert* (Mitte unten); 12,2 × 16,7 cm. – Vor 1837

Vorlage: Nr. 1.7.09.

Lagerort: MSP: BS 312. HM 1938/30 (2). – Generallandesarchiv KA: J-B Rhein/2 (41). – StASP: Best. 233 Nr. IV 369.

Lit.: Medding I S. 259 Nr. 27. – Stein, Stadt am Strom S. 53 Abb. 24.

Bild 92 St./D.

Nr. 1.7.11

Stadt- und Domansicht von NO, vom anderen Rheinufer aus, ähnlich Nr. 1.7.10, aber mit Raddampfer auf dem Rhein, stromauf fahrend. Im Vordergrund Landzunge mit zwei kleinen Bäumen, dabei zwei Schiffer. In der kleinen Bucht daneben ein angeleinter Kahn mit Zelt. Vgl. Nr. 1.7.12–1.7.14.

Fußtitel: *Vûe de Speier, principale ville de la Bavière rheinane* (A. Min.).

Gouache, rechts unten *chez Louis Bleuler à Schaffhouse en Suisse*, wohl von Aegidius Federle (1810–1876); 31,9 × 48,2 cm. – Wohl um 1837

Lagerort: MSP: BS 214.

Lit.: Medding I S. 259 Nr. 28. – A. Doll, Handel und Wandel S. 57 (Farb.-Abb.). St./D.

Nr. 1.7.12

Ganz ähnliche Ansicht wie Nr. 1.7.11, aber auf dem Zelt des Kahns die Bezeichnung *ALT BREISAch* (A. Maj./Min.) 1837.

Aquarell von Aegidius Federle; 31,2 × 47,5 cm. – 1837

Lagerort: StASP: Best. 233 Nr. II 41 (Kunstkartei 109).

Bild 93 St./D.

Nr. 1.7.130

Ansicht wie Nr. 1.7.13.

Kopftitel: *Duitschland.*

Fußtitel: *Spiers* (A. Maj.).

Holzstich, sign. *Tollenaar;* 7,5 × 21,1 cm. – Nach 1850/60

Vorlage: Nr. 1.7.13.
Druckort: Holländische Publikation S. 305, von ca. 1850/60.

Lagerort: StASP: Best. 233 Nr. IV 504. – Privatsammlung Speyer. D.

Nr. 1.7.13

Ähnliche Ansicht von Stadt mit Dom wie Nr. 1.7.11, aber in anderer Technik. Auf dem Zelt des angeleinten Frachtkahns sind die Initialen *AD. B.* und die Jahreszahl *1837* (so BS 368) bzw. *1838* und die Buchstaben *AN. B.* (so BS 128a) zu erkennen.

Fußtitel: *Vue de la ville de Spire, principale ville de la Bavière Rhénane* (A. Maj.).

Lithographie, kolor., sign. unter dem Bild links *Dessiné par Federle*, rechts *Gravé par Salathé*; rechts unten *Publié par L. Bleuler à Schaffhouse en Suisse*; rechts oben *N*^{O} *46*; 19 × 28 cm. – 1837 bzw. 1838

Druckort: L. Bleuler/A. Schreiber, Ouvrage représentant les vues les plus pittoresques, Blatt 46.

Lagerort: MSP: BS 128. BS 218. BS 368 (1837! Lithographie auf blauem Ton). BS 374. – StASP: Best. 233 Nr. III 40. – Kupferstichkabinett Dresden: B 2185, 2. – Kurpfälz. M HD: Inv. Nr. S 7314. – Theod. Zink-M KL: Graph. Sammlung Inv. Nr. 147 (mit 1837).

Lit.: Medding I S. 259 Nr. 28. – Groh, Stadtansichten (29), S. 23. – Eger, Gesch. Speyer Bd. 2 S. 171 Abb. 3. – Klotz, Stadtgesch. S. 155. – Stein, Stadt am Strom S. 55 Abb. 25. St./D.

Nr. 1.7.13 (Fortsetzung)

Nr. 1.7.14

Ansicht der Stadt und des Domes von NO (ähnlich Nr. 1.7.11 - 1.7.13) mit stromauf fahrendem Dampfschiff; im Vordergrund fehlen aber die zwei Schiffer.

Beschr.: Buchstaben *A–E*, auf der Zeltplane des Kahnes die Buchstaben *EK. B.*, zwei gekreuzte Ruder und – mißverständlich – *AM. R. E.*, vielleicht verstümmelt aus AltBreisach (wie Nr. 1.7.12).

Kopftitel: *N^O^ 46.* | *Vûe de la ville de Spire,* | *principale ville de la Bavière Rhinane* (A. Min.).

Legende unter dem Bild: *A. Cathédrale de Spire. B. Promenade. C. Le Port nommé Bastion du Rhin. D. Port pour les bateaux dans le grand Duché de Baden. E. Le Rhin* (A. Min.).

Umrißkupferstich nach Aquarell von Aegidius Federle; 7,1 × 11,4 cm. – Um 1838

Lagerort: MSP: BS 3273. – StASP: Best. 233 Nr. IV 564. St./D.

Nr. 1.7.15

Stadtansicht von NO im Hintergrund. Dom mit barockem Westwerk. Die Bischofspfalz nicht mehr vorhanden. Im Mittelgrund auf dem Rhein stromauf fahrender Raddampfer mit zwei Masten. Im Vordergrund links Baum, Buschwerk und Kahn, rechts Gebüsch.

Fußtitel: *Ansicht von Speyer* (A. MinKurs.).

Stahlstich, unsign.; 2,5 × 4,7 cm. Um 1840.

Druckort: Evtl. Vignette von Lieferscheinen bzw. Rechnungen einer Speyerer Firma.

Lagerort: MSP: HM 1985/76. St.

1.8: Stadtansichten nach 1856

Die Bilder sind in zeitlicher Folge aufgeführt.
Sie zeigen die Stadt in zwei Darstellungen von N (Nr. 1.8.01; 1.8.07). Vier Bleistiftzeichnungen des Speyerer Zeichenlehrers Peter Zaech bieten die Stadt einmal von S (Nr. 1.8.02), dreimal von ONO vom badischen Ufer aus (1.8.03–05) dar (vgl. Nr. 1.6.1.10 vom selben Zeichner). Einmal ist der Speyerer Hafen (heute Alter Hafen) von 1853 dargestellt (Nr. 1.8.06), einmal in romantischer Manier aus einem englischen Reisehandbuch die Stadt mit dem Dom von O (Nr. 1.8.08). D.

Nr. 1.8.01

Blick auf die Stadt und Dom von N, etwa vom Ziegelofenweg aus. Dom mit neuromanischem Westwerk links, nach rechts die Türme der Dreifaltigkeitskirche, des Läutturms und der Hl. Geistkirche, dann die Konvikts- (ehemal. Dominikaner-)kirche und die Augustinerkirche; weiter rechts das Altpörtel. Im Mittelgrund links der Rhein, rechts davon ein aus der Stadt führender Weg mit hohen Pappeln. Weiter rechts ein Wühl, Wiesen und Äcker. Vorn links ein hoher Laubbaum, rechts davon ein Chevauxleger und eine Dame mit Sonnenschirm; weiter rechts ein Erntewagen.

Fußtitel: *Speyer,* darunter *(Rhein-Pfalz)* (A. Maj.).

Stahlstich, sign. links unten *R. Höfle del.*, rechts *J. Poppel sc.*; unter dem Fußtitel *Verlag von A. H. Gottschick's Buchhandlung (E. Witter) in Neustadt ᵃ/H*; 10,4 × 15,8 cm. – 1855

Druckort: Weiss, Rhein-Pfalz. [2]1855 nach S. 164. [3]1856 nach S. 272.

Lagerort: MSP: BS 341. HM 1938/27 (1). HM 1981/49. HM 1984/809. – StASP: Best. 233 Nr. IV 34. – Theod. Zink-M KL: Graph. Sammlung Inv. Nr. 626.

Lit.: Portenlänger-Stein S. 43 Nr. 79. – Stein Stadtbilder Abb.

Bild 125 D.

Nr.1.8.02

Stadtansicht von SW, etwa vom Tafelsbrunnen aus. Rechts der Dom mit neuromanischem Westwerk, nach links Dreifaltigkeitskirche, Läutturm, Hl. Geistkirche und Konviktskirche (ehemalige Dominikanerkirche). Ganz links das Altpörtel. Im Mittelgrund tiefer gelegene Felder, im Vordergrund Büsche mit Gattertor.

Fußtitel: *Speyer v. d. Südseite* (Schreibkursive).

Bleistiftzeichnung, unsign., aus dem Skizzenbuch von P. Zaech, dat. *12. Oct. 1858;* 16,9 × 24,2 cm. – 1858

Lagerort: MSP: HM 1987/139–29.

Bild 86 D.

Nr. 1.8.03

Stadtansicht von NNW. Der Dom, links, mit neuromanischem Westwerk; links davon die Klosterkirche St. Magdalena, rechts die Dreifaltigkeitskirche, der Läutturm und die Hl. Geistkirche. Dicht neben einem höheren Haus im Mittelgrund der Dachreiter der Konvikts-(ehemals Dominikaner)kirche zu erkennen. Weiter rechts die Kirche des Augustinerklosters mit Dachreiter, rechts daneben der Helm des Altpörtels. Im Vordergrund Wiesen und Felder, ganz links vorne ein Mauerrest.

Bleistiftzeichnung, unsign., aus dem Skizzenbuch von P. Zaech; 16,8 × 22,2 cm. Um 1858

Lagerort: MSP: HM 1987/139-32. D.

Nr. 1.8.04

Stadtansicht vom östlichen Rand des 1853 erbauten Hafens von NO, links der Dom mit neuromanischem Westwerk, rechts davon die Dreifaltigkeitskirche, der Läutturm, die Klosterkirche St. Magdalena, die Hl. Geistkirche, weiter das Altpörtel. Ganz rechts im Mittelgrund der untere Kran, links davon Werft mit Schiff im Trockendock am Ufer. Im Vordergrund der Hafen.

Bleistiftzeichnung, unsign., aus dem Skizzenbuch von P. Zaech; 16,8 × 22,2 cm. Um 1858

Lagerort: MSP: HM 1987/139-33. D.

Nr. 1.8.05

Stadtansicht vom badischen Ufer aus von NO, links der Dom mit neuromanischem Westwerk, rechts davon Dreifaltigkeitskirche, Klosterkirche St. Magdalena, Läutturm, Hl. Geistkirche und der Dachreiter der Konvikts-(ehemals Dominikaner-)kirche. Im Mittelgrund in der Bildmitte der untere Kran, links davon die Schiffswerft. Links vom Dom das östliche Hafenufer mit Baumgruppe, davor der Rhein.

Bleistiftzeichnung, unsign., aus dem Skizzenbuch von P. Zaech; 16,7 × 22,1 cm. Um 1858

Lagerort: MSP: HM 1987/139-34. D.

Nr. 1.8.06

Ansicht der Stadt von NO. Im Vordergrund der Hafen, dahinter der Dom (mit neuromanischem Westwerk), die Dreifaltigkeitskirche, der Läutturm, das Altpörtel, die Hl. Geistkirche. Rechts im Mittelgrund die Vorstadt über Hasenpfuhl mit der Klosterkirche St. Magdalena. Im Hafen Flöße und zwei Segelschiffe.

Fußtitel: *Speier am Rhein* (A. Maj.).

Stahlstich, kolor., sign. unter dem Bildrand rechts *Stahlstich Atelie* [!] *Ritter;* links unten der Verlag: *Eigenthum von August Hofmann*; 9,6 × 20 cm. – Zwischen 1856 und 1868

Vgl. Nr. 2.2.03 u. 04.

Lagerort: MSP: BS 307. BS 308. HM 1932/42.

Lit.: Stein, Stadt am Strom S. 42 Abb. 18 b. St./D.

Nr. 1.8.07

Stadtansicht von N im Hintergrund, links der Dom mit neuromanischer Westfassade, nach rechts Kirche St. Magdalena mit spitzem Dachreiter, Dreifaltigkeitskirche, Läutturm, Hl. Geistkirche, Konviktskirche, ganz rechts das Altpörtel. Vor der Stadt weites Feld, durch das rechts ein Eisenbahnzug mit fünf Personen- und vier Güterwagen fährt. Links im Vordergrund breite Straße mit Fuhrwerk, ganz links vorne auf Feldweg ein Paar, von dem der Mann auf die Eisenbahn zeigt.

Fußtitel: *Totalansicht* (A. Maj.).

Radierung, sign. links unten *N. d. Natur v. Rob. Geissler, Berlin.* – Rechts *Verlag der Kleeberger'schen Buchh. Speyer*; 8 × 14,3 cm. – Um 1875

Lagerort: Privatsammlung Speyer.

Bild 126 D.

Nr. 1.8.08

Ansicht der Stadt vom rechten Rheinufer aus von ONO, mit dem Dom, Dreifaltigkeitskirche, Läutturm, Hl. Geistkirche und Klosterkirche St. Magdalena. Vor der Stadt die Bäume des Domgartens, diesseits des Rheins Altwasser mit Buschgruppen, vorne Schilf.

Fußtitel: *Gezigt op Spiers* (A. Min.).

Holzstich, sign. im Bild unten links *R. Püttner*; 18 × 23,5 cm. – Um 1880

Lagerort: MSP: HM 1979/115 a. – StASP: Best. 233 Nr. IV 355 mit dem Fußtitel *View of Spire*, verkleinert auf 13 × 12,2 cm, beschnitten. St./D.

VIEW OF SPEYER.

2. Teilansichten, Straßen und Plätze

Die Untergliederung ist aus der Gliederungsübersicht des Katalogs zu entnehmen.

Innerhalb der einzelnen Gruppen 2.1 bis 2.5 sind die Bilder in zeitlicher Folge aufgeführt.

Die Gruppe 2.6 stellt eine geschlossene Reihe von Sepiazeichnungen des selben anonymen Künstlers dar, die vor fast 30 Jahren im Kunsthandel aufgetaucht und 1987 vom Historischen Museum der Pfalz erworben worden ist. Diese neun Bilder sind bewußt nicht nach den dargestellten Sujets auf einzelne Gruppen aufgeteilt, sondern als geschlossenes Ganzes beisammen gelassen worden. D.

2.1 Domimmunität

Nr. 2.1.01

Ansicht aus der Vogelschau in das Gelände östlich der Bischofspfalz. Links die romanische, dreistöckige Pfalz, mit Rundbogenlaubengang im obersten Stockwerk, im zweiten Stockwerk springt eine Apsis, untergliedert durch Lisenen und Rundbogenfries, vor die Mauerflucht, im Erdgeschoß drei große Rechteckfenster. Hinten an die Pfalz anschließend die Stadtmauer mit Wehrgang, die auf den Udenturm stößt. Hinter der Pfalz unmittelbar ein Allmendgang zu einer Tür in der Stadtmauer, rechts davon entlang der Mauer zwei abgeteilte Gärten.

Beschr.: Über der Stadtmauer *1. Thüre durch die stattmauer in zwinger zu des bischoffs lusthauß, das ein rath vff Kay. Maj. schrifftlich befelch müßen verstatten, aber nach bischoff Eberhardts todt abgebrochen worden. 2. Alte thür vff die stattmauer, so jetzo vffs raths bewilligung zum Vdenthurm gerückt.* – Unter der Tür durch die Stadtmauer: *Diese thür sampt etlichen lichtern in der mauer seindt jetzo abgeschafft.* – Weitere Beschr. schräg vor der Bischofspfalz, am Tor zur Allmend, in den beiden Gärten und am Udenturm.

Rücktitel: *Zu diesem Abriß gehort ein offentlich instrument, so durch Johann Jacob Ringels Dompfarrer ...* (gotische Kurs.)

Federzeichnung, aquarelliert, unsign.; 42 × 55,8 cm. –
1613 (Tod Bischof Eberhards von Dienheim 1610, Baubeginn der neuen Bischofspfalz wenig später, etwa 1615).

Lagerort: StASP: Best. 234 Nr. II 79.

Lit.: Röttger KDM S. 622; Röttger war dieser älteste Plan der Pfalz noch nicht bekannt. – Erstmals bei A. Doll, Historisch-archäologische Fragen der Speyerer Stadtentwicklung im Mittelalter, in: Pfälzer Heimat 11 (1960) S. 61 mit Anm. 55; Abb. S. 62 mit der vom Herausgeber gemachten unrichtigen Angabe des Fundortes „im Museum Speyer". – Kubach-Haas, Dom zu Speyer, Textbd. S. 74 Nr. 10; Bildbd. Abb. 10. – Portenlänger-Stein S. 75, 77 Nr. 129. – Zum Sachverhalt s. Remling, Gesch. der Bischöfe zu Speyer, Bd. 2 (Mainz 1854) S. 384f. u. 458f. D.

Nr. 2.1.010

Ansicht aus der Vogelschau in das Gelände östlich der Bischofspfalz. Der Plan stimmt, auch in der gesamten Beschriftung, exakt mit Nr. 2.1.01 überein.

Federzeichnung, aquarelliert, unsign.; 41,8 × 55 cm (ohne Rand, die größten Ausdehnungen gemessen). –
1613 oder wenig später

Lagerort: Generallandesarchiv KA: Abt. 67 Nr. 324 fol. 106/107.

Lit.: wie Nr. 2.1.01.

Bild 20 D.

Nr. 2.1.02

Ansicht des Bezirks im NO des Domes aus der Vogelschau. Von links nach rechts: Nikolaus- oder Domstaffelturm, St. Nikolauskapelle, bischöfliche Pfalz (Renaissancebau), Stadtmauer mit Udenturm (= Kürschnerturm) und dem Heidentürmchen. Mit Legende links unten.

Zeichnung von Ph. Heinrich Blum; 49 × 70,9 cm. – 1765
Kopie von 1857 von E. Heydenreich; 50 × 73 cm (Federzeichnung, laviert).

Vgl. 4.1.01ff. u. 4.3.01

Lagerort: MSP: HM 0/4093.

Lit.: Bericht Hist. Museum Nr. 2 S. 65. – Röttger KDM S. 623 Abb. 437 mit Anm. 1 mit Abdruck der Legende zur Zeichnung. – Heuser, Pfälzer Land Abb. 77. – Kubach-Haas, Dom zu Speyer, Textbd. S. 82 Nr. 73.

Bild 21 St./D.

Nr. 2.1.03

Ansicht der N-Seite des Domes, rechts die Ostfassade der Jesuitenkirche, links die alte Bischofspfalz (vor 1619). Der Dom mit romanischem Westwerk, westlich der Afrakapelle das Kleine Paradies, die gotischen Kapellen des 15. Jahrhdts. und die niedere St. Paulskapelle des 13. Jahrhdts. Von der Bischofspfalz führt ein Verbindungsbau zum NO-Turm des Domes. Auf dem weiten Platz des Freithofes spärliche Figurenstaffage von Fußgängern und Reitern.

Beschr.: zwischen Dachreiter und Firstkreuz der Jesuitenkirche *Di Jesuiter Kirch* (A. MinKurs.).

Bleistift- und Federzeichnung, laviert, leicht aquarelliert, unsign., Wenzel Hollar zugeschrieben; 17,9 × 29,4 cm. – Vor 1619

Lagerort: Wien, Albertina Nr. 3525; Katalog IV 1947.

Lit.: Röttger KDM S. 35. – Engelhardt, Geschichtliche Erinnerungen Tafel II unten. – F. Klimm, Der Kaiserdom zu Speyer. Speyer 1952, S. 21; vgl. auch S. 60 u. 84. – Ders., Der Kaiserdom zu Speyer. Führer, mittlere Ausgabe. Speyer [10]1963 S. 15. – K. R. Müller, Die Genauigkeit der „Wiener“ und der „Kölner“ Zeichnung des Speyerer Domes, in: Pfälzer Heimat 14 (1963) S. 90–98. – Kubach-Haas, Dom zu Speyer, Textbd. S. 75 Nr. 22; Bildbd. Abb. 16. – Wenzel Hollar (1607–1677). Reisebilder vom Rhein. Rhein. Landesmuseum Mainz. Ausstellungskatalog 1986/87, S. 39ff. (Abb. 4), S. 156f., Kat. Nr. 112 (K. R. Müller). – Klotz, Stadtgesch. Abb. S. 89. – K. R. Müller, und ihm folgend Kubach-Haas, möchten die Zeichnung Wenzel Hollar zuweisen, Kubach-Haas datiert sie „gegen 1635“. Diese Datierung erscheint angesichts der Gestalt der Bischofspfalz ausgeschlossen, vgl. Nr. 2.1.01. Danach ist die Entstehung der Zeichnung vor 1615 anzusetzen, eine Zuweisung an Wenzel Hollar scheidet aus (geboren 1607!).

Bild 22 D.

Nr. 2.1.04

Blick aus der Vogelschau auf den Freithof, nördlich des Domes, mit reicher Staffage (Kutschengespanne, zahlreiche Personengruppen). Im Hintergrund der Dom von N, mit Kleinem Paradies, den gotischen Kapellen und der (niederen) St. Paulskapelle. Links die Bischofspfalz der Renaissancezeit, rechts die Jesuitenkirche mit Dachreiter. Links vom Dom dichte Bebauung.

Fußtitel: *L'Eglise et le Palais Episcopal de Spire.* – Rücktitel (18. Jahrhdt.): *L'Eglise et le Palais Episcopal de Spire par Silvestre.*

Federzeichnung, graublau laviert, Israel Silvestre zugeschrieben; 21,7 × 31,2 cm. – Um 1650

Lagerort: Städelsches Institut Frankfurt: Inv. 1087.

Lit.: Fr. Sprater, Eine neue Ansicht des Domes zu Speyer, in: Speiergau-Blätter 1928 Nr. 1. – Kubach-Haas, Dom zu Speyer, Textbd. S. 76 Nr. 26, mit weiteren Lit.-Angaben. – Portenlänger-Stein S. 75, 77 Nr. 130. – Stein, Stadtbilder, Abb. – Eger, Gesch. Speyer Bd. 1 S. 295 Abb. 9. – Klotz, Stadtgesch. S. 92 (Abb.).

Bild 23 D.

2.2: *Hafen*

s. auch die Nr. 1.6.1.03, 1.8.04 und 1.8.06!

Nr. 2.2.01

Blick auf das Hafengebiet vor der Vorstadt über Hasenpfuhl von NO. Rechts Kaianlage mit Warenballen, Fässern, Karren sowie ein Lagerhaus, dabei Kaufleute, Hafenarbeiter, Kärcher u. a. m. Hinten der obere Kran, dessen Rad ein Mann tritt. Links auf der Kleebach ein Lastschiff mit Schwertern und Sprietsegel, dazu mehrere Kähne. Im Hintergrund Ausfluß des Speyerbachs, der Dom noch mit romanischem Westwerk, zum Mittelschiff hin ist die durch die Zerstörung von 1689 entstandene Lücke erkennbar. Am Nordquerhaus die Renaissance-Pfalz angebaut, links davon der Udenturm, Heidentürmchen und Zimmerleuteturm. Ganz rechts der Domstaffelturm.

Gouache, unsign., vor Abbruch des romanischen Westwerks 1755; 19,2 × 25,2 cm. – Um 1750

Lagerort: MSP: BS 3047.

Lit.: Roland, Speyer S. 58/59 Abb. 14. – Doll, Handel und Wandel S. 3. – Kubach-Haas, Dom zu Speyer, Textbd. S. 77 Nr. 39. – Portenlänger-Stein S. 30 Nr. 36. – Klotz, Stadtgesch. Titelbild und S. 124. – Stein, Stadt am Strom S. 39 Abb. 16.

Bild 37 St./D.

Nr. 2.2.02

Ansicht der Mündung des Speyerbachs in die Kleebach, links der Udenturm, daneben der Turm der Nikolauskapelle, dahinter der Domstaffelturm. In der Bildmitte der untere Riegel mit aufgezogenem Fallgatter, auf der Mauer des Riegels über zwei Rundbogenkonsolen ein Wachthäuschen. Rechts die Vorstadt über Hasenpfuhl mit der Klosterkirche St. Magdalena. Auf Speyer- und Kleebach drei Boote, dazwischen ein angeleintes Segelschiff. Vgl. Nr. 3.1.02.

Bleistiftzeichnung, wohl von Joh. Ruland; 21,4 × 34 cm (größte Maße) – Um 1800

Lagerort: Privatsammlung Zink-Graf.
D.

Nr. 2.2.03

Blick von der unteren Klüpfelsau auf den seit 1853 in Betrieb genommenen Hafen im Bereich der ehemaligen Kleebach. Links vorne neben einem Baum zwei Fischer, rechts Personengruppe. Am diesseitigen Ufer Kähne, am gegenüberliegenden Hafenufer vor dem Hasenpfuhl Schiffswerft mit einem Schiff im Wasser, einem zweiten auf dem Land. In der Mitte des Hintergrundes der Dom mit neuromanischem Westwerk, aber noch mit abgewalmtem Chorgiebel (1868 erneuert).

Feder- und Sepiazeichnung, aquarelliert, unsign.; 21,7 × 28,8 cm. – Dat. *1. August 1857*

Vgl. Nr. 1.8.06 u. 2.2.04

Lagerort: MSP: BS 217. St.

Nr. 2.2.04

Blick auf den 1853 angelegten, hier schon ausgebauten Hafen im Bereich der ehemaligen Speyerbachmündung mit einigen Flößen. Im Mittelgrund links Brücke über den neuen Lauf der Speyerbachmündung, links davon weitere Brücke über den oberen, schmalen Arm der Kleebach vor dem Heidentürmchen. Im Hintergrund der Dom mit neuromanischem Westwerk und abgewalmten Chorgiebel von NO, umgeben von dichten Baumgruppen, rechts davon die Dreifaltigkeitskirche, der Läutturm, das Altpörtel und die Hl. Geistkirche. Vorne Figurenstaffage.

Fußtitel: *Spire* (A. MinKurs.), darunter *Vue de la Cathédrale* (A. Min.).

Kopftitel: *Les Bords du Rhin* (A. Maj.).

Lithographie, sign. (direkt unter dem Bildrand Mitte) *Dessiné et lith. par Deroy*; links unten *Paris, Wild, rue de la Banque 15*, rechts *Imp. Lemercier Paris*; 16,1x23,1 cm. – 1856/1868

Vgl. 1.8.06 und 2.2.03.

Lagerort: MSP: BS 326. BS 327. – StASP: Best. 233 Nr. III 22.

Lit.: Portenlänger-Stein S. 59 Nr. 114.

Bild 122 St./D.

Nr. 2.3.01

Ansicht der Hauptstraße mit Blick auf die alte, romanische Westfassade des Domes (1755 abgebrochen). Vor dem Mittelportal der Domnapf. Rechts vorn das Rathaus (erbaut 1712–1726), links die untere Fleischschranne. Auf der Straße Karren, Kutsche, Bürger, Kaufleute, Soldaten und Standespersonen.

Gouache (Gegenstück zu Nr. 2.2.01), unsign.; 19 × 25,3 cm. - Um 1750

Lagerort: MSP: BS 3046.

Lit.: Röttger KDM S. 555 Abb. 395. - Roland, Pfalz S. 10/11. - Kubach-Haas, Dom zu Speyer, Textbd. S. 77 Nr. 36; Bildbd. Nr. 111. - Portenlänger-Stein S. 30 Nr. 37. - Stein, Stadtbilder, Abb. - Eger, Gesch. Speyer, Bd. 2 S. 52 Abb. 5. - Klotz, Stadtgesch., Abb. S. 69. - Dellwing KDM, Abb. S. 177.

Bild 38 St./D.

Nr. 2.3.03

Blick über die Hauptstraße zum Dom (mit neuroman. Westwerk) von der Galerie des Altpörtels aus über die Dächer der Stadt. Links der Hauptstraße die Konviktskirche (ehemals Predigerkirche), Hl. Geistkirche, Läutturm und Dreifaltigkeitskirche. Rechts hinter dem Dom der Rhein.

Fußtitel: *Spire* (A. Min.).

Holzstich, sign. (rechts unten im Bild) *M. Noyel* (?); 11 × 14 cm. - Um 1860

Lagerort: Privatsammlung Speyer. D.

Spire.

Nr. 2.3.02

Blick vom oberen Stockwerk des Neuen Kaufhauses am Markt zum Dom (mit neuromanischem Westwerk); vorne rechts das Rathaus, links vor dem Dom das Krüppelwalmdach des Hauses zum Trutzpfaff zu erkennen. Das Regierungsgebäude auf der rechten Seite bereits dreistöckig (vgl. Nr. 4.4.12).

Beschr.: Unten links: *51. - Royaume de Bavière (9)* (A. Min.).

Kopftitel: *L'Allemagne illustrée* (Stadtwappen) *par V. A. Malte-Brun* (A. Maj.).

Fußtitel: *La Hauptstrasse et la Cathédrale de Spire* (A. Maj.).

Holzstich, sign. *Navellier* (?) *&* *Maris* (rechts unten im Bild); 14,8 × 22,9 cm. - Um 1860

Druckort: V. A. Malte Brun, L'Allemagne illustrée.

Lagerort: Privatsammlung Speyer. D.

Nr. 2.3.04

Ansicht der Hauptstraße mit Blick auf die neuromanische Westfassade des Domes. Rechts das Rathaus (1712–1726), links das Hohenfeldt'sche Haus (Mitte 18. Jahrhdt.). Bürger auf der Straße.

Fußtitel: *Cathédrale de Spire* (A. Min.).

Holzstich, sign. links unten *P. Richner*, rechts *F. Meunier*; 9,1 × 10,5 cm (Platte); 8 × 8 cm (Bild). - Um 1868

Druckort: nicht festgestelltes französisches Werk.

Lagerort: MSP: HM 1985/36 (kolor.). - Privatsammlung Speyer (mit dem Fußtitel *Abb. 490. Der Dom zu Speier*, Fr. Min., links leicht beschnitten, mit anderer Personenstaffage; sonst gleich). St./D.

Cathédrale de Spire.

Nr. 2.3.05

Ansicht des unteren Teils des neuromanischen Westwerks des Domes, links dahinter die ehemalige Jesuitenkirche, daneben Blick in die Stuhlbrudergasse, an deren Ende links die Jesuitenschule. Ganz vorne links Ecke des bischöflichen Palais mit den neuromanischen Fenstern der Hauskapelle.

Kopftitel: *Domplatz zu Speyer | bis zum 20. November 1878 | Ansicht von Süden* (A. MinKurs.).

Federzeichnung, aquarelliert, unsign.; 25×51,6 cm. – 1878

Lagerort: MSP: BS 1352.

Lit.: Portenlänger-Stein S. 77, 79 Nr. 137. D.

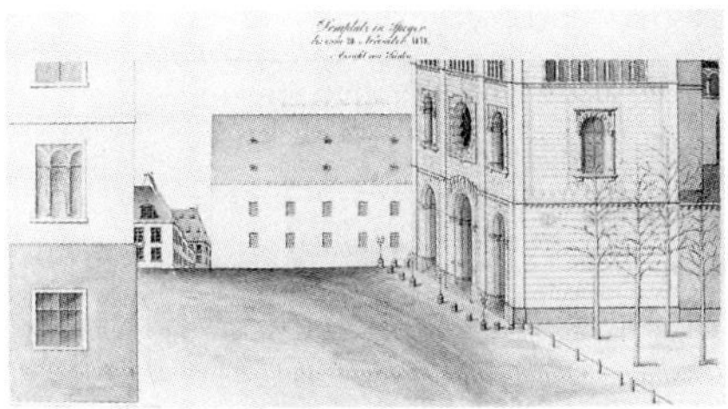

Nr. 2.3.06

Ansicht des Unterteils der neuromanischen Westfassade des Domes, ganz wie Nr. 2.3.05. Die links vom Dom stehende Jesuitenkirche ist abgebrochen, dahinter Giebelwand, rechts davon zwei kleinere Bauten, einer polygonal, zu sehen.

Kopftitel: *Domplatz zu Speyer | Ende des Jahres 1878 | Ansicht von S* (A. MinKurs.).

Federzeichnung, aquarelliert, unsign.; 25,7×53,1 cm. – 1878

Lagerort: MSP: BS 1353.

Lit.: Portenlänger-Stein S. 77, 79 Nr. 137. D.

Nr. 2.3.07

Die Hauptstraße von O, vom Dom aus gesehen. Durchblick bis zum Altpörtel. Im Vordergrund der Domnapf, rechts das Haus zum Trutzpfaff, links das Vikariengebäude (1704/05, heute Bischofspalais). Figurenstaffage napoleonischer Zeit.

Federzeichnung (Skizze mit Maßraster) von Joh. Ruland; 23,3×36,1 cm. Um 1815

Lagerort: MSP: BS 501.

Lit.: Dellwing KDM Abb. S. 177. St./D.

Nr. 2.3.08

Ansicht der Hauptstraße von O, vom Dom aus. Links vorn das Vikariengebäude, rechts das Haus zum Trutzpfaff, die Mündung der Großen Himmelsgasse und die Dreifaltigkeitskirche. Im Hintergrund das neue Kaufhaus (1748/49) mit der Fortuna-Statue von Vinzenz Möhring auf dem Giebel; ganz hinten das Altpörtel. Das ehemalige Regierungsgebäude auf der Südseite der Hauptstraße (jetzt Polizei) ist noch nicht aufgestockt.

Lithographie, unsign.; 7,8×23,6 cm. – Um 1830

Lagerort: MSP: BS 354. – Privatsammlung Zink-Graf.

Lit.: Doll, Handel und Wandel S. 61.

Bild 98 St./D.

Nr. 2.3.09

Das Altpörtel, mit erhaltenem Wehrgang rechts, zu dem eine breite Steintreppe hinaufführt. Links neben dem Stadttor noch keine Durchfahrt, das dort stehende Haus wurde zwischen 1831 und 1844 abgerissen. Die in den Blendnischen des Turmes eingelassenen Fenster sind noch vermauert. Vor dem Turm rechts die obere Schranne, davor ein Pumpbrunnen mit Schwengel. Der Stadtbach bereits kanalisiert, längs der Straße Geländer.

Fußtitel: *Altpförtel in Speyer* (deutsche Schreibkursive).

Bleistiftzeichnung, sign./dat. unten rechts *nach der Natur gez. v. Carl Rauch auf der Reise mit Ludwig Lange 1831* (deutsche Schreibkursive); 34 × 23,1 cm. – 1831

Lagerort: Hess. Landesmuseum Darmstadt: Inv. HZ 4984.

Lit.: Roland, Pfalz S. 41. – Speyer. Vierteljahrsheft Winter 1989/90 S. 2.

Bild 118 D.

Nr. 2.3.10

Blick über die Hauptstraße zum Altpörtel mit noch vermauerten Fenstern, rechts am Turm ein Schwibbogen der Stadtmauer, links angebautes Haus (noch keine Durchfahrt neben dem Turm). Häuser der Hauptstraße alle in Traufstellung. Spärliche Personenstaffage.

Fußtitel: *Der Altpörtel* (Fr. Min.).

Lithographie in der Randleiste (links oben) eines Stadtplanes von 1821, sign. unter dem Plan *Lithographiert und gedruckt von S. Bühler in Mannheim*; 10,9 × 8,1 cm (nur Bild). – 1830/40

Lagerort: MSP: HM 0/2806 (der ganze Plan mit neun lithogr. Einzeldarstellungen von Speyer). – StASP: Best. 233 Nr. IV 362 (nur obiges Bild). D.

Nr. 2.3.11

Altpörtel von ONO, der Wehrgang rechts vom Turm ist einem dreistöckigen Haus gewichen. Links vom Turm ist der Durchgang geöffnet, das dort an den Turm angebaute dreistöckige Haus ist abgebrochen, längs dem Durchgang jetzt ein neuerbautes zweistöckiges Gebäude mit der Traufseite zu der neu geschaffenen Durchfahrt. Rechts vor dem Turm Menschengruppe, vor allem Buben und Mädchen, die sich neugierig um eine Dame mit Hut drängen, die einen Zeichenblock vor sich hat. Auf dem Pumpbrunnen ein Bursche, der die Szene von oben beobachtet.

Aquarell, von Mary Ellen Best; 33 × 22,5 cm. – ca. 1844

Lagerort: Privatbesitz von Mr. Francis Taylor, Wimsborne, Dorset, Great Britain.

Lit.: Caroline Davidson, The World of Mary Ellen Best. With a foreword by Howard Rutkowski. London 1985, S. 126 Abb. 122; Beschreibung S. 125.

Bild 119 D.

Nr. 2.3.12

Ansicht der Hauptstraße (Maximilianstraße) mit Blick auf das Altpörtel (mit Uhr) von O. Auf der Straße vorn Gespann mit vier Pferden, im Hintergrund ein zweites Fuhrwerk. Figurenstaffage.

Fußtitel: *Maximilianstraße beim Altpörtel zu Speyer | (Rhein-Pfalz)* (A. Maj.).

Stahlstich, sign. links unten *R. Höfle del.*, rechts *J. Poppel scu.* Unter dem Fußtitel *Verlag von A. H. Gottschicks Buchhandlung (E. Witter) in Neustadt a/H.* 11 × 16,5 cm. – 1855

Druckort: Weiss, Rhein-Pfalz. 2 1855, nach S. 164 (vgl. Kermann, Franz Weiss, S. 266 Anm. 132).

Lagerort: MSP: BS 411. HM 1981/51. – StASP: Best. 233 Nr. IV 277. – Theod. Zink.-M KL: Graph. Sammlung Inv. Nr. 627.

Lit.: Stein, Stadtbilder, Abb. St./D.

Nr. 2.3.120

Blick von der Hauptstraße zum Altpörtel, nach dem Stahlstich von Poppel und Höfle (Nr. 2.3.12), jedoch mit anderer Straßenszene.

Fußtitel: *Spire* (A. Min.)

Holzstich, unsign.; 5×7,9 cm. – Nach 1855

Vorlage: Nr. 2.3.12.

Lagerort: Privatsammlung Speyer. D.

Spire.

Nr. 2.3.13

Blick aus der Vogelschau über die Hauptstraße zum Altpörtel, von dem rechts noch der Wehrgang, links das an den Turm angebaute Haus zu erkennen ist; die Darstellung gibt also hierin den Zustand vor 1844 wieder. Andererseits sind die Fenster am Torturm bereits von der Vermauerung befreit, was den Zustand nach 1854/55 wiedergibt. Auf der Straße spärliche Figurenstaffage.

Fußtitel: *Das Altpörtel zu Speyer* (Fr. Min.).

Holzstich, unsign., nach dem Druckort auf vor 1858 zu datieren; 5,6×3,9 cm. – Vor 1858

Druckort: August Becker, Die Pfalz und die Pfälzer. Leipzig 1858, S. 146.

Lagerort: Privatsammlung Speyer (nach den Drucktypen aus einer späteren Auflage). D.

Das Altpörtel zu Speyer.

Nr. 2.3.14

Ansicht der Hauptstraße mit Blick auf das Altpörtel, dessen Fenster bereits wieder freigelegt sind (1854/55). – Auf beiden Seiten der Gehsteige Gaslaternen (Gasbeleuchtung seit 1860). Figurenstaffage, vorne rechts fünf Stadtsoldaten.

Fußtitel: *Straße in Speyer in der Rheinpfalz* (Fr. Min.)

Holzstich, unsign.; 12,7×17 cm. – Nach 1860

Lagerort: MSP: BS 412.

Lit.: J. Behles, Das Altpörtel zu Speyer. Baden-Baden/Straßburg 1959, S. 48f. – Klotz, Stadtgesch. S. 173. St.

Straße in Speyer in der Rheinpfalz.

Nr. 2.3.15

Ansicht der Hauptstraße mit Blick zum Altpörtel (mit Uhr). Beiderseits der Straße Gaslaternen. Figurenstaffage, rechts Gruppe von drei Stadtsoldaten.

Druck nach Holzstich, sign. unten links: *H. J. N. A. C. Fils;* 22,4×22 cm. Nach 1860

Druckort: Niederländische Publikation, nicht ermittelt.

Lagerort: MSP: HM 1979/115b. – StASP: Best. 233 Nr. IV 355 (aus englischem Werk; Fußtitel: *Street in Spire*). St./D.

Nr. 2.3.16

Blick über die Hauptstraße vom Rathaus aus zum Altpörtel, in der Mitte das neue Kaufhaus, das bereits um ein Stockwerk erhöht ist (seit 1874). Rechts davon die Konvikts- (ehemalige Dominikaner-)kirche. Von Fußgängern, Kutsche und Fuhrwerk reich belebte Straßenszene.

Fußtitel: *Die Post und Hauptstrasse* (A. Maj.).

Radierung, sign. (links unten) *N. d. Nat. v. Rob. Geissler, Berlin*; rechts *Verlag d. Kleeberger'schen Buchh. Speyer*; 7,9 × 11,5 cm. – Nach 1874

Lagerort: Privatsammlung Speyer.

Bild 127 D.

2.4: Andere Straßen und Plätze

Nr. 2.4.01

Blick durch die Roßmarktstraße nach N. Im Hintergrund in der Mitte das Altpörtel von SO. Auf der Stadtseite sind die Fenster noch vermauert (bis 1854/55).

Bleistiftzeichnung von Peter Gayer, stockfleckig; 34,8 × 29 cm. – Um 1825

Lagerort: MSP: BS 506.

Bild 117 D.

Nr. 2.4.02

Ansicht der Stiftskirche St. German und Moritz auf dem heutigen Königsplatz, abgebrochen 1806, von SSO. – Mittel- und südliches Seitenschiff ohne Dächer. An der Ecke der Kirchhofsmauer eine abgespannte Kutsche. Gegenüber der Kirche das noch stehende barocke Haus zum Rodensteiner mit der erhaltenen gotischen SW-Ecke mit der Statue des Hl. Jost (Jodokus) von 1462. Im Hintergrund rechts Blick in die Schustergasse.

Beschr.: links unten *St. German* (A. MinKurs.), rechts *Ruland del.* (A. MinKurs.) (nur auf der Kopie).

Aquarellierte Federzeichnung von Joh. Ruland; 30,3 × 48,1 cm. – Um 1800

Vgl. Nr. 4.1.12 u. 6.3.01.

Lagerort: MSP: BS 552. BS 553 (Kopie).

Lit.: Bayerland S. 273. – Röttger KDM S. 535 u. S. 539 (mit dem Titel oben: *S. Germans Kirche, (v. d. Bürgern wieder aufgebaut*, in deutscher Schreibkursive). – Engelhardt, Geschichtliche Erinnerungen Tafel V. – Klotz, Stadtgesch. S. 88 (Ausschnitt). – Dellwing KDM S. 219.

Bild 67 St./D.

Nr. 2.4.03

Ruinen in der Heerdgasse auf der Ostseite von N nach S. In der Mitte gotischer, heute noch erhaltener Torbogen aus Backsteinen, darüber Senkscharte. Wohl Eingang zu einem (befestigten?) Patrizierhaus (Deifels Haus?) der 2. Hälfte des 13. Jahrhdts.

Beschr.: *modo;* (nachträglich von anderer Hand vorgesetzt, danach:) *Deifels Wohnhaus Herdgasse* (in deutscher Schreibschrift).

Bleistiftzeichnung von Johannes Ruland; 27,8 × 39,5 cm. – Um 1800

Lagerort: MSP: BS 503.

Bild 76 St.

Nr. 2.4.04

Ruinen in der Heerdgasse, Ostseite von S nach N. Links der heute noch erhaltene gotische Torbogen mit Senkscharte (vom „Deifels Haus"?), rechts davon weitere ruinöse Gebäude.

Federzeichnung von Joh. Ruland; 25,1 × 45,6 cm. – Um 1800

Lagerort: MSP: BS 499 (nicht auffindbar). BS 500 (Kopie).

Lit.: Röttger KDM S. 554. St.

Nr. 2.4.05

Ansicht des ehemaligen, um 1840 abgerissenen Pfründner-Hauses des St. Georgenspitals im Hintergrund. Rechts davon der Turm der Hl. Geistkirche. Im Vordergrund links barockes Haus, im Mittelgrund mehrere Häuser, vorn in der Mitte ein Plankenzaun.

Fußtitel: *S. Georgenspital Speier* (deutsche Schreibschrift).

Sepiazeichnung von Peter Gayer, 21,3 × 25,3 cm. – Um 1830

Lagerort: MSP: BS 430.

Lit.: Bayerland S. 270. – Klotz, Stadtgesch. Abb. S. 79. St./D.

Nr. 2.4.06

Der Backofen bei der Johanneskirche im Hintergrund, davor und daneben mehrere Häuser und Ruinenreste. Im Vordergrund eine Frau im Türfenster, eine Magd mit vier Hühnern, eine Frau und ein Mann (mit Dreispitz und Zopf) im Gespräch, daneben ein Hund.

Rücktitel: *Bachoffen zu Speyer* (dann andere Hand:) *nächst der Johanneskirche* (deutsche Schreibkursive)

Aquarell von Franz Stöber; 19,7 × 26,5 cm. – Um 1790

Lagerort: MSP: BS 420.

Lit.: Bayerland S. 271. – Jöckle, Speyerer Künstler, S. 40f.

Bild 77 St./D.

2.5.: Vor den Toren der Stadt

Nr. 2.5.01

Schreitender Landsknecht, der in der Linken die Speyerer Stadtfahne schwingt. Auf der Fahne das Stadtwappen (Domfassade, falsch gezeichnet). Zu dessen Füßen rechts das Wormser Tor, daneben der Zentralbau der Hl. Grabkirche; links das Diebstor mit der Diebsbrücke. Ansicht von SO.

Kopftitel: *Speir* (Fr. Min.).

Holzschnitt, sign. *IK*, vor der Diebsbrücke; 22 × 14,4 cm. – 1540

Druckort: J. Köbel, Wappen des heyligen Römischen Reichs Teutscher nation. Cyriacus Jacobus zum Bart, Frankfurt a. Main 1545.

Lagerort: StASP: Best. 233 Nr. III 95 (kolor.). III 199.

Lit.: Röttger KDM S. 520 Abb. 373 (Detail). – Klotz, Stadtgesch. Abb. S. 42.

Bild 19 St.

Nr. 2.5.02

Ansicht der Schießberger Mühle (Steiner'sche Mühle) von SO. Rechts daneben zwei Gebäude eines Gutshofes (wohl Heid'sches Anwesen, erbaut 1821). Andeutung von Baumgruppen.

Fußtitel: *Die Mühle bei Speyer an der Dudenhofer Schaussée* (deutsche Schreibschrift).

Bleistiftzeichnung, wohl von Gerhard Ruland; 20,5 × 25,5 cm. – Nach 1821

Lagerort: MSP: BS 361.

Lit.: K. R. Müller, Bemerkungen XII S. 101ff. (mit Besprechung unserer Zeichnung in Anm. 34). St./D.

Nr. 2.5.03

Ansicht der Schießberger Mühle (Steiner'sche Mühle) vor der Stadt von SO. Im Mittelgrund Gebäudegruppe aus vier Bauten, Obergeschosse in Fachwerk. Links die obere „Galcmühle", mit Schleusengalerie und drei unterschlächtigen Rädern; die untere „Galcmühle" mit Wassergalerie und zwei Rädern. Rechts die steinerne Brücke für die ehemalige Dudenhofer-, heute Schützenstraße. Auf der Brücke zwei Personen mit geschulterten Hakken (K. R. Müller).

Fußtitel: rechts unten *Mühle bei Speyer* (deutsche Schreibschrift, von der Hand Gayers.).

Federzeichnung von Peter Gayer; 29,7 × 40 cm. – 1820/30

Lagerort: MSP: BS 3055 (= HM 1929/9).

Lit.: wie Nr. 2.5.02. – Dellwing KDM S. 218.

Bild 80 St./D.

2.6. *Ansichten von 1777*

Nr. 2.6.01

Blick auf den Dom (noch ohne barokkes Westwerk!) und die umliegenden Gebäude mit Heidentürmchen und Udenturm, von O, vom Mündungsbereich des Speyerbachs aus. Sparsame Figurenstaffage.

Beschr.: Oben, Mitte des Blattrandes *stadt Speier* (Bleistift, in deutscher u. lat. Schreibkursive); unten rechts *1784* (Bleistift); *D. c. X. 1112 4 fl.*

Sepia-Aquarell eines Künstlers aus dem Umkreis des Ferdinand Kobell, unsign.; 20 × 34,4 cm. – Spätestens 1777

Lagerort: MSP: HM 1986/52 I.

Lit.: Roland, Speyer 1777. Abb. und, nebst Einführung, Beschreibung S. 7 Nr. 1.

Bild 47 D.

Nr. 2.6.02

Blick auf den Dom und den Bereich der bischöflichen Immunität. Der Dom ohne das Westwerk, also nach 1755 und vor 1778. Rechts davon die Bischofspfalz der Renaissance aus dem Anfang des 17. Jahrhdt., das Heidentürmchen und der Udenturm. Ganz rechts die Vorstadt über Hasenpfuhl.

Beschr.: *Die Stadt Speier* (oben Mitte, in deutscher u. lat. Schreibkursive); *No 2* (oben rechts am Rand); *Anno 1784; D. c. X. 1111* (unten rechts).

Sepia Aquarell, unsign.; 20,2 × 35,2 cm. – Spätestens 1777

Lagerort: MSP: HM 1986/52 II.

Lit.: Roland, Speyer 1777. Abb. und, nebst Einführung, Beschreibung S. 7 Nr. 2. – Kubach-Haas, Dom zu Speyer, Textbd. S. 96 Nr. 169.

Bild 48 D.

Nr. 2.6.03

Blick vom Domplatz auf die Ruinen des Rathofes und Reichskammergerichts, die Dreifaltigkeitskirche. In der Großen Himmelsgasse links das Hohenfeldt'sche Haus (heute Sozialamt). Im Vordergrund eigenartig versunkene Häuser. „Vielleicht eine Art Erinnerungsbild vom Hasenpfuhl oder Sinnbild für die untergegangene Stadt?" (Roland).

Beschr.: *D. c. X. 1113. – 4 fl.*

Sepia-Aquarell, unsign.; 20,2 × 35,1 cm. – Spätestens 1777

Lagerort: MSP: HM 1986/52 III.

Lit.: Roland, Speyer 1777. Abb. und, nebst Einführung, Beschreibung S. 7 Nr. 3.

Bild 49 D.

Nr. 2.6.04

Blick vom Gelände des ehemaligen Johanniterhofes (heute Amtsgericht) nach SO. Im Vordergrund rechts Ruine eines Treppenturmes des Johanniterhofes. Am linken Bildrand der Turm der Johanniskirche, daneben die Helme der Osttürme des Domes, Läutturm und, davor, der Dachreiter der Hl. Geistkirche.

Beschr.: *Speier* (oben über dem Bildrand, Mitte, in lat. Schreibkursive); *D. c. X. 1109. 4 fl.* (unten, unter Bildrand, rechts).

Sepia-Aquarell, unsign.; 20,1 × 34,9 cm. – Spätestens 1777

Vgl. 4.2.06.

Lagerort: MSP: HM 1986/52 IV.

Lit.: Roland, Speyer 1777. Abb. und, nebst Einführung, Beschreibung S. 7 Nr. 4.

Bild 55 D.

Nr. 2.6.05

Blick vom Gelände des ehemaligen Johanniterhofes (heute Amtsgericht) nach S. Rechts vorn die Wormser Straße, mit dem Turm der Bartholomäuskirche, rechts davon das Altpörtel, daneben die Helmspitze des Dachreiters der Karmeliterkirche.

Beschr.: *stadt Speier* (oben Mitte, über dem Bildrand in deutscher u. lat. Schreibkursive); *D. c. X. 1102. 4 fl.* (unten rechts am Blattrand).

Sepia-Aquarell, unsign.; 20,4 × 35 cm. Spätestens 1777

Vgl. 4.2.06.

Lagerort: MSP: HM 1986/52 V.

Lit.: Roland, Speyer 1777. Abb. und, nebst Einführung, Beschreibung S. 7 Nr. 5.

Bild 50 D.

Nr. 2.6.06

Häuserwinkel in Speyer. Die Lage ist im einzelnen nicht zu bestimmen. Die hinter dem großen Haus links hervorragende Turmspitze könnte die der Hl. Geistkirche sein.

Beschr.: *Speier* (oben in der Mitte des Blattrandes in lat. Schreibkursive); *D. c. X. 1110 4 fl.* (unten rechts am Blattrand).

Sepia-Aquarell, unsign.; 20,3 × 34,9 cm. – Spätestens 1777

Lagerort: MSP: HM 1986/52 VI.

Lit.: Roland, Speyer 1777. Abb. und, nebst Einführung, Beschreibung S. 7 Nr. 6.

Bild 51 D.

Nr. 2.6.07

Blick auf den Hasenpfuhl mit der Klosterkirche St. Magdalena. Im Vordergrund die Kleebach, dahinter Holzschuppen und ein Schiffsmast.

Beschr.: *Speier* (oben am Blattrand, Mitte in lat. Schreibkursive); *D. c. X. 1107 4 fl.* (unten rechts am Blattrand).

Sepia-Aquarell, unsign.; 20,1 × 35,3 cm. – Spätestens 1777

Lagerort: MSP: HM 1986/52 VII.

Lit.: Roland, Speyer 1777. Abb. und, nebst Einführung, Beschreibung S. 7 Nr. 7.

Bild 52 D.

Nr. 2.6.08

Blick auf die Stadt von SO. Hinter der oberen Kleebach, im Vordergrund in der Bildmitte, das Stephanstor (Fischertor) und der Armbrustertorturm. Rechts das Mirbachhaus mit der Zwiebelhaube der Stephanskapelle. Der Weg vorne führt zur Landestelle des Lußheimer Fahrs.

Beschr.: *No. 1* (oben rechts am Blattrand); *Die stadt Speier* (Mitte des Blattrandes oben in deutscher u. lat. Schreibkursive); *D. c. X. 1137 4 fl.* (unten rechts am Blattrand).

Sepia-Aquarell, unsign.; 20,6 × 35 cm. Spätestens 1777

Lagerort: MSP: HM 1986/52 VIII.

Lit.: Roland, Speyer 1777. Abb. und, nebst Einführung, Beschreibung S. 7 Nr. 8.

Bild 53 D.

Nr. 2.6.09

Blick von SO auf den südwestlichen Teil der Stadt. In der Bildmitte das Stift Allerheiligen, rechts davon im Hintergrund das Altpörtel, daneben im Mittelgrund die Peterskirche, weiter die Kirche des Barfüßerklosters und der hohe gotische Turm der Stiftskirche St. German und Moritz (heute Königsplatz).

Beschr.: *1777* (am unteren Bildrand Mitte); *No 1* (am oberen Blattrand rechts); *Speier* (Mitte des oberen Blattrandes in lat. Schreibkursive); *D. c. X. 1136 4 fl.* (rechts unten auf dem Blattrand) daneben rechts *1784.*

Sepia-Aquarell, unsign.; 20,1 × 35,2 cm. – Spätestens 1777

Lagerort: MSP: HM 1986/52 IX.

Lit.: Roland, Speyer 1777. Abb. und, nebst Einführung, Beschreibung S. 7 Nr. 9. – Klotz, Stadtgesch. Abb. S. 49.

Bild 54 D.

3. Domansichten mit Umgebung

3.1 Dom und Umgebung vom Rhein aus

Diese Gruppe umfaßt nur Bilder des Domes aus dem 19. Jahrhundert, die ihn mit dem barocken (Nr. 3.1.01–21) bzw. mit dem neuromanischen Westwerk zeigen. Nr. 3.1.153 und 3.1.190 sind Nachstiche nach Vorlagen mit barockem Westwerk, die auf den neuen Stand nach 1856 gebracht sind; auch sie stellen also den Dom mit der neuromanischen Westfassade dar.

Ältere Ansichten des Domes vor 1689 geben die Gruppen 1.1 bis 1.5 wieder sowie Nr. 2.1.03, 3.2.01, 5.1.01, 5.1.02, 5.2.01–04. D.

Nr. 3.1.01

Ansicht des Domes (mit barockem Westwerk) von ONO, links das Heidentürmchen, rechts der Udenturm angedeutet. Im Vordergrund die Kleebach mit zwei Fischerkähnen, links eine Brücke. Am Dom erscheint der Ostgiebel abgetragen und noch nicht wieder erneuert. Vgl. 3.1.02.

Federzeichnung, sign. rechts unten *Ruland;* 21,4 × 34 cm (größte Maße) – Um 1817

Lagerort: Privatsammlung Graf, Speyer. D.

Nr. 3.1.02

Ansicht des Domes (mit barockem Westwerk und abgebrochenem Chorgiebel) von ONO von der Speyerbachmündung aus mit Blick in die Kleebach. Rechts der Uden- oder Kürschnerturm, dahinter der Turmhelm der Nikolauskapelle und der Domstaffelturm. In der Bildmitte breit der Bach mit einem Nachen, rechts ein Segelschiff, im Hintergrund der untere Riegel (mit Fallgatter). Ganz rechts die Vorstadt über Hasenpfuhl mit der Klosterkirche St. Magdalena. Vgl. Nr. 2.2.02!

Pause nach Federzeichnung von Joh. Ruland; 30,6 × 51 cm. – Orig. um 1817

Lagerort: MSP: BS 428 (Pause nach BS 437, nicht auffindbar).

Lit.: Eger, Gesch. Speyer Bd. 1 S. 290 Abb. 2. D.

Nr. 3.1.03

Ansicht des Domes (mit barockem Westwerk, Chorgiebel abgebrochen) und eines Teiles der Stadt von ONO. Die Bischofspfalz nicht mehr vorhanden. Ganz links das Heidentürmchen, von dort nach rechts die Stadtmauer mit Zinnen bis hin zum Uden- oder Kürschnerturm. Ganz rechts der untere Riegel mit Ausfluß des Speyerbachs.

Beschr.: rechts oben *7.*

Federzeichnung, getuscht, von Joh. Ruland; 32 × 42 cm. – Um 1817

Lagerort: MSP: BS 437.

Lit.: Portenlänger-Stein S. 41 Nr. 63 mit Abb. St./D.

Nr. 3.1.04

Ansicht des Domes von SO (nur östliches Langhaus und Ostteile, Chorgiebel abgebrochen, wie Nr. 3.1.01–03). Zeltdach über der Vierung. Von links vorne nach rechts hinten dreifach gestaffelte Stadtmauer, die obere mit Zinnen und Scharten, darin in der Mitte der Zimmerleutturm (1771 bereits abgebrochen) und das Heidentürmchen rechts. Im Vordergrund die Kleebach, darauf ein Nachen mit drei Personen. Links hohe Baumgruppe.

Fußtitel: *Dom zu Speyer* (A. Min-Kurs.).

Lithographie, kolor., (sign. unten links) *Nach der Natur gezeichnet von Jos. Thürmer*; 24 × 30,5 cm. – 1817

Lagerort: MSP: BS 388. HM 1938/27 (9). – StASP: Best. 233 Nr. III 90. Nr. III 91: dasselbe nach Zeichnung von Jos. Strobl, Bayreuth 1821. – Theod. Zink-M KL: Graph. Sammlung Inv. Nr. 140. – Weitere Lagerorte bei Kubach-Haas, Der Dom zu Speyer Textbd. S. 99 Nr. 199.

Lit.: L. Dußler, Die Inkunabeln der deutschen Lithographie. 1925 (Nachdruck 1955) S. 272 Nr. 7. – Kubach-Haas, Dom zu Speyer, Textbd. S. 99 Nr. 199. – Portenlänger-Stein S. 39 u. 42 Nr. 70 mit Abb.

Bild 104 St./D.

Nr. 3.1.05

Blick auf den Dom (mit barockem Westwerk) von ONO von der Kleebach aus, rechts die ehemalige Jesuitenkirche und die Dreifaltigkeitskirche; links das Heidentürmchen; daneben, dem Dom zu, die Domdechanei(?), links die barocke Zwiebelhaube der Stephanskapelle. Am Dom ist der Chorgiebel und das Dach des nördlichen Querhauses abgebrochen. Vor dem Dom ansteigendes, hügeliges und buschbestandenes Gelände. Ganz im Vordergrund ein Anker am Ufer.

Feder- und Bleistiftzeichnung, unsign. von Peter Gayer, dat. *22. Oct. 1818*; 19,2 × 24,1 cm. – 1818

Lagerort: MSP: HM 0/4096.

Bild 105 D.

Nr. 3.1.06

Blick auf den Dom (barockes Westwerk) vom östlichen Ufer der Kleebach aus von NO. Links vom Dom das Heidentürmchen, rechts die Jesuitenkirche und die Dreifaltigkeitskirche. Auf dem Ufer im Vordergrund Treidelknecht mit Pferd, der ein Segelschiff mit eingezogenem Segel stromauf zieht, daneben links ein hoher Baum.

Lithographie, kolor., unsign.; 17 × 25,9 cm. – Um 1820

Lagerort: MSP: BS 392.

Bild 106 D.

Nr. 3.1.07

Ansicht des Domes (mit barockem Westwerk), umgeben von Laubbäumen, von SO. Rechts das Heidentürmchen, links die Turmhelme der Dreifaltigkeitskirche, des Läutturms und der Hl. Geistkirche. Um den Baumbereich zieht sich die alte Stadtmauer. Rechts im Vordergrund die Kleebach, links ein Baum.

Federzeichnung, getuscht, unsign., vielleicht von Peter Gayer; 23,6 × 32,8 cm. – Um 1820

Lagerort: MSP: HM 0/4095.

Bild 107 D.

Nr. 3.1.080

Ansicht des Domes (mit barockem Westwerk und abgewalmtem Chorgiebel) von NO, links das Heidentürmchen, rechts Jesuitenkirche und Domstaffelturm. Im Vordergrund die Kleebach mit der Einmündung des Speyerbachs. Links ein Nachen; am östlichen Ufer der Klüpfelsau Mann mit Schubkarre. Bildrand mit schematischer Blütenbordüre.

Stahlstich, unsign.; unter dem Bordürenrand rechts *Druckerei von J. F. Kranzbühler dem Aelteren*; 10,2 × 17,5 cm (innerer Bildrand). – Vor 1850

Vorlage: wohl Nr. 3.1.08.

Lagerort: StASP: Best. 233 Nr. IV 176. D.

Nr. 3.1.08

Ansicht des Domes (barockes Westwerk) von NO, links das Heidentürmchen, rechts die ehemalige Jesuitenkirche, gesehen vom östlichen Ufer der Kleebach. Auf dem Wasser Nachen mit zwei Ruderern. Im Vordergrund berittener Hirt mit Kuh, rechts davon drei Wasservögel.

Lithographie, rechts unter dem Bild sign. *G. Rulandt fec.* (A. MinKurs.); 10,5 × 16,5 cm. – Um 1826

Lagerort: MSP: BS 1310 (Inv. Nr. 1102).

Lit.: Jöckle, Speyerer Künstler S. 44 und Abb. 36. – Portenlänger-Stein S. 42 Nr. 71. St./D.

Nr. 3.1.09

Blick auf den Dom und auf die Stadt von NO im Hintergrund. Links das Heidentürmchen, nach rechts der Udenturm. Vor dem Querhaus des Domes noch die bischöfliche Pfalz (abgebrochen 1806); rechts vorne hoher Baum, dahinter im Hintergrund Haus und der Turm der Moritzkirche und der Läutturm. Vorne am Rheinufer drei Personen. Besonders auffallend ein großer Regenbogen, der das Westwerk des Domes verdeckt.

Fußtitel: *Speyers* (A. Maj.).

Lithographie, sign. (unter dem Fußtitel) *L. Haghe del. W. Day lith.*, darunter *Pub^{d} by Goulding & D'Almaine, Soho Square. 1829*; 19,1 × 20,5 cm. – Zustand vor 1806. 1829

Druckort: J. R. Planché, Lays and legends of the Rhine. ^{2}1832.

Lagerort: MSP: BS 347. – StASP: Best. 233 Nr. IV 285 (sign. links *Jones lith.* rechts *Haghe del.*).

Lit.: Kubach-Haas, Dom zu Speyer, Textbd. S. 99 Nr. 197. – Portenlänger-Stein S. 40f. Nr. 61a mit Abb. St./D.

Nr. 3.1.10

Blick auf den Dom (mit barocker Fassade) von NO, vom Weg vor dem Kühtor aus (vgl. Nr. 6.3.02; Röttger S. 605!). Links ein kleines Haus unter hohen Bäumen, davor ein zweirädriger Karren mit Pferd und mehreren Personen. Rechts ein bürgerliches Paar. Hinten rechts das Rhein- oder Kühtor, nur angedeutet, mit anderen Gebäuden.

Beschr.: unten links *Speyer 1830* (A. deutsche Schreibkursive).

Federzeichnung von Gerh. Ruland; 37,7 × 59 cm. – 1830.

Lagerort: MSP: BS 434. St./D.

Nr. 3.1.110

Ansicht der Stadt und des Domes von O. Darstellung ähnlich wie Nr. 3.1.11, aber vereinfacht, auch das kleine Segelboot rechts im Mittelgrund beibehalten. Lediglich der Vordergrund und die Strichführung im ganzen schematischer, weniger künstlerisch.

Lithographie nach Heinr. Jakob Fried, unsign.; 14,4 × 20,1 cm. – Um 1830/40

Vorlage: Nr. 3.1.11.

Lagerort: MSP: BS 394.

Lit.: Portenlänger-Stein S. 49 Nr. 92. St./D.

Nr. 3.1.11

Blick auf Dom und Stadt von O. Links das Heidentürmchen, rechts vom Dom der Domstaffelturm; um den Dombereich dreifach gestaffelte Mauer. Im Hintergrund die Sonnenbrücke. Vorne die Kleebach mit einmündendem Speyerbach, darauf zwei Kähne. – Kräftige Spiegelung aller Bauten im Wasser. Im Vordergrund links das Ufer der Klüpfelsau mit hohem Baum, in der Mitte eine Schilfinsel mit Fischreiher, rechts davon ein Kahn mit Kindern. Der Himmel kräftig bewölkt.

Fußtitel: *Der Dom zu Speyer* (A. Min-Kurs.). *gegründ. v. K. Konrad II. 1030, vollend. d. K. Heinrich IV. 1061; zerstört unter K. Ludwig XIV. v. Fr. 1689, wiederhergestellt durch K. Max Joseph 1819–1822* (A. Min.).

Lithographie, sign. unter dem Bild links *Nach der Natur u. auf Stein gezeichnet v. H. Fried*; rechts *Gedr. v. J. Lacroix in München*; 21,9 × 29,4 cm. – 1830

Druckort: H. J. Fried, Erinnerungen an die Vorzeit. Die Rheinpfalz in Hinsicht ihrer Denkmale des Mittelalters. München 1830.

Lagerort: MSP: BS 121. 121a. – StASP: Best. 233 Nr. III 92.

Lit.: Portenlänger-Stein S. 49 Nr. 91.

Bild 95 St./D.

Nr. 3.1.12

Blick auf den Speyerer Dom (mit Barock-Westwerk) von N. Im Hintergrund rechts der Dachreiter der Dreifaltigkeitskirche und der Läutturm. Vorne der Ausfluß des Vorstadtgrabens in die Kleebach mit Brückenhäuschen. Auf dem Wasser am Ufer rechts ein Nachen mit zwei Frauen und einem Fergen. Im Vordergrund links ein Angler mit zwei Personen, weiter rechts ein zweiter Angler mit Hund; dazu weitere Personen am Wege. In der Mitte vor dem Dom hohe Pappel.

Fußtitel: *Spire* (A. Maj.).

Kopftitel: *Les bords du Rhin* (A. Maj.).

Lithographie, sign. unter dem Bild links *Dessiné par Chapuy*; in der Mitte *Lith. Coulon, rue richer 7;* rechts *Lith. par J. Jacottet, Fig. par A. Bayot.* Unter dem Fußtitel *Victor Delarue, Paris, Place du Louvre 10*; 17,2 × 24 cm. – 1831

Druckort: Les Bords du Rhin. Paris 1831, Blatt N° 32.

Lagerort: MSP: HM 1966/2 (kolor.). – StASP: Best. 233 Nr. III 62 (kolor.). III 89 (mit der geänderten Signierung *Lith. J. Rigo & Cie r. richer 7*). – Hack-M LU: Inv. Nr. 4903/806.

Lit.: Portenlänger-Stein S. 45 Nr. 82 (mit Abb.).

Bild Nr. 108 St./D.

Nr. 3.1.120

Blick auf den Dom (mit barockem Westwerk) von N, ganz wie Nr. 3.1.12, nur der Hund beim Angler fehlt.

Fußtitel: *Spire* (A. Min.).

Holzstich, sign. *H. Catenacci del.* (links unten), *Rouget* (rechts unten); 8,8 × 10,6 cm. – Um 1850

Vorlage: Nr. 3.1.12.

Lagerort: Privatsammlung Speyer. – StASP: Best. 233 Nr. IV 67. D.

Nr. 3.1.13

Ansicht des Domes (mit barockem Westwerk und abgewalmtem Chorgiebel) von NO sowie des östlichen Teils der Stadt im Hintergrund, mit Dreifaltigkeitskirche und Läutturm. Links das Heidentürmchen. Im Vordergrund die Kleebach mit der Mündung des Speyerbachs. Auf dem Wasser zwei Kähne, im vorderen ein stehender Mann mit heller Jacke. Links vorn am östlichen Ufer der Klüpfelsau angelandetes Floß. Auf dem Ufer ganz links einspänniger Karren, dabei Mann mit Frau und Kind, Flößer und ein Hund.

Fußtitel: *Spires* (A. Maj.).

Stahlstich, sign. links unter dem Bildrand *Tombleson del[t]*; rechts *T. Barber sculp.* Verleger: *Tombleson & Co, London, Paternoster Row*; 10 × 15,3 cm. – 1832

Druckort: Views of the Rhine. London 1832. – Martins Popular History of France. o. J. (um 1835), mit dem zusätzlichen Fußtitel *Speyer. Cathedral and Town* (A. Maj.).

Lagerort: MSP: BS 393 (ohne Fußtitel). HM 1938/30 (5) (mit Fußtitel *Speier,* A. Maj.). – StASP: Best. 233 Nr. IV 7 (aus Views of the Rhine). IV 317 (aus Martins Popular History).

Lit.: Portenlänger-Stein S. 48 Nr. 86; S. 49 Nr. 87.

Bild 109 D.

Nr. 3.1.121

Blick auf den Dom (mit barockem Westwerk) von N. Ganz wie Nr. 3.1.12, doch stark verkleinert und in der Figurenstaffage vereinfacht.

Fußtitel: *Spire* (A. Maj.).

Lithographie, unsign.; 6,2 × 8,5 cm. – Um 1850

Vorlage: Nr. 3.1.12.

Lagerort: StASP: Best. 233 Nr. IV 387. D.

Nr. 3.1.130

Ansicht des Domes von NO. Genau wie Nr. 3.1.13 von Tombleson und Barber.

Fußtitel: *Speier* (A. Maj.).

Stahlstich, unsign., nur Verlagsangabe *Aus d. Kunstanstalt d. Bibl. Inst. in Hildbh.*; 10 × 15,3 cm. – 1847

Vorlage: Nr. 3.1.13.

Lagerort: MSP: BS 395. HM 1973/20. HM 1975/29. – StASP: Best. 233 Nr. IV 8.

Lit.: Portenlänger-Stein S. 49 Nr. 88. D.

Nr. 3.1.14

Ansicht des Domes (mit barockem Westwerk, ohne Bischofspfalz) und Teilen der Stadt von NO. Links, zwischen Bäumen, das Heidentürmchen, rechts der Dachreiter der Dreifaltigkeitskirche und der Läutturm. Im Mittelgrund auf der Mündung des Speyerbachs in die Kleebach ein Nachen. Vorne links am Ufer der Klüpfelsau zwei Männer auf einem Floß.

Beschr.: nachträglich handschriftlich, durch Tintenfraß beschädigt. *'Januar 1852.*

Lithographie, breitoval, unsign., wohl der Kopf eines Briefbogens; 6,8 × 13,3 cm. – Nach 1847

Vgl. Nr. 3.1.13 u. 3.1.130.

Lagerort: MSP: BS 2477-HM 1929/7. St./D.

Nr. 3.1.15

Ansicht des Domes (mit barockem Westwerk und abgewalmtem Chorgiebel) von NO und eines Teiles der Stadt. Links das Heidentürmchen, rechts Dreifaltigkeitskirche und Läutturm, vorne rechts ein Brückenhäuschen (vgl. Nr. 3.1.12; 3.1.18). Ganz vorn ein Nachen mit zwei Frauen, eine davon Wäsche spülend. Am Ufer davor ein sitzender Mann.

Fußtitel: *Speyer.*

Stahlstich angeblich von Foster nach Zeichnung von Capon; 11,5 × 16,5 cm. – Vor 1840

Lagerort: MSP: HM 1938/27 (6). D.

Nr. 3.1.150

Ansicht des Domes und eines Teiles der Stadt; genau wie Nr. 3.1.15 von Capon-Foster, nur etwas verkleinert.

Fußtitel: *Speier* (A. Maj.).

Stahlstich, sign. unter dem Bild links *Verhas del.*, rechts *Frommel u. Winkles dir.*; *Verlag von A. H. Gottschick in Neustadt* ^{a}*/H*; 9,8 × 14,8 cm. – 1840

Druckort: Weiss, Rhein-Pfalz. 1840 (vgl. Kermann, Franz Weiss, S. 266 Anm. 132).

Vorlage: Nr. 3.1.15.

Lagerort: MSP: HM 0/2752. HM 1930/5. – StASP: Best. 233 Nr. IV 13.

Lit.: Portenlänger-Stein S. 48 und 50 Nr. 96f. D.

Nr. 3.1.151

Ansicht des Domes und eines Teiles der Stadt von NO, wie Nr. 3.1.15; leicht verkleinert.

Stahlstich, kolor., sign. (auf der Rückseite) *Meder Heidelberg*; 10 × 14,8 cm. – Nach 1840

Vorlage: Nr. 3.1.15 oder 3.1.150.

Lagerort: MSP: HM 1938/27 (5).

Lit.: Portenlänger-Stein S. 50 Nr. 97. St./D.

Nr. 3.1.152

Blick auf den Dom (mit barockem Westwerk), von NO, nach 3.1.15 von Foster und Capon. Umschlag für Schreibheft (Landcommissariat Speyer).

Lithographie, queroval, begleitet von vier Darstellungen exotischer Tiere in Kartuschen, sign. (unten) *Morheim Bergzabern;* 18,8 × 14 cm (ganzes Bild), das Oval mit der Stadtansicht 8,4 × 12,6 cm. – Um 1844

Vorlage: Nr. 3.1.15.

Lagerort: MSP: HM 1932/44. St.

Nr.3.1.16

Blick auf den Dom (mit barockem Westwerk) von NNO, vom östlichen Ufer der Kleebach aus. Die Bischofspfalz neben dem Dom nicht mehr erhalten. Auf dem Wasser ein Nachen mit zwei Personen. Im Vordergrund links ein kleines Haus, davor ein Paar, die Frau mit Henkelkorb, im Gegenlicht. Wolkiger Himmel mit durchscheinender Sonne.

Aquarell, unsign.; 18 × 16 cm. – Um 1840

Lagerort: MSP: BS 338.

Bild 111 St./D.

Nr. 3.1.153

Ansicht des Domes und eines Teiles der Stadt, ganz wie Nr. 3.1.15 und 3.1.150, der Dom jedoch mit neuromanischem Westwerk von Hübsch (die Westtürme mit dreifachen Arkaden!)

Fußtitel: *Dom von Speier (Rhein-Pfalz)* (A. Maj.).

Stahlstich, sign. links unter dem Bildrand *Verhas del.*, rechts *Frommel & Winkles dir.*; unter dem Fußtitel *Verlag von A. H. Gottschick's Buchhandlung (E. Witter) Neustadt ^{a}/H.*; 9,8 × 14,7 cm. – 1855

Vorlage: Nr. 3.1.150.

Druckort: Weiss, Rhein-Pfalz. ^{2}[1855] (vgl. Kermann, Franz Weiss S. 267f.).

Lagerort: MSP: BS 3566. HM 1975/30. – StASP: Best. 233 Nr. IV 47.

Lit.: Portenlänger-Stein S. 48 u. 50 Nr. 99 (mit Datum 1860). – Stein, Stadtbilder Abb. St./D.

Nr. 3.1.17

Ansicht des Domes mit barockem Westwerk und abgewalmtem Chorgiebel, von ONO. Links das Heidentürmchen. Im Vordergrund die Kleebach, links vorne deren Ufer auf der Klüpfelsau mit Figurenstaffage: Gruppe von zwei stehenden Männern und einem sitzenden, rechts davon eine zum Ufer vorgehende Frau, links einen Weg herabkommend eine Frau und ein Kind. Am linken Bildrand hoher Laubbaum, um den Dom große Gruppen belaubter Bäume.

Sepiazeichnung, unsign.; 40,7 × 29,5 cm. Links unten im Bild runder Stempel mit unkenntlichem Wappen und Legende (leserlich nur *Baudeputation*, A. Maj.). – Vor 1844 (?)

Vorlage zu Nr. 3.1.170 und ff. (?).

Lagerort: MSP: HM 0/4094.

Bild 112 St./D.

Nr. 3.1.170

Ansicht des Domes von ONO, wie Nr. 3.1.17. Links das Heidentürmchen. Im Vordergrund die Kleebach, links vorne Ufer der Kleebach auf der Klüpfelsau mit Figurenstaffage.

Fußtitel: *Abside de la Cathédrale de Spire – Hintere Ansicht des Domes zu Speier* (A. Maj.).

Lithographie, sign. unter dem Bildrand links *Dessiné par Chapuy*; rechts *Lith. par Bichebois et Fichot, Fig. par Bayot*; in der Mitte *Imp. par Lemercier.* Unter dem Fußtitel links *Paris, Goupil et Vibert, boul. Montmartre 15 et rue de Lancry 7*; in der Mitte *London, pub. 15. Nov. 1844 by the Anaglyphic Company 25, Berners St Oxfordst^r. Berlin, Verlag von L. Sachse & Cie.*, rechts *Paris, Jannin, Place du Louvre 20*; 39,5 × 29,5 cm. – 1844

Vorlage: wohl Nr. 3.1.17.

Lagerort: MSP: BS 125a. – Privatsammlung Speyer.

Lit.: Röttger KDM S. 46. – Speyer um 1800. – Portenlänger-Stein S. 45f. Nr. 83 mit Abb. St./D.

Nr. 3.1.171

Ansicht des Domes (mit barockem Westwerk) von ONO. Ganz gleich mit Nr. 3.1.170 von Chapuy und Bichebois.

Lithographie, sign. rechts unter dem Bild *Berdellé;* 39 × 29 cm. – Nach 1844

Vorlage wohl 3.1.170.

Lagerort: MSP: BS 384.

Lit.: Portenlänger-Stein S. 45 Nr. 80. St./D.

Nr. 3.1.172

Ansicht des Domes von ONO. Ganz gleich mit Nr. 3.1.170 von Chapuy-Bichebois, jedoch verkleinert.

Fußtitel: *Hintere Ansicht des Domes zu Speier* (A. Maj.).

Stahlstich, sign. rechts unten unter dem Bild *Rybiçka gez. u. gest.*; unter dem Fußtitel *Verlag von Gottlieb Haase Söhne*; 15,5 × 10 cm. – Nach 1844

Vorlage: Nr. 3.1.17 oder 3.1.170.

Lagerort: MSP: BS 339. – StASP: Best. 233 Nr. IV 15.

Lit.: Portenlänger-Stein S. 49 Nr. 93. St.

Nr. 3.1.173

Dom von NO mit barockem Westwerk. Genau wie Nr. 3.1.170.

Lithographie, *Verlag Lith. Anst. v. A. Borndrück, Neusalza*; 18 × 13,2 cm. – Nach 1844

Vorlage 3.1.17 oder 3.1.170.

Lagerort: Privatsammlung Speyer. D.

Der Dom zu Speier.

Nr. 3.1.18

Blick auf den Dom (mit barockem Westwerk und abgewalmtem Chorgiebel) von NNO und – vorne rechts – die Häuser am Nonnenbach. Im Hintergrund der Läutturm. Im Mittelgrund der Nonnenbach, über den eine Holzbrücke führt, dahinter ein Brükkenhäuschen (vgl. Nr. 3.1.15 und Nr. 3.1.150–153). Hinter der Ufermauer tritt der Speyerbach aus. Im Vordergrund auf dem Weg Figurengruppe: zwei Bäuerinnen, zwei Männer, auf dem Brückchen ein Angler, rechts am Ufer eine wasserschöpfende Frau.

Fußtitel: *Speier* (A. Maj.).

Stahlstich, sign. links unter dem Bild *B. Foster*; rechts *W. H. Capon*; 11,5 × 16 cm. – Um 1850

Lagerort: MSP: HM 1988/128 (kolor.). – StASP: Best. 233 Nr. IV 325 (Fußtitel in A. MinKurs.). IV 357 (mit Verlagsangabe *William Mackenzie, London, Edinburgh & Glasgow*). – Hack-M LU: Inv. Nr. 4903/832.

Bild 113 St./D.

Nr. 4.1.08

Blick auf die Johanneskirche von SW. Links zwei Frauen und ein Kind, dabei ein Reiter. Bis auf die Personenstaffage identisch mit Nr. 4.1.07, jedoch seitenrichtig.

Federzeichnung von Joh. Ruland; 34,4 × 42,5 cm. - Um 1810

Lagerort: MSP: BS 517.

Lit.: E. Lind, Speyer, die Stadt der Protestation. Heidelberg 1929, Tafel VII. - Röttger KDM S. 524. - Speyer um 1800, ohne Figuren. St.

Nr. 4.1.09

Ansicht der Ruine der Johanneskirche mit dem erhaltenen Turm, von SW. Davor ein Häuschen und zwei Personen.

Sepiazeichnung von Peter Gayer; 19,2 × 16 cm (mit Rand). - Um 1820

Lagerort: MSP: BS 429.

Lit.: Bayerland S. 272. - Röttger KDM S. 524. S. 527 Abb. 379. - Engelhardt, Geschichtliche Erinnerungen Tafel VIII. - Klotz, Stadtgesch. Abb. S. 100.

Bild 66 St.

Nr. 4.1.10

Blick auf die Ruinen der Stiftskirche St. German und Moritz (heute Königsplatz) von NW; rechts der Turm mit drei Geschossen, daran nach links anschließend das fast ganz zerstörte Kirchenschiff mit dem noch eingewölbten Chor. Im Hintergrund links Blick in die Schustergasse.

Rötelzeichnung von Joh. Ruland, verglast, gerahmt; Rahmeninnenmaße 64,9 × 48 cm. - Um 1800

Lagerort: MSP: BS 556. BS 557 (Kopie).

Lit.: Führer durch die Domausstellung 1930. II Nr. 282. - Röttger KDM S. 535. D.

Nr. 4.1.11

Ansicht der Ruine der St. German- und Moritz-Stiftskirche von SO während des Abbruchs 1805/06. Rechts stehen noch Teile des Chores, ebenso die Kirchhofmauer. Ganz rechts Blick in die Schustergasse. Im Vordergrund Trümmerreste.

Beschr.: rechts unten im Bild *Reste des S. Germanstifts* (A. MinKurs.).

Federzeichnung von Joh. Ruland; 27,9 × 41,1 cm. - 1805/06

Lagerort: MSP: BS 558. St.

Nr. 4.1.12

Stiftskirche St. German und Moritz auf dem heutigen Königsplatz von SO mit Blick in die Schustergasse. Im Hintergrund rechts ein Brunnen, vorn rechts das Haus zum Rodensteiner, angeschnitten, ohne die Ecke mit der St. Jost-Statue. Keine Kutsche an der Ecke der Kirchhofsmauer, dafür ein Mann mit Schubkarre.

Sepiazeichnung von Peter Gayer, angebl. um 1830. Zu diesem Zeitpunkt war die Kirche längst abgebrochen (1806); Gayer trat erst 1819 in den Dienst der Regierung des bayerischen Rheinkreises, daher wohl Rekonstruktionszeichnung, die das Mittel- und das südliche Seitenschiff noch bedacht zeigt, im Gegensatz zu Nr. 2.4.02 von Ruland; 27,2 × 29,7 cm. – Um 1830

Vgl. Nr. 2.4.02 u. 6.3.01.

Lagerort: MSP: BS 28.

Lit.: Führer durch die Domausstellung 1930 II S. 281. – Röttger KDM S. 535. – Speyer um 1800. Abb. – Roland, Speyer Abb. S. 79. D.

Nr. 4.1.13

Die ehemalige St. Jakobskirche von SW(?), von der nur noch der von einem Kuppelhelm bekrönte Turm im NO der Kirche aufrecht steht; das Kirchenschiff ist abgebrochen, es steht nur noch der Ostteil der Kirche mit dem hohen Chorbogen. Rechts durch einen Torbogen Durchblick auf die alte St. Jakobsgasse, die heutige Heydenreichstraße. Das Kirchenareal wird von einer hohen Mauer umzogen, durch das gerade ein Leichenzug, voraus Meßdiener und Priester in liturgischen Gewändern der Barockzeit vor den Leichenträgern mit dem Sarg, einzieht.

Gemälde (Öl auf Holz) von Franz Stöber, dat. *1787;* 19 × 28 cm. – 1787

Lagerort: Wien, Österreichische Galerie im Belvedere, seit 1945 verschollen.

Lit.: P. Volkelt, Ein spätromanischer Bündelpfeiler im Histor. Museum der Pfalz, in: MittHistVerPfalz 67 (1969) S. 232f. Abb. auf Tafel 4 zum Aufsatz im Tafelteil. – Klotz, Stadtgesch. S. 51. – Abb. in: Speyer. Vierteljahresheft Herbst 1971 S. 2.

Bild 71 D.

Nr. 4.1.14

Ruine der Peterskirche mit wohlerhaltenem Turm von S, vom Kirchhof aus, der durch ein im Hintergrund abgebildetes korbbogiges Tor zugänglich ist. Rechts neben dem Tor einstöckiges, kleines Giebelhaus, daran rechts anschließend Schwibbögen der Stadtmauer. Im Hof zwei Frauen beim Wäscheaufhängen, links ein Mann mit Schubkarre.

Aquarellierte Federzeichnung von Franz Stöber, 19,6 × 26,3 cm. – Um 1790

Lagerort: MSP: BS 305.

Lit.: Bericht Hist. Museum Nr. 2 S. 104. – Sprater, Stadtführer 1927 u. 1929 S. 15. – A. Becker, Beiträge zur Heimatkunde der Pfalz Heft 9, 1928, vor S. 9. – Röttger KDM S. 544. – Engelhardt, Geschichtliche Erinnerungen Tafel VII unten. – Roland, Speyer, S. 77 Abb. 22. – K. R. Müller, Bemerkungen V S. 130–135; S. 130 wichtig für Datierung u. Standort des Malers. – Jöckle, Speyerer Künstler S. 41 Abb. 34. – Speyer um 1800. Abb.

Bild 69 D.

Nr. 4.1.15

Ansicht der Ruine der Peterskirche von SSW; auf dem erhaltenen Kirchturm ein Nest mit zwei Störchen. Nach rechts die Sakristei und kleinere, bewohnte Häuser, dazwischen ein korbbogiges Tor (Vgl. Nr. 4.1.14). Im Vordergrund von links nach rechts, mit Tusche wohl als Stilübungen eingefügt, lange Reihe von Bürgern und Bauern, stehend und sitzend, davor vier Hunde.

Federzeichnung, z. T. getuscht, rechts unten sign. *Ruland del.*; 32,1 × 43,2 cm. – Um 1810

Lagerort: MSP: BS 537.

Lit.: Röttger KDM S. 544. – Müller, wie bei Nr. 4.1.14; Abb. S. 131. – F. Arens, Pläne des Kapuzinerklosters und der St. Peterskirche in Speyer, in: MittHistVerPfalz 67 (1969) Tafel 3,1. St./D.

Nr. 4.1.16

Blick auf die Ruine der Peterskirche von NO, mit noch wohlerhaltenem Turm (ohne Storchennest; vgl. Nr. 4.1.15). Nach links, neben dem korbbogigen Tor, das zum Kirchhof führt (vgl. Nr. 4.1.14 u. 15) kleineres Haus, hinter dem die Stadtmauer aufragt; vor der Kirchenruine kleinere Bäume. Im Vordergrund auf der Straße zwei entlang der Kirchhofmauer laufende Rinder.

Federzeichnung von Joh. Ruland, als Vorstudie zu Nr. 4.1.160; 32,5 × 41,5 cm. – Um 1790

Lagerort: MSP: BS 535.

Lit.: Röttger KDM S. 544. – Müller, wie bei Nr. 4.1.14. St./D.

Nr. 4.1.17

Ruine der Peterskirche von O mit guterhaltenem Turm (samt Storchennest). Im Vordergrund von der Kirchhofsmauer rechts begrenzte Straße, die zu dem Tor zum Kirchhof (vgl. Nr. 4.1.14ff.) führt, mit zwei Personen. Links hinten ein Haus, dahinter die aufragende Stadtmauer.

Sepiazeichnung von Peter Gayer; 15,1 × 18,3 cm. – Um 1820

Lagerort: MSP: BS 29.

Lit.: Bayerland S. 267. – Röttger KDM S. 544. – Müller, wie Nr. 4.1.14; zur Frage der Datierung s. S. 130. D.

Nr. 4.1.160

Blick auf die Peterskirche von NO, ähnlich Nr. 4.1.16; der Standort ist geringfügig nach rechts verschoben. Hinter den beiden Rindern Hirte mit Hund.

Aquarell von Joh. Ruland; 21,7 × 37,6 cm. – Um 1790

Vorlage: Nr. 4.1.16.

Lagerort: MSP: HM 57.

Lit.: Röttger KDM S. 544. – Müller, wie Nr. 4.1.14; Abb. S. 131. – F. Arens, Pläne des Kapuzinerklosters und der St. Peterskirche in Speyer, in: MittHistVerPfalz 67 (1969) Tafel 3,2. – Klotz, Stadtgesch. Abb. S. 50.

Bild 70 St./D.

Nr. 4.1.18

Ansicht der Kreuzkapelle vor dem Landauer Tor, seitenverkehrt, mit Blick auf den Chor von SO. Rechts angesetzter Turm der Stadtmauer (Turm zum Adler). Weiter nach rechts der Graben mit weidendem Herdenvieh. Vorne in der Mitte Hirte, auf seinen Stab gestützt, links ein Reiter und ein abgesessener Reiter mit seinem Pferd. Im Hintergrund rechts die Schießberger Mühle.

Rötelzeichnung, mit Sepia laviert, von Joh. Ruland; sie gehört zu einer Gruppe von Zeichnungen von Ruland und späteren Kopien seiner Söhne Gerhard u. Carl Friedrich, die das Histor. Museum verwahrt (BS 526–529); 31 × 48 cm. – Vor 1787

Lagerort: MSP: BS 140.

Lit.: Röttger KDM S. 531 (Text fehlerhaft), Abb. 381 (ohne Hinweis auf die seitenverkehrte Darstellung). – Engelhardt, Geschichtliche Erinnerungen Tafel XV unten. – Jöckle, Speyerer Künstler Abb. 35 (links beschnitten). – Müller, Bemerkungen XII S. 97–104 (mit Standortfestlegung der verschiedenen Zeichnungen).

Bild 72 St./D.

Nr. 4.1.19

Ansicht der Kreuzkapelle (vor dem Landauer Tor) von SO, mit dem Turm zum Adler des Kreuztor-Zwingers. Links vom Turm der Graben des Zwingers. Im Hintergrund links die Schießberger Mühle (Steiner'sche Mühle). Ähnlich Nr. 4.1.18, aber seitenrichtig.

Beschr.: links unten, handschriftl. *S. Gülchen* (St. Gilgen/St. Aegidien), unrichtig.

Federzeichnung, unsign., wohl von Joh. Ruland; 32 × 42 cm. – Vor 1787

Lagerort: MSP: BS 526.

Lit.: Müller, wie Nr. 4.1.18. D.

Nr. 4.1.20

Ansicht der Ruine der Michaelskapelle auf dem Germansberg von SW. Im Hintergrund links die Stadtmauer (?) und die Türme der Allerheiligen-Stiftskirche, rechts davon der Peters-, links der Georgskirche (Läutturm). Rechts und links vorn Ruinenreste.

Beschr.: *St. Marx*, handschriftl. am unteren Bildrand; der Titel ist falsch. Oben rechts *19*.

Federzeichnung, aquarelliert, von Joh. Ruland; 21,5 × 34,9 cm. – Kurz vor 1794.

Lagerort: MSP: BS 530. BS 532 (Kopie).

Lit.: Bayerland S. 273 (mit falscher Bezeichnung „St. Marx-Kirche"). – Röttger KDM S. 533 Abb. 382 (falsch als St. Markuskirche bezeichnet). – Engelhardt, Geschichtliche Erinnerungen Tafel VI oben (ebenfalls irrig als Markuskirche bezeichnet). – Müller, Bemerkungen IV S. 137–140; vgl. auch Müller, Bemerkungen VI S. 122. – Speyer um 1800. Abb. St./D.

Nr. 4.1.21

Ansicht der Westfassade der Michaelskapelle auf dem Germansberg von SW; links davon im Hintergrund ein Teil der Stadt mit den Türmen der Kirche des Allerheiligenstifts und der Peterskirche. Im Vordergrund Mauerreste.

Radierung von Joh. Ruland (nur die linke Hälfte erhalten); 16 × 10,5 cm. – Kurz vor 1795

Vorlage: Nr. 4.1.20.

Lagerort: MSP: BS 533.

Lit.: Müller, wie Nr. 4.1.20. St./D.

Nr. 4.1.22

Blick auf die Alte Friedhofskapelle von S. Rechts im Hintergrund Reste der Stadtmauer (?). In der Mitte Portal der Friedhofsmauer. Im Vordergrund drei Personen.

Fußtitel: *Prt. Kirchhof zu Speyer* (A. MinKurs.).

Lithographie, unsign., von Colin (?); 7 × 12 cm. – Um 1825

Lagerort: MSP: BS 1316. St.

4.2: Klöster

Die Reihenfolge der Bilder ist topographisch von der Vorstadt über Hasenpfuhl nach W, dann nach N, dann nach S angeordnet.

Nr. 4.2.01

Blick auf die Klosterkirche St. Magdalena von SSO, mit hohem Barock-Dachreiter. Vor der Kirche links und rechts Häuser der Vorstadt über Hasenpfuhl.

Kopftitel: *Magdalenen Kloster* (deutsche Schreibkursive).

Bleistiftzeichnung, unsign., von Gerh. Ruland (?); 20 × 24,5 cm. – Um 1825

Lagerort: MSP: BS 359.

Bild 120 D.

Nr. 4.2.02

Blick auf den Chor der Dominikanerkirche (heute Konviktskirche St. Ludwig), ohne Dachreiter, der während der Profanierung 1802–1835 sogen. Hohen Burg, vor dem Umbau 1834–1836, von SW. Im Hintergrund rechts von der Kirche Blick in das Wormser Gässel mit Häusern, dahinter der Turm der Hl. Geistkirche.

Bleistiftzeichnung von Joh. Ruland; 38,8 × 30,4 cm. – Um 1810

Lagerort: MSP: BS 482.

Lit.: Röttger KDM S. 474; Abb. 342.

St.

Nr. 4.2.03

Ansicht des Chores der Kirche des Augustiner-Eremitenklosters (mit Dachreiter) von NO, vor dem Abbruch 1865. – Links Baumgruppe, rechts Schuppen. Im Hintergrund Häuser und eine männliche Figur.

Beschr.: rechts unten, von der Hand Peter Gayers *Augustinerkloster zu Speyer* (deutsche Schreibkursive).

Federzeichnung von Joh. Ruland; 28,5 × 41 cm. – Vor 1820

Lagerort: MSP: BS 484.

Lit.: Engelhardt, Geschichtliche Erinnerungen, Tafel XV oben. – R. Engels, Augustinerkloster-Schule-Sparkasse. Speyer 1985, S. 34 Abb. 27 St.

Nr. 4.2.04

Blick auf den Chor der Augustinerkirche mit Dachreiter von ONO. Links und rechts skizzenhafte Andeutung von Gebäuden.

Beschr.: rechts unten *Chor der Augustiner-Kloster-Kirche* (deutsche Schreibkursive).

Bleistiftzeichnung von Joh. Ruland; 10,7 × 15 cm. – Um 1810

Lagerort: MSP: BS 488. St.

Nr. 4.2.05

Blick auf den Chor der Augustiner-Klosterkirche mit Dachreiter von NW, mit Trennmauer zum ehem., nach 1689 abgebrochenen Langhaus. Im Vordergrund biberschwanz-gedeckte Dächer. Im Hintergrund rechts das Dach des seit 1733 errichteten Ostflügels des Klosters mit fünf Schornsteinen, darüber drei fliegende Vögel.

Beschr.: rechts unten *Augustiner Kloster* (lat. Schreibkurs.).

Bleistiftzeichnung, unsign. wohl von Joh. Ruland; 13,5 × 17,8 cm. – Um 1810

Lagerort: MSP: BS 486.

Lit.: Engelhardt, Geschichtliche Erinnerungen, Tafel XII unten. – R. Engels, Augustinerkloster – Schule – Sparkasse. Speyer 1985, S. 35 Abb. 28. St./D.

Nr. 4.2.06

Blick auf die Ruinen des Johanniterhofes mit rundem Treppenturm der Renaissance von N. Rechts dahinter Ruine der Bartholomäuskirche mit noch aufrecht stehendem Rundturm und Kuppelhaube. Links hinten Baum und Gebüsch, davor ein Schalmei blasender Hirte. Rechts im Vordergrund Ruinentrümmer, dabei eine Halbsäule und ein Diamantquader der Renaissance.

Tuschzeichnung, sign. (Joh.) *Ruland del.* (lat. Schreibkursive); 35,5 × 50,5 cm. – Um 1810

Vgl. Nr. 2.6.05 u. 06.

Lagerort: MSP: BS 511. BS 137 (Kopie).

Lit.: Röttger KDM S. 658, S. 512f. u. Abb. 367. – Engelhardt, Geschichtliche Erinnerungen, Tafel X oben.

Bild 56 St.

Nr. 4.2.07

Ansicht der Ruine eines Treppenturmes der Renaissance vom Johanniterhof. In der Mitte die Turmruine, rechts davon ein Anwesen. Links und rechts Bäume.

Beschr.: unten Mitte *Johanniter Hof zu Speier* (lat. Schreibschrift).

Bleistiftzeichnung von Joh. Ruland; 28,6 × 36,7 cm. – Um 1810

Vgl. Nr. 2.6.05 u. 06.

Lagerort: MSP: BS 515. St.

Nr. 4.2.070

Ansicht der Ruinen des Johanniterhofes wohl von SW; in der Mitte Rest eines Gebäudes, dahinter (Treppen?)Turm, rechts davon Hausruine mit aufrechtstehenden Umfassungsmauern, vor dem ein Mann Schalmei bläst. Links vorne eine Frau.

Federzeichnung, laviert, unsign. und undat., Joh. Ruland zugeschrieben; 37,5 × 46 cm. – Um 1800

Lagerort: MSP: BS 512. D.

Nr. 4.2.08

Ansicht des „Schwarznonnen-Klosters" (Clarissen, Franziskanerinnen) St. Clara vor dem Weidentor, wohl von NO. Mehrere Klostergebäude von links nach rechts skizzenhaft aneinandergereiht. Der zweite Bau von links höher und größer; vom Obergeschoß abwärts führende Treppe mit Holzdach zu einem Abort im Erdgeschoß. Davor Gebüsch.

Beschr.: rechts unten *Schwarz Nonnenkloster* (lat. Schreibkurs.).

Bleistiftzeichnung von Joh. Ruland; 20 × 25 cm. – Um 1810

Lagerort: MSP: BS 360.

Lit.: Röttger KDM S. 529. – Engelhardt, Geschichtliche Erinnerungen S. 21. St.

Nr. 4.2.09

Ansicht des St. Clara-Klosters und der Kirche von SW. Im Vordergrund flüchtige Angabe von Bewuchs.

Beschr.: *S. Clara Kloster zu Speier* (von der Hand Peter Gayers).

Bleistiftzeichnung, angeblich von Joh. Ruland; 22,1 × 28,4 cm. – Um 1790

Lagerort: MSP: BS 479.

Lit.: Röttger KDM S. 529. – Engelhardt, Geschichtliche Erinnerungen Tafel XI oben. – Alemannia Franciscana Bd. V. Ulm 1959, Abb. S. 17.

Bild 73 St./D.

Nr. 4.2.10

Ansicht der Ruine der Karmeliter-Klosterkirche. Im Hintergrund der noch aufrecht stehende achteckige Kirchturm. Im Vordergrund drei Hausruinen mit teils zugemauerten Fenstern.

Fußtitel: *Die Ruinen des Carmeliter Klosters zu Speyer* (A. Min.).

Kupferstich, rechts unten sign. *Gouth del; J. L. L. C. Zentner fec. aq. forti 1783 à Paris*; Verleger: *zu finden bey J. G. Reinheimer zu Frankfurt a/M.* (A. Min.); 14,1 × 17,8 cm; 19 × 20,5 cm (Platte). –
1783 (Zeichnung), verlegt nicht vor 1800

Lagerort: MSP: BS 2552.

Lit.: Bayerland S. 271. – Röttger KDM S. 526. – Engelhardt, Geschichtliche Erinnerungen Tafel XI unten.

Bild 68 St.

Nr. 4.2.11

Ansicht des Kapuzinerklosters St. Aegidien von SSW, mit Blick auf das Landauer Tor. Links im Mittelgrund Schilderhäuschen, Schildwache und ein dabei sitzender Bürger. Im Vordergrund Andeutung von Buschwerk.

Beschr.: links oben $\bar{M}$

Federzeichnung von Joh. Ruland; 34,6 × 42,5 cm. – Um 1810

Lagerort: MSP: BS 569.

Lit.: Engelhardt, Geschichtliche Erinnerungen, Tafel XII oben (fälschlich als Franziskanerkloster bezeichnet). – Alemannia Franciscana Bd. V. Ulm 1959 S. 55 (ebenfalls mit falscher Bezeichnung). – Müller, Bemerkungen I S. 61–62 (mit Richtigstellung). – F. V. Arens, Pläne des Kapuzinerklosters und der St. Peterskirche in Speyer. in: MittHistVerPfalz 67 (1969) S. 274ff., Tafel 2 Abb. 2. – Klotz, Stadtgesch. Abb. S. 37. St./D.

Nr. 4.2.12

Ansicht des Kapuzinerklosters mit der St. Aegidienkirche aus der Vogelschau von SO. Vorne an der Gilgenstraße einstöckiges Gebäude, dahinter das Kloster – dreiflügelige, zweistöckige Anlage, deren vierte Seite im NO von der Kirche abgeschlossen wird. Hinter den Klostergebäuden weitläufiger Garten mit einem Kreuz inmitten, der von SW und W von der Vorstadtmauer umschlossen wird. Der Giebel der Kirche trägt die Jahreszahl 1628.

Beschr.: *Die Stadt Mauer; Die bach in die stadt. – Die Kirch in der Leng halt in sich 122 Schuw* (deutsche Schreib-Kurs.).

Aquarell, undat. und unsign.; Maße unbekannt. – Nach 1628

Lagerort: Archiv des Provinzialats der Kapuziner in Ehrenbreitstein; unbekannt, ob noch vorhanden. – MSP: BS 609 (Kopie von Rud. Steinmetz, kolor.).

Lit.: J. Baumann, Geschichte der St. Ägidienkirche und des Kapuzinerkonvents in der Freien Reichsstadt Speyer. Speyer 1918. – Röttger KDM S. 506. – Arens, Pläne des Kapuzinerklosters und der St. Peterskirche zu Speyer, in: MittHistVerPfalz 67 (1969) Bildanhang Tafel 1. D.

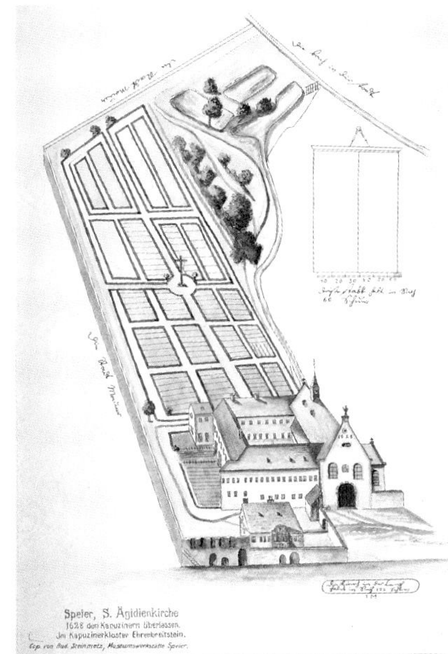

4.3: Stadttürme und -tore

Die Reihenfolge der Bilder folgt der Lage der Türme und Tore im O, dann im S, schließlich – mit dem Haupttor, dem Altpörtel – im W der Stadt.

Zu weiteren Bildern von Türmen und Toren s. das Register zum Katalog unter den Stichworten Adlerturm, Altpörtel, Armbrustertor, Diebstor, Domstaffelturm, Eurichsturm, Farrenturm, Gackturm, Heidentürmchen, Kreuztor, Kühtor, Landauer Tor, Lauertor, Löwentor, Marxtor, Neupörtel, Roter Turm, Salztor, Schmiedturm, Sonnenburg, Stephanstor, Tränktor, Udenturm, Weidentor, Weißes Tor, Wormser Tor und Zimmerleuteturm; s. auch die Stichworte Landwehr und Stadtmauer. D.

Nr. 4.3.01

Blick von W auf die Innenseite der nordöstlichen Stadtbefestigung auf dem Domhügel. Links der Udenturm, rechts das Heidentürmchen, dazwischen Mauer mit Wehrgang, Zinnen und Scharten. Vor der Innenseite des Heidentürmchens ruiniertes Gebäude, die ehem. bischöfliche Reitschule. Eine geschwungene Mauer läuft vom Udenturm zur Mitte hin. Links eine Hausecke. Im Hintergrund Blick auf den Rhein. Im Vordergrund Hütejunge mit zwei Geißen.

Fußtitel: *Kürschner-, auch Uden Thurm* (Deutsche Schreibschrift).

Tuschzeichnung von Joh. Ruland; 25,5 × 32,8 cm. – Um 1800

Vgl. Nr. 2.1.02.

Lagerort: MSP: BS 496.

Lit.: Röttger KDM S. 577. – Klotz, Stadtgesch. S. 36. St.

Nr. 4.3.02

Abbruch des (aus Backsteinen bestehenden) Tränktores in der Tränkgasse, von W her gesehen. In der Mitte rundbogige Tordurchfahrt, darüber zwei Arbeiter beim Abbruch. Rechts vorgeschobene Backsteinmauer, links korbbogiges Tor, darüber Wehrgang. Am Tor links angelehnt eine Leiter, die ein Arbeiter hinaufsteigt. Im Vordergrund links drei Amtspersonen, vorn ein Arbeiter mit Schubkarre. Durchblick durch das mittlere und hintere Tor mit zwei Bauarbeitern im Hintergrund.

Aquarell von Franz Stöber; 25,5 × 32,8 cm. – Um 1790

Lagerort: MSP: BS 576.

Lit.: Röttger KDM S. 578 Nr. 20. – Engelhardt, Geschichtliche Erinnerungen Tafel XVIII unten. – Roland, Speyer. S. 60. – Klotz, Stadtgesch. Abb. S. 153.

Bild 78 St.

Nr. 4.3.03

Ansicht des Kühtorturmes (abgebrochen um 1860) von SO. Links der untere Riegel mit Ausfluß des Speyerbachs, dahinter über der Mauerkrone Tretrad sichtbar. Rechts und links vom Tor Häuser. Im Vordergrund Schiffer, rechts an der Brücke Laubbaum, im Wasser mehrere Nachen.

Rücktitel: *Kühe Tohr zu Speyer*, dahinter von anderer Hand *wo der Speyerbach in den Rein flüst* (deutsche Schreibkursive).

Federzeichnung, aquarelliert, von Franz Stöber; 19,1 × 26,3 cm. – Um 1800

Lagerort: MSP: BS 419.

Lit.: Bayerland S. 271. – Röttger KDM S. 579 Nr. 51. – Engelhardt, Geschichtliche Erinnerungen Tafel IXX. – Roland, Speyer. S. 57 Abb. 13. – Speyer um 1800. Abb. – W. Bekker-K. Hopstock, Speyer und seine Brücken – einst und jetzt. Speyer 1987, S. 101 Abb. 44. – Klotz, Stadtgesch. Abb. S. 38 unten. – Stein, Stadt am Strom S. 59 Abb. 27.

Bild 79 St.

Nr. 4.3.04

Ansicht des Küh- oder Rheintores von der Feldseite von NO. Davor eine zweibogige Brücke über den Vorstadtgraben. Links zwei Männer, die über die Brüstung der Brückenpalisade schauen. Rechts stößt die Stadtmauer an das Tor, davor, diesseits des Grabens, ein Baum.

Bleistiftzeichnung von Peter Gayer; 20,2 × 27,9 cm. – Um 1820/30

Lagerort: MSP: BS 422.

Lit.: wie Nr. 4.3.03. St./D.

Nr. 4.3.05

Ansicht des westlichen Fischmarktes von S. Links das Lauertor zur Lauergasse, in der Mitte das Salztor zur Vorstadt über Hasenpfuhl; im Durchblick ist die Wassermühle am Speyerbach zu sehen. Zwischen den beiden Toren ein kleines, an die Stadtmauer angebautes Haus mit Schuppen unter einem Pultdach. Rechts vom Salztor der Salzturm mit Wehrgang-Konsolen; zum Turm führt rechts eine Treppe. Die Stadtmauer links und rechts mit Zinnen, links auch Konsolen. Figurenstaffage: Bauer mit Esel, drei Bürger mit Hund, Frau mit Kopflast.

Fußtitel: *Eine Ruine in Speir* (lat. Schreibschrift).

Gouache, Christian Georg Schüz I zugeschrieben; 34,3 × 43,9 cm. – Um 1760

Lagerort: MSP: BS 132. BS 1189 (Foto von 1892).

Lit.: Bericht Hist. Museum Nr. 2 S. 46 Abb. 35. – Thieme-Becker XXX S. 314f. – Röttger KDM S. 574 u. 577 Abb. 413. – Engelhardt, Geschichtliche Erinnerungen Tafel IXX oben. – Speyer um 1800. Abb. – Roland, Speyer, S. 66/67 Abb. 20. – Stein, Stadtbilder, Abb. – Klotz, Stadtgesch. Abb. S. 35.

Bild 39 St./D.

Nr. 4.3.06

Die „Sonnenburg". Verbaute Reste des ehem. Schmiedturmes an der SW-Ecke der inneren Stadtmauer. Zweigeschossiger Wohnbau in neugotischen Formen auf den Resten des Turmes. Links zwei Häuser. Im Vordergrund Wingert (jetzt ELF-Tankstelle). Rechts die Helme der hinteren Domtürme und – weiter vorne – ein Pavillon.

Fußtitel: *Sonnenberg* (A. MinKurs.).

Lithographie, sign. rechts unten im Bild *A. Colin*; 7,1 × 12,1 cm. – Um 1825

Lagerort: MSP: BS 413.

Lit.: Röttger KDM S. 575 Nr. 12 und S. 592. St./D.

Sonnenberg.

Nr. 4.3.07

Blick auf das Altpörtel von SW, von der Feldseite aus. Rechts vorne die äußere Grabenmauer (heute etwa nördliches Ende der Karmeliterstraße). Rechts und links angebaute Häuser, Buschwerk und kleine Bäume. Figurenstaffage, ein Leiterwagen im Hintergrund.

Sepiazeichnung von Peter Gayer; 23,6 × 18,4 cm. – Um 1820–1830

Lagerort: MSP: BS 31.

Lit.: Bayerland S. 272. – Röttger KDM S. 582 Abb. 415. – Engelhardt, Geschichtliche Erinnerungen Tafel XVII. – Speyer um 1800. – Roland, Speyer, S. 61 Abb. 16. – Klotz, Stadtgesch. Abb. S. 116.

Bild 116 St.

4.4: Öffentliche und besondere private Gebäude

Die Reihenfolge der Bilder entspricht der topografischen Lage der dargestellten Objekte vom O nach NW, dann nach S und zum Schluß nach O.

Weitere öffentliche Gebäude s. Register zum Katalog unter den Stichworten Bischöfliches Palais, Bischofspfalz, Dompfarrhaus, Fleischschranne, Georgenspital, Gutleuthaus, Hohenfeldt'sches Haus, Jesuitenschule, Kaufhaus (neues), Kran, Lazarett, Mirbachhaus, Rathaus, Rathof, Schießberger Mühle, Schranne (obere), Trutzpfaff, Vikariengebäude, Werft und Zollhaus (kurpfälzisches).

Nr. 4.4.01

Ansicht des Rathofes und der Gebäude des Reichskammergerichts von S, daran oben anschließend Planzeichnung der einzelnen Teile des gesamten Rathof-Komplexes nach N. In der Mitte der Ansicht – unter dem Pultdächlein – das überbaute Gäßlein zur Hölle, links auf dem Plan die Kleine Himmelsgasse, vorn, vor dem Aufriß, die Große Himmelsgasse. Auf der Ansicht ist von rechts (im O) nach links (im W) angeordnet die Richteramtsstube, der Rathof mit Torfahrt und dem Renaissance-Treppenturm, daran anschließend das Haus des Syndikus, daneben der Kammerbau, dahinter Kanzlei, Leserei und Archiv.

Kopftitel, links oben, zum Plan gehörend: *Fig. II Grund Riss über den Öden Rathhause und CammerPlatz mit denen umliegenden Verbrandten u: Neu erbaueten Häusern* (folgt Legende *A–GG,* im Plan zum größten Teil nicht mehr verifizierbar) (A. MinKurs.).

Fußtitel, unter dem Ansichts-Aufriß in der Mitte: *Rudera des RathHoffes u: CammeralHauses zu Speyer, Samt denen daran gelegenen Plätzen und Gebäudten, in der Dritten Region der Statt wie solche nach der Frantzösisch: Zerstörung ao 1689 annoch zu sehen gewesen* (A. MinKurs.). Folgt Legende Buchst. *A–H,* nur teilweise im Aufriß verifizierbar.

Bleistiftzeichnung mit Federeintragungen, sehr schlecht erkennbar, sign./dat.: *Auf Obrigkeitl. befehl ehe die Mauren vollends abgebrochen und die Plätze verändert Werden, zum angedencken in Profil und GrundRiss gebracht von P. H. Blum*; dann von anderer Hand: *Civit. Spirens. Secret. et rationem Revisore ao 1774* (aus *1754* verbessert); 66,8 × 47 cm. – 1754

Lagerort: StASP: Best. 234 Nr. I 52. – MSP: BS 570 (Kopie).

Lit.: Bericht Hist. Museum Nr. 2 S. 56 (mit der richtigen Datierung 1754 u. unzureichender Erläuterung; Kopie!). – Röttger KDM S. 596–598. – Eger, Gesch. Speyer Bd. 1, S. 415 Abb. 10 (nach Originalplan, aber mit zum Teil unzutreffenden Retuschen der Legendenbezeichnungen). – Dellwing KDM S. 73 (aus Eger übernommen).

Bild 42 D.

Nr. 4.4.02

Ansicht der Ruinen des Rathofes von N, aus dem südlichen Innenhof; rechts der Eingang der Audienzstube des Reichskammergerichts (vermauert) und Ziehbrunnen. Im Vordergrund Kurrendekinder.

Aquarell von Franz Stöber; 32,2 × 42,5 cm. – 1789

Lagerort: MSP: BS 551.

Lit.: Bericht Hist. Museum Nr. 2 S. 59. – Fr. Sprater, Speyer am Rhein. Ein Führer durch die Kreishauptstadt. 1927. 1929. S. 13. – Engelhardt, Geschichtliche Erinnerungen Tafel XXII. – Pfälz. Museum – Pfälz. Heimatkunde 1929 Abb. 32 u. 33 (hinter S. 88). – Röttger KDM S. 597 Abb. 425. – Roland, Speyer. S. 62/63. – Jöckle, Speyerer Künstler Abb. 33. – Klotz, Stadtgesch. Abb. S. 29.

Bild 43 St./D.

Nr. 4.4.03

Blick auf den Rathof von S von der Großen Himmelsgasse aus. Es steht nur noch die N-Mauer des Hauptbaues mit dem links anschließenden Renaissance-Treppenturm. Von der gewölbten Tordurchfahrt links nur noch die gotischen Schildbögen erkennbar, deren Mauer eine angebaute Hütte zur östlichen Außenwand benutzt hat. Davor eine Standesperson und eine grüßende Person.

Aquarell von Franz Stöber; 32,5 × 42,5 cm. – 1789

Lagerort: MSP: BS 550.

Lit.: Bericht Hist. Museum Nr. 2 S. 58. – Bayerland S. 269. – Pfälz. Museum – Pfälz. Heimatkunde 1929 Abb. 32. – Engelhardt, Geschichtliche Erinnerungen Tafel XXI. – Röttger KDM S. 596. – Speyer um 1800. Abb. D.

Nr. 4.4.04

Ruinenansicht des Rathofes bzw. der Gebäude des Reichskammergerichts. In der Mitte der Toreingang des überbauten Gäßleins zur Hölle, links und rechts Kameralbau, dahinter Kanzlei und Archiv; in die Ruinen sind kümmerliche Notbauten eingestellt.

Fußtitel: *Die kaiserliche Kammer, außen von der Südseite betrachtet, zu Speier* (Schreibkursive).

Federzeichnung, mit Bleistift überarbeitet, sign. *J. P. Ruland fecit. Spirae*; 20,6 × 28,1 cm (Bild). – Um 1790

Lagerort: MSP: BS 575a.

Lit.: Bericht Hist. Museum Nr. 2 S. 60–61. – Bayerland S. 269.

Bild 44 D.

Nr. 4.4.05

Blick auf die sogen. Retscherruine (hinterer Retscher, Teil eines mittelalterlichen Patriziersitzes aus dem 13. Jahrhdt.) von N; an die Ruine nach links angebaut die Margarethenkapelle, rechts davon Chor der spätgotischen Valentinskapelle, davor eine sitzende Frau und – mit Bleistift angedeutet – ein Karren.

Fußtitel: *Unter dem Spithal, hinter der evangelischen Kirche* (deutsche Schreibkursive).

Federzeichnung von Joh. Ruland; 32 × 43,3 cm. – Um 1790

Lagerort: MSP: BS 462.

Lit.: Fr. Sprater, Stadtführer. 1927. 1929. Abb. S. 15. – Röttger KDM S. 659, Abb. S. 661 Nr. 459. – Engelhardt, Geschichtliche Erinnerungen Tafel XVIII oben. – Roland, Speyer, S. 65 Abb. 19. – Müller, Bemerkungen VII S. 9–17. – Ders., Bemerkungen VIII S. 95–103. – Eger, Gesch. Speyer Bd. 3 S. 457 Abb. 9. D.

Nr. 4.4.040

Ruinenansicht des Rathofes bzw. der Gebäude des Reichskammergerichts, genau wie Nr. 4.4.04, aber mit Schattierung.

Fußtitel und Signierung identisch.

Aquatinta; 20,6 × 28,1 cm (Bild). – Um 1790

Lagerort: MSP: BS 575 b.

Lit.: wie Nr. 4.4.04. D.

Nr. 4.4.050

Blick auf den Retscher, wie Nr. 4.4.05, jedoch mit reicher Staffage von Personen und Schafen.

Federzeichnung, aquarelliert, von Joh. Ruland; 23,3 × 31 cm. – Um 1790

Vorlage: Nr. 4.4.05.

Lagerort: Privatsammlung Zink-Graf.

Lit.: Wie Nr. 4.4.05.

Bild 74 D.

Nr. 4.4.06

Retscherruine (hinterer Retscher) von SW; in der Mitte der Chor der spätgotischen St. Valentinskapelle, links Baumgruppe. Im Vordergrund zwei Personen und drei Ziegen.

Fußtitel: *Retscher, Anfg. der 20er Jahre* (deutsche Schreibkurs.).

Sepiazeichnung von Peter Gayer; 26,5 × 33 cm. – Um 1822

Lagerort: MSP: BS 433.

Lit.: Wie Nr. 4.4.05. – Bayerland S. 271. – Speyer um 1800. Abb. – Stein, Stadtbilder, Abb. – Eger, Gesch. Speyer Bd. 2 S. 170 Abb. 2. – Klotz, Stadtgesch. Abb. S. 40.

Bild 75 D.

Nr. 4.4.070

Blick auf den Retscher von NO, links der Chor der Dreifaltigkeitskirche, vor dem Retscher Schuppen mit Zwischenboden, davor Hundehütte. Im Hintergrund das protestantische Pfarrhaus, daneben der Läutturm. Fast genau wie Nr. 4.4.07; es fehlt nur die Leiter am Schuppen.

Fußtitel: *Der Retscher zu Speier* (Fr. Min.)

Holzstich, sign. links unten *Rybiçka;* 10,5 × 10,6 cm. – Um 1850

Vorlage: Nr. 4.4.07.

Lagerort: Privatsammlung Speyer. D.

Der Retscher zu Speier.

Nr. 4.4.07

Blick auf die Retscherruine (hinterer Retscher) von NO. Links der Chor der Dreifaltigkeitskirche, daneben der Läutturm; hinter der Ruine das protestantische Pfarrhaus. In der Mitte Schuppen mit Pultdach und Zwischenboden.

Fußtitel: *Die Trümmer des Retscher zu Speier* (A. Maj.).

Stahlstich, sign. links unten *Koch del.*, rechts *Poppel sc.*; 17,8 × 12,8 cm. – Um 1850

Lagerort: MSP: HM 1974/15. BS 410.

Lit.: Wie Nr. 4.4.05. – Jöckle, Speyerer Künstler S. 52 f. D.

Nr. 4.4.071

Blick auf den Retscher von NO, wie Nr. 4.4.07, stark verkleinert.

Fußtitel: *Der Retscher zu Speier* (Fr. Min.).

Holzstich, unsign.; 8,4/8,2 × 8,4 cm. – Um 1860

Vorlage: Nr. 4.4.07.

Druckort: Illustration in einem unbekannten Roman auf S. 241.

Lagerort: StASP: Best. 233 Nr. III 73. D.

Nr. 4.4.08

Ruine des spätmittelalterlichen Kaufhauses (an der Stelle des heutigen „Alten Stadtsaales") im Hof hinter dem Rathaus. Blick von SSW.

Federzeichnung von Joh. Ruland; 34,9 × 29,9 cm. – Um 1790

Lagerort: MSP: BS 469.

Lit.: Müller, Bemerkungen III S. 105ff. Müller möchte das Bild Gayer zuweisen; doch stammen die Beschriftungen beider Bilder – Nr. 4.4.08 u. 4.4.09 – nicht von der Hand Gayers. – Eger, Gesch. Speyer Bd. 1 S. 299 Abb. 14.

Bild 102 D.

Nr. 4.4.09

Ruine des alten Kaufhauses (vgl. Nr. 4.4.08) von NNW. Das Haus im Hintergrund mit der Tordurchfahrt steht noch.

Fußtitel: *ehem. Münze zu Speyer*, stimmt nicht (deutsche Schreibkursive).

Sepiazeichnung von Peter Gayer; 15,8 × 24,7 cm. – Um 1825

Lagerort: MSP: BS 471.

Lit.: Wie Nr. 4.4.08. D.

Nr. 4.4.10

Das ehemalige Regierungsgebäude (jetzt Polizei) auf der Hauptstraße, noch zweistöckig; links anschließend das Westende des Vikarienhofes, rechts Gebäude mit Toreinfahrt. Auf der Straße spärliche Personenstaffage.

Fußtitel: *Das Regierungsgebäude* (Fr. Min.).

Lithographie in der Randleiste (rechts unten) eines Stadtplanes von 1821, sign. unter dem Plan *Lithographiert und gedruckt von S. Bühler in Mannheim*; 7,9 × 13,5 cm. – 1830/40

Lagerort: MSP: HM 0/2806 (der ganze Plan mit Randleiste mit neun lithogr. Darstellungen von Speyer). – StASP: Best. 233 Nr. IV 358 (nur obiges Bild, kolor.).

Lit.: Röttger KDM S. 614. – Eger, Gesch. Speyer. Bd. 2 S. 49 Abb 1 (fälschlich als Rathaus bezeichnet).

Bild 99 D.

Nr. 4.4.11

Neues Kaufhaus von SO, vor dem Umbau von 1874 nur zweistöckig. Der Giebel noch bekrönt mit der Fortuna von Vinzenz Möhring. Die Arkaden bereits vermauert. Vor dem Gebäude ein Reiter und mehrere Personengruppen.

Fußtitel: *Das Stadthaus.*

Lithographie, in der Randleiste (links unten) eines Stadtplanes von 1821, sign. unter dem Plan *Lithographiert und gedruckt von S. Bühler in Mannheim*; 7,9 × 13,7 cm. – 1830/40

Lagerort: MSP: HM 0/2806 (der ganze Plan mit Randleiste mit neun Einzeldarstellungen von Speyer). Ein weiteres Exemplar ebenda, links um ein Drittel beschnitten. – StASP: Best. 233 Nr. IV 359 (8 × 13,7 cm).

Lit.: Bayerland S. 273 (beschnitten). – Stein, Stadtbilder, Abb. – Eger, Gesch. Speyer. Bd. 2 S. 50 Abb. 2.

Bild 101 D.

Nr. 4.4.12

Blick auf die Kurie des Domherrn Karl Adolf Joseph von Mirbach, Herr zu Harff, auf dem Gelände des ehemaligen Staatsarchivs, von NO. Im Vordergrund die Stadtmauer im SO des Dombezirks. Hinter dem Haus der Zwiebelturm der Stephanskapelle des Deutschordens-Hauses.

Sepiazeichnung von Peter Gayer; 17,2 × 19,9 cm. – Um 1825

Lagerort: MSP: BS 432.

Lit.: Röttger KDM S. 645. Abb. S. 649 Nr. 453. – Zur Lage vgl. Fendler, Die Deutschordens-Kommende in Speyer, in: MittHistVerPfalz 84 (1986) Plan S. 230. D.

5. Historische Ereignisse

5.1: Dreißigjähriger Krieg

Nr. 5.1.01

Speyr (A. Maj. über der Stadtansicht). – Belagerung der von den Schweden besetzten Stadt durch kaiserliche und spanische Truppen vom 20./30. April bis 22. Apr./2. Mai 1632. – Stadtansicht aus der Vogelschau von OSO samt der näheren Umgebung: links, nach S, bis Rheinhausen und Heiligenstein, nach W bis Dudenhofen, nach rechts, nach N, bis zur Wormser Warte. Zwischen der Vorstadt Altspeier und der Wormser Warte nach W hin befestigtes Schanzenlager der Belagerungstruppen unter dem General Graf von Emden. Am unteren Bildrand der Rhein, in der Mitte unten in einer von zwei Soldaten gehaltenen Kartusche Legende verschiedener Gebäude. Rund um die Stadt mehrere Heerhaufen inner- und außerhalb der eingezeichneten Landwehr. Vom Germansberg und St. Marx im S sowie aus Stellungen im N Geschützsteilfeuer in die Stadt; direkte Beschießung auf das Marxtor im S und auf Altspeier im N. Das Feuer wird erwidert aus dem westlichen Teil der Stadt und aus dem Hasenpfuhl.

Beschr.: Links unten *Rheinhausen;* oben *Helgenstein; Siech Haus* (Gutleuthaus an der Berghäuser Straße); *Germansberg; S. Ex. Don Phillip de Silva,* darunter *Quatier.* Gegen den Rhein zu *Klüpfel Aw; Morass; Reben Thal* (Reffental); im Rhein *Rhenus flu.* – Oberhalb der Stadt im W *Landawer Wart; Duttenhoffer Wart; Duttenhofffen,* darunter *Reuter Quatier.* – Rechts der Stadtansicht im N, innerhalb des befestigten Lagers, die einzelnen Truppenteile der Belagerer: *Italienisch vnd Spansch quatier; Teutsch quatier; Welsch vnd Irländisch quatier; Walanisch vnd Burgundisch* (Quartier), dazu am rechten Rand *Munition.* – Vor dem Lager zum Rhein hin *S. Ex Cont Emden; quatier de son Ex. Cont' Emden; Wurmser Wart.* – Ziffern *1–13* bei bezeichneten Gebäuden.

Legende: 1–13: *1 thum Stift 2 Alt Pörtlein 3 Eylins Thurn* (Eurichsturm) *4 Rohte Thurn* (Roter Turm) *5 Weite Thurn* (Weidentor) 6 *Altspeirer Vorstat 7 Lasareht haus* (ehem. Hl. Grabkirche) *8 Hasenpul vorstat 9 Steinweg vorstat* (Fischervorstadt) *10 Marx Thor 11 Marx Kirch 12 Heyligen thurn* (Schmiedturm beim Allerheiligenstift) *13 Creuz Thor.*

Fußtitel: *Wahre vnd eygentliche Abbildung/Belägerung/vnd Einnehmung/der Röm. Keys. Freyen Freyen ReichsCammer/vnd Statt Speyer am Rhein/so ... den 22. Aprill oder 2. May/mit Accord übergeben / vnd eingenommen worden* (Fr. Min.).

Kupferstich, sign. *H. R. a° 1632 pag. 22*; ca. 25,2 × 33 cm. Wasserzeichen im Papier: Stadtwappen von Ravensburg und großes *M* – 1632

Vgl. Nr. 1.5.06.

Druckort: Die Angabe *pag 22* deutet auf Zugehörigkeit zu einem Sammelwerk; welches?

Lagerort: MSP: HM 1979/111a; auf 111b ausführliche Beschreibung früherer u. der jetzigen Belagerung, *getruckt zu Speyer bei Georg Bawmeister anno 1632,* die – auf eigenem Flugblatt – durch den Fußtitel zum Bild als zum Stich gehörig ausgewiesen ist.

Nr. 4.2.03

Ansicht des Chores der Kirche des Augustiner-Eremitenklosters (mit Dachreiter) von NO, vor dem Abbruch 1865. – Links Baumgruppe, rechts Schuppen. Im Hintergrund Häuser und eine männliche Figur.

Beschr.: rechts unten, von der Hand Peter Gayers *Augustinerkloster zu Speyer* (deutsche Schreibkursive).

Federzeichnung von Joh. Ruland; 28,5 × 41 cm. – Vor 1820

Lagerort: MSP: BS 484.

Lit.: Engelhardt, Geschichtliche Erinnerungen, Tafel XV oben. – R. Engels, Augustinerkloster-Schule-Sparkasse. Speyer 1985, S. 34 Abb. 27 St.

Nr. 4.2.04

Blick auf den Chor der Augustinerkirche mit Dachreiter von ONO. Links und rechts skizzenhafte Andeutung von Gebäuden.

Beschr.: rechts unten *Chor der Augustiner-Kloster-Kirche* (deutsche Schreibkursive).

Bleistiftzeichnung von Joh. Ruland; 10,7 × 15 cm. – Um 1810

Lagerort: MSP: BS 488. St.

Nr. 4.2.05

Blick auf den Chor der Augustiner-Klosterkirche mit Dachreiter von NW, mit Trennmauer zum ehem., nach 1689 abgebrochenen Langhaus. Im Vordergrund biberschwanz-gedeckte Dächer. Im Hintergrund rechts das Dach des seit 1733 errichteten Ostflügels des Klosters mit fünf Schornsteinen, darüber drei fliegende Vögel.

Beschr.: rechts unten *Augustiner Kloster* (lat. Schreibkurs.).

Bleistiftzeichnung, unsign. wohl von Joh. Ruland; 13,5 × 17,8 cm. – Um 1810

Lagerort: MSP: BS 486.

Lit.: Engelhardt, Geschichtliche Erinnerungen, Tafel XII unten. – R. Engels, Augustinerkloster – Schule – Sparkasse. Speyer 1985, S. 35 Abb. 28. St./D.

Nr. 4.2.06

Blick auf die Ruinen des Johanniterhofes mit rundem Treppenturm der Renaissance von N. Rechts dahinter Ruine der Bartholomäuskirche mit noch aufrecht stehendem Rundturm und Kuppelhaube. Links hinten Baum und Gebüsch, davor ein Schalmei blasender Hirte. Rechts im Vordergrund Ruinentrümmer, dabei eine Halbsäule und ein Diamantquader der Renaissance.

Tuschzeichnung, sign. (Joh.) *Ruland del.* (lat. Schreibkursive); 35,5 × 50,5 cm. – Um 1810

Vgl. Nr. 2.6.05 u. 06.

Lagerort: MSP: BS 511. BS 137 (Kopie).

Lit.: Röttger KDM S. 658, S. 512f. u. Abb. 367. – Engelhardt, Geschichtliche Erinnerungen, Tafel X oben.

Bild 56 St.

Nr. 4.2.07

Ansicht der Ruine eines Treppenturmes der Renaissance vom Johanniterhof. In der Mitte die Turmruine, rechts davon ein Anwesen. Links und rechts Bäume.

Beschr.: unten Mitte *Johanniter Hof zu Speier* (lat. Schreibschrift).

Bleistiftzeichnung von Joh. Ruland; 28,6 × 36,7 cm. – Um 1810

Vgl. Nr. 2.6.05 u. 06.

Lagerort: MSP: BS 515. St.

Nr. 4.2.08

Ansicht des „Schwarznonnen-Klosters" (Clarissen, Franziskanerinnen) St. Clara vor dem Weidentor, wohl von NO. Mehrere Klostergebäude von links nach rechts skizzenhaft aneinandergereiht. Der zweite Bau von links höher und größer; vom Obergeschoß abwärts führende Treppe mit Holzdach zu einem Abort im Erdgeschoß. Davor Gebüsch.

Beschr.: rechts unten *Schwarz Nonnenkloster* (lat. Schreibkurs.).

Bleistiftzeichnung von Joh. Ruland; 20 × 25 cm. – Um 1810

Lagerort: MSP: BS 360.

Lit.: Röttger KDM S. 529. – Engelhardt, Geschichtliche Erinnerungen S. 21. St.

Nr. 4.2.070

Ansicht der Ruinen des Johanniterhofes wohl von SW; in der Mitte Rest eines Gebäudes, dahinter (Treppen?)Turm, rechts davon Hausruine mit aufrechtstehenden Umfassungsmauern, vor dem ein Mann Schalmei bläst. Links vorne eine Frau.

Federzeichnung, laviert, unsign. und undat., Joh. Ruland zugeschrieben; 37,5 × 46 cm. – Um 1800

Lagerort: MSP: BS 512. D.

Nr. 4.2.09

Ansicht des St. Clara-Klosters und der Kirche von SW. Im Vordergrund flüchtige Angabe von Bewuchs.

Beschr.: *S. Clara Kloster zu Speier* (von der Hand Peter Gayers).

Bleistiftzeichnung, angeblich von Joh. Ruland; 22,1 × 28,4 cm. – Um 1790

Lagerort: MSP: BS 479.

Lit.: Röttger KDM S. 529. – Engelhardt, Geschichtliche Erinnerungen Tafel XI oben. – Alemannia Franciscana Bd. V. Ulm 1959, Abb. S. 17.

Bild 73 St./D.

Nr. 5.1.01 (Fortsetzung)

Lit.: K. Niebler u. A. Quintana, Von Albinus bis zur Französ. Revolution, in: Speyerer Buchdruck in fünfhundert Jahren. Speyer 1981 S. 55. – Dellwing KDM S. 16 (falsch beschrieben und falsch datiert). – Stein, Speyer im Dreißigjährigen Krieg, in: MittHistVerPfalz 84 (1986) S. 303–311 Abb. 1–3.

Bild 12 St./D.

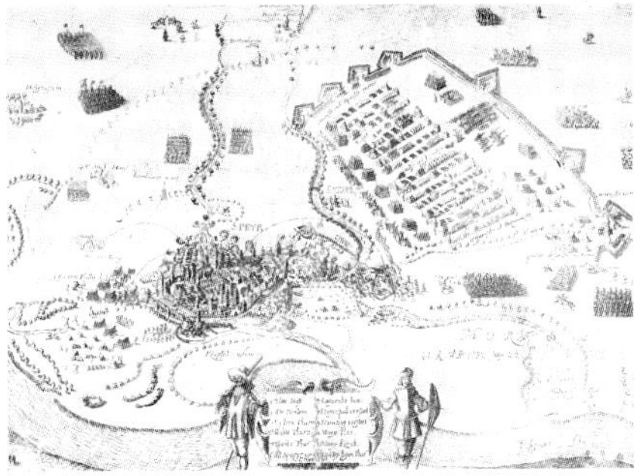

Nr. 5.1.02

Übergang eines Teils der kaiserlichen Armee unter General Gallas über den Rhein von Philippsburg nach Speyer am 10. Juni 1635. Ansicht der Landschaft zwischen Rheinsheim im S und Speyer im N, auf der linken Rheinseite. Vorne links die Feste Philippsburg, am Rhein, der das Bild von links oben nach rechts unten durchläuft, vor Philippsburg das ehem. bischöfliche Zollhaus, rechts und links davon Schanzen. Die Stadt ist fast von S gezeichnet, zu erkennen ist der Dom, der hohe Turm der Moritzkirche, das Weiße Tor. Das linke Rheinufer südlich von Speyer von dichten Auwäldern umgeben.

Kopftitel: *Eigentliche Abbildung des Blutigen vnd den Keyserischen glücklich ausgeschlagen Scharmützel bey der Vestung Philippsburg, alda sie den Paß vber Rhein eröffnet, die Schwedische auß ihrem vortheil vnd in die Flucht geschlagen, geschehen den 10. Junij im Jahr 1635* (Fr. Min.).

Beschr.: Ziffern *1–20* mit Legende unter dem unteren Bildrand. Im Rhein *Rhenus Flvuivs* (A. Maj.).

Kupferstich, sign. unten im Bild links *Abraham Hogenberg excudit*, rechts daneben *W. Hollar fecit*; Flugblatt, mit zweispaltigem Text unter Bild und Legende 31 × 40 cm; das Bild allein ca. 24,8 × 34,5 cm. – 1635

Lagerort: MSP: HM 1984/613.

Lit.: G. Parthey, Wenzel Hollar. Beschreibendes Verzeichnis seiner Kupferstiche. Berlin 1853 (Nachdruck Amsterdam 1963) S. 109f. – G. Stein, Speyer im Dreißigjährigen Krieg, in: MittHistVerPfalz 84 (1986) S. 311–317 Abb. 4, 5.

Bild 14 St./D.

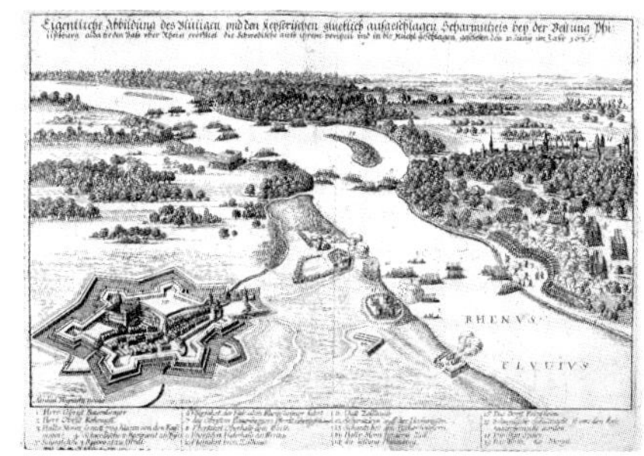

5.2: Zerstörung 1689

Nr. 5.2.01

Speyer (Fr. Min.) *im Prospect* (A. Maj.) Darstellung frei nach Merian (Nr. 1.4.01), doch ohne Fähre, Personen, Nachen und Wappen; darunter: *Speyer im Brand* (Fr. Min.), die Stadt ganz in Rauch und Flammen gehüllt, von SO. Auf dem Fluß drei größere Kähne mit Flüchtenden, am Ufer schießende Soldaten in ähnlicher Aufstellung wie Nr. 5.2.02. Die Hauben der Domtürme, wie meist bei den Nrr. 1.4, geschweift.

Kopftitel: *Eigentliche Beschreibung der Stadt Speyer / wie tyrannisch und unchristlich die barbarischen Franzosen mit der selben Stadt und Inwoh/nern verfahren sind* (Fr. Min.). Unter dem Doppelbild ausführlicher Text zu den Geschehnissen Ende Mai 1689.

Kupferstich, unsign., unter dem Text *Nürnberg zu finden bey Johann Hoffmann, Buch- und Kunsthändlern 1689*; 39,5 × 31,8 cm (ganzes Blatt), 18,7 × 30,4 cm die beiden Bilder. – 1689

Vorlage: frei nach Nr. 1.4.01 (Merian).

Druckort: Flugblatt 1689. – Boethius, Ruhm-Belorberter Triumph-leuchtender / und Glantz-erhöheter Kriegs-Helm Dero Röm. Kayserl ... Majest .../Wider den Blut-besprengten Türkischen Tulband ... 3. Aufl. Nürnberg, bei Joh. Christ. Lochner Bd. IV nach S. 134, vor S. 135. 1690

Lagerort: MSP: BS 377. BS 378. – StASP: Best. 233 Nr. III 52. – Privatsammlung Dr. Rein.

Lit.: MittHistVerPfalz 14 (1889) S. 9. – Röttger KDM S. 25. – Medding I S. 256. – Doll, Handel und Wandel, Abb. S. 48. – Groh, Stadtansichten XVI, S. 17. – Stein, Stadtbilder, Abb. – Dellwing KDM S. 15. – Fauser II Nr. 13211. 13212.

D.

Nr. 5.2.02

Darstellung der Stadtzerstörung, die Stadtansicht frei nach Merian (Nr. 1.4.01), anstelle der Fähre, der Schiffe und Kähne auf dem Rhein mehrere große Boote mit Flüchtenden; am Ufer schießende Soldaten in ähnlicher Aufstellung wie Nr. 5.2.01. Die Stadt in Rausch und Flammen gehüllt. Die Helme der Domtürme haubenartig geschweift wie meist bei den Nrr. 1.4. Ohne Wappen und ohne Legende.

Kupferstich, unsign.; 15,8 × 31,3 cm. – Kurz nach 1689

Vorlage: frei nach Nr. 1.4.01, wohl abhängig von Nr. 5.2.01.

Lagerort: MSP: HM 1939/6. – Kupferstichkabinett Berlin: Inv. Top. Speyer.

Lit.: Roland, Speyer, S. 81 Abb. 26. – Klotz, Stadtgesch. Abb. S. 114.

Bild 27 D.

Nr. 5.2.03

Speyer (Fr. Min.) wie Nr. 1.4.09. Stadtansicht genau wie Nr. 1.4.09, nur steigen von den Gebäuden links vom Dom dicke Rauchwolken auf; wohl Andeutungsversuch des Stadtbrandes 1689, im Vergleich zu Nr. 1.4.09.

Beschr. und Legende: wie Nr. 1.4.09, auch das Stadtwappen.

Kupferstich, sign. *zu finden bei Joh. Philipp Steudner* (wie Nr. 1.4.09); 19,3 × 34,6 cm. – Nach 1689

Vorlage: Nr. 1.4.01, wie Nr. 1.4.09.

Druckort: möglicherweise Flugblatt.

Lagerort: MSP: BS 130.

Bild 26 D.

Nr. 5.2.04

Acerbum Spirae fatum (A. Maj.). – Stadtansicht im Kreis; Umschrift auf kreisförmigem Band. Der Dom und die nördliche Stadt in Flammen, der SW-Turm des Domes im Einsturz. Links vom Dom die Bischofspfalz, davor das Heidentürmchen. Links vom Dom mehrere Stadt- und Kirchtürme, darunter das Altpörtel und der gotische Turm der Moritzkirche.

Fußtitel: *Aufgerichtet von Kolben, Schreib- und Rechenmeister anjetzo Arithmetico ordinario in Schwaebisch-Hall im Vaterland anno 1699. – Ex collectaneis architectonicis Ehrmannianis 1831.*

Lithographie, nach Zeichnung (?) von Kolb, unsign.; 21,9 × 18,6 cm. – 1824

Lagerort: MSP: BS 329. BS 2815 (Kopie von G. Berthold nach Original in der Sammlung des Baumeisters Ehrmann).

Lit.: Bericht Hist. Museum Nr. 2 S. 75 Abb. 47. – Groh, Stadtansichten (17), S. 20f. D.

5.3: *Speyerer Bauernkrieg 1716*

Nr. 5.3.01

Darstellung der Unruhen in Speyer 1716 anläßlich des sogen. Speyerer Bauernkriegs. Aufmarsch von Fußtruppen, die mit Gewehren bewaffnet sind, vor einem nicht zu bestimmenden Gebäude. Im Hintergrund kämpfende Gruppen im Pulverdampf.

Kupferstich, unsign.; 6,2 × 8,5 cm. – 1727

Druckort: Imhoffs Bildersaal 1727.

Lagerort: MSP: BS 407.

Lit.: Zum Speyerer Bauernkrieg s. F. X. Remling, Geschichte der Bischöfe zu Speyer. Bd. 2, Mainz 1854, S. 612–620 und H. Nopp, Geschichte der Stadt und ehemaligen Festung Philippsburg. Speyer 1881, S. 316–325. – Abb. bei Klotz, Stadtgesch. S. 121. D.

5.4: Belagerung im Polnischen Erbfolgekrieg 1735

Nr. 5.4.01

Beschießung der französischen Heu- und Strohmagazine und des Lazaretts bei Altspeier durch württembergische Truppen von der rechten Rheinseite aus am 11. Oktober 1735. Stadtansicht, vom rechten Rheinufer aus, links im Hintergrund von N, klein und stark vereinfacht. Rechts von der Stadt brennende Gebäude. Im Vordergrund links Geschützbatterie, die auf das gegenüberliegende Ufer schießt. Ganz rechts ein Offizier zu Pferd.

Fußtitel: *Prinz Alexander zeigt auf einer Insel an, das er den Feinden auch von ferne schaden kann.* (Fr. Min.).

Kupferstich, unsign., darunter Text über das dargestellte Bombardement in Deutsch (9 Zeilen) und Französisch (6 Zeilen); 17 × 9,5 cm (ganzes Blatt), 6,8 × 9,5 cm (Bild). – 1735

Druckort: Flugblatt (?) mit der Überschrift *Merckwirdigkeiten 1735. Monath October. | Choses remarquables de l'an 1735. Mois de Octobre.*

Lagerort: MSP: BS 1281.

Bild 35 D.

Nr. 5.4.02

Beschießung der französischen Heumagazine bei Speyer vom gegenüberliegenden Rheinufer aus. Im Hintergrund in Rauchwolken gehüllte Stadt, rechts treten aus dem Rauch einige Kirchen und Häuser hervor. Im Mittelgrund große Heuhaufen in Brand, im Vordergrund auf einer Insel feuernde Geschützbatterie. Ganz vorne links eine Pontonbrücke über den Rhein.

Kupferstich, unsign., unter dem Bild Text über das Kriegsgeschehen im Herbst 1735 (ohne Bezug auf das Bild); 19,4 × 12,1 cm (ganzes Blatt); 6,5 × 9,3 cm (Bild). – 1744

Druckort: Imhoffs Bildersaal 1744 S. 149 *(Teutsche Geschichten).*

Lagerort: MSP: 408 (ohne Text). HM 1986/85 (mit Text). – StASP: Best. 233 Nr. IV 367.

Lit.: Medding I S. 257 Nr. 21. D.

5.5: Französische Revolution 1792–1798

Darstellung entmenschter Soldateska, die mit Totenschädeln Schindluder treibt; Anspielung auf die Überlieferung, die französischen Truppen hätten bei der Zerstörung der Stadt 1689 aus erbrochenen Gräbern, auch aus den Kaisergräbern im Dom, Totenschädel geholt, um mit ihnen Kegel zu spielen. Im Vordergrund Gruppe von drei Soldaten, von denen einer einen Schädel wie zum Wurf hochhält, neben ihm ein wartender, der einen Schädel parat hat, dahinter der dritte, der in einem Tuch mehrere Schädel herbeibringt. Im Hintergrund gotische Kirche, aus deren Unterkirche mehrere Personen einen geschlossenen Sarkophag heraufschleppen.

Fußtitel: *Die alten und die neuen Franzosen* (A. MinKurs.), darunter *Die Franzosen zu Speier vor 100 Jahren.*

Radierung, unsign., 10,1 × 6,4 cm. – 1789

Lagerort: MSP: BS 3460. BS 3460a. D.

Nr. 5.5.02

Eroberung der Stadt durch die französischen Revolutionstruppen des Generals Custine am 28./29. September 1792. Vor der Stadtansicht, die den Dom noch mit romanischem Westwerk und den beiden, 1755 bereits niedergelegten Westtürmen, aber ohne die beiden Kuppeln zeigt, die Darstellung einer Reiterattacke gegen die Stadt; im Vordergrund zu Pferd wohl Custine, links davon ein Artilleriegeschütz.

Text unter der Darstellung: *28. Sept*^{bre} *7 Vendr*^{re} *an I de la Republique Prise de le* [!] *ville de Spire. Cette époque marque, tout à la fois, la retraite des armées ennemies du territoire francais; l'installation de la Convention Nationale; la fondation de la Republique et l'Ere Republiquaine* (A. Min.).

Kupferstich, unsign.; Maße unbekannt. Die Darstellung in Kreisrahmen. – 1793

Lagerort: MSP: BS 330 (?), z. Zt. nicht auffindbar.

Lit.: Bericht Hist. Museum Nr. 2 S. 117. D.

Nr. 5.5.03

Eroberung der Stadt durch die Truppen des französischen Revolutions-Generals Custine am 29. Sept. 1792. Im Mittelgrund Stadtansicht von SO, rechts der Dom, noch mit dem romanischen Westwerk dargestellt (bereits 1755 abgebrochen), links davon verschiedene Stadtmauer- und Kirchtürme, von denen sicher nur das Altpörtel, der Turm der St. Moritzkirche und das Weiße Tor zu erkennen sind. Im Mittelgrund Brücke über die Kleebach mit marschierenden Truppen, im Vordergrund feuernde Geschützbatterie, links davon Reitergruppe, ein Reiter (Custine ?) zeigt mit dem Degen auf die Stadt. Hinten rechts ansteigende Bergkette.

Fußtitel: *Prise de la ville des Spire* (A. Maj.), *le 29. Septembre ou 7. Vendemiaire An I*^{er} *de la Republique* (A. Min.).

Kupferstich, sign. links unter dem Bild *Swebach des Fontaines inv. & del.*, rechts *Berthault scul.*; oben rechts *N*^{o} *73;* 17,9 × 24,1 cm. – Nach 1793.

Druckort: Encyclopédie pittoresque. Paris 1806.

Lagerort: MSP: BS 255. BS 255b. – StASP: Best. 233 Nr. III 134.

Lit.: Stein, Stadtbilder, Abb.

Bild 59 D.

Nr. 5.5.04

Angriff auf Speyer beim kurpfälzischen Zollhaus. Von der Stadt ganz im Hintergrund nur das Altpörtel rechts und der Turm des St. Guidostifts neben der im Mittelgrund aufragenden Landauer Warte zu sehen. Daneben das Zollhaus, vor dem ein Freiheitsbaum errichtet ist. Auf das Zollhaus führt die Heiligensteiner Straße zu, auf der im Vordergrund ein feuerndes und ein zerbrochenes Geschütz zu sehen sind, dabei Wagen und Pferde, links vorne Gefallene und tote Pferde. Rechts aufmarschierte Truppen, die Salven auf gegenüberstehende Truppen abgeben. Links im Hintergrund die Dudenhofer Warte der Landwehr, davor die französischen Truppen.

Fußtitel: *Angrif gegen die Stadt Speyer, auf der Seite des Pfältzischen Zollhaußes durch ein Corps fränkischer Krigsvölcker unter dem General Custine durch die Colone des Generals Munier am 30^{t} Sept. 1792.*

Legende: *Nro I der Altportelthurn in Speyer 2 der Guidonsthurn in Speyer 3 Das C Pfälzer Zollhauß 4 Der Wartthurn nächst dem CPfälzer Zollhauß 5 Die Heiligensteiner Straß 6 Die Schwegenheimer Straß 7 Der Wartthurn bey Dudenhofen 8 Die Mayntzer Truppen 9 Die Oestreicher 10 Die Francken.*

Kupferstich, sign. rechts unter dem Bildrand *J. Ruland in Speyer*; 29,2 × 44 cm. – 1792/93

Lagerort: MSP: BS 148-HM 0/2826.

Lit.: Roland, Speyer S. 82 Abb. 27 (beschnitten). – Klotz, Stadtgesch. Abb. S. 140.

Bild 58 D.

Nr. 5.5.05

Ansicht der Stadt im Hintergrund von SO, im Mittel- und Vordergrund Aufmarsch eines Heeres, vorne berittene Truppen, vor denen eine Gruppe höherer Offiziere sich postiert hat, der linke der Gruppe mit abgezogenem Zweispitz wohl Custine. Der Dom ist unrichtig mit vier Türmen dargestellt, rechts davon in phantastischer Darstellung wohl St. Guido.

Fußtitel: *Prise de Spire* (A. Maj.), darunter *30. Septembre 1792.*

Buchdruck (farbig) nach Gemälde, sign. *Hipp. Lecomte pinx.* (unten links); rechts *Typogravure Boussod, Valadon & Cie.*; 20,1 × 15,8 cm. – Vor 1857

Lagerort: StASP: Best. 233 Nr. III 135. – Privatsammlung Speyer.

Druckort: unbekannt. D.

Nr. 5.5.06

Ansicht der Hauptstraße aus der Vogelschau (von der westlichen Domkuppel?) nach W zum Altpörtel im Hintergrund. Im Mittelgrund das neue Kaufhaus von 1748/49, rechts daneben die Dominikanerkirche mit Dachreiter, davor am alten Markt das Hohenfeldt'sche Haus. Rechts davon der Läutturm und die Dreifaltigkeitskirche, davor ganz vorne das Haus zum Trutzpfaff, links davon der Domnapf, daneben ein Freiheitsbaum. Vor dem Kaufhaus ein weiterer Freiheitsbaum.

Federzeichnung, rechts unten sign. *Ruland del.*; 38 × 34,2 cm. – 1792

Vorlage zu Nr. 5.5.09.

Lagerort: MSP: BS 505. D.

Nr. 5.5.07

Darstellung eines Überfalls von Soldaten auf ein brennendes Bauernhaus, in das zwei Soldaten eindringen. Im Vordergrund berittener Soldat, der mit dem Säbel auf einen Bauersmann einhaut, der sich mit einer Mistgabel verteidigt. Vor ihnen Hühner und ein Schwein. Links, in einer Bodensenke brennendes Dorf mit Kirche. Im Hintergrund, in Rauch und Flammen, die Silhouette der Stadt, von der der Dom zu erkennen ist. Das Blatt spielt wohl auf die Ereignisse des Hungerwinters 1793/94 an.

Fußtitel: *Die Verheerung der Pfalz* (A. Maj.).

Stahlstich, unsign.; 9,7 × 13,6 cm. – Wohl nach 1816

Lagerort: MSP: BS 3837.

Bild 60 D.

Nr. 5.5.08

Übergang österreichischer Husaren über den Rhein bei Speyer. – Ansicht der Stadt von der rechten Rheinseite aus, mit dem Dom (mit barockem Westwerk), Bischofspfalz, Dreifaltigkeitskirche und Läutturm. Im Vordergrund eine Pferdeherde mit einigen Husaren, auf dem Rhein ein Floß mit übersetzenden berittenen Truppen. Der Vorgang ist zeitlich nur unsicher einzuordnen; er könnte auf die Rückbesetzung der Stadt durch Reichstruppen Ende Mai 1794 oder auf eine erneute Wiederbesetzung durch die Österreicher nach dem 17. Sept. 1795 oder auf kaiserliche Patrouillien nach Speyer am 2. 7. 1796 oder auch auf die Besetzung der Stadt durch den österreichischen General Hotze am 1. Okt. 1796 zu beziehen sein; zu den wechselnden Kriegsereignissen vgl. C. Weiss, Geschichte der Stadt Speier. Speier 1876 S. 125–127.

Ölgemälde, unsign., Maße unbekannt. 1795/96

Lagerort: MSP: BS 222 (z. Zt. nicht auffindbar).

Lit.: Medding I S 258 Nr. 25 (fälschlich Gayer zugeschrieben; geb. 1793!). – Bericht Hist. Museum Nr. 2 S. 112 unten (auf 1794? datiert), wo das Bild in Zusammenhang mit ungarischen Erdödy-Husaren gebracht wird, die am 24. Mai 1794 u. a. in Speyer einrückten; vgl. dazu G. Litzel, Historische Beschreibung der kaiserlichen Begräbnisse in dem Dom zu Speyer, vermehrt u. neu herausgegeben von J. Mich. König, Mannheim 1826, S. 144. – Stein, Stadt am Strom S. 75 Abb. 38. D.

Blick auf die Hauptstraße gegen das Altpörtel im Hintergrund, vorne rechts der „Trutzpfaff“, dahinter das Hohenfeldt'sche Haus und, in der Bildmitte, das neue Kaufhaus mit der Fortuna-Statue von Vinzenz Möhring. Rechts am Bildrand die Dreifaltigkeitskirche; daneben der Läutturm. Der Platz vor dem Dom ist von einer großen Menschenmenge belebt, die um einen Freiheitsbaum tanzt. Im Mittelgrund ein zweiter Freiheitsbaum vor dem neuen Kaufhaus. Die Errichtung des Freiheitsbaumes erfolgte – anläßlich der Einrichtung des Departements Donnersberg Anfang 1798 – am 21. März; der deutsche Fußtitel (s. unten) läßt erkennen, daß es sich um eine Art vorgedrucktes Formblatt handelte, in das die Darstellung des feierlichen Ereignisses eingedruckt, der Text des Fußtitels handschriftlich ergänzt wurde.

Fußtitel: *Le triomphe de la liberté par la plantation d'un ... à la ville de Spire le 1er germinal l'an VI* (links, handschriftl.; rechts:) *Triumph der Freiheit d.* (Fr. Min.) *1ten germinal* (handschriftl.) *im* (Fr. Min.) *6ten* (handschriftl.) *Jahr in* (Fr. Min.) *Speyer* (handschriftl.) *durch Pflanzung des Freiheitsbaumes feierlich begangen* (Fr. Min.).

Kupferstich von Joh. Ruland;
38 × 31,5 cm. – 1798

Vorlage: Nr. 5.5.06.

Lagerort: MSP: BS 622.

Lit.: Bericht Hist. Museum Nr. 2 S. 107 Abb. 70. – Pfälz. Museum – Pfälz. Heimatkunde 1926, Abb. vor S. 273. – Sprater, Stadtführer. 1927. 1929, Abb. S. 16. – Röttger KDM S. 558 u. 556 (Abb.). – Engelhard, Geschichtliche Erinnerungen Tafel XXV. – Speyer um 1800. Abb. – Roland, Speyer S. 83 Abb. 28. – W. H. Stein, Untertan–Citoyen–Staatsbürger. Katalog zur Wanderausstellung der Landesarchivverwaltung Rheinland-Pfalz. Koblenz 1981, S. 97 Nr. 98. – Eger, Gesch. Speyer Bd. 2 S. 53 Abb. 6. – Klotz, Stadtgesch. Abb. S. 143.

Bild 61 D.

5.6: Aus den Anfängen der bayerischen Zeit 1814 bis 1829

Nr. 5.6.01

Ansicht des Domes (mit Barock-Westwerk) von SW, rechts vier Reihen jung gepflanzter Bäume von W nach O; zwischen der ersten und zweiten Reihe der Ölberg. Links vom Dom der Ostteil der ehemaligen Jesuitenkirche. Auf dem Domplatz bewegtes Treiben von Menschengruppen, in der Mitte vorn eine zweispännige Kutsche. Widmungsblatt für Bischof Matthäus von Chandelle, vielleicht als Solidaritätsadresse an den Oberhirten wegen Beschuldigungen gegen ihn beim Hl. Stuhl (vgl. Remling, Neuere Geschichte der Bischöfe zu Speyer. Speyer 1867, S. 314ff.). Am Dom stehen von der Doppelkapelle St. Emmeram-St. Katharina nur die Grundmauern mit den halbrunden Segmentfenstern.

Fußtitel (Widmung): *Sr. Hochwürden und Gnaden dem Hochwürdigsten Herrn Bischoff* (A. MinKurs.) *Matthaeus von Chandelle* (Fr. Min.) *erster Bischoff des wiedererrichteten Bisthums Speier* (A. MinKurs.); zwischen dem Text das Bischofswappen mit Hut und Troddeln.

Lithographie, sign. rechts unten auf dem Blattrand *L. Becker fecit*, von Schnörkeln umrahmt; 32,2 × 51,8 cm. 1824

Lagerort: MSP: BS 390 (ohne Jahreszahl), BS 344 (*im Jahr 1824*, links unten; in der Widmung *Speyer* statt *Speier; Mathaeus* statt *Matthaeus.* Die Personenstaffage geringfügig variiert. Der Ölberg ist in der perspektivischen Zuordnung zum Dom hier richtiger getroffen. Statt der Signierung rechts unten *ehrfurchtsvoll gewidmet von der Lithographischen Anstalt F. C. Schwaab*). – Privatsammlung Speyer (wie BS 344). D.

Nr. 5.6.02

Überschwemmung der Vorstadt über Hasenpfuhl im Jahre 1824, vom NO-Turm des Domes aus gesehen. Links im Mittelgrund das Kloster St. Magdalena, rechts der über die Ufer getretene Rhein; von links die Einmündung des Speyerbachs. Vorn links der Domstaffelturm. Ganz im Hintergrund rechts der Bergrand bei Heidelberg. Figurenstaffage, Kähne auf dem Wasser.

Lithographie, kolor., unsign.; 20 × 33,6 cm. – 1824

Lagerort: MSP: BS 403.

Lit.: Stein, Stadt am Strom S. 116 Abb. 61.

Bild 121 St./D.

Nr. 5.6.03

Stadtansicht von OSO, im Hintergrund der Dom mit barockem Westwerk. Links am Ufer hoher Baum, dahinter Schuppen mit Pappelreihe im Hintergrund. Auf dem Rhein zwei große Segelschiffe, umgeben von zahlreichen vollbesetzten Booten. Am Ufer zahlreiche Menschen, im Vordergrund ein Ehepaar mit Kind, der Herr den Zylinder lüftend.

Fußtitel: *Die Rheinfahrt Ihrer Majestäten des Königs und der Königin von Bayern am 8^n Juny 1829* (A. MinKurs.).

Lithographie, nach der von Veil, wohl von F. C. Schwaab, Speyer; 18,1 × 22,7 cm. – 1829

Vorlage: Nr. 1.7.01.

Druckort: Das anläßlich der Rheinreise des Königspaares erschienene Album.

Lagerort: MSP: BS 405. – StASP: Best. 233 Nr. III 60.

Lit.: Stein, Stadt am Strom S. 120f. Abb. 63.

Bild 91 D.

Nr. 5.6.04

Blick auf den alten Marktplatz von SW, in der Mitte vor dem neuen Kaufhaus (mit der Fortuna von Vinzenz Möhring) und nach rechts eine dicht gedrängte Menschenmenge, in deren Mitte eine offene Kutsche mit dem Königspaar Ludwig I und seiner Gattin. Hinter dem König ein Fahnenträger.

Fußtitel: *Einzug Ihrer Majestäten des Königs und der Königin von Bayern in die Kreishauptstadt Speyer am 7ⁿ Juny 1829* (A. MinKurs.).

Lithographie, unsign., wohl von F. C. Schwaab; 18,1 × 22,7 cm. - 1829

Druckort: Das anläßlich der Rheinreise des Königspaars erschienene Album.

Lagerort: MSP: BS 404. - StASP: Best. 233 Nr. III 57.

Lit.: Stein, Stadtbilder, Abb. - Doll, Handel u. Wandel S. 53. - Klotz, Stadtgesch. Abb. S. 151.

Bild 103 D.

Nr. 5.6.05

Ehrenpforte in klassizistischem Stil, gekrönt von einem liegenden Löwen. Auf dem linken Torpfeiler ganz unten rudimentäre Stadtansicht mit dem Dom (mit Barock-Westwerk), vorne der Rhein, am Ufer ein Kran. Die Ehrenpforte wurde errichtet anläßlich der Rheinfahrt König Ludwigs I. und seiner Gemahlin in den Rheinkreis am 7. Juni 1829.

Kopftitel der Stadtansicht: *Quas natura negat Ludovicus arte apariet vias* (A. Maj.).

Fußtitel: *Die Mündung des Kanals* (A. Maj.).

Lithographie, wohl von Schwaab; 51,8 × 37,3 cm (Blatt), 3,1 × 6,3 cm (nur Stadtvignette). - 1829

Druckort: Das anläßlich der Rheinreise des Königspaares erschienene Album.

Lagerort: MSP: BS 1317. D.

6. Ölbilder

6.1. Ölbilder vor 1689

Nr. 6.1.01

Ansicht der Stadt von SO. Links der Dom im mittelalterlichen Zustand. Der Vierungsturm ist nicht richtig wiedergegeben, das Chorjoch ist zu breit, d.h. bis an die Außenkanten der Osttürme vorgezogen. Vor dem Dom das Hafengebiet mit dem oberen Kran, weiter rechts St. Guido mit zwei Türmen. Am Ufer liegende Schiffe. Im Mittelgrund auf der Kleebach links ein Lastkahn, in der Mitte ein zweifach rahgetakeltes Frachtschiff und hinten ein weiteres Segelschiff. Im Vordergrund rechts das Ufer der Klüpfelsau mit einer Gier- bzw. Kettenfähre, die gerade beladen wird: man sieht einen Reiter, einen zweispännigen Karren, elf Personen sowie ein Hündchen. Rechts vorn ein Herr mit Hund.

Gemälde (Öl auf Leinwand), sign./dat. rechts unten: *J. Storck Fec. 1683*, 77,0 × 110,0 cm. – 1683

Lagerort: MSP: BS 2554 (= HM 11.I.1910).

Lit.: K. R. Müller in: Pfälzer Heimat 17 (1966) S. 11, Abb. 2. – Portenlänger-Stein S. 23, Nr. 17. – Stein in: Historisches Museum der Pfalz Speyer. Museen in Rheinland-Pfalz. 2. Aufl. Speyer 1984. S. 90f. – Stein, Stadt am Strom S. 62 und S. 65, Abb. 31. – Roland, Pfalz S. 54/55. – Thieme-Becker XXXII, S. 121.

Bild 17 St.

Nr. 6.1.02

Ansicht der Stadt und des Domes (in mittelalterlichem Zustand) von SO. Im Hintergrund links vom Dom drei Stadtmauertürme, davon das Heidentürmchen irrtümlich mit vier (statt zwei) Ecktürmchen. Am Dom sind die Ost- und die Westkuppel falsch wiedergegeben. Rechts vom Dom die bischöfliche Pfalz, davor am Wasser der Kleebach der obere Kran, dann im Hintergrund St. Guido. Rechts hinten eine Landspitze der Klüpfelsau. Auf der Kleebach zwei mit Rahsegeln getakelte Frachtschiffe, links daneben mehrere Kähne. Links im Vordergrund Ufer mit hohen Bäumen, dabei zwei Reiter, zwei Bürger mit einem Hund und ein rastendes Paar.

Gemälde (Öl auf Leinwand) wohl von J. (Jacobus) Storck, 33,5 × 46,5 inches (= 85 × 118 cm) – Variante von Nr. 6.1.01. – Um 1683

Lagerort: 1977 in Karlsruher Kunsthandel (aus englischem Privatbesitz). Verbleib unbekannt.

Lit.: Portenlänger-Stein S. 23, Nr. 17. – Stein, Stadt am Strom, S. 65. St.

Nr. 6.1.03

Blick auf die Stadt und den (mittelalterlichen) Dom von SO. Links der Dom ohne West- und Ostkuppel; mißverstandene Zwerchgalerien. Chorjoch bis an die Außenkanten der Osttürme vorspringend, also zu breit. Große, z.T. gotische Fenster. Im Hintergrund rechts vom Dom neben anderen Türmen auch die von St. Guido. Vor dem Dom der obere Kran, dabei auf dem Wasser der Kleebach ein abgetakeltes Lastschiff, das mit Fässern beladen wird. Auf dem Wasser in der Mitte und hinten drei mit Rahsegeln getakelte Lastschiffe, links ein Frachtkahn. Im Vordergrund rechts das Ufer der Klüpfelsau mit hohen Bäumen, an dem gerade die Gier- bzw. Kettenfähre anlegt. Auf der Fähre ein Gespann mit Karren und acht Personen, am Ufer drei Personen, eine Reiterin und ein Reiter.

Gemälde (Öl auf Holz) dat. 1683, wohl von J. (Jacobus) Storck; 73 × 91 cm, Variante von Nr. 6.1.01. – Um 1683

Lagerort: Uppsala/Schweden, Universitets Konstmuseet: Inv.-Nr. Way A I, 38.

Lit.: K. R. Müller, eine neuentdeckte Speyerer Stadtansicht der Zeit vor der Stadtzerstörung von 1689. In: Pfälzer Heimat 17 (1966) S. 10ff., Abb. 1; Müller schreibt (Anm. 6) nach Auskunft des Rijksbureau voor kunsthistorische Documentatie in Den Haag das Bild Dionysius Verburgh (Rotterdam, † vor 1722) als möglichem Künstler zu. – Stein, Stadt am Strom S. 65. St.

Nr. 6.1.04

Ansicht der Stadt und des Domes (in mittelalterlichem Zustand) von SO, weiter rechts im Hintergrund St. Guido. Der Dom ohne West- und Ostkuppel. Vor dem Dom am Wasser der Kleebach der obere Kran. Rechts im Vordergrund die Klüpfelsau mit der Fähre, die gerade beladen wurde (Karren mit Gespann). Sechs Personen auf der Fähre, rechts auf dem Ufer vier weitere Personen in der Tracht der 2. Hälfte des 17. Jhs. Auf der Kleebach vorn links ein Lastkahn, in der Mitte ein Lastschiff mit Sprietsegel-Takelung, weiter hinten ein Frachtschiff mit Rah- und Focksegel, ein anderes Segelschiff weiter flußabwärts. Rechts am Ufer der Klüpfelsau hohe Bäume.

Gemälde (Öl auf Leinwand) wohl von J. (Jacobus) Storck, Maße unbekannt, Variante von Nr. 6.1.01. – Um 1683

Lagerort: 1927 in englischem Kunsthandel. Verbleib unbekannt.

Lit.: Stein, Stadt am Strom S. 65. St.

Nr. 6.1.05

Im Hintergrund Ansicht der Stadt von SO. Links der Dom im mittelalterlichen Zustand (mit nicht ganz richtiger Wiedergabe der West- und Ostkuppel). Rechts vom Dom am Wasser der obere Kran, weiter hinten nach rechts St. Guido. Im Mittelgrund die Kleebach, darauf links die Fähre zur Klüpfelsau, rechts ein Frachtschiff mit Rahsegel-Takelung, stromabwärts segelnd. Hinten weitere Schiffe, weiter vorn ein beladener Kahn. Links vorn Ufer mit drei hohen Bäumen, dabei ein Reiter und drei Kinder.

Gemälde (Öl auf Leinwand), wohl von J. (Jacobus) Storck, 52 × 64,5 cm, Variante von Nr. 6.1.01. – Um 1683

Lagerort: März 1986 bis 1989 in Amsterdamer und Dezember 1989 in Stuttgarter Kunsthandel. Verbleib unbekannt.

Lit.: Stein, Stadt am Strom S. 65. – 239. Kunstauktion Dr. F. Nagel, Stuttgart, Katalog S. 274f., Nr. 3216 mit Abb. S. 275.

Bild 18 St.

6.2: Ölbilder vor 1789

s. noch Nr. 4.1.13!

Nr. 6.2.01

Ansicht der Stadt und des Domes von N. Der Dom mit barockem Westwerk, die bischöfliche Pfalz noch ganz erhalten. Nach rechts sieht man die Kirchtürme der Stadt in der gleichen Abfolge wie auf Nr. 1.6.1.01, teilweise jedoch verzeichnet, davor die offenbar noch intakte Stadtmauer mit Türmen. Im Vordergrund wohl die Kleebach; auf dem Wasser drei Kähne, links am Wasser wohl der obere Kran (?) und eine hohe Baumgruppe.

Gemälde (Öl auf Leinwand), unsigniert, 67 × 81 cm, wohl nach älterer Vorlage um 1780

Lagerort: MSP: BS 247.

Lit.: MittHistVerPfalz 16 (1892) S. 211.

Bild 40 St.

6.3.: *Ölbilder aus dem 19. Jahrhundert*

Nr. 6.3.01

Blick auf die (1806 abgebrochene) St. German- und Moritz-Kirche auf dem heutigen Königsplatz von SO; Mittel- und südl. Seitenschiff ohne Bedachung. Links Bäume, rechts das barokke Gebäude des „Rodensteiners" (jedoch ohne die spätgotische Hausecke von 1462 mit der Statue des hl. Jodocus). Zwischen der Kirche und dem „Rodensteiner" Blick in die Schustergasse. Im Vordergrund vor der Kirchhofsmauer eine mit vier Pferden bespannte, nach links fahrende Kutsche. Links drei Personen, dabei ein springender Hund, rechts mehrere Personen.

Gemälde (Öl auf Drahtgaze) eines unbekannten Künstlers, vielleicht von Johannes Ruland (vgl. Nr. 2.4.02) oder von Peter Gayer (vgl. Nr. 4.1.12); 41,5 × 39,7 cm. – 1820–30

Vorlage: Nr. 2.4.02 von Joh. Ruland, jedoch rechts um die Hausecke des Hauses zum Rodensteiner beschnitten, links um die Baumgruppe erweitert; Figurenstaffage vermehrt.

Lagerort: MSP: BS 3024. St.

Nr. 6.3.02

Stadtansicht von NO. Im Hintergrund der Dom mit barockem Westwerk. Links vorn Baumgruppe und Haus, dabei mehrere Personen. Rechts das Küh- oder Rheintor.

Gemälde (Öl auf Leinwand) von Joseph Cogels; 38 × 85 cm. – 1815–1820

Lagerort: Stadtverwaltung Speyer (angeblich seit 1945 verschollen)

Vgl. Zeichnung von Joh. Gerhard Ruland: Nr. 3.1.10.

Lit.: Röttger KDM S. 605, Abb. 431.
D.

Nr. 6.3.03

Ansicht der Stadt und des Domes (mit barockem Westwerk) von NO im Hintergrund, von der badischen Seite aus über den Rhein hinweg gesehen. Auf dem Fluß schwimmt ein Fischerboot. Im Vordergrund eine theaterkulissenähnliche Baumstaffage mit Durchblick auf die Stadt und auf den entfernten Haardtrand. Hohe Baumgruppen im Vordergrund, darunter junger Mann und junges Mädchen. Rechts im Mittelgrund ein Hirte.

Gemälde (Öl auf Leinwand), sign./dat. *Heinrich Kempf* und monogrammiert *Kf. 1846 (Kempf fecit)*; 54,0 × 70,5 cm.
1846

Lagerort: MSP: HM 1981/11.

Lit.: Stein in: Histor. Museum der Pfalz Speyer. Museen in Rheinland-Pfalz Bd. 1. 2. Aufl. Speyer 1984. S. 92f.

Bild 96 St.

Nr. 6.3.04

Blick auf den Speyerbach und auf den Oberen Riegel von N. – Der Riegelwehrgang ist noch mit fünf Zinnen gedeckt (heute ist nur noch eine, die mittlere Zinne erhalten). Im Wasserdurchlaß ein Fallgatter, das vor feindlichem Eindringen schützen sollte. Rechts und links Häuser und Anlegestellen, rechts ein festgemachter Kahn. Beiderseits hohe Bäume.

Gemälde (Öl auf Holz) eines unbekannten Künstlers; 21,0 × 29,3 cm. –
Wohl um 1840

Lagerort: MSP: BS 421.

Lit.: Röttger KDM S. 592. – Klotz, Stadtgesch. S. 38. St.

Nr. 6.3.05

Stadtansicht von NO, vom badischen Ufer aus. Im Hintergrund von links: Lagerhaus, Heidentürmchen, Dom mit neoromanischem Westwerk, Dreifaltigkeitskirche, Hl. Geist, Altpörtel usw. – Im Mittelgrund der Rhein, links darauf ein Frachtschiff, flußabwärts fahrend. Im Vordergrund das badische Ufer; rechts ein hoher Baum, links davon ein Kahn mit drei Männern.

Gemälde (Öl auf Eisenblechplatte) von Ernst Heinrich Richard; 18,7 × 27,7 cm. – 1856 oder 1857

Lagerort: MSP: HM 1926/51 (= HM 19.III.1857).

Lit.: Portenlänger-Stein S. 43, Nr. 78.

Bild 124 St.

Nr. 6.3.06

Blick außerhalb der Vorstadt Über Hasenpfuhl vor dem vormaligen, hier schon abgebrochenen Kühtor auf Dom und Stadt. Rechts Reste der Stadtmauer, links der Dom mit neoromanischem Westwerk. In Bildmitte eine doppelbogige Brücke über den Vorstadtgraben.

Gemälde (Öl auf Holz), sign./dat. *P. Zech 59*; 26,0 × 34,5 cm. – 1859

Lagerort: MSP: HM 1985/5.

Lit.: Jöckle, Speyerer Künstler S. 54.

Bild 123 St.

Nr. 6.3.07

Ansicht eines Teiles der Stadt von NO, außerhalb der Vorstadt Über Hasenpfuhl vor dem (schon abgebrochenen) Küh- oder Rheintor, ähnlich wie die Ansicht von Peter Zaech (Nr. 6.3.06). Stadtmauerreste und Häuser am Vorstadtgraben, der nach links hin unter einer doppelbogigen Brücke abfließt; dahinter der Läutturm. Weiter links ist offenbar noch ein Teil des neoromanischen Westwerks zu sehen, also schloß hier die Nordseite des Domes an.

Gemälde (Öl auf Leinwand) eines unbekannten Künstlers, möglicherweise von Peter Zaech; 32,1 × 47,0 cm (gesamt), links stark beschädigt, erhaltene Malerei 32,1 × 36,1 cm. – Nach 1856

Lagerort: MSP: HM 1938/21. St.

Nr. 6.3.060

Stadtansicht von NO. Blick außerhalb der Vorstadt Über Hasenpfuhl auf den Dom mit neoromanischem Westwerk, ähnlich der Ansicht von Peter Zaech (Nr. 6.3.06), jedoch mit anderer Figurenstaffage.

Gemälde (Öl auf Leinwand) von Jules Théophile Schuler, Abmessungen unbekannt. – Nach 1856

Lagerort: MSP: Inv.-Nr. und Verbleib unbekannt.

Lit.: Das Bayerland 36 (1925) Heft 9, Abb. S. 270. St./D.

Register zum Katalog

Im Register sind nur die Stichworte ausgeworfen, die in den Beschreibungen der einzelnen Nr. genannt werden; das bedeutet, daß auf den Bildern wiedergegebene Bauwerke, die in den Beschreibungen nicht eigens aufgeführt werden, auch nicht im Register genannt werden.

Bei den Angaben der Nr. sind die ersten zwei bzw. drei Ziffern, die die Hauptgruppen, Gruppen und Untergruppen angeben, in geraden Schrifttypen, die darauf folgenden Ziffern, die die Bild-Nr. nennen, kursiv gesetzt. D.

Verzeichnis der Künstler, Verleger und Drucker

Die Angaben im nachstehenden Verzeichnis stammen zumeist aus U. Thieme – F. Bekker, Künstlerlexikon (s. Literaturverzeichnis) und aus J. Busse, Internationales Handbuch aller Maler und Bildhauer des 19. Jahrhunderts (Busse-Verzeichnis), Wiesbaden 1977. Benutzt wurden außerdem:

Speierer Kunst, in: Bericht Hist. Museum Nr. 2 (s. Literaturverzeichnis) S. 100–113, Abb. passim.
Medding I (s. Literaturverzeichnis)
H. Harthausen, K. Niebler, A. Quintana und J. Vorderstemann, Speyerer Buchdruck in fünf Jahrhunderten, Speyer 1981
C. Jöckle, Kreishauptstadt Speyer – Bauten aus bayerischer Vergangenheit, Speyer 1984
C. Jöckle, Speyerer Künstler (s. Literaturverzeichnis), dazu diverse andere Publikationen.

Soweit Personen und Druckanstalten/Verlage aus diesen Veröffentlichungen nicht festzustellen waren, wurden die Angaben dem Katalog selbst oder den Karteien des Historischen Museums der Pfalz und des Stadtarchivs Speyer sowie Zeitschriftenartikeln und Presseberichten entnommen.

Zusätzlich wurden im Stadtarchiv Speyer folgende Akten eingesehen: Best. 3 Nr. 251: Concessionen zu Buchdruckereien, Buchhandel, Steindrucker, Leihbibliotheken, 1816–21 (117 fol.) und Nr. 296: Lithographen, Buchhandel, Buchdrucker (25 fol.) sowie Best. 1 A Nr. 543, betr. Georg Baumeister.
Die Nr. der Fundstellen sind die des Katalogs; dabei sind die Gruppen-Nr. gerade, die der Bilder kursiv gesetzt. St.

Aa, von der, Peter (van der Aa, Pieter)
Kupferstecher u. Verleger in Leiden, tätig ca. 1713–1730. – „La galérie agréable du monde", Leiden wohl 1729 1.4.*16*

Adam, Julius d. Ä.
Maler, Lithograph, Verleger u. Drukker in München. München 26.1.1826 – 24.2.1874 München 3.1.*20*

Adolph, Johann
Verleger in Nürnberg (mit Wolffgang Michahelles), tätig nach 1686; „Kreisbeschreibungen". 1703ff. 1.4.*08*

A F, Monogrammist
Titelkupfer in Roding, „Pandectae Camerales", Speyer 1660 1.2.*09*

Albizius, Antonius (Albizi, Antonio)
Ornamentzeichner in Florenz, Verleger in Augsburg nach 1600; „Principum christianorum stemmata". Augsburg 1608. 1610. 1612 1.5.*01*

d'Almaine & Goulding
Verleger in London, Soho Square, um 1829 3.1.*09*

Anaglyphic Company
Verlag in London, 25, Berners St. Oxfordstr.; 1844 3.1.*170*

Appel, J. W.
Schriftsteller; „Der Rhein u. die Rheinlande". Darmstadt 1854 1.6.*4.07*.– 3.1.*190*

Armbruster, Johannes
Verleger in Mainz 1654 1.3.*02*

Arras, Ludwig
Zeichner in Stuttgart, seit 1856 Lithograph in Speyer, 1875 Privatgeometer in Speyer 3.2.*09*

Artaria & Comp.
Kunstverleger in Mannheim u. Wien, Ende 18. Jh. „Fünfzig malerische Ansichten des Rhein-Stromes von Speyer bis Düsseldorf". Wien 1798 1.6.*1.03*

Authes, Hermann Adolph
Verleger in Frankfurt/Main, um 1658 1.2.*05*

Barber, Thomas
Maler, Kupfer- und Stahlstecher, Nottingham um 1768 – 12.9.1843 Nottingham; tätig für Tombleson & Co, London. „Views of the Rhine". London 1832 3.1.*13*

Bart, zum –, Cyriacus Jacobus
Drucker u. Verleger in Frankfurt a. M. um 1545 2.5.*01*

Basse, (Bassaeus), Nicolaus
Drucker u. Verleger, geb. um 1570 in Frankfurt a. M. – Joh. Rauw, „Cosmographia". Frankfurt a. M. 1593–97 1.2.*05–08*

Bauer, Johann Balthasar
Maler, Zeichner u. Lithograph, Frankfurt a. M. 26.3.1811 – 1883 Frankfurt a. M., Schüler der Städelschen Kunstschule 1829–1834 1.6.*2.03*

Baumeister, Georg
Drucker u. Verleger in Speyer 1622–1640. Drucke zwischen 1623 u. 1636 nachweisbar 5.1.*01*

Bayot, Adolphe Jean-Baptiste
Genremaler u. Lithograph in Paris, geb. 8.1.1810 Alessandria, tätig um 1840–1866 3.1.*12,170*

Beaulieu, de –, Jean Allais Chevalier
Ingenieur, Zeichner, Kartograph u. Verleger in Paris, um 1640–1680 „Les Glorieuses conquestes de Louis le

Grand" Paris, rue St. André des arts, Ende 17. Jh. 1.4.*02,04,12*

Becker, August
Schriftsteller, Klingenmünster 28.4. 1828 – 23.3.1891 Eisenach. „Pfalz und Pfälzer", Leipzig 1858 2.3.*13*.– 3.1.*22*

Becker, L.
Lithograph in Speyer, um 1824 5.6.*01*

Beek, Anna
Malerin u. Koloristin in den Niederlanden, vor 1702 1.3.*010*

Belle-Forest, de –, François
tätig in Paris bei Nicolas Chesneau. – „La Cosmographie vniverselle", Paris 1575 1.2.*03*

Berdellé, Johann Baptist
Historienmaler u. Lithograph, Mainz 15.5.1813 – 19.7.1876 München, studierte in Düsseldorf, tätig in München nach 1840 3.1.*171*

Berthault, Pierre Gabriel
Kupferstecher, St. Mur 1748 – um 1819 Paris, tätig für die „Encyclopédie pittoresque", Paris 1806 5.5.*03*

Bertius (de Bert), Peter
Verleger in den Niederlanden, um 1600, „P. Bertii Commentariorum rerum Germanicarum Libri Tres ...". Amsterdam 1616 1.3.*03*

Best, Mary Ellen
Malerin u. Aquarellistin, York (get.) 26.10.1809 – 10.5.1891 Bessungen b. Darmstadt, seit 1840 auf dem Kontinent. Auf Reisen in Speyer um 1844; ab 1873 in Darmstadt 2.3.*11*

Bichebois, Louis Pierre Alphonse
Maler, Zeichner u. Lithograph, Paris 14.4.1801 – 1850 Paris, tätig für „Les Antiquités de l'Alsace" u. für „Le Voyage Pittoresque de M. Taylor". Paris 1820 3.1.*170*

Bleuler, Louis (Johann Ludwig)
Maler, Zeichner u. Verleger „au Château de Laufen, près de Schaffhouse en Suisse". Laufen b. Schaffhausen 12.2.1792 – 28.3.1850 Laufen. L. Bleuler–A. Schreiber, „Ouvrage représantant les vues les plus pittoresques". Laufen, um 1837/38 1.*7.10,11,13*

Blum, Philipp Heinrich
Geometer u. Stadtschreiber in Speyer, um 1750–1775 2.1.*02*.– 4.4.*01*

Bodenehr (Bodener) d. Ä., Gabriel
Kupferstecher, Augsburg 1673–1766. „Dritter Theil des Tractats genandt Europens Pracht und Macht ...". Augsburg 1731–1737 1.4.*19*

Borndrück, A.
Verlag u. Lithographische Anstalt in Neusalza/Mark Brandenburg, nach 1844 3.1.*173*

Borscht, Josef
Lithograph u. Kgl. Professor in Speyer, um 1835, Venningen 17.12.1808 – 26.12.1874 Speyer 1.6.*1.09*

Botho
Historiograph des 15. Jh. „Chronekken der Sassen" (Sachsen-Chronik). Holzschnitte u. Druck Peter Schöffer. Mainz 1492 1.1.*01*

Boussod, Valadon & Cie.
Druckerei (Typogravure) in Frankreich um 1850/60 5.5.*05*

Braun, Georg und Franz Hogenberg
Verleger in Köln, 16. Jh. – „Civitates orbis terrarum" Bd. I. Köln 1572 1.3.*01,010*

Bühler, S.
Lithograph (?), Drucker u. Verleger in Mannheim, um 1830–40 1.6.4.*050*.– 2.3.*10*.– 4.1.*06;* 4.4.*10,11*

Capon, William H.
Zeichner, Norwich 6.10.1757 – 26.9. 1827 London, tätig für den Verlag William Mackenzie, London, Edinburg & Glasgow 3.1.*15,152,18*

Catenacci, Ercole (Hercule)
Maler, Zeichner u. Illustrator; Bologna oder Ferrara 1816 – 19.5.1884 Paris; nach 1831 in Frankreich 3.1.*120*

Chapuy, Nicolas-Marie-Joseph
Architekt, Zeichner u. Lithograph, Verleger. Paris 1790 – 23.7.1858 Paris, stellte 1824–43 in Paris aus; veröffentlichte „Cathédrales de France" (1823) u. „Le Moyen-Age pittoresque". 5 Bde (1839–44) 3.1.*12,170*

Chesneau, Nicolas
Buchdrucker, Verleger, vielleicht auch Formschneider; 1556–1583 in Paris nachweisbar 1.2.*03*

Cloppenburg, Eberhard
Historiograph des 17. Jh. – „Germaniae nova et accurata descriptio". 1630 1.3.*07*

Closs, Adolf
Zeichner u. Holzschneider. Stuttgart 14.11.1840 – 1894 Stuttgart; unterhielt xylographische Anstalt ebenda, um 1880 3.2.*12*

Cochin, Nicolas
Zeichner, Kupferstecher u. Radierer. Troyes 18.10.1610 – 1686 Paris. Stiche für „La glorieuse campagne de Monsigneur le Duc d'Anguyen ...". Paris 1644, u. für „Les plans des villes, batailles et victoires ... Desinées sur les lieux par le Chevalier de Beaulieu. 1676 1.4.*02.04*

Cöntgen, Georg Joseph
Maler u. Kupferstecher, Mainz 17.5.1752 – 28.1.1799 Frankfurt a. M., gründete 1779 ein „Zeichnungsinstitut" 1.6.*1.01*

Cöntgen, F.
Zeichner u. Kupferstecher in Mainz, nach 1815 1.4.*27*

Cogels, Joseph Carl
Landschafts- u. Marinemaler. Brüssel 5.11.1785 – 31.5.1831 Leitheim b. Donauwörth; studierte in Aachen, Düsseldorf u. Paris; 1811 nach München; 1824 in der Akademie 6.3.*02*

Colin, Alexandre Marie
Maler u. Lithograph. Paris 5.12.1778 – 23.11.1875 Paris; Schüler der École des Beaux Arts seit 1814; stellte 1819 erstmals, ab 1822 fast jährlich aus; ab 1829 in der Royal Academy in London 1.6.*4.04*.– 3.2.*04*.– 4.1.*22;* 4.3.*06*

Coronelli, Padre Vincenco Maria
Kupferstecher (?), Globen-Verfertiger, Historiograph u. Verleger in Venedig; tätig ab etwa 1685–1718 Venedig; Professor der Geographie an der Akademie; 1702 General des Minoritenordens. – „Citta, Fortezze, Isole e Porti principali dell'Europa ..." 1689 1.4.*05*

Coulon, Louis
Zeichner u. Lithograph, Paris 1820–1855 Paris. Paris, rue richer 7, um 1831 3.1.*12*

Custodis (Custos, Coster), Dominicus
Kupferstecher u. Verleger. Antwerpen nach 1550–1612 Augsburg, tätig dort ab 1584, u. a. für „Principum christianorum stemmata". Augsburg 1608. 1610. 1612 1.5.*01*

Day, William
Lithograph u. Verleger. London 1797 – 12.2.1845 London; gründet mit Louis Haghe das lithographische Unternehmen William Day & L. Haghe, London, Gate Str., Lincolns Inn Fields 3.1.*09*

Delarue, Victor
Verleger in Paris, Place du Louvre 10. – „Les Bords du Rhin". Paris 1831 3.1.*12*

Deroy, Laurent
Zeichner, Aquarellist u. Lithograph. Paris 14.4.1797 – 25.11.1886 Paris; stellte ab 1822 Sepiazeichnungen aus; tätig für „Les Bords du Rhin“. Paris 1831, u., mit Bichebois, für „Erinnerungen an die Rheingegenden“, Frankfurt a.M. 1826 2.2.*04*

Dürr, Christian
Stadtbuchdrucker in Speyer von 1656–1671. „Pandectae Camerales“. Speyer 1660 u. 1668 1.2.*09*

Durmer, Franz Valentin
Zeichner u. Kupferstecher, Wien 1766–nach 1835 Wien; Schüler der Wiener Akademie 1.6.*1.01*

Edelwirth, F. P.
Kupferstecher, um 1820; tätig für den Verlag Klauber, Augsburg 1.6.*3.02*

Eder, Joseph
„privil. Kupferstecher“, Wien 1760; heiratet in Wien 9.2.1789 1.4.*21*

Emden, Hermann
Kupferstecher, Stahlstecher u. Lithograph in Frankfurt a.M.; Schüler des Städelschen Instituts; tätig für Darmstädter u. Stuttgarter Verlage (Stadtansichten), um 1830–40 1.6.*2.03*

Engelbrecht, Martin
Kupferstecher u. Verleger, Augsburg 1684–1756 Augsburg. Illustrationen zu P. Decker, „Der spanische Successionskrieg“. Augsburg 1714 1.4.*17*

Engelmann, J. B.
Drucker in Heidelberg. „Der erneuerte Merian“. Heidelberg, um 1826 1.4.*26*

Engesser, Lukas
Architekt u. Zeichner. Villingen 18.10.1820 – 31.1.1880 Freiburg/Br., Schüler des Polytechnikums Karlsruhe. 1853/54 in Italien: Aufnahmen für H. Hübsch, „Die Altchristlichen Kirchen“. Karlsruhe 1863. Seit 1863 erzbischöfl. Baumeister in Freiburg 3.2.*08*

Federle, Aegidius (Egidius)
Zeichner, Kupferstecher u. Lithograph, Stühlingen/Baden 10.10.1810 – 21.3.1876 Freiburg. Tätig für L. Bleuler im Schloß Laufen b. Schaffhausen, ebenso in Konstanz 1.7.*09–14*

Fer, de –, Nicolas
Kartenstecher, „Geographe du Roi“. Paris 1646 – 15.10.1720 Paris (?). Französisches Städtebuch. Paris 1700. Reiche figürliche u. ornamentale Kartenumrahmungen 1.4.*12*

Fichot, Charles
Lithograph, Zeichner u. Radierer. Troyes 6.6.1817–7.7.1903 Paris, stellte 1841–75 in Paris aus; tätig für das „Magasin pittoresque“ 3.1.*170*

Foppert
Drucker, tätig für L. Bleuler, Schloß Laufen b. Schaffhausen, um 1837/38 1.7.*10*

Foster, Birket
Maler u. Aquarellist, Stahlstecher u. Holzschneider. North Shields/Northumberland 4.2.1825 – 27.3.1899 Weybridge/Surrey; tätig für „The Upper Rhine“. London 1856. 1858 u. viele andere Publikationen 3.1.*15.152.18*

Fried, Heinrich Jakob
Maler, Zeichner u. Lithograph. Queichheim b. Landau 11.3.1802 – 2.11.1870 München. Schüler der Ebnerschen Kunstanstalt Stuttgart, der Kunstschule Augsburg, seit 1822 der Akademie in München. Lithographien für die „Erinnerung an die Vorzeit – Die Rheinpfalz in Hinsicht ihrer Denkmäler des Mittelalters“, 1830. Seit 1842 in München 3.1.*11.110*

Frommel, Carl Ludwig
Maler, Zeichner, Radierer, Kupfer- u. Stahlstecher. Schloß Birkenfeld 29.4.1789 – 6.2.1863 Ispringen b. Pforzheim. 1817 Professor in Karlsruhe; Stahlstecher in London; 1824 mit Henry Winkles Gründung eines Ateliers für Stahlstecher in Karlsruhe; 1829–1858 Galeriedirektor in Karlsruhe 3.1.*150,153*

Fürst, Paul
Kunsthändler u. Verleger. Nürnberg um 1605–1666 Nürnberg. „Sciographia Cosmica“. Nürnberg 1637/38 (?) 1.3.*05*

Gatternicht, A.
Lithograph u. Verleger in Stuttgart, um 1856 3.2.*09*

Gayer, Peter
Maler u. Zeichner, Kreisarchivar in Speyer. Koblenz 1793–1836 Speyer. Architekturzeichnungen, vornehmlich in Sepia-Tintenmanier 2.4.*01,05;* 2.5.*03.*– 3.1.*05,07.*– 4.1.*04,040,09,12,17;* 4.3.*04,07;* 4.4.*06,09,12*

Gegel, Ludwig Bernhard Friedrich
Drucker u. Verleger in Speyer von 1765–1774. Kürnbach/Kraichgau 5.3.1731 – 29.4.1788 Frankenthal. Nachdruck des „Pfaff'schen Bibelwerks“ Speyer 1767 1.5.*08*

Geissler, Robert
Maler, Zeichner u. Radierer. Göttingen 7.2.1819 – 7.10.1893 Großenschneen b. Göttingen. In Hannover, Celle, Hamburg, Bremen, 1866–1890 in Berlin; tätig für den Verlag der Kleeberger'schen Buchhandlung um 1875 1.8.*07.*– 2.3.*16.*– 3.1.*24;* 3.2.*10*

Glässer, Alexander
Kupferstecher in Augsburg; heiratet dort 1743; tätig in Augsburg 1720–1740 1.4.*17*

Goethe, von –, Johann Wolfgang
Dichter u. Kunstdilettant, Zeichner u. Radierer. Frankfurt a.M. 28.8.1749 – 22.3.1832 Weimar. Landschaftszeichnungen u. Radierungen 1.6.*0.01*

Gottfried, Johann Ludwig
Historiograph. „Inventarium Sveciae“. Frankfurt a.M. 1632; „Neuwe Archontologia cosmica“. Frankfurt a.M. 1638 1.3.*06;* 1.4.*01*

Gottschall, Jacob
Drucker in Bruchsal. „Speyerer Domstifts-Kalender“. Bruchsal 1757 1.4.*20*

Gottschick, A. H.
Verleger in Neustadt a.d.H., um 1860. A. H. Gottschicks Buchhandlung (E. Witter) in Neustadt. – „Kaiserdom-Album von Speyer“. – F. Weiß (– W. Kuby), „Die malerische u. romantische Rhein-Pfalz“. 1840. 1855 u.ö. 1.8.*01.*– 2.3.*12.*– 3.1.*150,153*

Goulding & d'Almaine
Kupfer- u. Steindrucker, Verleger, London, Soho Square, 1829 3.1.*09*

Goupil & Vibert
Malerfamilie, Lithographen, Verleger. Paris, boul. Montmartre 15 u. rue de Lancry 7, Mitte 19. Jh. 3.1.*170*

Gouth, Jean François
Maler u. Zeichner, Kupferstecher, Radierer. Berlin um 1748–1812 Nürnberg, Schloß Birkenfeld/Ufr.; 1780 Hofmaler in Bayreuth; seit 1782 durch Kriegsrat Merck in Darmstadt, Frankfurt a.M. u. Wiesbaden; zeichnete für Merck 1782/83 zahlreiche (60!) Aquarelle in Speyer 4.1.*01;* 4.2.*10*

Grape, Christoph Gebhard
Silhouettist u. Kupferstecher. Göttingen 1761–nach 1800 Göttingen; stach eine Reihe von Stadtansichten nach Merian 1.4.*26*

Grimm, Christian Gottlob
Zeichner u. Kupferstecher in Speyer; 1. Hälfte 19. Jh. 1.4.*25*

Guttwein (Gutwein), Johann Balthasar
Hof- und Universitäts-Kupferstecher; Augsburg 1702 – 4.1.1785 Würzburg; Kalenderblatt von 1736 mit dem Speyerer Gnadenbild 1.4.*18*

H. J. N. A. C. Fils (?)
Holzschneider in Holland, nach 1860 2.3.*15*

Haase, Gottlieb Christian Wilhelm
Holzschneider u. Verleger. Lindenau b. Leipzig 14.12.1829 – 24.12.1872 Leipzig. Verlag Gottlieb Haase Söhne, Leipzig 1.6.*2.03.*– 3.1.*172*

Haghe, Louis
Zeichner, Aquarellist u. Lithograph. Tournai 17.3.1806 – 9.3.1885 London; seit 1823 in London, Teilhaber der Firma William Day & Haghe, Gate Str., Lincolns Inn Fields; auch tätig für Goulding & d'Almaine, London, Soho Square, 1829 3.1.*09*

Heckenauer, Leonhard (II)
Kupferstecher. Augsburg 1650/60–1704 München. Speyerer Domstiftskalender 1712 (!) 1.4.*15*

Hertz (Herz), Daniel d. Ä.
Kupferstecher u. Verleger. Augsburg 1693–1754 Augsburg. Speyerer Domstifts-Kalender 1757 1.4.*20*

Hesselbach, W.
Lithograph in Speyer, 1. Hälfte 19. Jh., tätig für den Verlag F. C. Schwaab u. F. C. Schwaab Wittib in Speyer 1.6.*3.04*

Heydenreich, Eduard
Konservator u. Zeichner, Kunstsammler. Speyer 9.9.1823 – 28.3.1877 Speyer. Erster Konservator des Histor. Museums der Pfalz seit 1869 2.1.*02*

Hildburghausen/Thüringen
Kunstanstalt des Bibliographischen Instituts u. Verlag in –, Mitte 19. Jh. 3.1.*130*

Höfle (Hoefle), R.
Zeichner u. Stahlstecher, tätig um 1850–60 für den Verlag G. G. Lange in Darmstadt u. für den Verlag A. H. Gottschicks Buchhandlung in Neustadt a. d. H. 1.8.*01.*– 2.3.*12*

Hoffmann, Johann
Buch- u. Kunsthändler, Verleger in Nürnberg, 2. Hälfte 17. Jh. Flugblatt: Speyer im Brand 1689 5.2.*01*

Hoffmann'sche Verlagshandlung
Verlag in Stuttgart, Mitte 19. Jh. 3.2.*07*

Hofmann, August
Verleger, wo?, nach Mitte 19. Jh. 1.8.*06*

Hofmann (Hoffmann), Wolfgang
Drucker u. Verleger in Frankfurt a. M. „Inventarium Sveciae". 1632 1.3.*06;* 1.4.*01*

Hogenberg, Abraham
Maler, Kupferstecher, Kunsthändler u. Verleger in Köln. Vor 1608–1653 in Köln nachweisbar, nach 1632 Zusammenarbeit mit Wenzel Hollar. – „Amoenissimae aliquot locorum in diversis provinciis jacentum ... Effigies". Nr. 11. Köln 1635, u. Flugblatt Speyer-Philippsburg 1635 1.5.*03.030.*– 5.1.*02*

Hogenberg, Franz
Maler, Kupferstecher u. Verleger. Mecheln vor 1540–1590 Köln, seit 1570 in Köln. – Städtebuch „Civitates orbis terrarum". 6 Bde, Köln 1572 1.3.*01,010*

Hohe, Friedrich
Maler, Zeichner, Radierer u. Lithograph Bayreuth 1802–7. 6. 1870 München. – „Die Pfälzer Eisenbahnen u. ihre Umgebungen". Ludwigshafen 1854 3.1.*20*

Hollar, Wenzel
Zeichner u. Radierer, Aquarellist. Prag 13.7.1607 – 25.3.1677 London; 1631 tätig für Merian in Frankfurt a. M., nach 1632 für Abraham Hogenberg, 1635 in Speyer 1.5.*03,030.*– 2.1.*03.*– 5.1.*02*

Holzmüller (Holtzmüller), Heinrich
Holzschneider u. Formenschneider, nachweisbar seit 1530, tätig in Bern u. Basel 1545–59, u. a. für Seb. Münsters „Cosmographia", Basel 1550; Monogramm HHF = Heinrich Holzmüller Formschneider 1.2.*01–04*

H R, Monogrammist
Formschneider, tätig in Straßburg, Anf. 17. Jh. 5.1.*01*

Hübsch, Heinrich
Architekt. Weinheim 9.2.1795 – 3.4.1863 Karlsruhe; 1815 Polytechnikum Karlsruhe (Weinbrenner); 1817 in Rom, 1824 Lehrer am Städelschen Institut in Frankfurt; 1827 Großherzogl. Badischer Baumeister in Karlsruhe; 1852–57 neuromanischer Westbau des Speyerer Domes
1.6.*4.070;* 1.8.*passim.*– 2.2.*03,04;* 2.3.*02–06.*– 3.1.*153,190,22,23, 230,231,24;* 3.2.*07–12*

Hulsen (Hulsius), van –, Friedrich
Kupferstecher u. Verleger. Middelburg um 1580–um 1660 Frankfurt a. M. – „Inventarium Sveciae". Frankfurt a. M. 1632 1.3.*06*

I K, Monogrammist
Zeichner für Holzschnitt- u. Formenschneider, Straßburg 1. Hälfte 16. Jh.; tätig für Jakob Köbels Wappenbuch 1545 2.5.*01*

Imhoff's „Bildersaal"
Historische Ereignisse des 18. Jh. in Kupferstichen (1727, 1744): Speyer in den Jahren 1716 u. 1735 5.3.*01;* 5.4.*02*

Jacottet, Jean
Landschaftsmaler u. Lithograph. Échallens/Schweiz 1806–nach 1843 Paris, stellte 1827–39 in Paris aus; Landschaftsveduten in „Les Bords du Rhin". Paris 1831 3.1.*12*

Jannin, Frédéric (?)
Verleger in Paris, Mitte 19. Jh. Paris, Place du Louvre 20 3.1.*170*

Janscha, Lorenz (Laurenz)
Landschaftsmaler, Zeichner u. Radierer. Krain 30. 8. 1749 – 1.4.1812 Wien; 1806 Lehrer für Landschaftszeichnung, Wien. – „Fünfzig malerische Ansichten des Rhein-Stromes von Speyer bis Düsseldorf". Wien 1798 1.6.*1.03,07*

Janssonius, Johann d. J.
Drucker u. Verleger in Amsterdam, tätig 1637–1666. – Martin Zeiller, „Itinerarium Germaniae", Amsterdam 1658 1.4.*03*

Jones, Henry
Zeichner u. Lithograph in London, erwähnt 1823–24 3.1.*09*

Kaerius, Petrus (Pieter van der Keere)
Kupferstecher, Globusmacher u. Verleger in Gent u. Amsterdam. Gent 1570/71–nach 1630 in Gent, tätig für P. Bertius u. Jan Janszoon 1.3.*03*

Kempf (Kaempf), Heinrich
Porträt- u. Landschaftsmaler. Mainz-Kastel 5.8.1814 – 13.7.1852 Mainz. Monogrammiert Kf. = Kempf fecit 6.3.*03*

Kieser, Eberhard
Kupferstecher u. Verleger in Frankfurt a. M.; geb. Kastellaun/Hunsrück;

Möhring, Vinzenz
Bildhauer. Alsleben b. Königshofen/Grabfeld 5.6.1718 – 8.4.1777 Speyer. Seit 1744 in Aschaffenburg, seit 1746 in Speyer in der Werkstatt von Joh. Georg Linck, dessen Witwe er 1748 heiratet. 1748 Fortuna-Statue auf dem neuen Kaufhaus in Speyer; Stelzfuß am Georgenspital 4.4.*11*

Mondhare
Edition in Paris, um 1700: à Paris chez Mondhare, rue S. Jacques à l'Hôtel Saumur 1.3.*12*

Morheim (Morhain), Ludwig Claudius
Lithograph in Bergzabern, seit 24.3.1843 – vor 1858; geb. in Straßburg 3.1.*152*

Münster, Sebastian
Professor der althebräischen Sprache, Mathematik u. Kosmographie in Heidelberg. – Ingelheim 1489–1552 Basel. Schüler des Mathematikers Joh. Schöffler in Nürnberg; seit 1530 in Basel. – „Cosmographia. Beschreibung aller Lender". Basel 1544. 1546. – „Cosmographie vniverselle". 1575 etc. 1.1.*04,05;* 1.2.*01–04*

Muquart, C.
Verleger in Brüssel, 2. Hälfte 19. Jh. 3.1.*23*

Naumann, M.
Holzschneider um 1880 3.2.*12*

Navellier, Narcisse
Holzschneider in Paris, 2. Hälfte 19. Jh., tätig für V. A. Malte-Brun, „L'Allemagne illustrée" 2.3.*02*

Neidhard(-t), Friedrich C.
Buchhändler u. Verleger in Speyer, nachgewiesen seit 1834, gest. um 1866 3.2.*09*

Neumann, Franz Ignaz Michael
Architekt, Ingenieur-Offizier, Hofbaumeister. Würzburg 8. 5. 1733–29. 9. 1785 Würzburg. 1757 Studien in Paris u. Rouen; Restaurierungen: Dom in Mainz 1769–75, Dom in Speyer 1772ff.
1.4.*27;* 1.6.*passim.–* 1.7.*passim.–* 2.6.*01.02.–* 3.1.*passim;* 3.2.*02–06.–*5.5.*08;* 5.6.*01,03*

Noyel, M.
Holzschneider, Frankreich, um 1860 2.3.*03*

Obernitz, von –
Verleger in Zittau, um 1800. „Privil. Zittauisches, Topographisches, Biographisch-Historisches Monatliches Tagebuch", Juli 1804 1.4.*24*

Pagan, de –, Blaise François Comte
Festungsbaumeister, Mathematiker, General, 1604–1665. – A. M. Mallet, „Les travaux de Mars ou la fortification moderne". Paris–Amsterdam 1672; „Het tweede Bouwen des Graefs van Pagan", nach 1672 1.5.*05,050*

Perelle, Adam
Kupferstecher u. Radierer, Paris 8.10.1640 – 23.3.1695 Paris. Zeichenlehrer des Herzogs von Bourbon; tätig für Beaulieu, „Les Glorieuses conquestes de Louis le Grand". Paris Ende 17. Jh. 1.4.*12*

Pfaff'sches Bibelwerk
1729 bei Cotta in Tübingen erschienen. Nachdruck 1767 bei Ludw. Bernh. Friedr. Gegel, Speyer 1.5.*08*

Piscator
s. Visscher

Planché, J. R.
Drucker in London, um 1829. „Lays and Legends of the Rhine", ^{2}1832 3.1.*09*

Ponheimer, Kilian d. Ä.
Zeichner, Kupferstecher u. Radierer. Wien 26. 4. 1757–5. 8. 1828 Wien. Stiche frei nach Merian 1.4.*22*

Poppel, Johann Gabriel Friedrich
Maler, Zeichner, Kupfer- u. Stahlstecher. Hammer bei Nürnberg 14.5.1807 – 6.8.1882 Ammerland. 1829 bei C. L. Frommel in Karlsruhe, 1832 bei W. Tombleson in London; seit 1838 in München; tätig für Ludwig Lange, „Der Rhein u. die Rheinlande". 1846 1.8.*01.–* 2.3.*12.–* 4.4.*07*

Püttner, Richard
Lithograph u. Maler, Architektur- u. Landschaftszeichner, Holzschneider. Wurzen/Sachsen 1.1.1842 – 1.11.1913 München. Seit 1873 in München; Prachtwerk „Rheinfahrt" Stuttgart 1875 1.8.*08*

Rauch, Carl
Zeichner, tätig für Ludwig Lange 1831 2.3.*09*

Rauw, Johann
Historiograph aus Meimbressen/Kreis Hofgeismar, Pfarrer in Wetter/Hessen 1592ff. 1.2.*08*

Reinheimer, Johann Georg
Vedutenstecher, Kunsthändler, Verleger. Frankfurt a. M. 2.3.1777 – 13.6. 1820 Frankfurt a. M. 4.2.*10*

Richard, Ernst Heinrich (Ernest)
Maler. Karlsruhe 28.2.1819 – 12.6. 1899 Karlsruhe. 1846 Hofmaler; 1893 Direktor der Großherzogl. Kunsthalle in Karlsruhe 6.3.*05*

Richner, P. (wohl Louis Paul Ernest)
Landschaftsmaler u. Holzschneider in Frankreich, um 1868–1875 2.3.*04*

Riegel, Christoph (Christoff)
Verleger in Nürnberg, 2. Hälfte 17. Jh. – „Ausführliche und gründliche Beschreibung des ganzen Rheinstroms". Nürnberg 1686. 1690. um 1700; „Der getreue Reis-Gefert durch Ober- u. Nieder-Teutschland". Nürnberg 1686 1.4.*06,07*

Rigo, Jules Alfred Vincent
Schlachtenmaler u. Verleger. Paris 1810–1892 Paris. – Verlag Rigo & Cie., Paris, rue richer *7* 3.1.*12*

Ritter, Eduard
Stahlstecher u. Lithograph, Verleger. Hamburg 20.1.1820 – 3.9.1892 Hamburg; gründete 1852 eine Lithographische Anstalt (Atelier Ritter) 1.8.*06*

Ritter, Lorenz
Architekturmaler, Radierer, Holzschneider. Nürnberg 24.11.1832 – 3.9.1921 Nürnberg; tätig in der 2. Hälfte 19. Jh. 3.2.*12*

Roding, Wilhelm
Historiograph u. Jurist, 2. Hälfte 17. Jh. „Pandectae Camerales adauctae". Speyer ^{2}1660. ^{3}1668 im Verlag von Jacob Siverts u. Joh. Peter Zubrodt 1.2.*09;* 1.5.*04*

Rodt
Zeichner, um 1828 1.7.*04*

Rohbock, Ludwig
Zeichner u. Stahlstecher in Nürnberg, tätig für T. Gaspey, „The Rhine and the Rhine-Lands". 1855, u. für J. W. Appel, „Der Rhein u. die Rheinlande". Darmstadt 1854
1.6.*4.07,070.–* 3.1.*19,190*

Romanus, Adrianus
Historiograph, Ende 16. Jh. – „Parvum theatrum urbium". Frankfurt a. M. 1595, u. „Urbium praecipuarum totius orbis brevis et methodica descriptio". Frankfurt a. M. 1595 1.2.*07*

Rouget, François
Holzschneider. Nansous-Thil. vor 1825, tätig in Frankreich, um 1850 3.1.*120*

Ruland, Johannes
Maler, Zeichner, Kupferstecher u. Radierer, Speyer 7.2.1744 – 20.9.1830 Speyer; 1773 Bürger in Speyer, dort tätig ab etwa 1780
1.6.*1.02; 2.02; 3.01 4.01–03*.– 2.2.*02*; 2.3.*07*; 2.4.*02–04*.– 3.1.*01–03*.– 4.1.*02,05,07,08, 10,11,15,16,160,18–21*; 4.2.*02–09,11*; 4.3.*01*; 4.4.*04,040,05,050,08*.–5.5.*04,06,09*

Ruland, Johann Gerhard
Zeichner, Kupferstecher u. Lithograph. Speyer 13.6.1785 – 27.11.1854 Speyer, Sohn des Joh. Ruland; tätig vornehmlich um 1826
1.6.*04–06*; 1.7.*02–030*.– 3.1.*08,10*; 3.2.*02*.– 4,2,*01*

Rybiçka, Joseph
Zeichner, Kupfer- u. Stahlstecher, Holzschneider. Prag 9.2.1817 – 1872 Prag; Schüler der Prager Akademie
3.1.*172*.– 4.4.*070*

Sachse, L. & Cie.
Verleger in Berlin, um 1840–50
3.1.*170*

Salathé, Friedrich (Frédéric)
Landschafts- u. Architekturmaler, Lithograph, Radierer u. Aquatintastecher. Binningen b. Basel 11.1.1793 – 12.5.1858 Paris. Seit 1823 in Paris; tätig für L. Bleuler–A. Schreiber, „Ouvrage représentant les vues les plus pittoresques". 1837/38 1.7.*13*

Saur, Abraham
Historiograph u. Jurist. Frankenberg/Hessen 1545–um 1600 Frankfurt a. M. 1568 am Reichskammergericht in Speyer. „Parvum theatrum urbium". Frankfurt a. M. 1593. [2]1595 1.2.*05,06*

Schöffer, Peter
Verleger in Mainz, 2. Hälfte 15. Jh. – Botho, „Chronecken der Sassen". Mainz 1492 1.1.*01*

Schreiber, A.
Schriftsteller, zusammen mit L. Bleuler, „Ouvrage représentant les vues les plus pittoresques". Schaffhausen (?) 1837/38 1.*7.13*

Schüz (Schütz), Christian Georg I
Maler u. Radierer. Flörsheim/Main get. 27.9.1718 – 3.11.1791 Frankfurt a. M. – 1765 „berühmter Landschaftsmaler"; Flußlandschaften am Mittel- u. Oberrhein; um 1760 in Speyer
4.3.*05*

Schuler, wohl Jules Théophile
Maler, Illustrator, Radierer, Lithograph. Straßburg 18.6.1821 – 26.1.1878 Straßburg; studierte in Paris; in Straßburg 1848–1871 6.3.*060*

Schwaab, Franz Carl
Lithograph u. Verleger in Speyer 1821–um 1850. Publikation über die Rheinreise des bayerischen Königspaares im Juni 1829
1.6.*1.09*.– 5.6.*01,03–05*

Schwaab, F. C. Wittib
Verlegerin in Speyer, ab 1850 1.6.*3.04*

Senfftel, Johann Jacob
Silber- u. Kupferstecher in Augsburg, 1664–Mai 1729 Augsburg; tätig für Joh. Christoph Wagners „Christlich u. Türkischer Staedt- u. Geschicht-Spiegel", 2. Buch. Augsburg 1691
1.4.*10*

Silvestre, Israel
Zeichner u. Radierer, Nancy 3.8.1621 – 11.10.1691 Paris; 1670 Mitglied der Académie Royale; 1673 Zeichenmeister des Dauphin; um 1650/60 in Speyer 2.1.*04*

Simonau und Toovey
Verleger u. Drucker in Brüssel: Pierre Simonau, Lithograph; 1819–28 in London; Steindruckerei in Brüssel. – Gustave Adolphe Simonau, Brügge 10.6.1810 – 10.7.1870 Brüssel; Lithograph u. Aquarellist, 2. Hälfte 19. Jh.
3.1.*23*

Siverts, Jacob
Buchbinder, Buchhändler u. Verleger in Speyer 1659–1675. – „Pandectae Camerales". Speyer [2]1660. Frankfurt/Speyer [3]1668 1.2.*09*; 1.5.*04*

Sommer (Sonne von Sonnefeld), Alois
Architekturstecher. 1766 – 5.6.1819 Wien 1.4.*21*

Steudner, Johann Philipp
Kupferstecher, Briefmaler, Verleger. Augsburg 1652 – 6.8.1732 Augsburg
1.4.*09*.– 5.2.*03*

Stöber, Franz
Maler u. Zeichner, Aquarellist. Wien 1760 – 4.10.1834 Speyer. Schüler der Wiener Akademie; 1786 Kustos der Gemäldesammlung des Speyerer Domdekans Phil. Fr. Christoph Freiherr von Hutten; Bilder Speyerer Ruinen
2.4.*06*.– 4.1.*03,13,14*; 4.3.*02,03*; 4.4.*02,03*

Storck, Jacobus
Marine- u. Landschaftsmaler. Amsterdam 1641–1687 Amsterdam; tätig um 1660–1686; Stadtansicht von Speyer u. vier Varianten, um 1683 6.1.*01–05*

Strobel, Joseph
Zeichner in Bayreuth, um 1821
3.1.*04*

Stroobant, François (Frans)
Architektur- u. Landschaftsmaler, Zeichner u. Lithograph. Brüssel 14.6.1819 – 1.6.1916 Brüssel. Gründer der Académie de dessin et peinture in Molenbeek-St. Jean; tätig für L. Hymans, „Le Rhin monumental et pittoresque". Brüssel–Genf–Leipzig o. J.
3.1.*23*

Swebach (gen. Swebach des Fontaines), Jacques François Joseph
Zeichner, Schlachten-, Genre- u. Landschaftsmaler, Radierer u. Lithograph Einnahme Speyers 1792 5.5.*03*

Thürmer, Joseph
Architekt, Zeichner, Radierer, Lithograph. München 3.11.1789 – 13.11.1833 München. 1827 Professor der Baukunst an der Dresdner Akademie 3.1.*04*

Tollenaar, Antonie Vink
Holzschneider in Amsterdam 1806 – 21.6.1875 1.*7.130*

Tombleson, William
Zeichner, Kupferstecher u. Verleger, geb. um 1795; tätig in London: Verlag Tombleson & Co., London, 11 Paternoster Row. – Rheinansichten in: „Geschichte u. Topographie der Rheinufer von Cöln bis Mainz". London–Paris–Karlsruhe 1832; „Tombleson's Views on the Rhine". 1832
3.1.*13*

Toovey und Simonau
Steindruckerei in Brüssel, 2. Hälfte 19. Jh. 3.1.*23*

Unterstainer, Johann Baptist
Maler u. Zeichner. 1703 kurfürstl. Hofmaler in München; gest. 31.12.1713 in München. – Domstifts-Kalender Speyer auf das Jahr 1712
1.4.*15*

Valegio (Vallegio, Valesio), Francesco
Zeichner u. Kupferstecher. geb. Bologna um 1560; tätig in Venedig 1611–1643 1.3.*02*

Veil (Veiel), Marx Theodosius
Maler, Kupferstecher, Radierer, Lithograph. Ulm 11.1.1787 – 11.2.1856 Zweibrücken; seit 1809 Studium in München, seit 1812 Steindrucker in München; seit 1828 Zeichenlehrer am Gymnasium Zweibrücken
1.6.*3.03*; 1.7.*01*.– 5.6.*03*

Velten, J.
Lithograph u. Verleger in Karlsruhe, um 1830 1.6.*4.05,050*

Verburgh, Dionysius
Maler, Rotterdam, † vor 1722 6.1.*03*

Verhas, Theodor
Zeichner u. Landschaftsmaler. Schwetzingen 31.8.1811 – 1.11.1872 Heidelberg. Schüler von Ernst Fries in Karlsruhe; Studium an der Münchener Akademie 1833. Tätig für C. Simrock, „Das malerische u. romantische Rheinland". Leipzig 1851, u. für Weiß-Kuby, „Die malerische u. romantische Rhein-Pfalz". Neustadt a. d. H. 1840ff. 3.1.*150,153*

Visscher (Piscator), Claes Jansz (Nicolas Joannis, Joannes Nicolaus)
Kupferstecher, Kartograph u. Verleger. Amsterdam um 1550–um 1612 Amsterdam. – Söhne u. Nachfolger: Claes Jansz de Jonghe, 1586–1652, u. Nicolas, 1618–1709. – „Palatinatus Rheni nova et accurata descriptio". 1621 u. 1652 1.3.*04,040*

Wagner, Johann Christoph
Historiograph in Augsburg, Ende 17. Jh. „Christlich u. Türkischer Staedt- und Geschicht-Spiegel". 2. Buch, Agusburg 1691 1.4.*10*

Walther, Johann Philipp sen.
Zeichner, Maler, Stahl- u. Kupferstecher, Radierer u. Verleger. Mühlhausen (Obpf.) 1798 – 31.1.1868 Nürnberg; tätig seit 1828; 1837 Zeichenlehrer an der Handelsschule in Nürnberg 1.6.*1.08*

Welsch, von –, Maximilian
Architekt, Festungs-Ingenieur, Zeichner. Kronach get. 23.2.1671 – 15.10.1745 Mainz. Seit 1695 in kaiserl. Diensten, seit 1704 tätig für Lothar Franz v. Schönborn. – Speyerer Domstifts-Kalender Bruchsal 1757 (!) 1.4.*20*

Werner, Friedrich Bernhard
Zeichner u. Kupferstecher. Reichenau b. Kamenz/CSFR 1690–1778 Breslau; tätig für Verleger in Augsburg 1720–30 1.4.*17*

Wijbrand, Dirk
Holzschneider in Amsterdam 1808 – 5.2.1858 1.*7.130*

Wild
Druckerei in Paris, rue de la Banque 15. „Les Bords du Rhin". Paris 1831. 1861–68 2.2.*04*

Winckelmann & Söhne
Kupferstecher, Lithographen, Verleger in Berlin, 1. Hälfte 19. Jh. 3.2.*06*

Winkles, Henry
Architekturmaler u. Stahlstecher. Ab 1819 in der Royal Academy London; gründet 1824 zusammen mit Carl Ludwig Frommel ein Stahlstecher-Atelier in Karlsruhe; 1832 in London, später in Leipzig; tätig für F. Weiß (-W. Kuby), „Die malerische u. romantische Rhein-Pfalz". Neustadt a. d. H. 1840ff. 3.1.*150,153*

Witter, E.
Drucker u. Verleger in Neustadt a. d. H., 19. Jh. – F. Weiß (-W. Kuby), „Die malerische u. romantische Rhein-Pfalz." 1840. 1855. 1857
1.8.*01.*– 2.3.*12.*– 3.1.*150,153*

Zaech (Zech), Peter
Zeichner u. Aquarellist. München 1813 – 30.12.1874 Speyer; seit 1838 Zeichenlehrer in Neustadt a. d. H., seit 1849 Zeichenlehrer in Speyer
1.6.*1.10;* 1.8.*02–05.*– 6.3.*06,07*

Zeiller (Zeiler), Martin
Historiograph. – „Topographia Palatinatus Rheni". Frankfurt a. M. 1645, „Itinerarium Germaniae". Amsterdam 1658 1.4.*01,03*

Zentner, J. L. L. C.
Kupferstecher in Paris, Ende 18. Jh. Folge von Speyerer Ruinenbildern nach Zeichnungen von J. F. Gouth von 1782/83 4.2.*10*

Ziegler, Johann
Vedutenzeichner u. Kupferstecher. Meiningen (?) um 1750–um 1812 Wien. Stecher zahlreicher Ansichten von Donau- u. Rheinlandschaften, z. T. nach Vorlagen von L. Janscha. – „Fünfzig malerische Ansichten des Rheinstroms von Speyer bis Düsseldorf". Wien 1798 1.6.*1.03,07*

Zubrodt (Zumbrodt), Johann Petrus
Verleger in Frankfurt a. M. u. Speyer, zusammen mit Jacob Siverts, Speyer: Wilhelm Roding, „Pandectae Camerales adauctae". Speyer–Frankfurt 1668 1.5.*04*

St.

Bildnachweis

Historisches Museum der Pfalz, Speyer

1.1.*01*; 1.2.*01*, *02*, *04*, *06-08*; 1.3.*01-03*, *04**, *05*, *08*, *12*; 1.4.*01*, *010*, *04*, *07*, *08-10*, *12-14*, *15**, *17*, *18*, *19**, *20**, *21*, *23-27*; 1.5.*03-05*, *07*, *08**, *09*; 1.6.0.*02**; 1.6.*1*.*01*, *02*, *04-06*, *07**, *09**, *10**; 1.6.*2*.*01*, *02*; 1.6.*3*.*01*, *03*, *04*; 1.6.*4*.*01-03*, *04**, *05-07*, *072**; 1.7.*01*, *02*, *03**, *04**, *05-10*, *11**, *13**, *14*, *15*; 1.8.*01-05*, *06**. - 2.1.*02*; 2.2.*01*, *03*, *04**; 2.3.*01*, *04-08*, *12**, *14*, *15*; 2.4.*01-05*, *06**; 2.5.*02*, *03*; 2.6.*01**-*09**. - 3.1.*02*, *03*, *04**, *05*, *06*, *08*, *10*, *11*, *110*, *12**, *130*, *14*, *15*, *151*, *152*, *16*, *17*, *171**, *172*, *18**, *19*, *21**; 3.2.*020*, *03-06*, *07**, *08*, *11*, *12*. - 4.1.*01-04*, *040**, *05*, *07-10*, *11**, *12**, *14-16*, *160*, *17**, *18-21*, *22**; 4.2.*01-07*, *070**, *08-11*, *12**; 4.3.*01-07*; 4.4.*02-04*, *040**, *05-08*, *09**, *12*. - 5.1.*01**, *02**; 5.2.*01**, *03*, *04**; 5.3.*01*; 5.4.*01*; 5.5.*01-03*, *04**, *06**, *07-09*; 5.6.*01-05*. - 6.1.*01*; 6.2.*01*; 6.3.*01*, *03*, *04**, *05**, *06**, *07**

Bei den mit * bezeichneten Nr. hat die Aufnahmen die Firma Fotopavillon Hoffmann, Speyer, gefertigt; die übrigen Aufnahmen stammen aus der Fotowerkstatt des Historischen Museums (Kurt Diehl).

Stadtarchiv Speyer (Aufnahmen Fotopavillon Hoffmann, Speyer)

1.1.*04*, *05*, *06*, *07*; 1.2.*03*; 1.3.*06*, 11; 1.4.*03*, *11*; 1.5.*030*; 1.6.*1*.*03*, *08*; 1.6.*2*.*03*; 1.6.*3*.*02*; 1.6.*4*.*040*, *050*, *07*, *070*, *071*; 1.7.*12*; 1.8.*08*. - 2.1.*01*; 2.3.*10*, *11*; 2.5.*01*. - 3.1.*080*, *09*, *121*, *13*, *150*, *153*, *172*, *190*, *20*, *200*, *23*, *230*, *231*; 3.2.*02*, *09*. - 4.1.*06*; 4.4.*01*, *10*, *11*. - 5.4.*02*

Pfälzische Landesbibliothek Speyer

1.2.*09*; 1.5.*08*

Lagerorte außerhalb Speyer

Es sind auch Vorlagen aufgeführt, deren Abbildungen nicht aus den genannten Instituten stammen; bei den Bildern, deren Vorlagen diese Institute verwahren und die auch die Aufnahmen zur Verfügung gestellt haben, siehe deren Signatur im Katalog unter der jeweiligen Nr.

Augsburg, Staats- und Stadtbibliothek: Kat. Nr. 1.4.*06*
Berlin, Staatliche Museen - Preußischer Kulturbesitz, Kupferstichkabinett: Kat. Nr. 1.4.*13* (Vorlage und Aufnahme); 5.2.*02* (Vorlage und Aufnahme)
Coburg, Kunstsammlung der Veste Coburg: Kat. Nr. 1.4.*02* (Vorlage und Aufnahme); 1.4.*04*; 1.5.*02* (Vorlage und Aufnahme); 1.5.*06* (Vorlage und Aufnahme); 1.6.*1*.*03*
Darmstadt, Hessisches Landesmuseum: Kat. Nr. 2.3.*09* (Vorlage und Aufnahme)
Dillingen, Studienbibliothek: Kat. Nr. 1.4.*06*
Dresden, Staatliche Kunstsammlungen, Kupferstichkabinett: Kat. Nr. 1.*7*.*13*
Frankfurt a. M., Städelsches Kunstinstitut: Kat. Nr. 2.1.*04* (Vorlage und Aufnahme)
Göttingen, Niedersächsische Staats- und Universitätsbibliothek: Kat. Nr. 1.4.*16* (Vorlage und Aufnahme)
Heidelberg, Kurpfälzisches Museum: Kat. Nr. 1.3.*01*; 1.3.*02*; 1.3.*040* (Vorlage und Aufnahme); 1.4.*09*; 1.6.1.*03*; 1.6.1.*08*; 1.*7*.*13*
Kaiserslautern, Theodor-Zink-Museum: Kat. Nr. 1.2.*02*; 1.4.*17*; 1.6.*1*.*03*; 1.6.*1*.*08*; 1.*7*.*13*; 1.8.*01*; 2.3.*12*; 3.1.*04*; 3.1.*20*
Karlsruhe, Generallandesarchiv: Kat. Nr. 1.*7*.*10*; 2.1.*010* (Vorlage und Aufnahme); 3.1.*23*
Köln, Wallraf-Richartz-Museum: Kat. Nr. 3.2.*01* (Vorlage und Aufnahme)
Ludwigshafen, Hack-Museum: Kat. Nr. 1.6.*1*.*08*; 1.6.*4*.*05*; 3.1.*12*; 3.1.*18*
Mainz, Landesmuseum: Kat. Nr. 1.5.*03*
Mannheim, Reiss-Museum: Kat. Nr. 1.6.*1*.*08*; 1.6.*3*.*03*; 3.1.*20*
München, Bayerisches Hauptstaatsarchiv: Kat. Nr. 1.1.*060* (Vorlage und Aufnahme); 1.1.*070* (Vorlage und Aufnahme);
 -, Bayerische Staatsbibliothek: Kat. Nr. 1.1.*03* (Vorlage und Aufnahme); 1.3.*02*; 1.3.*07* (Vorlage und Aufnahme); 1.3.*09* (Vorlage und Aufnahme); 1.3.*10* (Vorlage und Aufnahme); 1.4.*02*; 1.4.*05* (Vorlage und Aufnahme); 1.5.*01*; 1.6.*1*.*07*
 -, Städtische Bibliotheken: Kat. Nr. 1.4.*06*
 -, Stadtmuseum: Kat. Nr. 1.6.*1*.*08*
Nürnberg, Germanisches Nationalmuseum: Kat. Nr. 1.4.*06* (Vorlage und Aufnahme)
Uppsala, Universitets Konstmuseet: Kat. Nr. 6.1.*03*
Weimar, Goethe- und Schiller-Archiv: Kat. Nr. 1.6.*0*.*01* (Vorlage aus W. Hecht)
Wien, Galerie im Belvedere: Kat. Nr. 4.1.*13* (Kriegsverlust)
 -, Graphische Sammlung Albertina: Kat. Nr. 2.1.*03* (Vorlage und Aufnahme)

Anfragen an auswärtige Institute ohne Ergebnis

Aschaffenburg, Staatl. Graphische Sammlungen
-, Museen der Stadt A.
-, Stadt- und Stiftsarchiv
Augsburg, Städtische Kunstsammlungen - Maximilianmuseum
Bamberg, Historisches Museum der Stadt B.
Basel, Historisches Museum
Berchtesgaden, Schloß
Braunschweig, Herzog Anton Ulrich-Museum
Erlangen, Graphische Sammlung der Universität Erlangen-Nürnberg
Frankfurt, Historisches Museum der Stadt F.
Karlsruhe, Badisches Landesmuseum
Koblenz, Rheinisches Landesmuseum
Ludwigshafen, Stadtmuseum
München, Bayer. Hauptstaatsarchiv, Abt. Kriegsarchiv
-, Staatliche Graphische Sammlung
Nürnberg, Stadtgeschichtliche Museen
Stuttgart, Württembergisches Landesmuseum
Trier, Rheinisches Landesmuseum
Würzburg, Universitätsbibliothek
-, Mainfränkisches Museum